AF818726

Abhandlungen des kriminalistischen Instituts
an der Universität Berlin.
Herausgegeben von
Dr. Franz von Liszt und Dr. Ernst Delaquis,
Professoren der Rechte in Berlin.
Dritte Folge. Erster Band. 3. Heft.

Staatsidee und Strafrecht

Eine historische Untersuchung

I. Teil:
Das griechische Recht und die griechische Lehre bis Aristoteles

von

Dr. Ottokar Tesar,
Privatdozent an der deutschen Universität in Prag.

Berlin 1914.
J. Guttentag, Verlagsbuchhandlung,
G. m. b. H.

Seiner Durchlaucht

dem Erbprinzen

Dr. jur. Ferdinand Lobkowitz

in herzlicher Verehrung

zugeeignet.

Vorwort.

In der heutigen Zeit, in der im Bereiche der Strafrechtswissenschaft die praktischen Tendenzen derartig überwiegen, daß geradezu von jeder wissenschaftlichen Arbeit eine Stellungnahme zu den aktuellen Fragen der Strafrechtsform verlangt wird, mag es gerechtfertigt erscheinen, daß einer, historischen und philosophischen Fragen gewidmeten Untersuchung einige Worte zur Rechtfertigung der Problemstellung vorausgeschickt werden.

Die Ausführungen meiner Arbeit: Die symptomatische Bedeutung des verbrecherischen Verhaltens [1]), fanden seinerzeit in dem Lager der Anhänger der klassischen Schule lebhaften Widerspruch.

Besonders war es die von mir gegen die klassische Schule verfochtene These, daß für ein System der Schutzstrafe das Festhalten am Tatbestande der Einzelhandlung als Strafvoraussetzung kein Abgehen von seinen Grundlehren bedeute, die heftig angegriffen wurde.

Ich hatte seinerzeit darzulegen versucht, daß das Festhalten am Tatbestande der Einzelhandlung bei einer nach der antisozialen Gesinnung des Verbrechers bestimmten Strafe durch das Streben nach einem Schutz der individuellen Freiheitssphäre erklärt sei, hatte behauptet, daß dieses politische Interesse die heute noch geltenden Tatbestände hervorgebracht habe.

Die bereits genannte Kritik meiner Ausführungen veranlaßte mich, an eine Revision derselben zu gehen, um, eventuell auf breiterer Basis, zu dem genannten Problem Stellung nehmen zu können. Das Verhältnis des Freiheitsgedankens zum Strafrecht setzte ich meinen Untersuchungen als Objekt.

Diese führten mich aber bald zu der Erkenntnis, daß das gestellte Problem in dieser Formulierung keine Lösung zuließ,

---

[1]) Berlin, Guttentag, 1907.

wenn nicht ein anderes früher zur Klarheit gebracht wurde, dessen Bestandteil jenes war.

Nur zu bald mußte ich erkennen, daß der Inhalt des Freiheitsgedankens: Tun zu können, was man will, zunächst nicht bloß jedes Strafrecht, sondern überhaupt jede äußere Regelung menschlichen Zusammenlebens, jedes Recht negiere. So ergab sich das Problem, wie das Nebeneinanderbestehen von Recht, Staat, Strafe und dem Gedanken der Freiheit des Menschen, das ich als historische Tatsache vorfand, möglich war.

Damit wurde Objekt der Untersuchung die Feststellung des Verhältnisses, das zwischen dem: Tun zu können, was man will, als primärem Inhalt des Freiheitsbegriffes, und der im Recht, insbesondere im Strafrecht zum Ausdruck kommenden Regelung menschlichen Zusammenlebens besteht.

Wie stellt sich das Recht, insbesondere das Strafrecht, zu dem Wollen der Einzelindividuen, war die Frage, die weiter sich dahin auflöste, wie stellt sich der Staat, wenn er einzelne Rechtsakte, sei es als Gesetzgebung, Rechtsprechung oder Rechtsvollzug, setzt, zu dem Wollen des Menschen. Damit ist der Übergang zur Untersuchung des Grundes der einzelnen Rechtshandlungen, insbesondere auf dem Gebiete des Strafrechtes gegeben.

Welche Stellung nehmen die einzelnen auf dem Gebiete des Strafrechtes gesetzten Handlungen in dem Gesamtgebiet der Staatshandlungen, der Staatsakte, ein? Auch diese Frage ließ sich nur beantworten, wenn die Gründe staatlicher Handlungen überhaupt untersucht wurden, wenn die Staatsidee und die aus ihr sich durch die Zwecke des Staates ergebenden Handlungen zum Gegenstand einer Untersuchung gemacht wurden. Es war darum zu prüfen, welche Rolle innerhalb der Staatsfunktionen das Strafen einnahm.

Erst so konnte dem Problem: Strafrecht und Freiheit nähergetreten werden; der Freiheitsgedanke: Tun zu können, was man will, kann nämlich durch die Hereinnahme rationalistischer Elemente den nach seiner Form Staat, Recht und Strafe negierenden Charakter verlieren. Er tritt vielfach in der Form auf, daß nur dadurch das: Tun zu können, was man will, als Wert Berücksichtigung verlangt, daß man dieses Wollen als Ausdruck seiner Persönlichkeit, als Mensch, als Vernunftwesen geltend macht.

Es ist dann zu fragen, was will der Mensch als Vernunftwesen, wie stellt sich ihm als vernünftig Wollendem die jeweilige Regelung des Rechtes, insbesondere des Strafrechtes, seitens des durch Zwecke motivierten Staates entgegen.

So ist das Problem Strafrecht und Freiheit zu einem Nebenproblem geworden. Die Fragen, die hier zu untersuchen sind, sind: Was will der Staat mit seinen Handlungen, welche Stellung nimmt in diesem System der Funktionen das Strafen ein; wie verhält sich dieses Handeln zu dem Wollen der Individuen, das sie als Ausfluß ihrer Persönlichkeit, ihrer Vernunft wollen, wobei trotz Gleichbleibens der Form auf den historisch wechselnden Inhalt dieses im Namen der Vernunft geltend gemachten Wollens Rücksicht zu nehmen war.

Dabei war wieder ein Doppeltes zu berücksichtigen; einerseits waren die Handlungen des Staates, die er als Ausfluß seiner Funktionen setzt, als historische Tatsachen zu berücksichtigen; andererseits war zu versuchen, die Reaktionen festzustellen, die sich in dem denkenden Menschen als Wirkungen jener Handlungen ergaben, jene Wirkungen, die darin bestanden, daß der Mensch zu jenen Handlungen wertend Stellung nimmt. Diese Wertungen können entweder gefühlsmäßig auf Grund erworbener, im Augenblick der Wertung nicht klar zum Bewußtsein kommender Apperzeptionsmassen, der historisch gewordenen, nicht rationalistisch überprüften Bewußtseinslage erfolgen; sie können aber auch erfolgen auf Grund der Einreihung der Staatshandlungen in das System unseres Denkens, das alle Erscheinungen zu einer widerspruchslosen Einheit verknüpfen will; sie erfolgt dann wissenschaftlich, um mit Rudolf Stammler zu sprechen.

So ergab sich für die Untersuchungen die Aufgabe, einmal die realen Geschehnisse des Strafrechtslebens zu schildern, sodann aber die Reaktionen des menschlichen Geistes auf diese festzustellen.

Es wäre nun wohl der Einwurf gegeben, daß für die Durchführung derartiger Untersuchungen am besten die Gegenwart geeignet wäre; hier könnte ja durch unmittelbare Beobachtung die entsprechende Gesetzmäßigkeit konstatiert werden; historische Untersuchungen hätten doch hier keinen weiteren Wert als den rein historischen, den Wert des theoretischen Wissens von Vergangenem. Aus der Geschichte lasse sich ja für die Gegenwart nichts ableiten. Das vor der unmittelbarer Beobachtung zugänglichen Gegenwart etwas anderes gewesen sei, auf das die Gegenwart kausal gefolgt sei, werde nicht angezweifelt; dagegen könne ja niemals aus der Geschichte, aus einem kausalen Vorgang etwas gefolgert werden, wie die Zukunft gestaltet werden soll.

Auch ich muß mich hier gegen einen etwaigen Vorwurf einer romantischen Auffassung der Rechtsgeschichte schützen. Das Vergangene wird hier nicht untersucht, um für unser gegenwärtiges Recht ein „Soll" abzuleiten. Allein es war mir von Wichtigkeit als Materie, die in die Form von Gedankensystemen eingearbeitet, in die Kategorien des wissenschaftlichen Denkens eingeordnet wurde. Dadurch ist das Vergangene auch für die Gegenwart zu einem, über das historische Interesse hinausgehenden Wert geworden.

Gedankensysteme übertragen sich von Generation zu Generation, ohne daß die Bedingungen, unter denen sie entstanden sind, gleich geblieben wären. Oft sucht man die neue Entwicklung, die sich in der Welt der Erscheinungen vollzogen hat, mit einem Gedankensystem zu begreifen, das in seiner Entwicklung nicht gleichen Schritt gehalten hat mit den Veränderungen in der Welt des Materiellen. So mag es gerechtfertigt erscheinen, das Kämpfen des menschlichen Geistes mit dem Stoff, das Ringen um die Bewältigung der Strafrechtsmaterie in die Vergangenheit zu verfolgen. Vielleicht wird es sich dann zeigen, daß wir geistig noch mehr von der Vergangenheit abhängen, als es unserem an den Erfolgen der Moderne sich berauschenden Zeitalter lieb ist.

War aber einmal der Weg betreten, die Geschichte des menschlichen Denkens vom Strafrecht zu verfolgen, so führte dieser ununterbrochen zurück auf die großen griechischen Denker, die die Lehrmeister der denkenden Menschheit des Abendlandes geworden sind. So mag der Rekursus auf griechische Philosophie und griechisches Recht gerechtfertigt sein.

Noch gegen einen eventuellen zweiten Vorwurf möchte ich mich hier schützen: des Inhaltes, daß die ganzen Ausführungen rechtsphilosophischer Natur seien; in diesem Satz kann entweder ein Vorwurf seitens eines Philosophen oder eines Juristen gelegen sein.

Im Munde des Philosophen kann dieser Vorwurf bedeuten, daß damit ein Eingriff in die Sphäre der zünftigen Philosophie gemacht werde, der zur Folge hat, daß die Unbekanntheit mit der einschlägigen Literatur nur eine unvollständige, oder zum mindesten nicht mehr neue Behandlung der einschlägigen Fragen zur Folge haben kann.

Gegen den letzten Teil des Vorwurfes kann ich nur erwidern, daß heute bei einer, größere Gebiete der griechischen Philosophie behandelnden Arbeit, für die die griechische Entwicklung wieder nur ein Teil in einem größeren Ganzen sein soll, eine erschöpfende Berücksichtigung der Literatur nicht möglich erscheint; wo ich aber bereits betretene Wege begangen bin, dort möge die Darstellung gerechtfertigt werden durch das juristische Interesse an der Erkenntnis der Zusammenhänge, die von griechischem Denken zu Lehren der Gegenwart hinüberleiten.

Der Vorwurf, daß die Arbeit rechtsphilosophischen Inhaltes sei, kann auch von einem Juristen ausgehen, der mit der besagten Chrakterisierung die Wertlosigkeit der Ergebnisse für das praktische Leben, damit ihre Wertlosigkeit überhaupt, dartun will.

Gegen eine derartige Argumentation will ich mich nicht schützen; nur meiner Freude möchte ich hier Ausdruck geben, daß die Auffassung: die Wissenschaft vom Recht beginnt erst dort und reicht soweit, aber nur soweit, als der denkende Mensch die Materie des Rechtslebens als ein widerspruchslos seiner Vernunft sich einfügendes Ganzes begreifen will, immer weitere Kreise zieht, die von der banausischen Kurzsichtigkeit extremer Utilitaristen nicht gestört werden können. —

Dem hohen k. k. Ministerium für Kultus und Unterricht sowie der juridischen Fakultät der deutschen Karl-Ferdinands-Universität in Prag sei für die Gewährung von Reisestipendien der aufrichtigste Dank ausgesprochen.

Prag, im Mai 1914.

O. Tesar.

Inhaltsverzeichnis.

Einleitung[1]).

„Der Staat ist die mit ursprünglicher Herrschermacht ausgerüstete Verbandseinheit seßhafter Menschen[2])."

Diese Verbandseinheit besteht in der Zusammenfassung einer Vielheit, an sich in ihrem Handeln rein individuell bestimmter Menschen zu der gedanklichen Einheit eines widerspruchslosen Zusammenlebens der vereinigten Individuen[3]).

Das Streben nach jener ideellen Einheit fordert von dem einzelnen, historisch gegebenen Staat eine Summe von Handlungen, deren Zweck durch das gesteckte Ziel orientiert ist. Dieses allem staatlichen Handeln die Richtung vorzeigende Ziel zeigt auch gleichzeitig die historische Bedingtheit der Richtigkeit einer konkreten Staatshandlung auf, weist dem konkreten Staat einzelne bereits inhaltlich bestimmte Staatszwecke zu, die als die näheren Zielpunkte staatlicher Handlungen zu gelten haben. Diese Bestimmung von empirischen Staatszwecken stellt sich immer nur als Versuch dar, für einen bestimmten Querschnitt des historischen sozialen Lebens seine Stellung zum gedanklichen Endziel aufzuzeigen.

Durch die historisch bedingten Aufgaben des konkreten Staates, die durch seine Idee zu einer Einheit zusammengefaßt werden, erscheint eine Summe von konkreten Handlungen des

---

[1]) Die Einleitung hat die Aufgabe, eine Orientierung über die Gesichtspunkte zu geben, nach denen im Hauptteil eine Subsumption des Historischen erfolgen soll.

[2]) Jellinek, Allgemeine Staatslehre. II. Aufl., 1905, S. 173.

[3]) Stammler, Wirtschaft und Recht nach der materialistischen Geschichtsauffassung. II. Aufl., 1906, S. 580 ff. An dieser Stelle sei überhaupt auf die Ergebnisse der Arbeiten R. Stammlers verwiesen, deren Einfluß auf den Verf. hier in aufrichtigster Weise anerkannt werden soll.

Staates notwendig, die die Realisierung der Staatszwecke in einem gegebenen Zustand anstreben.

Die Setzung einer derartigen konkreten Handlung ist nur die Aktualisierung der in der Staatsidee liegenden Konstanten des gesamten staatlichen Handelns.

Die den einzelnen Handlungen innewohnende Konstante stempelt sie zu Funktionen des Staates. Sie erscheinen als Verwirklichung der einzelnen durch einen gemeinsamen Zielpunkt vereinigten Staatszwecke in der Welt zufälliger historischer Gegebenheiten.

Wieweit der Inhalt einer konkreten Staatshandlung sich aus den Zwecken staatlicher Handlungen erklären läßt, wieweit die aus dem Historischen, der Materie des sozialen Lebens sich ergebende Komponente inhaltsbestimmend ist, läßt sich a priori nicht sagen.

Nur die verschiedenen Möglichkeiten einer Inhaltsbestimmung staatlicher Handlungen lassen hier bereits eine Erörterung zu. Als Grenztypus für die Inhaltsbestimmtheit staatlicher Handlungen ergibt sich einerseits jener Fall, in dem bei der Bestimmung des Inhalts der Einfluß des Funktionellen überwiegt, bei dem vom Historischen lediglich das Zeitmoment in Betracht kommt, das eine in ihrer Periodizität bereits durch die Zwecke des Staates vorausgesehene Handlung durch den Eintritt des der Periodizität entsprechenden Termines auslöst.

Der entgegengesetzte Grenztypus wird bei jenen Handlungen sich ergeben, bei denen das funktionelle Moment sich darin erschöpft, daß gehandelt wird, während der Inhalt durch historisch gegebene, außerhalb der staatlichen Zwecksetzung gelegene Momente bestimmt wird.

Handlungen dieser Art sind es, die der Staat gegenüber den nebengeordneten Gebietskörperschaften, resp. den dem Staate untergeordneten Individuen und Verbänden, soweit sie deren verbandsfreie Sphäre betreffen, vornimmt.

Im Staate wie in jedem anderen Verbande gehört das eingeordnete Rechtssubjekt nur mit einem Teil seiner Lebenssphäre dem Verbande an [1]).

[1]) Vgl. dazu Simmel, Soziologie, 1908, S. 36 ff.; v. Gierke, Die Genossenschaftstheorie und die deutsche Rechtsprechung 1887 S. 176 ff.; Jellinek, l. c. S. 171 f.

Nur soweit der dem Verbande unterworfene Teil des Einzellebens reicht, sind die Handlungen des Menschen unmittelbar durch das Recht nach den letzten Zwecken des Staates bestimmt.

In seiner verbandsfreien Sphäre kann das Individuum — dieses isoliert gedacht — in seiner naturgesetzlichen Bestimmtheit, resp. Bestimmtheit durch Konventionalregeln handeln, ohne mit dem Gedanken der Widerspruchslosigkeit des Zusammenlebens in Kollision zu geraten [1]).

Auf diesem Gebiete kann der Mensch sowohl seinem Verbande, dem er mit dem anderen Teile seiner Sphäre als Glied angehört, als auch anderen Nebenmenschen als nebengeordnete Individualität entgegentreten.

Beim Einzelmenschen wie auch beim Verband wird in diesem Verhältnis der Nebenordnung eine rein individualistische Einstellung seines Bewußtseins als Ausdruck seiner Persönlichkeit zugrunde gelegt.

Es wird bei dieser Betrachtung des Verhältnisses zweier nebengeordneter Individuen zur Grundlage genommen, daß irgendein Ereignis der Außenwelt auf die Bewußtseinslage des Individuums, resp. des personifiziert gedachten Verbandes wirkt, das zusammen mit der konkreten Einstellung der Bewußtseinslage eine Reaktion hervorbringt.

Der einzelne Mensch, der Verband erscheint hierbei als Reaktionszentrum mit einer Bewußtseinslage, die lediglich individuelle historische Bestimmtheit aufweist.

Das Irrationale ihrer inhaltlichen Bestimmtheit hat bei einer Erklärung der Reaktion ein Absehen von dem konkreten Inhalt der Bewußtseinslage, lediglich die Berücksichtigung ihrer Existenz zur Folge.

So wird die Reaktion des Individuums völlig auf den Reiz als erklärende Ursache zurückgeführt; das individuell eingestellte Bewußtsein, die individuelle Reaktionsdisposition als Mitursache der Reaktion kommt bei der Erklärung der Reaktion als das allen Reaktionen in der gleichen Weise Gemeinsame,

[1]) Zu der Vereinbarkeit dieser Auffassung mit der Lehre von der Grenzenlosigkeit des Rechts vgl. Stammler, Theorie der Rechtswissenschaft, 1911, S. 416 ff.

als Konstante gar nicht in Betracht. Soweit es sich um die verbandsfreien Sphären der einzelnen Individuen handelt, bilden diese gegeneinander abgeschlossene Kreise. Jeder Kreis ist ausgefüllt von dem jeder dieser Individualitäten zukommenden, verbandsfreien Willen, der den Daseinswert des einzelnen Individuums darstellt [1]).

Dieses Verhältnis der Einzelindividuen im Zustand der Nebenordnung wird von Tönnies als Gesellschaft charakterisiert. „Die Theorie der Gesellschaft konstruiert einen Kreis von Menschen, welche ...... auf friedliche Art nebeneinander leben und wohnen, aber nicht wesentlich verbunden, sondern wesentlich getrennt sind ... Folglich finden hier keine Tätigkeiten statt, welche aus einer a priori und notwendigerweise vorhandenen Einheit abgeleitet werden können, welche daher auch insofern, als sie durch das Individuum geschehen, den Willen und Geist dieser Einheit in ihm ausdrücken, mithin so sehr für die mit ihm verbundenen als für es selber erfolgen. Sondern hier ist ein jeder für sich allein und im Zustande der Spannung gegen alle übrigen. Die Gebiete ihrer Tätigkeit und ihrer Macht sind mit Schärfe gegeneinander abgegrenzt, so daß jeder dem anderen Berührungen und Eintritt verwehrt, als welche gleich Feindseligkeiten geachtet werden [2]).“

Der Wille der einzelnen, isoliert nebeneinander bestehenden Individuen, Willkürwille nach Tönnies' Terminologie, stellt „den isolierten Menschen der gesamten Natur als Geber und Empfänger gegenüber [3]).“

Dieser Wille tritt den übrigen Individuen als Ausdruck der Individualpersönlichkeit gegenüber und fordert als solcher Anerkennung der Freiheit: Tun zu können, was man will [4]). Ist unter den einzelnen nebengeordneten Willen der Zustand erreicht, daß diese Willkür eines jeden sich mit jedermanns Frei-

---

[1]) Vgl. dazu Schäffle, Bau und Leben des sozialen Körpers 1875 1. Bd. S. 55 ff.

[2]) Tönnies, Gemeinschaft und Gesellschaft. Grundbegriffe der reinen Soziologie, II. Aufl., 1912, S. 48.

[3]) Tönnies, c. l. S. 158.

[4]) Simmel, Soziologie, S. 40 ff. Einleitung in die Moralwissenschaften, I. 1892/93 S. 133 ff.

heit nach diesem allgemeinen Gesetze zusammen vereinigen lasse [1]), dann ist der Zustand erreicht, der die Gesellschaft im Zustand der Ruhe, in einem nicht notwendig zu einem anderen Hinstrebenden erscheinen läßt [2]).

Welcher der Inhalt der einzelnen, diesem Zustand entsprechenden Wollungen ist, läßt sich positiv nicht bestimmen. Lediglich negativ, durch die Kollision mit anderen Wollenssphären, lassen sich die einzelnen Sphären umgrenzen.

„Sie müssen entweder sich nicht berühren oder sich vertragen, um als Willkürsubjekte nebeneinander zu verharren; denn wenn einer dem anderen nimmt oder ihn zwingt, so will und agiert jener allein [3]).“

Eine Handlung, die in eine fremde Willenssphäre eingreift, ruft in dieser wieder eine Reaktion wach, die nach Befriedigung strebend ihrerseits wieder Eingriffe in fremde Sphären zur Folge hat. Der Verletzte strebt nach Betätigung gemäß seinem, durch die Handlung eines anderen hervorgerufenen Gefühl [4]). Die dadurch entstandenen Eingriffe in fremde Sphären sind ihrerseits wieder die Ursache von Reaktionen, so daß gegenüber dem vorgenannten Zustand der Ruhe, der Abgrenzung der einzelnen Wollenssphären Bewegung, Veränderung zwischen den nebengeordneten Willenssphären, die durch ihre Inhalte sich nicht mehr zu einer widerspruchslosen Einheit verbinden lassen, entsteht. Der Endpunkt dieses naturgesetzlich bestimmten Prozesses ist entweder die völlige Beseitigung der einen Willenssphäre, so daß die Ausdehnung der anderen durch den Wegfall der durch die nunmehr beseitigte Willenssphäre gegebenen Begrenzung nicht mehr mit dem Gedanken der widerspruchlosen Einheit aller Willenssphären in Widerspruch gerät.

---

[1]) Kant, Metaphysik der Sitten (herausgeg. v. Kirchmann, Phil. Bibl. 42) S. 31.

[2]) Tönnies, c. l. S. 49.

[3]) Tönnies, c. l. S. 158.

[4]) Holdack, Von der Idealität des dualistischen Prinzips in der Strafe, 1911, S. 9 und passim; Binding, Die Entstehung der öffentlichen Strafe im germanisch-deutschen Recht, 1909, S. 49; Makarewicz, Einführung in die Philosophie des Strafrechts, 1906, S. 245 ff.

Neben dieser Beendigung der Bewegung durch den Sieg [1]) des einen Teiles kommt als Beendigungsform jene in Betracht, die auf einer Ableitung des Interesses am Streit [2]) — als solcher erscheint ja äußerlich die Bewegung zwischen den einzelnen Willenssphären — beruht.

Die Möglichkeit des ruhigen Genießens einer bestimmten Willenssphäre läßt das ursprüngliche Streben nach Betätigung über seine ursprüngliche Sphäre hinaus zurücktreten; der Wert, den die gefühlsmäßige Kraftäußerung durch die Niederringung des Gegners erhält, bekommt ein Äquivalent in dem Wert, den der ruhige Besitz einer bestimmten Gütersphäre als ein Herrschenkönnen darstellt [3]).

Wenngleich der Nebeneinanderbestand der einzelnen Willenssphären als widerspruchslose Einheit der Idee des Staates, seinen Zwecken entspricht, so ist damit noch nicht gesagt, wie der Staat sich handelnd zu einer tatsächlichen Veränderung des seiner Idee entsprechenden Zustandes verhält.

Es ist eine lediglich vom Standpunkt des historisch Gegebenen aus zu beantwortende Frage, wann der Staat in den auf die Lösung des Streites gehenden Naturprozeß durch seine Handlungen eingreift, in einem Zeitpunkt Ruhe schafft, in dem bei dem noch vorhandenen Gegensatz zweier Willenssphären die dem Staate entsprechende Ruhe nicht eingetreten wäre.

Greift der Staat in den naturgesetzlich bestimmten Kausalzusammenhang ein, so stellt sich dieser Akt als autoritative Neuregelung des Verhältnisses zweier oder mehrerer Willenssphären dar. Der Zustand der Ruhe, dessen Eintritt ohne staatlichen Eingriff lediglich durch das Kräfteverhältnis bestimmt ist, das zwischen den kollidierenden Willen besteht, wird nunmehr dadurch hergestellt, daß dem Übergriff des einen Willenszentrums in eine fremde Sphäre durch staatlichen Hoheitsakt ein bestimmtes Wertäquivalent gegenübergestellt wird. Wieweit diese Wertbestimmung von der naturgesetzlich sich ergebenden abweichen kann, hängt von dem Machtverhältnis ab, das zwischen Staat

[1]) Simmel, Soziologie, S. 327.

[2]) Simmel, c. l. S. 326.

[3]) Makarewicz, c. l. S. 262 ff.

und Privaten besteht. Wenngleich so die Festlegung eines bestimmten Verhältnisses zwischen Aktion und Reaktion Produkt eines Kampfes zwischen Individuum und Staatsgewalt bildet, tritt mit der Erstarkung der Staatsgewalt der Gesichtspunkt der Bestimmtheit durch eine außerhalb des Verhältnisses bestehende Macht zurück; analytisch wird aus der Aktion eine „wertgleiche" Reaktion abgeleitet [1]).

Die Festlegung des Verhältnisses der beiden Willenssphären erfolgt derart, daß das durch den Eingriff entstandene Reaktionswollen des Angegriffenen losgelöst wird von rein individuellen Momenten, von der gegebenen Einstellung der Bewußtseinslage des Angegriffenen und des Angreifers.

Durch die Zurückführung des Reaktionswollens des Angegriffenen auf die von jeder subjektiven Zufälligkeit freie äußere Handlung, Ausschließung individueller Willkür und Leidenschaft auf seiten des Verletzten [2]), wird die Allgemeingültigkeit des Verhältnisses zwischen Aktion und Reaktion aufgezeigt, damit seine Tauglichkeit dargetan, Grundlage eines neuen widerspruchslosen Nebeneinanderbestehens für beide Willenssphären zu sein.

Das Funktionelle in dieser Staatshandlung besteht darin, daß das naturgesetzlich bestimmte Verhältnis zweier Willenssphären durch ein autoritativ bestimmtes ersetzt wurde.

Dies gilt sowohl für den Inhalt des Wollens, das durch die Aktion entstand, als auch für die Richtung desselben, indem diesem Wollen ein bestimmtes Gefallenlassenmüssen, Objekt der Willensbefriedigung zu sein, gegenübergestellt wurde. Der Anerkennung eines Wollens auf seiten des Verletzten entspricht die Feststellung eines Duldenmüssens, einer Schuld, auf einer anderen Seite.

Was dem Wollen des Verletzten die Richtung gibt, in der sein Wollen zur Befriedigung zu gelangen hat, ist die Schuld. „Wie erst die Strafe, die auf einen Tatbestand gesetzt ist, diesen Tatbestand zum Unrecht macht, wie also aus der Strafe auf das Unrecht zu schließen ist, so ist zu folgern: weil und sofern eine

[1]) Simmel, c. l. S. 206.

[2]) Holdack, c. l. S. 11 ff.

Strafe, darum und insofern eine Schuld [1])." Schuld ist hier nichts anderes als die Konstatierung der Gesetzmäßigkeit eines Reaktionswollens in der Richtung auf einen bestimmten Menschen [2]).

Daß die Schuld hier notwendigerweise ein Moment der Einzeltat sein muß, bedarf wohl keiner weiteren Betonung. Die Materie des Wollens und dessen Richtung, das vom Staat als Endpunkt der Störung, die durch eine Aktion entstanden ist, festgestellt wird, ist aus dem Wollen naturgesetzlich bestimmter nebengeordneter Menschen genommen; die Strafe erscheint als Befriedigung eines, dem Staat seinem Inhalte nach fremden Wollens durch den Staat.

Die Privatstrafe ist zwar in diesem Fall durch eine staatliche Strafe abgelöst, ihre Form nimmt sie aber aus den Verhältnissen der Nebenordnung zwischen einzelnen Individuen. Die Strafe ist ihrer Form nach Verkehrshandlung im Sinne v. Gierkes [3]) geblieben.

Diesem Typus der Handlungen des Staates gegenüber einem einzelnen stehen jene entgegen, die dadurch zustande kommen, daß ein auf die Zwecke des Staates eingestelltes Organ unmittelbar auf eine bestimmte Verhaltungsweise eines Individuums reagiert. Hier reagiert das als Reaktionszentrum des Staates dienende Organ, mag es sich um eine Einzelperson oder um eine Personenmehrheit handeln, nicht kraft einer zufälligen Einstellung seines Bewußtseins Nebengeordneten gegenüber, sondern auf Grund seiner Einstellung den staatlichen Zwecken gemäß, die von vornherein bestimmte Verhaltungsweisen des Individuums unter dem Gesichtspunkt des staatlich Zweckmäßigen betrachtet.

Die Wertung der einzelnen Handlung des Menschen erfolgt nicht auf Grund individuell übernommener Rechte und Pflichten [4]), sondern auf Grund der Zugehörigkeit einer bestimmten Sphäre der Einzelpersönlichkeit zur Gemeinschaft.

---

[1]) Kelsen, Hauptprobleme der Staatsrechtslehre, 1911, S. 142.

[2]) Kelsen, c. l. S. 144 f.

[3]) v. Gierke, c. l. S. 725 u. passim.

[4]) v. Gierke, c. l. S. 182.

Das Wesen der Gemeinschaft besteht darin, daß eine Mehrheit von Individuen durch die Identität bestimmter Willensinhalte verbunden ist, die überindividuelle Zwecke zum Gegenstand haben, so daß von einem Gemeinwillen [1]) gesprochen werden kann.

„Die Theorie der Gemeinschaft geht ... von der vollkommenen Einheit menschlicher Willen als einem ursprünglichen oder natürlichen Zustande aus, welcher trotz der empirischen Trennung und durch dieselbe hindurch sich erhalte, je nach der notwendigen und gegebenen Beschaffenheit der Verhältnisse zwischen verschiedenen bedingten Individuen mannigfach gestaltet [2]).“

Der das einzelne Individuum überragende Wille der Gemeinschaft erscheint gleichzeitig als Bejahung des Willens des Einzelindividuums, das an der Gemeinschaft und ihren Zwecken teilhat. Dieser Gemeinwille stellt für die Gemeinschaft einen selbständigen Wert dar [3]).

Er erscheint als Ausdruck des auf die Verwirklichung der Gemeinschaftszwecke gerichteten Wollens; in jeder Äußerung des Gemeinwollens tritt eine innere Notwendigkeit derselben zutage, die durch die Zwecke der Gemeinschaft bestimmt ist [4]).

Im Einzelindividuum kommt dieser Gemeinwille zunächst triebartig zum Ausdruck; sobald dann der reflektierende Mensch die Notwendigkeit der einzelnen Äußerungen des Gemeinwillens erkannt hat, empfindet das Individuum irgendwelche Forderungen des Gemeinwillens gar nicht mehr als von etwas ihm gegenüber Fremden ausgehend, sondern als Ausfluß seiner Persönlichkeit [5]).

Bereits früher wurde betont, daß der Gemeinwille nicht das gesamte individuelle Leben erfaßt.

Je größer der Kreis in ihrer Individualität verschiedener Individuen ist, um so geringer wird der Inhalt dieses Gemein-

---

[1]) Vgl. dazu Schmoller, Grundriß der allgemeinen Volkswirtschaftslehre, I. Teil, 1900, S. 17; Schäffle, Bau und Leben, I. Bd. S. 406 ff.; Tönnies, nennt diesen Willen den Wesenswillen, S. 103 ff.

[2]) Tönnies, c. l. S. 9.

[3]) Simmel, Einleitung in die Moralwissenschaften, II., S. 313 ff.

[4]) Simmel, c. l. II., S. 358.

[5]) Simmel, c. l. I., S. 175.

willens. Die Enge des Inhaltes des Gemeinwillens hat aber wiederum ihren Ausdruck in der Intensität, mit der sich einfache Ideen durchzusetzen suchen [1]).

Soweit diese Unterworfenheit unter den Gemeinwillen reicht, besteht die Möglichkeit, daß die Handlungen des Menschen im Hinblick auf diesen Gemeinwillen gewertet werden, gegen sie auf Grund der Einstellung des als Reaktionszentrum arbeitenden Organes in der Richtung des Gemeinwollens reagiert werde.

Ist in einer Gemeinschaft dieser Gemeinwille seinem Inhalt nach nicht differenziert, zeigt er sich nur als weiter nicht bestimmter Ausdruck eines organischen Lebens-, Selbsterhaltungswillens, dann werden auch die menschlichen Handlungen nach dieser einheitlichen Basis der Wertung des Menschen in seiner verbandsunterworfenen Sphäre beurteilt.

Dem Stadium der inhaltlichen Einheitlichkeit, Undifferenziertheit des Gemeinwillens, entspricht die Wertung einer Handlung, die nicht einen Gemeinwillen zeigt, als antisozial; der undifferenzierte Gemeinwille faßt diese Wertung unmittelbar mit der Bezeichnung der weiteren aus dem Selbsterhaltungswillen heraus vorzunehmenden Handlungen zu einer Einheit zusammen. Der antisozial Handelnde wird Feind der Gesamtheit [2]).

Dem einheitlichen Inhalt des Gemeinwillens als Selbsterhaltungswillen entspricht die Ausstoßung, Vernichtung des nicht die einfachsten Gemeingefühle zeigenden Menschen [3]). Die autoritative Feststellung eines Menschen als Feind sucht nun in jedem einzelnen die Gefühle des individuellen Hasses gegen einen bestimmten Menschen und ein diesem individuellen Gefühl entsprechendes Handeln zu erzeugen, durch das die Durchführung der Eliminierung des Antizosialen, die dem organschaftlichen Willen entspricht, garantiert wird [4]).

Für eine Zersetzung dieses einfachen Verhältnisses zwischen Individuen und reagierender Verbandseinheit lassen sich verschiedene historische Möglichkeiten als Erklärungsgrund an-

[1]) Simmel, Soziologie, S. 53 ff.

[2]) Vgl. dazu Makarewicz, S. 125 f.

[3]) Schmoller, c. l. S. 45.

[4]) Vgl. dazu Simmel, Soziologie, S. 264 f.

führen. Zunächst ist es der Eintritt der Differenzierung des Inhaltes des Gemeinwillens selbst, der eine verschiedene Wertung seiner einzelnen inhaltlichen Bestandteile und damit eine verschiedenartige Reaktion der auf staatliche Zwecke eingestellten staatlichen Reaktionszentren möglich macht.

Mit dieser inhaltlichen Differenzierung kann eine Differenzierung im Reaktionszentrum des Verbandes Hand in Hand gehen. Die Ungeteiltheit der Einstellung eines Reaktionszentrums auf das gesamte Gemeinwollen, resp. auf die gesamten, staatlichen Zwecke verfolgenden Reaktionsmöglichkeiten kann aufhören.

Eine Mehrheit von Staatsorganen kann sich in die Durchführung der staatlichen Zwecke teilen. Nur innerhalb des dem einzelnen Organ zugewiesenen Teiles der Staatsaufgaben ist dann das betreffende Organ taugliches Reaktionszentrum für die Wertung eines Verhaltens als Ausdruck der Verbandsunterworfenheit des betreffenden Individuums.

Ebenso kann auch die Durchführung der die einzelnen Staatszwecke realisierenden Handlungen ihrem Inhalt nach zwischen verschiedenen Reaktionszentren geteilt sein.

So kann sowohl die Vollmacht zur Wertung des menschlichen Verhaltens mit Rücksicht auf die verbandsunterworfene Sphäre, nennen wir es Apperzeptionsvollmacht, als auch die Vollmacht, die den staatlichen Zwecken entsprechenden Reaktionshandlungen vorzunehmen, die Reaktionsvollmacht, zwischen mehreren individuell verschiedenen Organen geteilt sein.

Zu diesen die Formen staatlicher Reaktion beeinflussenden Faktoren kann schließlich noch dazu kommen, daß der Verband den einzelnen Bürger als nichtständiges Hilfsorgan für die Durchführung staatlicher Zwecke verwendet.

Dies kann der Fall sein, wenn der Staat privates Wissen von Tatsachen, die für das Verbandsleben relevant sind, unmittelbar für Verbandszwecke verwertet wissen will, durch Statuierung von Anzeigepflichten usw.; oder, wenn er Private als Reaktionszentren verwertet, ohne daß von vornherein auf die Einstellung ihrer Bewußtseinslage auf die staatlichen Zwecke gerechnet werden kann, z. B. bei der Verwendung von Laien in der Gerichtsbarkeit.

Schließlich kann sich der Verband bei der Durchführung des Verbandswillens einzelner Privater als temporärer Hilfsorgane bedienen, wo ihm ständige Exekutionsorgane nicht ausreichen, resp. nicht zu Gebote stehen.

Der Verband verlangt ferner vom einzelnen Privaten, wenn nicht eine aktive Mitwirkung bei der Durchführung staatlicher Zwecke, so doch ein bestimmtes passives Verhalten, Unterlassungen von Handlungen, die seine Exekutionstätigkeit stören könnten.

Die angeführten historischen Möglichkeiten lassen eine Fülle von Beziehungen zwischen einzelnen Personen, Organen untereinander, Organen und Privaten zu, die für die Form der staatlichen Reaktion bestimmend sein können.

Es können Beziehungen zwischen den einzelnen Organen auftreten, die einander nicht untergeordnet, sondern nebengeordnet, die ihnen zugewiesenen Vollmachten gegenseitig als subjektive Rechte geltend machen. Ebenso können sich Beziehungen zwischen den Organen und den Privaten ergeben, die zu einer Abgrenzung der Tätigkeit einer Organpersönlichkeit als Organ von der als Privatperson hinstreben.

Die folgenden Untersuchungen sollen nun zeigen, wieweit derartige Umstände auf die Ausbildung des historischen Rechtes bestimmend waren.

Es soll versucht werden, aufzuzeigen, wieweit sich in der Ausbildung des Strafrechtes der Gedanke der Nebenordnung, wieweit der der Unterordnung geltend macht.

Daran schließt sich die Erörterung an, wie sich der denkende Mensch zu diesen beiden Formen des Strafrechts verhält, wieweit er ihnen überhaupt Beachtung schenkt, resp. wie er eine gedankliche Vereinigung beider Rechtsstandpunkte durchzuführen sucht.

Den Zwecken der Arbeit entsprechend, ist eine Vollständigkeit in der Bearbeitung des Rechtsmateriales, als auch der Geschichte des Denkens über das Strafrecht nicht angestrebt worden. Bei der Behandlung des griechischen Rechts wurde das attische

Recht als Typus angenommen. In dem dogmengeschichtlichen Teil wurden zunächst einzelne Denkmale der Poesie als Typus bestimmter Denkrichtungen behandelt. Die Rücksichtnahme auf derartige, sagen wir unwillkürliche Äußerungen über Rechtsfragen wurde nicht mehr notwendig, sobald die Quellen der bewußten Behandlung von Rechtsfragen, einer Wissenschaft vom Rechte, reichlicher flossen, deren Bedeutung für die geschichtliche Entwicklung der Rechtsbegriffe eine weitere Registrierung gelegentlicher Äußerungen über Staat, Recht und Strafe wohl überflüssig machte.

I. Buch.

Staat und Strafrecht in Griechenland, unter besonderer Berücksichtigung des attischen Rechtes.

I. Kapitel.

Die homerische Zeit.

§ 1. Die Anfänge der staatlichen Strafe.

In dem Staate der homerischen Zeit erscheint das Individuum nur mit einem kleinen Teil seiner Lebenssphäre dem Staat und seinen Zwecken eingeordnet.

Die Unterordnungsverhältnisse beziehen sich im wesentlichen darauf, was die Befehlsgewalt im Kriege erfordert. Der König selbst leitet seine Herrschergewalt von dem ihm als Feldherrn verliehenen Amt, von seiner Feldherrnwürde, deren Symbol das Zepter war, ab [1]; daß die Herrscherwürde „von Gottes Gnaden" bestehe, ist kaum für die Stellung des Herrschers maßgebend [2]. Der Staat ruht so, als im Kriege geschaffen, ganz auf der Kommandogewalt des Führers [3].

So fallen dem Herrscher nur diejenigen Verhaltungsweisen des Menschen, die zum Kriege in Beziehung standen, zur Beurteilung zu; nur in diesem, ihm vom Volk übertragenen Wirkungskreis hatte er die Exekutive, konnte gegen menschliches Ver-

[1] Finsler, Das Homerische Königtum, in Ilbergs neuen Jahrbüchern, IX. Jahrgang Bd. XVII, 1906, S. 320, 330, mit Rücksicht auf Il. I. 277, S. 402 und 405.

[2] So Finsler, S. 405, vgl. Il. II. 46; dagegen Buchholz, Homerische Realien 1871—85 II₁ S. 6.

[3] Wundt, Geschichte der griechischen Ethik, 1908, I. Bd. S. 22.

halten, soweit es die militärischen Interessen forderten, mit leichten Strafen reagieren [1]).

Darüber hinaus bestand keine persönliche Unterordnung gegenüber dem Herrscher [2]).

Einen organschaftlichen Willen, dessen Inhalt die Zufügung schwerer Übel gegen Volksgenossen war, zu bilden, stand nicht ihm, sondern der Gemeindeversammlung (ἀγορά, δῆμος) zu, die in unmittelbarer Weise auf irgendwelches Verhalten eines Gemeindegenossen, das den allen Personen gemeinsamen Bewußtseinsinhalten entgegen war, reagiert [3]).

Die Tatsache des anders Handelns als wie es dem Gesamtbewußtsein der Volksgenossen entsprach, war das Wesentliche dessen, worauf die Gesamtgemeinde automatisch einmütig reagierte; es genügte, um in dem Willen des Volkes zum Ausdruck zu bringen, daß ein Mensch nicht mehr in der Gemeinde bleiben kann, sondern beseitigt werden muß [4]).

Hierin liegen wohl die ersten Anfänge eines staatlichen Strafrechtes, einer Strafe, deren Inhalt nicht durch einen dem Staat in erster Linie fremden Willen bestimmt wird [5]).

„Die Bestrafung sieht nach unseren Begriffen sehr tumultuarisch aus; aber in einem Staat, dem alle Organe der Exekutive fehlen, ist wohl ein anderes Verfahren kaum möglich [6])."

Daß der Erfolg auch derartiger Gesamthandlungen schließlich doch noch von den tatsächlichen Machtverhältnissen abhing, lehren die homerischen Gedichte zur Genüge [7]).

---

[1]) Vgl. K. F. Hermanns, Lehrbuch der griechischen Antiquitäten, I. Bd. Staatsaltertümer, VI. Aufl. bearbeitet von H. Swoboda, 1913, S. 38; Finsler, S. 329; vgl. über die Anwendung von Gewalt Il. II. 186; dazu Finsler, c. l. S. 405, über die Züchtigung des Thersites Il. II. 265 ff. Über das Fehlen der richterlichen Gewalt beim Herrscher vgl. Finsler, c. l. S. 329, dagegen Buchholz, S. 12.

[2]) Vgl. Odyss. XIII. 265, dazu Finsler, c. l. S. 328/29.

[3]) Es genügt, wenn in diesen Fällen irgendein Wissen der Volksgemeinde mitgeteilt wird, die Mitteilung irgendeines „δήμιον" vgl. Odyss. II 30 ff.; Swoboda, c. l. S. 40, besonders Anm. 1.

[4]) Odyss. XVI. 381 ff., 424 ff.; dazu Finsler, c. l. S. 322.

[5]) Vgl. dazu Finsler, c. l. S. 321 ff.; dagegen J. H. Lipsius, Das attische Recht und Rechtsverfahren, I. Bd. 1905, S. 6, der hierin nur eine tumultuarische Selbsthilfe, keine organschaftliche Reaktion gegen ein Verbrechen erblicken will.

[6]) Finsler, c. l. S. 322.

[7]) Odyss. II. 239, 244; XVI. 114; XVIII. 138; Finsler, S. 322/3.

§ 2. Das private Strafrecht, unter besonderer Berücksichtigung der Ahndung der Tötungsdelikte.

Von diesen wenigen Fällen abgesehen, finden wir die Übelszufügung nur im Verhältnis der Nebenordnung, zwischen Freien als Reaktion gegen vorangehende Übeltaten in den homerischen Gedichten behandelt.

Der homerische Mensch sieht in dem Affekt seine Werte, in der Möglichkeit der Betätigung in der Richtung der primitivsten Leidenschaften seine Freiheit [1]).

Rein naturkausal trafen die Handlungen der Menschen aufeinander je nach der Einstellung des jeweiligen Bewußtseins, Liebe oder Haß erzeugend und demgemäß Ursache weiteren Handelns bildend. Treffend sagt v. Willamowitz [2]): „In dieser Zeit ist sozusagen die taktische Einheit in der Gesellschaft die Familie des selbstherrlichen Mannes, der über Weiber und Kinder, Hörige und Knechte gebietet. Es steht keineswegs ein Geschlecht oder gar eine staatliche Gemeinschaft über ihm, die gleichberechtigte Glieder umfaßte. Der Staat ist der Mann. Er ist völlig frei, soweit ihm nicht ein anderer ebenso freier Mann entgegentritt. Er hat in sich das Gesetz, so gut wie ein Gott (παρ' ἑαυτῶι, τὸ δίκαιον ἔχων), sein Wille macht Recht und Unrecht (δικαιῶν τὸ βιαιότατον), er schuldet niemandem Rechenschaft...... Denn eine Gewalt, die ihn zwänge, zu tun, was er für recht hält, existiert nicht. Hat er aber gesündigt, so wird ihn zwar sein Gewissen strafen: was dieser Richter in seiner Brust so nennt, ist Sünde für ihn; aber einen anderen Richter hat er nicht, und wie er sich mit diesem abfindet, ist seine Sache."

Dies tritt deutlich hervor in den Fällen der Tötung eines Menschen durch einen anderen [3]). Die Tötung eines Menschen

[1]) Vgl. Wundt, c. l. S. 8.

[2]) Aischylos' Orestie. Griech. u. deutsch von U. v. Wilamowitz-Moellendorf. II. Stück, 1896, S. 67; ebenso G. Grote, Geschichte Griechenlands. Deutsch von Meißner. 1850, I. S. 462. „Hier sehen wir noch einmal das charakteristische Attribut des griechischen Heroenzeitalters — die Allmacht der Privatkraft, gemäßigt und geleitet durch Familiensympathien und die praktische Nullität jenes Kollektivsouveräns, der später die Stadt hieß...."

[3]) Vgl. dazu G. Gilbert, Beiträge zur Entwicklungsgeschichte des griechischen Gerichtsverfahrens und des griechischen Rechtes. Jahrb. f. klass. Philol. 23,

erzeugt in dem Kreis seiner Angehörigen das Streben, durch Vernichtung dessen, der Ursache des Leides war, den durch die Tötung in ihnen entstehenden Affekt zur Lösung zu bringen.

Mag dieses Streben entstanden sein durch den Verlust des Affektionswertes [1]), den der Getötete darstellte, mag es auf die Furcht vor der Seele des Toten, der über seine Vernichtung in Wut ist [2]) zurückzuführen sein, für die Tatsache, daß es bei einer Anzahl von Menschen [3]) tatsächlich Befriedigung suchte, ist seine Entstehungsursache gleichgültig [4]).

Wie dieses Wollen tatsächlich zur Befriedigung kam, war lediglich naturgesetzlich bestimmt; es war davon abhängig, wie die tatsächlichen Kräfte auf der Seite des Angreifers und des Angegriffenen verteilt waren [5]).

Die Befriedigung dieses Wollens auf seiten des Bluträchers durch Vernichtung des Täters war nur eine Möglichkeit der Gestaltung der Sachlage [6]).

Die andere Möglichkeit war, daß sein Wollen tatsächlich nicht befriedigt werden konnte, weil der Täter durch Flucht sich dem Wollen des Rächers entzogen hatte [7]). Das Schicksal des Geflüchteten war ebenfalls rein naturgesetzlich bestimmt; er wurde zwar außer Landes als besonders hilfsbedürftig emp-

---

Supplem.-Bd., II. Heft, 1896, S. 504 f., Buchholz, c. l. S. 73 ff.; Nägelsbach, Homerische Theologie, III. Aufl. 1884 S. 267; vgl. auch Steinmetz, Ethnologische Studien zur ersten Entwicklung der Strafe, I., 1894, S. 359, 361.

1) Wilamowitz, c. l. S. 8.

2) Vgl. Lipsius, c. l. S. 7. Über das elende Los der Verstorbenen vgl. z. B. Odyss. XI. 489 ff., Il. IX. 401 ff. und Wundt, c. l. S. 18.

3) Über den Kreis dieser Personen, der Verwandten (ἔται) vgl. Lipsius, S. 7 und Odyss. XV. 273, Odyss. XXIII. 119.

4) Vgl. über Rache Odyss. XXIV. 433 ff., Odyss. I. 298 ff., III. 196 f., Odyss. 13, 256 ff., Il. 23, 85 ff.

5) Odyss. XVIII. 141.

6) Für den Fall, daß die Sippe des getöteten Ersttäters selbst wieder Rache nehmen wollte, dürfte bereits die Gemeinschaft diesem naturgesetzlichen Ablauf entgegengearbeitet haben; vgl. Odyss. I. 298, Il. IX. 457; Schömann-Lipsius, Griechische Altertümer, IV. Aufl., I. Bd. 1897 S. 48.

7) Buchholz, c. l. S. 82; vgl. Il. II. 662, XIII. 696 = XV. 335, XVI. 573, XXIII. 85 ff.; Odyss. XV. 224, vgl. Odyss. XXIII. 119, Odyss. XIII. 259 ff.; Schömann-Lipsius, c. l., Bd. 1 S. 43.

fangen[1]); doch war das Handeln des Rächers, dessen Rache durch die Flucht vereitelt war, nur tatsächlich zur Ruhe gelangt, konnte jederzeit wieder aufleben. Der Geflohene lebte in beständiger Unruhe und Angst vor seinem Verfolger[2]).

Dieses Wollen des Rächers konnte auch dadurch beseitigt werden, daß nicht dieses, sondern ein an die Stelle tretendes, dem Rächer an Wert gleiches Ersatzwollen befriedigt wurde. Es ist der Abkauf des primären Wollens auf Affektbefriedigung mittelst Betätigung durch in Aussichtstellen anderer Möglichkeiten einer erhöhten Bedürfnisbefriedigung resp. durch unmittelbare Beseitigung des die Verfolgung von den Lebenden verlangenden Willens des Getöteten[3]); die ποινή löst das primäre durch die Tat hervorgerufene Wollen ab[4]).

„Selbst ja auch vom Mörder des Bruders oder des Sohnes, welcher erschlagen, empfängt man die sühnende Buße, und er bleibt im Lande daheim um reichliches Sühngeld; jenem besänftigt das Herz sich und die gewaltige Zornwut, wenn er die Buße empfing[5]).“

Ob die eine oder die andere Art für die Befriedigung des ursprünglichen Rachewollens eintreten sollte, hing vom Wollen des Rächers ab[6]).

Eine Auslösung eines individuellen Willens der Gottheit durch die Tat des einen anderen Menschen Tötenden, ist bei Homer noch nicht festzustellen[7]); demgemäß sind auch keine

---

[1]) Il. XXIII. 480 ff., Lipsius, S. 9., Il. XVI. 574; Il. IX. 483, XVI. 196, 570 ff., XXIII. 83 ff., Il. XIV. 119 ff.; Gilbert c. l. S. 505.

[2]) Odyss. XV. 278; vgl. Aeschylos, Eumeniden, herausgeg. von K. O. Müller. 1833, S. 49; Buchholz, c. l. S. 75.

[3]) So Müller, Eumeniden, S. 145; Lipsius, c. l. S. 9.

[4]) Über ποινή vgl. Il. IX. 627; ferner Il. III. 290, V. 266, XIII. 659, XIV. 483, XVI. 398, XVIII. 498; vgl. Grote, c. l. S. 463/464 Anm. 78. Buchholz, c. l. S. 76.

[5]) Il. IX. 631; Schömann-Lipsius, c. l. S. 47.

[6]) Gegen die Deutung der Stelle der Il. XVIII. 497 ff., daß hier bereits durch Rechtsspruch entschieden werden konnte, ob jemand zur Annahme der Buße verpflichtet sei, vgl. nunmehr Lipsius, 1. Bd. c. l. S. 4 Anm. 7. Es handelt sich an der Stelle lediglich um den Streit, ob jemand die Blutsühne bereits erhalten hat oder nicht.

[7]) Wilamowitz, Orestie, S. 8; Lipsius, c. l. S. 9 Anm. 25; Schömann-

weiteren Handlungen des Täters zur selbständigen Ablösung dieses Wollens, resp. keine Handlungen der Gemeinschaft zur Ersatzvornahme einer Befriedigungshandlung gegenüber der Gottheit für den Fall, daß diese vom Täter nicht geleistet wurden, notwendig [1]).

Ebenso wie man die Handlung eines Menschen, die den Tod eines anderen zur Folge hatte, lediglich als historisches Ereignis betrachtete, das seine naturgesetzlich bestimmten Folgen auslöste, war es bei anderen Handlungen, die ebenfalls die Ursache des Übelwollens eines Nebenmenschen wurden, bei denen die durch sie hervorgerufene Minderung der Herrschaftssphäre sich ebenfalls in Affekten äußerte, die in dem Übelzufügen an einem Menschen ihre Auslösung fanden.

So war die Betätigung des Willens eines Menschen, seine Vermögenssphäre auf Kosten der anderen zu vergrößern, die bei den primitiven Verhältnissen sich hauptsächlich in der Form des Raubes abgespielt haben mag, lediglich nach ihrer rein kausalen Seite betrachtet.

Mag auch der Seeraub [2]) dadurch besonders für diese Betrachtung geeignet gewesen sein, daß er sich schon durch die gegebenen geographischen Verhältnisse in rechtlosem Gebiete gegenüber Fremden betätigte [3]), so muß doch auch das gleiche für den gewöhnlichen Raub, den Viehraub [4]), oder Diebstahl [5]),

---

Lipsius, c. l. I. Bd., S. 47 f., II. Bd. S. 362; Gilbert, c. l. S. 565; Buchholz, c. l. S. 81.

[1]) Schömann-Lipsius, c. l. Bd. I, S. 47; Wundt, c. l. S. 28. „Die Strafe der Götter tritt unmittelbar nur dort ein, wo der Gott selber beleidigt ist; sie ist eine Rache wie auch die Menschen sie üben." In der homer. Zeit hat der Mord noch nichts Befleckendes; vgl. Odyss. XV. 220, 508 ff., XVII. 71 ff., 151 ff., XX. 350 ff.; vgl. Gilbert, c. l. S. 504/505.

[2]) Odyss. XXIII. 357, I. 397, III. 72, IX. 254; dazu Thukydides, Geschichte des Peloponn. Krieges, I. 5.

[3]) Vgl. Schömann-Lipsius, c. l. I., S. 45, bes. Anm. 2; Wundt, c. l. S. 24; Buchholz, c. l. III_2 S. 371.

[4]) Il. XI. 670 ff., Odyss. XXI. 18, Odyss. III. 71; ferner Il. IX. 624, XX. 189, Odyss. IV. 81—90, IX. 40, XIV. 230, XIX. 284.

[5]) Odyss. XIX. 394 ff.; vgl. Gilbert, S. 449.

2*

Frauenraub [1]) gelten; ebenso wurde auch der Ehebruch [2]) behandelt.

Man überließ es dem einzelnen, sein Herrschaftswollen zu betätigen resp. für die ursprüngliche Äußerung desselben andere neue Werte anzunehmen. Das Haus des Odysseus genießt während seiner Abwesenheit keinen öffentlichen Schutz, die Häuptlinge, die sein Vermögen verzehren, finden bei dem Volke von Ithaka eher Sympathie als Mißbilligung [3]).

Die Freier bieten erst, sobald sie der von Odysseus drohenden Gefahr inne werden, reichlich Ersatz [4]).

Ebenso wie sich der homerische Mensch einer Summe von menschlichen Willenszentren gegenübergestellt sah, die bei Eingriffen in die von ihnen bejahte Sphäre, durch einen Affekt, Zorn [5]), reagierten, der nach Lösung durch eine Übelszufügung strebte, resp. sich diese durch eine Gütermenge abkaufen ließ [6]), so dachte er sich auch sein Verhältnis zu den Göttern. Diese waren anthropomorphe Gestalten, die ebenso wie die sterblichen Menschen ihren subjektiven Willen durchzusetzen suchten und ebenso der Affekte des Zornes [7]) fähig waren, wenn in ihre Sphären eingegriffen wurde. Worin der Inhalt dieses von den Göttern als befriedigungsbedürftig aufgestellten Wollens bestand, ist hier gleichgültig [8]); zu erwähnen ist nur der Anspruch auf besondere

---

1) Il. III. 284 ff.; Lipsius, S. 9.

2) Buchholz II1, S. 84; Odyss. VIII. 332 ff., 347 ff.

3) Odyss. IV. 165; Grote, c. l. I., S. 460.

4) Odyss. X. 55 ff; Lipsius, S. 9.

5) Über Zorn als allgemein anerkannten Wert vgl. Nägelsbach, c. l. S. 221; Odyss. VII. 307, Il. XVIII. 108, I. 103 ff., XXIV. 559, 568, Odyss. XIX. 407, vgl. auch Il. XXIV. 239 ff.

6) Nägelsbach, c. l. S. 222/23, Il. XIX. 179, Il. IX. 496 ff., 524.

7) Nägelsbach, c. l. S. 37, z. B. Il. III. 414, IV. 31 ff., Odyss. I. 19 ff., V. 377/79, Odyss. XI. 103. Dazu Nägelsbach: „Diese Blendung (sc. des Kyklopen) aber war für Odysseus unvermeidliche Notwehr, durchaus gerechte Selbsthilfe, und für den frevelhaften Unhold wohlverdiente und wenn auch grausame, doch nach den Umständen die einzig mögliche Strafe (Odyss. IX. 239 ff.), welche unmöglich selbst wieder strafbar sein konnte."

8) Vgl. Finsler, Homer, 1908, S. 424: „Das sind die Handlungen, von denen der Mensch der Ilias göttliche Strafe fürchtet: Vergehen gegen Götter, Eltern, Schutzflehende; Meineid, Vertragsbruch, Verletzung des Gastfreundes, endlich un-

Stellung [1]) auf Opfergaben [2]), der Schutz von Gästen und Schutzflehenden [3]), die Wahrheit des Eides [4]). Irrelevant ist auch, ob ihr Wollen den letzten Grund in ihnen selbst gehabt, oder ob sie ihrerseits ihr Wollen von etwas Höherem ableiteten, demgemäß sie die Gestaltung der Dinge wollten [5]).

Stieß ein Sterblicher auf irgendein bestimmtes Wollen, so reagiert der Gott ebenso individualistisch wie ein Mensch, weil er die Reaktion zur Beseitigung der durch den Eingriff entstandenen Unlust braucht [6]): die Personifikation der Strafe — die Erynien sind die Zürnenden, Haderndn [7]) — ist daher ebenso wie Menschen bereit, sich dieses Wollen durch andere Herrschaftsmöglichkeiten ablösen zu lassen, sich gegen ein anderes Entgelt zu versöhnen [8]).

So stellen sich die Menschen als Grund eines sie von den Göttern treffenden Übels den Zorn der Götter vor, dessen Folgen den Menschen als gleichsam Fremden ebenso treffen, wie die Handlungen eines nebengeordneten Menschen.

Der Mensch muß die Folgen einer Erregung der Götter hin-

---

gerechter Richterspruch. Also ausschließlich die Übertretung bestimmter Verpflichtungen."

[1]) Il. II. 594, Il. VI. 138, Il. XXIV. 602, Odyss. IV. 499, Finsler, c. l. 420.

[2]) Il. I. 9, V. 177, IX. 533.

[3]) Odyss. XIV. 278, Odyss. V. 447, Odyss. VII. 164, Odyss. IX. 269, 478 usw.; Finsler, c. l. S. 421.

[4]) Finsler, c. l. S. 424; Buchholz, c. l. III$_2$, S. 324 ff.; Nägelsbach, c. l. S. 220; vgl. z. B. Il. XIX. 259, Il. III. 278 ff. usw.

[5]) Über das Verhältnis der Götter zum Schicksal, μοῖρα, als dessen Vollstrecker sie gelten, vgl. Buchholz, c. l. III$_1$, 48 ff.; die Götter versuchen mit ihrer Macht die von den Menschen angestrebte Annullierung eines Schicksalsbeschlusses zu hintertreiben, was aber nicht immer gelingt. Buchholz, c. l. S. 56/57; Nägelsbach, c. l. S. 129.

[6]) Nägelsbach, c. l. S. 320; Buchholz, c. l. III$_2$, S. 191 ff; vgl. Odyss. XXIV. 351, Il. III. 320, Odyss. I. 7, Il. IV. 235. Daß von dem durch die Notwendigkeit den Zorn zu stillen gegebenen Rechte auch teleologische Wirkungen erwartet werden, steht der alten privatrechtlichen Strafauffassung nicht im Wege; vgl. Il. III. 351—54, Odyss. XXII. 372 ff., XIV. 400. Nägelsbach, c. l. S. 320, 321; Buchholz, c. l. S. 193.

[7]) Buchholz, c. l. III$_1$, S. 345.

[8]) Nägelsbach, c, l. S. 321; Buchholz, c. l. III$_2$, S. 193; vgl. Odyss. XIII. 180, IV. 581, Il. S. 472.

nehmen, soweit eben die Macht der Götter reicht, resp. soweit das Wollen nicht durch irgendwelche Macht abwehrbar ist. Wollen und Wollen stehen einander gegenüber. Will jemand dem Übel, das durch eine Erregung der Götter entsteht, entgehen, so muß er so handeln, daß er keine der göttlichen Willenssphären tangiert [1]).

Will er von den üblen Folgen bewahrt werden, dann muß er so handeln, daß er mit seinen Erfolgen außerhalb der Grenzen fremden Wollens bleibt; dann handelt er dem göttlichen Willen nicht zuwider [2]). Dies kann er aber nur dadurch, daß er einerseits Kenntnis hat von dem Dasein und dem Inhalt fremder Wollenssphären. Die ethische Intelligenz [3]), das entsprechende Wissen ist die erste Voraussetzung dafür, daß man vom Übel bewahrt wird, das durch ein, göttliches Übelwollen auslösendes Unrechthandeln entsteht.

Man muß andererseits imstande sein, der Vorstellung der Verletzung einer göttlichen Willenssphäre soviel motivierende

---

[1]) Buchholz, c. l. III₂, S. 199.

[2]) Nägelsbach, c. l. S. 306. „Daher ist das allgemeine Motiv, die Sünde zu meiden und Gutes zu tun, für den Dichter kein anderes als die Kollision, in welcher der Sünder mit der göttlichen Weltordnung, mit den Garanten derselben, den Göttern, und mit dem allgemeinen menschlichen Bewußtsein über dieselbe tritt. Des Dichters kategorischer Imperativ lautet: Sündige nicht, sondern tue Gutes; widrigenfalls hast du Götter und Menschen gegen dich.“ Vgl. Odyss. VIII. 329.

[3]) Buchholz, c. l. III₂, S. 200. „Zur Ausübung des δίκαιον ist der Mensch nach homerischer Ansicht nur unter gewissen Bedingungen befähigt, und sein geistiger Habitus muß in gewissen Beziehungen förmlich prädisponiert werden, wenn anders er den Forderungen der δίκη oder θέμις zu genügen in den Stand gesetzt werden soll. Zu diesen sittlichen condiciones sine quibus non gehört in erster Linie ethische Intelligenz, d. h. klare Erkenntnis alles dessen, was für eine gute sittliche Führung unerläßlich ist, und sicherer Takt in der Ablehnung und Verwerfung aller unsittlichen und mit der δίκη oder θέμις in entschiedenem Widerspruch stehenden Handlungsweisen.“ Vgl. bezüglich der Freier Odyss. II. 281, III. 52, Il. III. 108, Odyss. XVIII. 226, XXII. 287, Il. XIII. 603. Die Unwissenheit (νηπιέη) ist die Quelle der menschlichen Tragik. Buchholz, c. l. S. 152 ff. Nägelsbach, c. l. S. 290: „Der Dichter antwortet uns: Die Sünde entspringt aus der ἄτη, der Betörung des an sich normalen Verstandes. Sie selbst ist also Torheit, ruht so wie die Gerechtigkeit (vgl. Nägelsbach, c. l. S. 143/44) im Verstande, nicht im Willen.“ Vgl. dazu die von Nägelsbach, c. l. S. 290 ff. zitierten Stellen.

Kraft beizulegen, daß man seine eigenen zum Handeln führenden individualistischen Motive unterdrückt [1]).

Wer seine Macht höher schätzt [2]), das göttliche Übelwollen nicht fürchtet [3]), wird trotz Voraussicht des Übelserfolges handeln, damit die ihn treffende Übelskausalität auslösen.

Die Ursache des Übels ist das Eingreifen einer Handlung in eine fremde Willenssphäre; die weitere Ursache dieses Übels ist somit entweder das Nichtkennen eines bestimmten Willensinhaltes, resp. die Nichtberücksichtigung der Erfolgsvorstellung infolge Überwertigkeit individueller Strebungen, die Überhebung, die Hybris [4]).

So wird das Gefallenlassenmüssen eines Übels, das nach außen auf reiner Kausalität beruht, die abzuwehren der Mensch nicht die entsprechende Macht hat, nach innen weiter verfolgt, die Schuld, dasjenige, das das Gefallenlassenmüssen rechtfertigt, in die psychischen Ursachen des Handelns verlegt, die die äußere Handlung, damit den Eingriff in die fremde Willenssphäre hervorgebracht. Die einzelne Handlung löst eine bestimmte Reaktion eines in eigenartiger Weise eingestellten Bewußtseins aus. Für das handelnde Individuum ist die Bedingung dieses Handelns ein konkretes Nichtwissen von dem Vorhandensein eines bestimmt auf äußere Reize eingestellten Bewußtseins, resp. die der Voraussicht des Erfolges versagte Motivationskraft. Die Schuld ist hier ein Moment der Einzeltat [5]).

---

[1]) Vgl. dazu Buchholz, III$_2$, S. 209 ff.; Nägelsbach, S. 301 ff.

[2]) Über die σαοφροσύνη im Kampf gegen die individualistischen Regungen des θύμος Buchholz, 212 ff., Nägelsbach, S. 301; vgl. z. B. Il. I. 287—289, Il. XXI. 315, I. 259 ff. Die Selbstsucht ἀγηνορίη, ἀγήνωρ θύμος ist die Quelle alles Übels. Vgl. z. B. Odyss. XIII. 143, XVIII. 139, XVII. 428, 433, IV. 504, I. 35 ff.

[3]) Nägelsbach, S. 212; Buchholz, S. 186; vgl. z. B. Odyss. II. 64 ff., XIV. 84 ff., 283 ff.; XX. 215.

[4]) Nägelsbach, S. 305: „sie (die Sünde) ist ... des Menschen eigenste Tat, ist dessen bis zur ὕβρις gesteigerte Selbstsucht, welche damit ihrer genug geschehe, weder Satzungen der Götter noch Rechte der Menschen scheut." In der alles andere, außer sich negierenden Zentralität liegt das Wesen der Sünde. Nägelsbach, c. l. S. 301, Buchholz, c. l. S. 182 ff.; vgl. Odyss. III. 48, IV. 499—511.

[5]) Die Schuld, dasjenige, was Nägelsbach Sünde nennt, erscheint als einzelner Willensakt des Individuums. Buchholz, c. l. III$_2$, S. 177 Anm. 1.

Wenngleich die Götter infolge ihrer erhöhten Macht in entschiedener Weise für die Durchsetzung ihres Willens sorgen, so wird der Wert ihres Wollens doch nur als historische Tatsache beurteilt.

„Erwartet den, der gegen Götter kämpft eine schwere Strafe, die Helden der Ilias wagen es doch. Und die Freier überlassen sich rückhaltlos ihren Begierden, wohl wissend, daß die Strafe der Götter ihnen fern ist. Auch der göttliche Wille ist eben in die Schranken einer, wenn auch übermenschlichen Persönlichkeit gebannt; da mag man hoffen, ihm schließlich doch noch zu entfliehen oder ihn durch reiche Opfergaben zu wenden [1].“

So finden wir in der homerischen Zeit einem noch losen Staatsgefüge entsprechend die Herrschaft der individuellen Werte, der Affekte.

„Mit aller Kraft sucht der einzelne sich zur Geltung zu bringen, an sich denkt er überall zuerst [2].“ „Man ist nur bemüht aus eigenem Interesse, die Leidenschaften der anderen zu besänftigen oder nicht zu wecken [3].“

Der einzelne sucht seinen Affekt in der Außenwelt durch entsprechende Handlungen zur Geltung zu bringen, nur seine engeren Geschlechtsgenossen unterstützen ihn hiebei. Ebenso steht es auf der Seite desjenigen, der zufälliges Objekt der Angriffe eines anderen ist. Mit seiner eigenen natürlichen Kraft und der seiner Genossen sucht er fremden Angriffen Widerstand zu leisten oder sie auf Grund individueller Vorteilserwägungen in andere Bahnen zu leiten.

„Als allgemeine Regel ist aufzustellen, daß, wer sich nicht selbst schützen kann, bei der Gesellschaft keinen Schutz findet: seine Familie und seine unmittelbaren Genossen sind die einzigen, auf die er mit Vertrauen um Beistand blicken kann [4].“

Das individuelle Wollen, sei es der Götter, sei es der Menschen, stellt die höchsten Werte dar, es bedarf nicht der Rechtfertigung als Wert irgendwelcher Verstandeserwägungen. Wenn-

---

[1]) Wundt, c. l. S. 29; vgl. Il. 9, 497.

[2]) Wundt, c. l. S. 24.

[3]) Wundt, c. l. S. 25.

[4]) Grote, c. l. I. Bd., S. 460/61.

gleich in dieser Zeit von einer weiteren rechtlichen Betrachtung dieses Wollens kaum gesprochen werden kann, so war doch durch die diesem Wollen entsprechenden Handlungen die Materie gegeben, mit der sich die Gemeinschaft unter dem Gesichtspunkte des Rechtes zu befassen hatte.

II. Kapitel.

Die historische Zeit.

§ 1. Die Privatstrafe und ihr Verhältnis zum Staat.

I. Das Blutschuldrecht.

1. Die Beschränkung des Rachewollens durch die Mitwirkung staatlicher Organe bei Feststellung und Durchführung desselben.

Der griechische Staat der historischen Zeit zeigt sich bereits [1]) mit einer staatlichen Regelung der Materien privaten Rachewollens befaßt. Hierbei tritt die Regelung des Blutschuldrechtes in den Vordergrund.

Noch immer steht der Staat dem, der einen anderen getötet, dem Inhalt des Wollens der Sippe des Getöteten fremd gegenüber.

Nur die Form der Durchführung dieses Wollens wird vom Staate geregelt. Wollte jemand sein durch die Tötung eines Verwandten entstandenes Wollen zur Tat umsetzen, so mußte er sich an Organe des Staates wenden, die durch den König, resp. einen adeligen Beirat gebildet wurden [2]).

Diesen mußte er die Richtung seines Wollens dadurch als richtig dartun; sein Handelnwollen sollte nur gegen den gehen, der auch wirklich Urheber dieses Wollens durch die Tötung eines Menschen war [3]).

Er mußte den Gerichtshof derartig motivieren, daß er, auf den Standpunkt des Klägers gestellt, sein Wollen geteilt hat.

---

[1]) Vgl. Swoboda, c. l. S. 49 ff.

[2]) Swoboda, c. l. S. 49; Lipisus, c. l. S. 14 ff.

[3]) Vgl. Leist, Graeco-ital. Rechtsgeschichte, 1884, S. 397/398.

Damit entsteht der Rechtssatz. Der Rächer verlangt Anerkennung seines Wollens, gestützt auf die Sachlage, unter der es entstanden. Die Allgemeinheit der Verbindung des Reagierenwollens mit dem von ihm als Ursache dieses Wollens angeführten Ereignis führt zu einer staatlichen Billigung seines Wollens.

Die Richtigkeit seines Wollens tritt in ein vom Staate zu prüfendes Bedingungsverhältnis zu einem bestimmten naturgesetzlichen Geschehen; die Richter lassen das vom Kläger als Begründung seines Wollens angeführte Ereignis auf sich wirken, losgelöst von den Momenten, die es zu einem individuellen historischen Ereignis für den Kläger machen, das in dieser Eigenheit nur vom Kläger im gegebenen Momente erlebt werden konnte [1]).

Der Typus, die Abstraktion erhält die Motivationskraft für das Gericht.

Durch die staatliche Anerkennung dieses Wollens wird auch das dementsprechende Handeln losgelöst von der sonstigen kausalen Betrachtung.

Das dementsprechende Handeln findet seine völlige Rechtfertigung in dem angeführten Tatbestand; es soll nicht die natürliche Ursache für ein weiteres Handeln in dem, gegenüber dem sich das staatlich anerkannte Wollen richten wird, sein.

Dieses Handeln ist Befriedigung eines durch einen bestimmten Tatbestand gerechtfertigten Wollens, in dieser seiner Aufgabe erschöpft es sich in seiner staatlichen Bedeutung; es bedeutet rechtlich die Beendigung einer Kausalkette; dadurch wird gleichzeitig anderen kausalen Wirkungen die Anerkennung durch den Staat versagt [2]).

---

[1]) Der aus einer späteren Zeit stammende Ausspruch des Demosthenes kann bereits hier als Beleg angeführt werden; vgl. Demosth. gegen Aristokr. 26..... πάντα τὰ τοιαῦτα ὀνόματα, οἷον ἐάν τις ἀποκτείνῃ, ἐὰν τις ἱεροσυλήσῃ, ἐάντις προδῷ καὶ τὰ τοιαῦτα πάντα πρὸ μὲν τοῦ κρίσιν γενέσθαι αἰτίων ὀνόματα ἐστιν, ἐπειδὰν κριθείς τις ἐξελεγχθῇ, τηνικαῦτα ἀδικήματα γίγνεται.

[2]) Vgl. z. B. Willamowitz, Aischylos Orestie, S. 11. Bezüglich des Eintrittes des Staates: „Denn da ist der Staat zwischen den Bluträcher und den Schuldigen getreten; er hat den Vollzug der Rache auf sich genommen und damit dauernd die forterzeugende Kraft des Blutes beruhigt, die sich an Orestes bewährt."

Dieser staatlichen Betätigung, Überprüfung eines Reaktionswollens, folgt bald eine zweite nach. Das Handeln gemäß dem anerkannten Wollen wird nicht mehr dem Kläger überlassen. Der vom Kläger in seinem Wollen verlangte Erfolg wird durch den Staat herbeigeführt [1]).

Diese Entwicklung vollzieht sich in Griechenland auf dem Gebiete des Blutrechtes bereits frühzeitig (7. Jahrh.).

Zwei Momente sind hier als Ursachen dieser Entwicklung hervorzuheben. Einsereits war einer verstärkten Staatsgewalt die rein kausale Betrachtung der Tötung, die im Verlaufe der Ausübung der Blutrache standen, entgegen. Der Landfrieden, der durch eine vereinzelte Tötung noch nicht berührt war, mußte erheblich gefährdet sein, sobald, insbesondere seit dem Entstehen der Stadtkultur, irgendwelche Zentren bestanden, bei denen auf Grund vorhergehender Tötungen Verwandter das Wollen vorhanden war, Mitbürger in Ausführung eines Racheaktes zu töten [2]).

Das zweite hier zu beachtende Moment ist der sakrale Einfluß. Die Götter wurden durch Tötungen zu einem bestimmten Rachewollen bestimmt, das sie eventuell, falls ihnen von den Menschen selbst nicht ihr Wille erfüllt wird, an dem Lande, wo ihr Beleidiger lebt, vollziehen. Der Staat hat so ein Interesse daran, zu konstatieren, daß sich ein Feind der Götter auf seinem Boden befinde, und Handlungen vorzunehmen, die auf Abwendung einer durch die Gottheit dem Staate drohenden Gefahr gerichtet sind [3]).

[1]) Demosth. gegen Aristokr. 31, 32: οἱ θεσμοθέται τοὺς ἐπὶ φόνῳ φεύγοντας κύριοι θανάτῳ ζημιῶσαι εἰσι, καὶ τὸν ἐκ τῆς ἐκκλησίας πέρουσι πάντες ἑωρᾶτε ὑπ' ἐκείνων ἀπαχθέντα. ὡς τούτους οὖν ἀπάγειν λέγει. θιαφέρει δε τι τοῦτο τοῦ ὡς αὐτὸν ἄγειν. ὅτι ὁ μὲν ἀπάγων . . . ., ὡς τοῦς θεσμοθέτας τοὺς νόμους κυρίους ποιεῖ τοῦ δεδρακότος, ὁ δὲ ὡς αὐτὸν ἄγων ἑαυτόν. ἔστι δὲ ἐκείνως μὲν ὡς ὁ νόμος τάττει δοῦναι δίκην, οὕτω δὲ, ὡς ὁ λαβὼν βούλεται. πλεῖστον δὲ δήπου διαφέρει τὸν νόμον κυριόν τῆς τιμωρίας ἢ τὸν ἐχθρὸν γίγνεσθαι.

[2]) Demosth. gegen Aristokr. 39; Leist, c. l. S. 396: „Der Zweck des staatlichen Pönalsystems ist die Abschneidung der Blutrache." Wilamowitz, Aischylos Orestie, S. 141: „Denn die Blutschuld ist eine Krankheit, die ansteckt, und für die es kein Heilmittel gibt als Blut." Lipsius. c. l. S. 14.

[3]) O. Müller, Eumeniden, S. 136 ff. Es handelt sich hier um Mächte der Unterwelt, die Erinnyen, die Seele des Ermordeten. Lipsius, c. l. S. 14, Wilamowitz,

2. Die Beschränkung des Rachewollens durch seine inhaltliche, gesetzliche Fixierung; die Differenzierung in den Tatbeständen.

Ein wichtiger Schritt in der Entwicklung des Strafrechtes wird dadurch gemacht, daß die Motivation des Gerichtes zu dem vom Kläger verlangten Wollen nicht mehr in das freie Ermessen der physischen Personen gestellt wurde, die jeweils als richtende Organe des Staates fungierten.

Dem Gericht wurde ein für allemal eine Anweisung gegeben, ein bestimmtes Wollen bei Gegebensein eines bestimmten Tatbestandes als richtig zu bezeichnen resp. ihm die staatliche Mithilfe zur Durchsetzung zu gewähren.

So entsteht das Strafgesetz.

In den griechischen Staaten ist das Gesetz, die Fixierung der Tatbestände das Kind der Parteikämpfe, die Adelsherrschaft und Oligarchie gezeitigt haben.

Die Kodifizierung des Rechts war eine Forderung des Demos gegenüber den die Rechtspflege ausübenden Aristokraten [1]). Das

---

Aischylos Orestie, S. 12 „... daß der Seele ihr Recht werde, daß ihr Groll sich nicht wider die Gemeinschaft wende, der sie anzugehören durch den Tod nicht aufgehört hat." Vgl. Schömann-Lipsius, G. A. II, S. 361 ff. Gilbert, c. l. S. 506: „Angeborene Raublust und Fehdelust führten zu Bluttaten, die dann wieder die Beteiligten zur Blutrache und zur erneuten Fehde aufriefen. So erzeugte sich Fehde aus Fehde und Bluttat aus Bluttat. Als dann der Staatsgedanke Macht gewann über die Seelen der Menschen, als der Staat sich zu konsolidieren anfing, da mußte sein erstes Bestreben darauf gerichtet sein, innerhalb der attischen Grenzen den Landfrieden zu begründen, und das war nur möglich, wenn man die Vollziehung der Blutrache dem einzelnen nahm und dem Staate übertrug." Gilbert, c. l. S. 508: „Wer eine Tötung, sie mochte sein, welcher Art sie wollte, sich schuldig gemacht hatte, mußte entweder das Land verlassen oder die Verwandten des Erschlagenen durch eine Buße versöhnen, wenn er nicht der Blutrache derselben verfallen wollte. Um derartige Zustände, welche den Landfrieden aufs schwerste schädigten, zu bekämpfen, mochte es vom Standpunkte der Staatshoheit aus genügen, den Grundsatz zur Geltung zu bringen, welcher die Selbsthilfe verbot und die Rache für jede Bluttat dem Staate vorbehielt."

[1]) Vgl. Gilbert, c. l. S. 476, Swoboda, c. l. S. 71, Wilamowitz, Aristoteles und Athen, II., S. 49, 56. Ἔφορός (bei Strab. 260, nach Gilbert, c. l. S. 479) φησὶν ἐν τοῖς πρώτοις καινίσαι τοῦτο τὸν Ζάλευκον, ὅτι τῶν πρότερον τὰς ζημίας τοῖς δικασταῖς ἐπιτρεψάντων ὁρίζειν ἐφ' ἑκάστοις τοῖς ἀδικήμασιν ἐκεῖνος εν τοῖς νόμοις διώρισεν, ἡγούμενος τὰς μὲν γνώμας τῶν δικαστῶν οὐχὶ τὰς αὐτὰς εἶναι περὶ τῶν αὐτῶν, [τὰς δὲ ζημίας] δεῖν εἶναι τὰς αὐτάς.

Gesetz wird zur Anweisung an das Gericht [1]). Die dem vorgetragenen Tatbestande innewohnende Kraft zur Hervorrufung eines dem Willen des Klägers adäquaten Wollens wird unabhängig gemacht von der subjektiven Einstellung der Richter [2]).

Zaleukos von Lokri, Charondas von Katania [3]), Drakon [4]) in Athen werden als Gesetzgeber gerühmt, die an Stelle der Willkür der Richter das Gesetz als einzige Richtschnur für die Richtersprüche schufen. Überblicken wir den Inhalt des gesetzlich fixierten griechischen Blutrechtes, so können wir im allgemeinen sagen, daß nur die Form verstaatlicht wurde, die Materie wird gebildet durch die Abgrenzung, Fixierung eines dem Staate innerlich fremden Wollens gegenüber einem Untertanen [5]).

Wir finden die bereits aus der homerischen Zeit bekannten Materien in rechtliche Form gebracht. Das Tötenwollen des Rächers wird in rechtliche Form gebracht, dem die rechtliche Regelung der Lage dessen, der die Ursache jenes Rachewollens war, entspricht.

Wir können hierbei im allgemeinen die Tendenz konstatieren, das naturgesetzlich beim Verletzten, resp. dessen Sippe entstehende Wollen möglichst einzuschränken.

Das primäre Tötungswollen des Bluträchers ist nur in engen Grenzen anerkannt.

Durch Drakons Kodifikation der bereits bestehenden Übung im Jahre 621/20 v. Chr. wurde eine Anweisung dem Gerichte gegeben, die zu einer Differenzierung führte, zwischen vorsätzlicher und unvorsätzlicher Tötung unterschied, mit Rücksicht

---

[1]) Wilamowitz, Aristoteles und Athen, I., S. 258, Swoboda, c. l. S. 71 Anm. 3.

[2]) Vgl. Demosth. gegen Aristokr. 32. πλεῖστον δὲ δήπου διαφέρει τὸν νόμον κύριον τῆς τιμωρίας ἢ τὸν ἐχθρὸν γίγνεσθαι. ebenso 71. ἂν δ'ἁλῷ καὶ δοκῇ τοὔργον εἰργάσθαι, οὔθ' ὁ διώκωντου δεδρακότος κύριος, οὔτ' ἄλλος οὐδεὶς πλὴν ὁ νόμος. Leist, c. l. S. 397; Thonissen, Le droit penal de la republique Athenienne, 1875, S. 59.

[3]) Gilbert, c. l. S. 477.

[4]) Lipsius, c. l. S. 15, Swoboda, c. l. S. 75.

[5]) Wilamowitz, Aischylos Orestie, S. 11. Über die Bedeutung der Drakontischen Gesetzgebung: „Aber das geht im Grunde nur den Prozeß, den modus in ius procedendi an ....., an dem Rechtsprinzip der Blutrache und dem persönlichen Eingreifen des Rächers ist nichts geändert."

auf den verschiedenen Schutz, der dem Wollen des Bluträchers gewährt wurde [1]).

Diese Differenzierung mag sich auch frühzeitig in einer Verschiedenheit der Gerichtsstätten ausgedrückt haben. Die Klagen wegen φόνος ἑκούσιος wurden im Heiligtum auf dem Areshügel, die wegen unvorsätzlichen Totschlages am Palladion entschieden [2]).

Daneben bestanden besondere Gerichtsstätten für später zu besprechende Fälle am Delphinion, im Heiligtum des Phreatos und am Prytaneion. Erst Solon hat in diese Kompetenzverteilung dadurch eine Änderung gebracht, daß er die Kompetenz über vorsätzlichen Mord den Epheten nahm und sie dem Rat am Areopag zuwies, der sie, nunmehr als subjektives Recht betrachtend, zu schützen mußte in Zeiten, in denen bereits die anderen Blutgerichtshöfe mit Heliasten besetzt waren [3]) [4]) [5]) [6]).

Die Beschränkung des Wollens des Rächers, die in der erwähnten Differenzierung in der Drakontischen Gesetzgebung zum Ausdruck kam, bestand darin, daß als Inhalt dieses Rachewollens die Tötung des Verletzers nur dort anerkannt wurde, wo beim Täter der Wille bestanden hatte, den anderen zu töten [7]).

---

1) Lipsius, c. l. S. 19.

2) Vgl. dazu Lipsius, c. l. S. 19; Philippi, Der Areopag und die Epheten, 1874 S. 7 ff. Über den vordrakontischen Zustand vgl. Lipsius, c. l. S. 15.

3) Vgl. dazu Lipsius, c. l. S. 15 ff., 121 ff., Swoboda, c. l. S. 50 Anm. 1.

4) Die Kompetenz des noch aus aristokratischer Zeit stammenden Areopags überdauerte die einzelnen Verfassungsänderungen; vgl. bezüglich der Tyrannis des Peisistratos Lipsius, c. l. S. 31, der Demokratie unter Ephialtes Lipsius, c. l. S. 34/35, bezüglich der Herrschaft der Dreißig Lipsius, c. l. S. 41.

5) Heliasten dürften seit Euklid im Jahre 403/2 die Gerichtsbarkeit an den übrigen Gerichtshöfen ausgeübt haben, Lipsius, c. l. S. 41, 129/30.

6) Lipsius, c. l. S. 20, S. 26 über das Motiv, das Solon bei dieser Maßregel geleitet hat: „Ebenso wie er auf den anderen Gebieten der Rechtsprechung der Willkür der zuständigen Beamten dadurch eine Schranke setzte, daß er von ihrem Urteilsspruch die Appellation an das Volksgericht gestattete, beließ er den nur nach dem Vorrecht der Geburt bestellten Epheten von der Blutgerichtsbarkeit nur den minder wichtigen Teil, während er den bedeutungsvolleren in die Hand des Kollegiums legte, zu dem seine Verfassung allen vermögenden Bürgern den Zutritt erschloß."

7) Demosth. gegen Aristokr. 69, gegen Meidias 43; vgl. Philippi, c. l. S. 107 ff.

Als Motiv dieser Beschränkung wurde angeführt, daß nur hier eine Überhebung gegen die allwissenden Götter, ein dauernder Zorn des Getöteten vorhanden sei, dessen Besänftigung Aufgabe des Bluträchers durch Tötung des Mörders sei [1]).

Es wurde so das Wollen des durch die Tat zunächst Verletzten, es ist dies die Seele des Verstorbenen, zu einem Sollen für seine Verwandten. Wenn die Verwandten nicht selbst das Wollen des Toten erfüllten, so stand ihnen bevor, daß dieses nunmehr an ihnen eventuell die Befriedigung suchte, die es infolge der Unterlassung der Rache seitens der zur Blutrache Verpflichteten nicht gefunden hatte [2]), resp. sich auf ein ganzes Gebiet ausdehnte, wenn innerhalb desselben die Blutrache unmöglich gemacht wurde. Hat jemand nicht den Willen gehabt, einen anderen zu töten, dann braucht man nicht einen derartigen Willen übersinnlicher Wesen als befriedigungsbedürftig anzunehmen; der Täter ist vielmehr nur durch ein Unglück zu der Verletzung eines anderen gekommen [3]). Aber auch bei der absichtlichen Missetat wird jener Wille übersinnlicher Wesen nur innerhalb der Landesgrenzen geachtet; flüchtet der Täter rechtzeitig außer Landes, so wird er außerhalb des Landes gegen ein Verfolgungswollen geschützt [4]). Nur sein im Inland befindliches Vermögen

---

[1]) Wundt, c. l. 98: „Damit entwickelt sich aus der religiösen Auffassung des Mordes, die seine Rache von vornherein der Leidenschaft der Parteien entzog, mit dem ersten Aufleuchten einer höheren, freier die Persönlichkeit würdigenden Kultur diese für alles Rechtsbewußtsein so eminent wichtige Scheidung. Das ruhige und rechtliche Denken, das der attische Bauer selbst besitzt, schreibt er auch seinen Göttern zu, die daher schon hier eine Feinheit des rechtlichen Empfindens zeigen, die sie von den Göttern Homers und ihrem wesentlich von Affekten beherrschten Egoismus aufs tiefste scheidet."

[2]) Demosth. gegen Androt. 2 g, gegen Meid. 120, gegen Aristokr. 33, vgl. Wilamowitz, Aischylos Orestie S. 10 ff., S. 12; Leist, Graeco-ital. Rechtsgeschichte S. 318 ff.; Schömann-Lipsius, Griech. Altert. I., S. 508/9; Schmidt, Ethik der alten Griechen II., 1882, S. 126 ff.

[3]) Vgl. Philippi, S. 25. Ἐὰν δέ τις τὸν ἀνδροφόνον κτείνῃ ἢ αἴτιος ᾖ φόνου, ἀπεχόμενον ἀγορᾶς ἐφορίας καὶ ἄθλων καὶ ἱερῶν Ἀμφικτιονικῶν, ὥσπερ τὸν Ἀθηναῖον κτείναντα, ἐν τοῖς αὐτοῖς ἐνέχεσθαι, διαγνώσκειν δὲ τοὺς ἐφέτας. C. J. A. 61, Demosth. gegen Aristokr. 37, vgl. Philippi c. l. S. 129 ff.

[4]) Demosth. gegen Meid. 43; Philippi, c. l. S. 110; Leist, Graeco-ital. Rechtsgeschichte, S. 326.

konnte Objekt der Befriedigung des Rachewollens sein [1]). Das Wollen des Verstorbenen auch außerhalb des Landes anzuerkennen, lag kein Grund vor. Denn die Götter, deren Macht das Wollen der Seele des Getöteten solange unterstützte, solange der Täter sich in dem Gebiete befand, das ihnen zugehörte, hatte man nicht zu fürchten, wenn der Mörder außerhalb ihres Schutzgebietes sich befand. Die Landesgötter kümmern sich nicht um den Verbrecher, wenn er nur ihr Gebiet verläßt [1]).

Die Notwendigkeit, die Kompetenz des Gerichtes fest zu umgrenzen, war wohl auch dafür bestimmend, daß eine Zahl von Tatbeständen zu selbständigen Delikten erhoben wurde, in denen wir heute nur Erscheinungsformen des Verbrechens des Mordes sehen.

τὴν βουλὴ δικάζειν φόνου καὶ τραύματος ἐκ προνοίας καὶ πυρκαϊᾶς καὶ φαρμάκων, ἐὰν τις ἀποκτείνῃ δούς [2]).

Die Absicht des Täters war hier maßgebend für die gesetzliche Feststellung [3]), daß diese Fälle „auch“ vor den Areopag gehörten. Dem vollbrachten Mord wird der Mordversuch und die Giftmischerei wegen der gleichen Absicht an die Seite gestellt [4]). Dem unmittelbaren Töten durch Handanlegen, dem αὐτοχειρίᾳ verübten Tötungsdelikt wurde die sonstige Veranlassung des Todes gleichgestellt [5]), dem wohl auch die Anstiftung zum Morde, das Nachstellen, die βούλευσις folgte [6]). Daß auch die Brandstiftung in erster Linie als eventueller Mordversuch gewertet wurde, entsprach den damaligen Wohnverhältnissen. Daß hier wohl die Tendenz der Kompetenzabgrenzung rechtsbildend war, ergibt sich aus Aristot., Verf. v.

[1]) Wundt, c. l. S. 97 Anm. 3, vgl. über den Grund der bei Tötungen notwendigen Sühnungen Schömann-Lipsius, G. A. II. Bd., S. 366.

[2]) Demosth. gegen Aristokr. 24; vgl. auch Aristoteles, Die Verfassung von Athen, 57 3; Philipp, c. l. S. 23 ff.; Lipsius c. l. 123 ff.

[3]) Philippi, c. l. S. 24.

[4]) Lipsius, c. l. S. 124.

[5]) Demosth. gegen Aristokr. 37, C. I. A. I n. 61, 26 ff.

[6]) Über die Kontroverse, ob βούλευσις vor den Areopag gehörte, vgl. nunmehr gegen Philippi, c. l. S. 29 ff. Lipsius, c. l. S. 125 ff., der allerdings aber für die aristotelische Zeit mit Rücksicht auf Verf. v. Ath. 57 3 hier die Gerichtsbarkeit des Palladion annimmt, S. 126 Anm. 16.

Athen 57, 3: „Das sind die einzigen richterlichen Befugnisse, die dem Areopag geblieben sind [1]).“

Die inhaltliche Beschränkung des durch die Tat eines anderen entstandenen Wollens durch das Gesetz zeigt sich in erhöhtem Maße bei den Fällen der unvorsätzlichen Tötung.

Der verstärkte Schutz des Verletzers gegenüber dem Rachewollen in Verbindung mit dem Bedürfnis einer besonderen Kompetenzbestimmung — zuständig für diese Fälle war das Palladion [2]) — schuf besondere Deliktsformen.

Das Recht schützt hier den Täter intensiver gegen den Bluträcher [3]); wenn der Täter nicht durch seinen Aufenthalt im Heimatlande Anlaß zu einem Zusammenstoß mit dem Rächer gibt, sich durch die Flucht den Angriffen des Rächers entzieht, wird er durch das Recht einem weiteren Wollen des Rächers entzogen [4]). Es erkennt also das Tötungswollen des Rächers nur innerhalb der Grenzen des Landes von einem Zeitpunkt an, in dem bereits der Täter durch Flucht die Möglichkeit hatte, außer Landes zu fliehen [5]).

Selbst hier war insofern noch das Wollen des Rächers des weiteren beschränkt, als es nicht von seiner Willkür abhängig gemacht wurde, ob er dieses Wollen durch privaten Vergleich gegen Bezahlung einer Buße aufgeben und dadurch die Rückkehr dem Verbannten ermöglichen wollte.

---

[1]) In der gesetzlichen Strafe findet sich bei Mordversuch ein erhöhter Schutz des Täters; nur wenn er sich nicht durch Flucht dem Rächer entzog, wurde er seinem Wollen preisgegeben. Vgl. [Demosth.] g. Boetos 32 ff., Lysias gegen Andokid. 15, Philippi, c. l. S. 114. Dagegen wurde βουλεύσις mit tötlichem Erfolg der unmittelbaren Vollendung gleich gehalten. Antiph. gegen die Stiefmutter 27, Philippi, c. l. S. 119.

[2]) Demosth. gegen Aristokr. 71, Philippi, c. l. S. 23, Aristot., c. l. 57 3.

[3]) Demosth. gegen Aristokr. 49.

[4]) C. I. A. n. 61. καὶ ἐὰν μὴ 'κ προνοίας κτείνῃ τίς τινα, φεύγειν, dazu Demosth. gegen Meidias 43; Philippi, c. l. S. 114 ff.; Demosth. gegen Aristokr. 44; Lipsius, Das attische Recht und Rechtsverfahren, 1912, II 2, S. 612.

[5]) C. I. A. n. 61. τοὺς δὲ ἀνδροφόνους ἐξεῖναι αποκτείνειν . . . . . . Philippi, c. l. S. 131 ff. Das Vermögen blieb hier im Gegensatz zum φόνος ἑκούσιος ebenfalls von jedem Wollen anderer Personen geschützt. Demosth. gegen Aristokr. 45. Dagegen beim φόνος ἑκούσιος δημεύσις τῶν ὑπαρχόντων; vgl. Demosth. gegen Meidias 43; Philippi, c. l. S. 110 u. 114.

War das Wollen des Rächers beseitigt, dann war die Gefahr einer Weiterführung der Blutrache auf Staatsgebiet behoben, einer Rückkehr des Täters stand nichts im Wege [1]).

Das Gesetz fixierte Maximalfristen für die Betätigung des Rachewillens; wenn bis zu dieser Zeit nicht ohnehin auf dem Wege gütlicher Vereinbarung mit dem Täter der Rachewillen beseitigt war, erkannte das Gesetz ihm keine weitere Bedeutung zu [2]) [3]).

Für den Fall aber, daß der Verbannte vor dieser Frist zurückkehrte, war dem Täter die Möglichkeit der Betätigung der Blutrache ihm gegenüber ebenso gegeben, wie im Fall vorsätzlicher Tötung, wenn der Täter im Lande getroffen wurde [4]).

Erst in diesem Augenblick provozierte der Täter die Störung des Landfriedens, erst in diesem Augenblick zeigt er sich als offenbarer Feind der Gesamtheit, der auf Grund unmittelbaren Staatswillens vernichtet werden muß [5]).

---

1) Es hatte daher die Verzeihung der Verwandten den sofortigen Wegfall der vielfach als Strafe im staatlichen Sinne bezeichneten Verbannung zur Folge; vgl. Demosth. gegen Aristokr. 72: φεύγειν, ἕως ἂν αἰδέσηταί τις τῶν ἐν γένει τοῦ πεπονθότος; ebenso C. I. A. n. 61, 13 die nahen Verwandten, resp. wenn solche nicht existieren, 10 Mitglieder der Phratrie des Ermordeten, die von den Epheten auszuwählen sind, konnten durch freiwilliges Aufgeben des Verfolgenwollens die als Korrelat bestehende Fluchtpflicht beseitigen. Vgl. Philippi, c. l. S. 115, 137 ff.; Meier-Schömann-Lipsius, Der attische Prozeß, S. 380; Lipsius, Das attische Recht und Rechtsverfahren, II_2, S. 610.

2) Meier-Schömann, Der attische Prozeß, S. 380: „Doch muß das Gesetz ein Maximalmaß der Verbannungszeit festgesetzt haben, nach dessen Ablauf diese Verzeihung nicht länger versagt werden konnte.“ Lipsius, c. l. S. 611; vgl. auch Philippi, c. l. S. 115, dagegen S. 147.

3) Vgl. über die analoge Behandlung der Fälle einer Tötung eines Menschen durch leblose Sachen, bei Unbekanntheit des Totschlägers — hier war das Prytaneion kompetent. Demosth. gegen Aristokr. 76; Philippi, c. l. S. 16 ff.; Lipsius, c. l. S. 131. Über den besonderen Fall, daß jemand wegen unvorsätzlichen Totschlages außer Landes gegangen und noch vor Ablauf der gesetzlichen Verbannungszeit eines anderen vorsätzlichen, vor dem Exil begangenen Mordes beschuldigt wurde, für den die besondere Kompetenz des Gerichts von Phreattys begründet war, vgl. Lipsius, c. l. S. 130; Philippi, c. l. S. 18 ff.; Demosth. gegen Aristokr. 77 ff.

4) Philippi, c. l. 135/136.

5) Vgl. Demosth. gegen Aristokr. 31. οἱ θεσμοθέται τοὺς ἐπὶ φόνῳ φεύγοντας κύριοι θανάτῳ ζημιῶσαι εἰσί.

3. Die Begrenzung des Rachewollens gegenüber der Betätigung eines Privaten als Hilfsorgan des Staates.

Die Mangelhaftigkeit der Organisation der Vollstreckungsbehörden machte es in diesen Fällen notwendig, die Betätigung von Privaten als staatlicher Hilfsorgane in Anspruch zu nehmen [1]; damit war dem Recht die Aufgabe gestellt, ihre Handlungen, die sie als staatliche Hilfsorgane vornahmen, von denen abzugrenzen, die sie auf Grund eigenen Wollens einem Mitbürger gegenübersetzten. Es galt die Handlung, die von einem Staatsbürger als Hilfsorgan vorgenommen wurde, auszuscheiden aus der sonstigen rechtlichen Bewertung. Die technische Durchführung dieser Abgrenzung einer organschaftlichen Tötungshandlung, resp. Freiheitsberaubung eines gefährlichen Menschen erfolgte im griechischen Recht durch den Ausspruch der Atimie, der Rechtlosigkeit [2].

Der einzelne Private, der als Hilfsorgan zur Durchführung einer staatlichen Funktion gebraucht wurde, konnte nun als staatliche Hilfshandlung die Tötung [3] vornehmen; diese war zunächst von einer, ein geschütztes Rachewollen auslösenden zu unterscheiden; der Verbrecher konnte ferner der Behörde der Thesmotheten zugeführt werden [4], lediglich zum Zweck der Vollziehung der Tötung, nicht aber durfte ein anderes Privatwollen ihm gegenüber geäußert werden [5]. War durch die Anzeige der Anwesenheit des ἀνδροφόνος im Lande eine Kausalreihe ausgelöst worden, die zum Tod des Täters führte, so mußte auch diesem durch besondere Bestimmung eine von der üblichen unterschiedene rechtliche Beurteilung zuteil werden [6]. Schließlich

[1]) Demosth. gegen Aristokr. 28 τοὺς δ ἀνδροφόνους ἐξεῖναι ἀποκτείνειν ἐν τῇ ἡμεδαπῇ καὶ ἀπάγειν, ὡς ἐν τῷ ἄξονι ἀγορεύει, λυμαίνεσθαι δὲ μή, μηδὲ ἀποινᾶν ἢ διπλοῦν ὀφείλειν ὅσον ἂν καταβλάψῃ. C. I. A. n. 61, z. 30 ff.; vgl. dazu Philippi, c. l. S. 132 ff.; Usteri, Ächtung und Verbannung im griechischen Recht 1903 S. 8.

[2]) Vgl. H. Swoboda, Kritisches zur Ächtung, in Beiträge zur griechischen Rechtsgeschichte, 1905 S. 3, 17/18; Usteri, c. l. S. 10.

[3]) C. I. A. n. 61 z. 30, Demosth. gegen Aristokr. 28; Philippi, c. l. S. 338.

[4]) C. I. A. n. 61 z. 30, Demosth. gegen Aristokr. 28, 30; Philippi, c. l. S. 339; Meier-Schömann, c. l. S. 281 ff.; Lipsius, c. l. II. 328 f.

[5]) Verbot der Mißhandlung, Demosth. gegen Aristokr. 28; Philippi, c. l. S. 347.

[6]) Demosth. gegen Aristokr. 51. φόνου δὲ δίκας μὴ εἶναι μηδαμοῦ κατὰ τῶν τοὺς φεύγοντας ἐνδεικνύντων, ἐάν τις κατίῃ ὅποι μὴ ἔξεστι. Philippi, c. l. S. 347.

mußte das dem Privaten als Staatshilfsorgan zustehende Wollen von seinem höchst subjektiven Rachewollen abgegrenzt werden; der einzelne handelt, wenn er den ἀνδροφόνος töten will, als Organ, sein Wollen ist gebunden, er darf nicht an seine Stelle ein lediglich vom subjektiven Standpunkt wertgleiches Wollen, Wollen einer Buße, d. h. Geld zu erpressen [1] [2]), setzen.

4. Die Begrenzung des Rachewollens gegenüber rechtmäßigen Privathandlungen.

Ebenso wie hier sind staatliche Gesichtspunkte dort maßgebend, wo ein privates Rachewollen durch das Recht als nicht anerkannt festgestellt werden soll, weil der Staat ein überwiegendes Interesse an dem Schutz des Täters hat.

Wie in den angeführten Fällen eine Tötung aus der allgemeinen rechtlichen Beurteilung herausgehoben werden mußte, da sie Durchführung eines organschaftlichen Wollens ist, so hatte das Recht auch die Aufgabe, derartige Abgrenzungen bei anderen Tötungshandlungen vorzunehmen, die sich zwar als Privathandlungen darstellten, sich jedoch in den Gedanken sozialer Zweckmäßigkeit einfügten.

Die Tötung im Kriege, bei den Wettspielen, in der Notwehr gehören hierher [3]), ferner jener Fall, der sich als Rudiment der privaten Durchführung der Rache erhalten, die Tötung beim Beischlaf mit der Gattin, Mutter, Schwester und Tochter [4]), bei

---

[1]) Demosth. gegen Aristokr. 29 ff., Philippi, c. l. S. 343.

[2]) Treffend charakterisiert Swoboda, Beiträge usw., S. 23 die Bedeutung des Gesetzes: „Zur Beurteilung dieser Äußerungen des Demosthenes wird daran festzuhalten sein, daß die Folgen, welche er für den ἀγώγιμος nach dessen Verhaftung in Aussicht stellt, nur Möglichkeiten, aber durchaus nicht Notwendigkeiten sind, daß der Ergriffene getötet werden kann oder darf, aber nicht getötet werden muß.“

[3]) Vgl. Demosth. gegen Aristokr. 53 ff.; Philippi, c. l. S. 55 ff.

[4]) Leist, c. l. S. 298 ff.; Philippi, c. l. S. 57 ff.; Demosth. gegen Aristokr. 53. Ἐάν τισ ἀποκτείνῃ ... ἢ ἐπὶ δάμαρτι ἢ ἐπὶ μητρὶ ἢ ἐπ' ἀδελφῇ ἢ ἐπὶ θυγατρὶ ἢ ἐπὶ παλλακῇ, ἢ ἂν ἐπ' ἐλευθέροις παισὶ ἔχῃ τούτων ἕνεκα μὴ φεύγειν κτείναντα. Auch Recht von Gortyn. Rhein. Museum XL Ergänzungsheft, S. 123, v. Bücheler u. Zitelmann.

nächtlichen Dieben [1]), resp. Dieben, die sich bei der Verfolgung widersetzen.

Die Zusammenfassung dieser Fälle geschah unter dem Gesichtspunkt, die Fälle zu bestimmen, wo die Tötung erlaubt war; hier hatte die Einrede gegenüber einer Klage, die sich auf die Berechtigung zur Tötung bezog, auch eine Kompetenzänderung, die Kompetenz des Gerichtshofes am Delphinion zur Folge [2]).

So gelten für die Beurteilung des Blutrechtes in der athenischen Rechtsentwicklung die Worte v. Wilamowitz':

„Athen hatte den Geschlechterstaat und seine Gesellschaftsordnung gesprengt und die freie Bürgerschaft und einen wirklichen Staat an ihre Stelle gesetzt. Die Blutrache war nicht formell, aber tatsächlich durch die staatliche Rechtspflege überwunden. Blut um Blut mochte weiter gelten, allein der Staat war dem Rächer in den Arm gefallen und hatte gesprochen: die Rache ist mein, ich will vergelten; und der Staat fragte nicht bloß nach dem Verwandtenblut, sondern schützte das Leben aller Bürger, bald sogar aller Menschen, selbst der Sklaven [3]) [4]).“

---

[1]) Demosth. gegen Timokr., 113. Eἰ δέ τις νύκτωρ ὁτοῦν κλέπτοι, τοῦτον ἐξεῖναι καὶ ἀποκτεῖναι καὶ τρῶσαι διώκοντα καὶ ἀπαγαγεῖν τοῖς ἕνδεκ', εἰ βούλοιτο. Philippi, c. l. S. 57; Demosth. gegen Aristokr., 60.

[2]) Demosth. gegen Leptines 158 ὁ Δράκων .... ἔθηκεν ἐφ' οἷς ἐξεῖναι ἀποκτιννύναι κἂν οὕτω τις δράσῃ, καθαρὸν διώρισεν εἶναι. Vgl. dazu Philippi, c. l. S. 59 ff., Wilamowitz, Aischylos Orestie, S. 13: „sein (des Sohnes des Getöteten) verletztes Gefühl wird wenig danach gefragt haben, ob ihm der Mörder in der Notwehr oder um die Ehre seiner weiblichen Pflegebefohlenen zu retten den Vater erschlagen hat, aber der Staat sagt in diesen Fällen, daß der Tote selbst schuld an seinem Blute sei, und zwingt den Erben zur Versöhnung; die Gesellschaft hat den einzelnen bezwungen....“; vgl. dazu überhaupt Leist, c. l. S. 339 ff.

[3]) Wilamowitz, Aischylos Orestie, S. 27.

[4]) So auch Hirzel, Themis, Dike und Verwandtes, 1907, S. 178 Anm. 1: „Wie es die δίκη mit sich brachte.... soll jedem hinfort das Seinige werden, sowohl dem wegen Mordes Verfolgten, als dem Gemordeten selber; zu entscheiden, was das Seinige ist, gebührt aber nur dem Richter, der daher den Verfolgten durch Freisprechung schützen, aber ebenso auch kraft der alten δίκη ἰθεῖα ..... und im Gegensatz zu einer laxeren Ausübung der Blutrache.... die Rechte des Gemordeten wahrnehmen und auf Tod erkennen kann.“

II. Die Delikte gegen die Geschlechtsehre.

Ähnlich wie bei den Blutsachen zeigt sich auch die Rechtsbildung bei den Angriffen auf die Geschlechtsehre der Familie. Das Wollen des in seinen Herrengefühlen über seine Frau, seine Tochter, Schwester und Mutter durch den Geschlechtsakt eines Fremden Angegriffenen bildet die Materie der gesetzlichen Regelung [1]). Die Schrankenlosigkeit dieses naturgesetzlich hervorgerufenen Wollens wird hier nur mehr bei dem Ergreifen in flagranti [2]) anerkannt. Auch hier finden wir das Ersatzwollen auftreten, das ursprüngliche Wollen durch einen Vermögenswert abzulösen, zu dessen sicherer Erreichung der Ergriffene gebunden wird [3]). Diese Handlungen, Tötungen, Freiheitsbeschränkung als Mittel zur Erlangung eines Vermögensvorteils waren nur mehr anerkannt für den Fall der handhaften Tat. In dieser Anerkennung lag gleichzeitig eine Beschränkung des Verletzten. Die Nichtanerkennung seines primären Wollens in anderen Fällen mußte rechtlich bestimmt werden [4]).

Der Verletzte wurde in seinem Wollen weiter noch dadurch eingeschränkt, daß er es auf seine Begründetheit durch einen bestimmten Geschlechtsakt vor Gericht untersuchen lassen mußte; es bedurfte einer Klage μοιχείας [5]); das Wollen wurde auch insofern inhaltlich weiter eingeschränkt, als das Ablösen des ursprünglichen Verfolgungswollens nicht der Disposition des Verletzten überlassen war [6]).

---

[1]) Leist, c. l. S. 209.

[2]) Demosth. gegen Aristokr. 53, vgl. oben S. 36; dazu Meier-Schömann, c. l. S. 403; Lipsius, c. l. II1, S. 430.

[3]) (Demosth.) gegen Neairos 65; Lys. v. Tode d. Eratosth. 25; vgl. Meier-Schömann, c. l. S. 404; Lipsius, c. l. S. 431.

[4]) Vgl. Demosth. gegen Aristokr. 53. Wegen dieser Tötung braucht er nicht zu fliehen. Die Abgrenzung dieses erlaubten Wollens von der als Ursache weiterer Wollungen anerkannten Erpressung führte zu der γραφὴ ἀδίκως εἰρχθῆναι ὡς μοιχόν; dazu Meier-Schömann, c. l. S. 409; Lipsius, c. l. S. 439.

[5]) Meier-Schömann, c. l. S. 405; Lipsius, c. l. S. 432. Ob diese Klage anstellbar war auch bei gewaltsamer Schändung, ist streitig.

[6]) Die Schätzung erfolgte durch den Richter (Meier-Schömann, c. l. S. 408; Lipsius, c. l. S. 432) oder durch das Gesetz (Meier-Schömann, c. l. S. 231, Grote, c. l. II, S. 109).

Gegen die Frau richteten sich diese durch das Recht festgelegten Wollensabgrenzungen nicht, da ihr gegenüber ja die unmittelbare hausväterliche Gewalt des Mannes eintrat [1]); ihr gegenüber konnte eine Übelszufügung seitens des Mannes auf Grund ihrer Unterordnung unter die Gewalt des Mannes erfolgen. Hier war eine Rechtsbildung nur notwendig, wenn und soweit die Grenzen des Züchtigungsrechtes überschritten wurden. Die Rechtlichkeit der sonstigen in jedem Züchtigungsakt liegenden Übelszufügung war bereits durch ihre Herkunft aus dem rechtlich anerkannten Herrschaftswollen des Hausvaters gegeben [2]).

Besonders deutlich wird diese im attischen Recht konstatierte Aufgabe des Strafrechts — Abgrenzung des Wollens von Nebengeordneten, Eindämmung faustrechtlicher Selbsthilfe — durch den Vergleich mit dem Stadtrecht von Gortyn [3]). Hier ist der rein privatrechtliche Charakter des Strafens noch völlig rein erhalten [4]). Nicht bloß die privatrechtliche Form ist hier gewahrt, sondern das vom Verletzten geltend gemachte Wollen wird hier direkt vom Verfolgten durch eine Buße befriedigt. Beim Ehebruch ist das Wollen hier insofern noch weiter eingeschränkt, als auch beim Ertapptwerden in flagranti nicht mehr ein unmittelbares Tötungswollen anerkannt wird; lediglich festgenommen kann der Ehebrecher zur Sicherung der Ablösungssumme werden; erst wenn diese nicht erlegt wird, findet das völlig freie, lediglich naturgesetzlich bestimmte Wollen des Verletzten seine Anerkennung [5]).

Der Schutz gegen Freiheitsberaubung zum Zweck der Erpressung ohne Vorliegen des Ehebruches geschieht hier durch Eid [6]).

---

[1]) Leist, S. 300; es tritt hier das θεμεστεύειν des Hausvaters ein; Meier-Schömann, c. l. S. 406; vgl. über das weitgehende Recht des Hausvaters vgl. auch Grote, c. l. II, S. 109.

[2]) Wilamowitz, Aristoteles und Athen, I, S. 247.

[3]) Das Recht von Gortyn, von Franz Bücheler und Ernst Zitelmann. Rhein. Museum f. Philologie, N. F. XL Ergänzungsheft.

[4]) c. l. S. 43.

[5]) c. l. II. 28 ff. προϜειπάτο δὲ ἀντὶ μαιτύρον, τριο͂ν τοῖς καδεσταῖς το͂ ἐναιλεθέντος ἀλλύεθθαι ἐν ταῖς πέντ' ἀμέραις, το͂ δὲ δόλο τõι πάσται ἀντὶ μαρτύρων δυο͂ν. αἰ δέ κάμὲ ἀλλύσεται, ἐπὶ τοῖς ἑλόνσι ἔμεν κρέθθαι ὀπαῖ κα λείωντι. Zitelmann, c. l. S. 105.

[6]) Dazu Zitelmann, c. l. S. 105 ff.

Es handelt sich hier lediglich um Anerkennung des Wollens für den Fall des Ertappens in flagranti, resp. um Ablösung dieses Tötungswollens; für die anderen Fälle ist wohl keine Buße zugelassen [1]).

Im attischen Recht und im gortynischen Recht finden wir den hier geschilderten privatrechtlichen Gesichtspunkt auch bei der Notzucht [2]), zu der im gortynischen Recht die sodomia ratione sexus gezählt wird [3]).

Auch die Unzucht mit einer Freien hat als Ursache eines Verfolgungswollens der Blutsfreunde Anerkennung gefunden [4]). Daß in derartigen Fällen auch eine unmittelbare Reaktion des Staates vorgekommen sei, kann zugegeben werden [5]), da diese Handlungen auch mit Rücksicht auf die verbandsunterworfene Sphäre des Individuums eine Beurteilung zuließen.

III. Die Eigentumsdelikte.

1. Ihre privatrechtliche Regelung.

Eine ähnliche Entwicklung zeigen auch die Tatbestände der Eigentumsdelikte, als deren Typus hier der Diebstahl gelten soll.

Das alte weitgehende Wollen des Bestohlenen, der im Zorn den ertappten Dieb erschlug oder sich als Herrn über ihn ausspielte, um so einen Ersatz für sein Rachewollen durch Verwertung der Arbeitskraft des Diebes zu finden, ist in historischer Zeit bereits erheblich eingeschränkt [6]).

Das schrankenlose Wollen der Bestohlenen wird nur gegenüber dem nächtlichen Dieb [7]) und gegenüber dem Dieb, der sich bei seiner Verfolgung der Wiederabnahme der Sachen wider-

---

[1]) Zitelmann, c. l. S. 103 ff.

[2]) Über die δίκη βιαίων, die diese Fälle umfaßte, Meier-Schömann, c. l. S. 643 ff.; Lipsius, c. l. II$_2$, S. 638.

[3]) Recht von Gortyn, II, 2—16. Die Bußen werden hier durch Klagen eingefordert; Zitelmann, c. l. S. 103.

[4]) Recht von Gortyn, II, 16—20; Zitelmann, c. l. S. 108.

[5]) Zitelmann, c. l. S. 45.

[6]) Vgl. dazu Leist, G. I. R. G. S. 303 ff.; Gilbert, c. l. S. 449.

[7]) Demosth. gegen Timokr. 113, vgl. oben; auch hier konnte er die ἀπαγωγή geltend machen.

setzte, anerkannt [1]). In den sonstigen Fällen, Ergreifung auf handhafter Tat, war nur mehr ein Vollzug dieses Wollens durch die Behörde, auch hier nur bei Diebstählen von höheren Summen [2]), möglich; dieser gegenüber müßte die durch die gewaltsame Wegführung eines Freien entstehende Freiheitsbeschränkung gerechtfertigt werden [3]).

Von diesen Fällen abgesehen, war aber das private Wollen nur mehr ein Gegenstand einer Klage, sei es, daß in einer reinen Privatklage das durch den Diebstahl oder Raub entstehende Wollen eines Wertersatzes [4]), sei es, daß in einer γραφή, einer öffentlichen Schriftklage, das persönliche Verfolgungswollen gegen den Dieb geltend gemacht wurde [5]).

Immer handelt es sich um einen Abkauf des ursprünglichen Wollens, sei es gegenüber dem Verletzten selbst, sei es gegenüber dem Staat [6]).

Dieser privatrechtlichen Auffassung steht durchaus nicht im Wege, daß jeder vollbürtige Athener hier ebenso wie in allen anderen Fällen einer öffentlichen Klage, einer γραφή, als Geltendmacher eines durch die Tat eines anderen entstandenen Wollens auftreten konnte [7]). Er machte als Verletzter diese Klage geltend,

---

1) Demosth. gegen Aristokr. 60, καὶ ἐὰν φέροντα ἢ ἄγοντα βίᾳ ἀδίκως εὐθὺς ἀμυνόμενος κτείνῃ, νηποινεὶ τεθνάναι. Leist, c. l. S. 304.

2) 50 Drachmen, bei Diebstahl in Gymnasien oder Höfen 10 Drachmen Demosth. gegen Timokr. 113 f.; Meier-Schömann, S. 276; Lipsius, II_1, S. 439.

3) Über diese Apagoge zu den 11 Männern Lipsius, c. l. I. S. 78, II_1, S. 438; Meier-Schömann, c. l. S. 276; Leist, c. l. S. 304. „Die Apagoge ist in ihrer ursprünglichen Gestalt das Hinführen in sein eigenes Gewahrsam. Erst die Weiterentwicklung des Rechts.... hat die Apagoge dahin umgestaltet, daß sie zu einem Hinführen vor eine Magistratsperson geworden ist, unter deren Autorität das fernere Verfahren stattfindet." Der Bestohlene konnte auch die Behörde zum Täter hinführen, Ephegesis, vgl. Demosth. gegen Androt. 26 ff.; Lipsius, c. l. II_1, S. 337.

4) Über die Privatklage κλοπῆς vgl. Lipsius, c. l. II_1, S. 439 f., II_2, S. 673. Über die δίκη βιαίων vgl. Lipsius, c. l. II_2, S. 637.

5) Lipsius, c. l. II_1, S. 439.

6) Sowohl die private als auch die öffentliche Klage gegen Diebstahl war schätzbar, vgl. Demosth. gegen Timokr. 114; Lipsius, c. l. II_1, S. 245, 258.

7) Über das τιμωρεῖν τὸν βουλόμενον ὑπὲρ τῶν ἀδικουμένων vgl. Aristot., Verf. v. Athen, 9, 1; dazu Wilamowitz, Aristot. u. Athen, I, S. 160; Lipsius, c. l. S. 31, II_1, S. 237, 239.

die Verletzung gründend auf die besonderen Bande, die ihn mit dem primär Verletzten verbanden [1]). Dies zeigt sich darin, daß er völlig im eigenen Namen, auf eigene Gefahr [2]) hier auftritt; er mußte eine Geldsumme vor seiner Klage hinterlegen [3]), trug die Gefahr besonderer Prozeßstrafen für den Fall des Aufgebens des Prozesses oder seines Unterliegens [4]).

2. Die Abgrenzung der Privatstrafe von der organschaftlichen Hilfstätigkeit Privater.

Von dieser gesetzlichen Regelung der Eigentumsdelikte, bei der das durch die Tat entstandene private Wollen eingeschränkt wurde, ist jene zu unterscheiden, die sich auf ein unmittelbares Einschreiten besonderer Staatsorgane, der Elfmänner, gegen Diebe und Räuber usw. bezog. Es handelt sich hier um Fälle, in denen gegen Menschen von Amts wegen vorgegangen wurde, weil sie Diebe und Räuber waren [5]). Hier schreitet die öffentliche Behörde ein, unmittelbar auf Grund eines Wissens von dem Vorhandensein bestimmt geeigenschafteter Menschen [6]). Die

---

[1]) Plutarch Solon, S. 18 ὀρθῶς ἐθίζοντος τοῦ νομοθέτου τοὺς πολίτας ὥσπερ ἑνὸς σώματος μέρη συναισθάνεσθαι καὶ συναλγεῖν ἀλλήλοις, vgl. dazu Hirzel, Themis, c. l. Dike und Verwandtes, S. 352 ff.

[2]) Meier-Schömann, c. l. S. 748.

[3]) Aristot., Verf. v. Athen, 59; Lipsius, c. l. I. S. 72 ff.; Böckh, Die Staatshaushaltung der Athener, II. Aufl. 1886 I, S. 419 ff.

[4]) Lipsius, c. l. II 1, S. 245, vgl. darüber Böckh, c. l. I, S. 449 ff.

[5]) Aristot., Verf. v. Athen, 52.

[6]) Der Grund der Bestrafung ist, daß sie κακοῦργοι sind; die einzelnen Kategorien, gegen die historisch ein Vorgehen als κακοῦργοι nachzuweisen ist, stellen sich als reine Demonstrationsfälle dar. Es werden aufgezählt Diebe (κλέπται), Kleiderräuber (λωποδύται), Menschenräuber (ἀνδραποδισταί), Einbrecher (τοιχωρύχοι), Beutelschneider (βαλαντιοτόμοι). Über die Schwankungen im Umfang dieses „Verbrecher"begriffes vgl. Lipsius, c. l. II 1, S. 321; I. S. 79. Bezeichnend, daß man z. B. einen Menschen getötet haben kann, ohne deswegen „Verbrecher" zu sein: Antiph. v. Mord. d. Herod. 9 f. (zitiert bei Lipsius, c. l. I. S. 78 Anm. 103): πρῶτον μὲν γὰρ κακοῦργος ἐνδεδειγμένος φόνου δίκην φεύγω ὃ οὐδεὶς πώποτ' ἔπαθε τῶν ὀν τῇ ταύτῃ. καὶ ὡς μὲν οὐ κακοῦργός εἰμι οὐδ' ἔνοχος τῷ τῶν κακούργων νόμῳ αὐτοὶ οὗτοι τούτου γε μάρτυρες γεγένηται περὶ γὰρ τῶν κλεπτῶν καὶ λωποδυτῶν ὁ νόμος κεῖται, ᾧ οὐδὲν ἐμοὶ προσὸν ἀπέδειξαν. φασὶ δε αὐτό γε τὸ ἀποκτείνειν μέγα κακούργημα εἶναι, καὶ ἐγὼ ὁμολογῶ μεγιστόν γε καὶ τὸ ἱεροσυλεῖν καὶ τὸ προδιδόναι τὴν πόλιν· ἀλλὰ χωρὶς περὶ αὐτῶν ἑκάστου οἱ νόμοι κεῖνται.

gesetzliche Regelung stellt sich der rechtlichen Materie derart gegenüber, daß sie das Handeln von Privatpersonen, die bei dieser organschaftlichen Handlung als Hilfsorgane fungieren, abzugrenzen sucht. Das Handeln dieser Privatpersonen, das sich als Verhaftung, Freiheitsberaubung des Räubers usw. darstellte, mußte als ein rechtliches gekennzeichnet werden. Zum Schutz der persönlichen Freiheit wurde das Ergreifen auf handhafter Tat als Voraussetzung der rechtlichen Anerkennung der Handlung eines Privaten als staatlicher Hilfsfunktion gefordert [1]).

Wir haben es hier bereits mit einer rein funktionellen Betätigung des Staates zu tun, die auf Grund einer unmittelbaren organschaftlichen Einstellung staatlicher Reaktionszentren gegenüber bestimmt gearteten Menschen erfolgt [2]), diese durch Tötung aus der Gemeinschaft beseitigt [3]). Die Notwendigkeit der Abgrenzung privater Tätigkeit von der Tätigkeit als Hilfsorgane des Staates machte es notwendig, die Voraussetzungen einer besonderen „Klageform" der Apagoge [4]) zu fixieren, das Wollen einer Privatperson, eine andere gewaltsam vor die Behörde zu schleppen, durch die Angabe der Ursache desselben, durch ein dieses Wollen unmittelbar verursachendes Geschehnis, durch eine Tat zu rechtfertigen.

IV. Die Delikte gegen die Ehre.

Als Ablösung eines durch die Tat eines Nebengeordneten

Über die Dehnbarkeit dieses Verbrecherbegriffes vgl. Hyper. gegen Athenog. 12 C. 5, zitiert bei Lipsius, c. l. I. S. 78 Anm. 104 u. Demosth. gegen Androt. 27 (ἀσέβειας), Lipsius, c. l. II 1, S. 322.

1) Über die Ergreifung ἐπ' αὐτοφώρῳ als unerläßliche Bedingung dieser Klageform Lipsius, c. l. I. c. l. S. 78, II 1, S. 320. Philippi, c. l. S. 103.

2) Die Freiheit der Bürger wurde hier, seitdem Athen sich zum Rechtsstaat entwickelt hat, geschützt, indem dieses unmittelbare Einschreiten nur auf die Fälle eingeschränkt wurde, wo die Verbrecher geständig waren; wenn die Verbrecher Einspruch erhoben (Aristot., Verf. v. Athen. 52 1), mußten sie vor Gericht gebracht werden. Auch hier mußte die Notwendigkeit der Substantiierung des Tötungswillens der 11 Männer zu einer Bildung von „Tat"beständen kommen, die als Beweismittel der Eigenschaft eines „κακοῦργος" dienten.

3) Aristot. Verf. v. Athen 52 1.

4) Lipsius, c. l. II 1, S. 319 ff.

entstandenen Wollens stellt sich die gesetzliche Strafe bei Beschimpfungen, Verletzungen dar.

Die Fixierung einer staatlichen Strafe drückt hier charakteristisch Demosthenes in der Rede gegen Konon aus [1]).

τὸ φαυλότατον ... τὸ τῆς λοιδορίας, πρὸ τοῦ τελευταίου καὶ δεινοτάτου προεώρατον, τοῦ μὴ φόνον γίγνεσθαι μηδὲ κατὰ μικρὸν ὑπάγεσθαι, ἐκ μὴν λοιδορίας εἰς πληγάς, ἐκ δὲ πληγῶν εἰς τραύματα, ἐκ δὲ τραυμάτων εἰς θάνατον, ἀλλ' ἐν τοῖς νόμοις εἶναι τούτων ἑκάστου τὴν δίκην, μὴ τῇ τοῦ προστυχόντος ὀργῇ μηδὲ βουλήσει ταῦτα κρίνεσθαι.

Sogar die Schädigung eines Menschen durch den Meineid einer anderen Person wurde zunächst von diesem Standpunkt behandelt [2]), wenngleich in der Folge auch hier dritte Personen als Vertreter des Willens des zunächst Betroffenen auftreten konnten [3]).

V. Die Gesellschaftsdelikte.

Das Strafrecht in der Form der Wollensbegrenzung eines Privaten finden wir auch dort, wo das Recht des Staatsbürgers sich durch jedes, wie immer einen anderen Mitbürger treffende Unrecht verletzt zu fühlen, geregelt wurde [4]).

Auch hier tritt formell der Privatmann dem Nebengeordneten gegenüber auf, gründet sein Wollen auf eine in seiner Person eingetretene Verletzung.

Dieser Nachweis des Verletztseins durch ein einem anderen Mitbürger primär zugefügten Unrechts geschieht dadurch, daß auf die jedem Bürger in der Demokratie innewohnende Einstellung seines Bewußtseins, unter gleichen zu leben, verwiesen wurde [5]). Die Gleichheit, die die Demokratie [6]) gewährte, lag

---

[1]) Demosth. gegen Konon 19; ebenso Demosth. gegen Meidias 30; vgl. überhaupt über die δίκη αἰκείας und κακηγορίας Lipsius, c. l. II₂, S. 643 ff., 646 ff.

[2]) Über die δίκη ψευδομαρτυριῶν Meier-Schömann, c. l. S. 486 ff.; Lipsius, c. l. II₂, S. 643.

[3]) Vgl. Andokid ü. d. Myst. 7 bei Meier-Schömann, c. l. S. 488 Anm. 33.

[4]) Vgl. Plutarch, Solon 18, zit. oben S. 42, Anm. 1, dazu Hirzel, Themis, Dike und Verwandtes, c. l. S. 352/353; Schmidt, Ethik der alten Griechen, Bd. I, S. 254 ff.

[5]) Dazu Hirzel, c. l. S. 228 ff.

[6]) Die Überhebung widerspricht der Demokratie, führt zur Tyrannis ὕβρις φυτεύει τύραννον. Wilamowitz, S. 26 bei Mommsen, Zum ältesten Strafrecht der Kulturvölker, 1905.

in dem Ausschluß der willkürlichen Überordnung eines Menschen über die anderen.

Durch den Übergriff einer Person in die Sphäre einer anderen erscheint jeder Bürger verletzt, indem sein Gleichheitsgefühl diese Tat als Überhebung des einzelnen über seine Mitbürger wertet [1]).

Damit ist die γραφὴ ὕβρεως [2]) als allgemeinste Grundlage für das jedem Bürger zustehende Verfolgungsrecht für Rechtsverletzungen gekennzeichnet. Ihr Inhalt ist wechselnd. Das Wesentliche ist, daß sich im konkreten Fall der einzelne als demokratischer Bürger mit ausgeprägtem Gleichheitssinn verletzt fühlt [3]). Auch hier liegt wieder Geltendmachung des Wollens eines Privaten vor, das durch die Handlung eines anderen Nebengeordneten entstanden war, mag diese Handlung auch nur dadurch geeignet gewesen sein, ein Reaktionswollen auszulösen, daß sie als Ausdruck einer bestimmten Gesinnung gewertet wurde.

Immer handelt es sich aber hier formell um Geltendmachung eines individuellen Wollens, mag man auch hier als Teil der Gesellschaft dieses Wollen geltend machen — mit allen Gefahren, die mit einer derartigen Geltendmachung zum Schutz der Bürger gegen grundlose Prozeßführung vorhanden waren [4]).

Tatsächlich läßt sich in den späteren Zeiten der Demokratie ein Abflauen dieses Reaktionstriebes, der sich auf das Gleichheitsbewußtsein stützte, konstatieren. Der einzelne konnte leben wie er wollte. Wurde durch dieses Leben eine bestimmte Person verletzt, so wurde es dieser überlassen, sich den Umfang ihrer ursprünglichen Macht wieder herzustellen [5]).

---

1) Wilamowitz, Staat und Gesellschaft von Athen, 1910, S. 112; Wilamowitz, Aristoteles u. Athen, I. Bd., S. 246/247.

2) Meier-Schömann, c. l. S. 392 ff.; Lipsius, c. l. II, S. 420 ff.; Demosth. gegen Meid. 47. Ἐὰν τις ὑβρίσῃ εἴς τινα ἢ παῖδα ἢ γυναῖκα ἢ ἄνδρα τῶν ἐλευθέρων ἢ τῶν δούλων ἢ παράνομόν τι ποιήσῃ εἰς τούτων τινά, γραφέσθω πρὸς τοὺς θεσμοθέτας ὁ βουλόμενος Ἀθηναίων οἷς ἔξεστιν. Böckh, c. l. I, S. 443 Anm.

3) Meier-Schömann, c. l. S. 395, Lipsius, c. l. S. 421, „Wie für andere Delikte, hatte auch für den Begriff der ὕβρις das Gesetz eine genauere Bestimmung nicht gegeben, sondern dem Ermessen der Richter einen weiten Spielraum gelassen."

4) Böckh, Staatshaushaltung der Athener, I, S. 449.

5) Wilamowitz, Staat und Gesellschaft, S. 113; vgl. dazu Wilamowitz, Aristoteles und Athen, I, S. 248: „Der späteren Entwicklung des Rechtes geht

Dadurch, daß das griechische Strafrecht auch für die Verletzung von Gefühlen, die dem einzelnen Individuum nicht als isoliertem, sondern als Teil einer Gesamtheit zukamen, jedem Individuum die Geltendmachung des dadurch kausierten Wollens überließ, finden wir dieselbe Form des Strafrechtes wie bei den Delikten gegen einzelne Personen, auch bei den Delikten gegen Staat und Gesellschaft [1]).

Der einzelne machte mit seiner γραφή ein Wollen geltend, mußte dieses Übelwollen durch ein im Zeitpunkt der Entstehung dieses Wollens ihn erregendes Ereignis begründen. Er mußte „Tatbestände" angeben, mögen diese „Tatbestände" auch vielfach nur darin bestehen, daß eine bestimmte Gesinnung bei einem Mitbürger konstatiert wurde, resp. darin, daß man einfach erklärte, jene Gefühlslage, die dem Individuum nicht bloß als Individuum, sondern als Mitglied des Gemeinschaft zustehe, sei gestört [2]), so daß ein auf die Gemeinschaftszwecke eingestelltes Organ einschreiten muß. Der Wille, eine unmittelbaren Staatszwecken dienende Funktion eines Staatsorganes auszulösen, nimmt die Gestalt einer Klage wegen Verletzung individueller Sphären an [3]).

---

diese Anschauung, die cura morum durch den Staat, immer mehr verloren, zumal die Demokratie das ζῆν ὥς τις βούλεται als deren Ruhm hochhält. Tatsächich sind die Klagen ὕβρεως abgekommen; man hat die Privatklage αἰκίας an ihre Stelle gesetzt, und der schmähliche Vorgang des Handels um die Ohrfeige des Demosthenes und dessen hübsche Rede wider Konon lehren auf das deutlichste, daß die γραφὴ ὕβρεως nur noch auf dem Papiere stand; war doch auch die γραφὴ ἑταιρήσεως eine Rarität, und man verlangte vielleicht von den Staatsmännern nur besonders, daß sie darauf scharf angesehen würden, weil nach einem Witzwort schon der alten Komödie bei ihnen der Verdacht besonders nahe lag. Auch der Ehebruch ward nur noch als Schädigung des Ehemannes oder sonstigen κύριος (μοιχεία geht ja nicht nur die Ehe an) empfunden, und man hört von Scheidungen und Ehebrüchen genug, aber kaum von Klagen."

[1]) Vgl. dazu Schmidt, Ethik der alten Griechen, II. Bd., S. 256: „Die antiken Staaten erwarteten überhaupt in gar manchen Dingen die Initiative von Privaten, in welchen die modernen sie wenigstens zunächst in die Hände besonders damit betrauter Beamten legen.

[2]) Es ist hier nicht die Aufgabe, eine erschöpfende Aufzählung aller öffentlichen Klagen zu geben; vgl. dazu Lipsius, c. l. II, S. 338 ff.

[3]) Über die Bedeutung dieser Form der Klage für die Gestaltung des funktionellen Strafrechts vgl. unten II. Buch.

Daß hier vielfach die Geltendmachung eines Willens auf offiziöses Tätigwerden der staatlichen Organe die Form einer Klage — Geltendmachung eines subjektiven Willens, dessen Befriedigungsbedürftigkeit Gegenstand eines Rechtsstreites wurde — annahm, äußert sich in der Verschiedenheit der Organe, bei denen die betreffenden Klagen anzubringen waren.

Sie waren bei den verschiedenen Organen, Archon, König, Thesmotheten, Polemarch usw. einzubringen, mit Rücksicht auf die verschiedene Einstellung ihrer durch die organschaftliche Kompetenz bestimmten Bewußtseinsinhalte. Jenes Organ war tauglich zur Annahme von Klagen, welches als Organ auf Reize reagierte, die das Einzelindividuum als Teil der Gesamtheit infolge einer dementsprechenden Einstellung des Individualbewußtseins getroffen hatten.

Wieweit hierin noch Reste einer ursprünglichen selbständigen Strafgewalt gelegen waren, soll später erörtert werden.

So konnte sich jeder Bürger durch die Verkuppelung eines freien Mannes oder einer Frau beschwert fühlen [1]); ebenso konnte er seine Rechte als Bürger geltend machen, wenn ein gesellschaftlich durch Päderastie deklassiertes Individuum bestimmte Rechte ausübte, Ämter bekleidete [2]).

Das gleiche gilt, wo sich jemand in seinem religiösen Gefühl verletzt erachtete dadurch, daß ein anderer die den Göttern schuldige Ehrfurcht nicht leistet; hier war ja noch die den naiven Menschen innewohnende Furcht mitbestimmend, selbst als Befriedigungsobjekt für Götterzorn [3]) verwendet zu werden, falls nicht der den Unwillen der Gottheit Hervorrufende selbst ausgeliefert wird. Ein fremdes Wollen wird hier befriedigt. So sehen wir die ἀσέβεια [4]) als Grundlage für die Entstehung von Verfolgungswollen, die nur durch die Flucht des Täters oder eine ent-

[1]) Der von Aischines (Aischin. gegen Timarch 14, 6; bei Lipsius, c. l. II, S. 435) erwähnte νόμος τῆς προαγωγείας berechtigte jeden Athener, eine Schriftklage anzustellen, ἐάν τις ἐλεύθερον παῖδα ἢ γυναῖκα προαγωγεύη.

[2]) Bezüglich der γραφὴ ἑταιρήσεως vgl. Aischin. gegen Timarch 13; Lipsius, c. l. II, S. 436.

[3]) Schmidt, Ethik der alten Griechen, II, S. 19 ff.

[4]) Meier-Schömann, c. l. S. 367 ff.; Lipsius, c. l. II, S. 359.

sprechende Summe abgekauft werden konnten [1]). In dem Tatbestand lag nur die Berufung auf die Gefühlsverletzung; durch die Berufung auf diese verlangte man vom Gerichte die Anerkennung einer Wollung, einem anderen Übel zuzufügen. Das einzelne historische Ereignis, das dieses Gefühl auslöste, trat zurück [2]).

Ebenso allgemein gehalten war die Berufung auf Kakosis zwischen Eltern und Kindern; auch hier war jedermann als Kläger zugelassen [3]); daß hier daneben bereits die Möglichkeit eines funktionellen Eingreifens bestand [4]), ist ohne Belang. Mit der Klage ξενίας [5]) kehrte man sich gegen die eingetretene Verletzung durch Anmaßung der Bürgerrechte seitens eines Unberechtigten.

Schutz gegen diese Klage bildete nur die Klage auf falsches Zeugnis derer, auf deren Zeugnis hin jemand verurteilt wurde [6]).

Ebenso konnte durch die Geltendmachung eines selbständigen Wollens auf Grund einer Verletzung von Interessen, die der einzelne mit der Gesamtheit teilte, verfolgt werden Münzfäl-

---

[1]) Bei Böckh, c. l. II. Bd., S. 92, C. I. G. N. 158, § 9. Οἵδε ὦφλον Δηλίων ἀσεβείας [ἐπὶ Χα]ρισανδρου ἄρχοντος Ἀθήνησι ἐν Δήλω δε Παλαίου. τ[ίμημα], τὸ [ἐπ]ιγε[γ]ραμμένον [κ]αὶ ἀειφυγία, δτι [καὶ] ἐκ τοῦ ἱερ[ου τοῦ Ἀ]πόλλωνος τοῦ Δηλίου ἦγον τοὺς Ἀμφυκτύονας καὶ ἔτυ[πτον Ἐ]πιγένης πολυκράτους Μ, Πυρραίθος Αντιγόνου Μ auch die folgenden Strafen lauten auf 10 000 Drachmen; die anderen waren mit immerwährender Verbannung und Güterkonfiskation bestraft, vgl. Böckh, c. l. II, S. 95.

[2]) Meier-Schömann, c. l. S. 367/68 „... und allem Anschein nach hat dem attischen Recht eine scharfe Bestimmung der als ἀσέβεια zu qualifizierenden Verbrechen und Vergehen gefehlt, so daß dem Ermessen der Richter ein weiter Spielraum gelassen war." Vgl. die zahlreichen historischen Ereignisse, die in verschiedener Weise zum selben Wollen wegen ἀσέβεια führten; ebenso Lipsius, c. l. II, S. 359 ff.

[3]) Meier-Schömann, c. l. S. 252 ff., Lipsius, c. l. II, S. 342 ff.

[4]) Meier-Schömann, c. l. S. 358: „Nach dem in der Rede gegen Makartatos eingelegten Gesetz (vgl. [Dem.] gegen Makartatos, 75) war der Archon verpflichtet, für Waisen, Erbtöchter und Witwen Sorge zu tragen, und den, der sich wider sie verging, unter Stellung eines Strafantrags vor Gericht zu stellen, falls seine eigene Strafgewalt zur Ahndung des Vergehens nicht auszureichen schien."

[5]) Meier-Schömann, c. l. S. 437, Lipsius, c. l. II, S. 416.

[6]) Vgl. Demosth. gegen Timokr. 131, zit. bei Meier-Schömann, c. l. S. 441; Lipsius, c. l. II, S. 416.

schung [1]), Amtsanmaßung und Amtserschleichung [2]), Bestechung der Magistrate [3]), Sykophantie [4]) usw. Ganz allgemein lautete auch die Begründung des Wollens bei der γραφὴ παρανόμων gegen den, der gesetzwidrige Gesetze oder gesetzwidrige Psephismen in Vorschlag gebracht oder schon durchgesetzt hatte [5]).

Die Geltendmachung eines Wollens macht sich hier geltend in der willkürlichen Abschätzung desselben durch das Ablösungsgeld [6]).

Die Bildung der Tatbestände der προδόσια, der κατάλυσις τοῦ δήμου, der ἀπάτησις τοῦ δήμου, des ἀδικεῖν πρὸς τὸν δῆμον zeigt schließlich, wie auch dort, wo, wie sofort gezeigt werden soll, organisches Strafrecht des Staates bestand, durch die Heranziehung der Privaten als Hilfsorgane des Staates zur Durchführung der Anzeigen, der Verhaftung, die Formen des privaten Strafrechts sich bemerkbar machten.

Die Reaktion des Staates schien durch eine private Tätigkeit, die die Form einer Klage annahm, ausgelöst; diese mußte durch die Form ihre Zugehörigkeit zur Kompetenz eines bestimmten staatlichen Reaktionszentrums dartun [7]); auch die Geltendmachung eines privaten Wissens von einem Verbrecher, resp. die Übermittlung eines präsumptiven Verbrechers wurde an bestimmte Voraussetzungen gebunden, um sie von Verleumdung und Freiheitsberaubung abzugrenzen [8]).

---

1) Über die Klage νομίσματος διαφθορᾶς Demosth. gegen Lept. 167, gegen Timokr. 212: Meier-Schömann, c. l. S. 437; Thomssen, c. l. S. 395; Lipsius, c. l. II, S. 419.

2) Meier-Schömann, c. l. S. 446; Lipsius, c. l. II, S. 406 f.

3) Über die γραφὴ δώρων und δεκασμοῦ Meier-Schömann, c. l. S. 444; Lipsius, c. l. II, S. 401 ff. Über das hier eventuell weitgehende Wollen gegen den Bestochenen Demosth. XXI, 113; bei Usteri, c. l. S. 6.

4) Meier-Schömann, c. l. S. 413; Lipsius, c. l. II, S. 383.

5) Meier-Schömann, c. l. S. 428 ff. Über die γραφὴ παρανόμων als Schutzmittel der Demokratie vgl. Aischines gegen Ktesiphon 6; vgl. daselbst ... die Strafe wird nach Maßgabe der Größe eines Unwillens festgesetzt.

6) Meier-Schömann, c. l. S. 436; Lipsius, c. l. II, S. 374 ff.

7) Meier-Schömann, c. l. S. 419 ff.; Lipsius, c. l. S. 31.

8) Meier-Schömann, c. l. S. 423, vgl. Andokides über die Mysterien 96: Ἐάν τις δημοκρατίαν καταλύῃ τὴν Ἀθήνησιν, ἢ ἀρχήν τινα ἄρχῃ καταλελυμένης τῆς δημοκρατίας, πολέμιος ἔστω Ἀθηναίων καὶ νηποινεὶ τεθνάτω, καὶ τὰ χρήματα αὐτοῦ δημόσια ἔστω, καὶ τῆς θεοῦ, τὸ ἐπιδέκατον ὁ δὲ ἀποκτείνας τὸν ταῦτα ποιήσαντα καὶ ὁ συμβουλεύσας ὅσιος ἔστω καὶ εὐαγής. Zit. bei Usteri, c. l. S. 16.

VI. Zusammenfassende Betrachtung der privatrechtlichen Regelung der Strafe.

Wurde hier durch das Recht der Umfang eines Wollens abgegrenzt, das durch die Verletzung eines Gefühls, eines Wertes entstanden war, der dem einzelnen Individuum als Glied einer Gemeinschaft zukommt, so wurde doch nicht das Verhältnis der Nebenordnung äußerlich in der Form des Strafrechtes irgendwie überschritten. Mag auch die Intensität des Verfolgungswillens durch das in jedem vorhandene Gefühl seiner Solidarität mit den Mitbürgern berührt sein, sein Gefühl dadurch gesteigert werden, daß er so viele Mitbürger in demselben Gefühl verletzt fühlt [1]), immer wird ein Verfolgungswollen geltend gemacht, das eventuell einer Ablösung in Geld zugänglich ist [2]).

---

[1]) Vgl. Demosth. gegen Aristokr. 190; dazu Schmidt, Die Ethik der alten Griechen, II. Bd., S. 259.

[2]) Hier mag die treffliche Schilderung, die Wilamowitz, Aristoteles und Athen, I, S. 246 ff. gibt, angefügt werden:

„Aber nun (sc. nach Abzug jener Fälle, deren Ahndung dem König, dem Archon, dem Rate zustehen) bleiben doch noch schwere Verbrechen (im antiken Sinne), deren Ahndung jedem Bürger zusteht, weil die Gesamtheit sich geschädigt fühlt. Sie ergeben sich wesentlich dadurch, daß ein Bürger so lebt, daß er den Friedenszustand stört, den der Staat garantiert, oder daß er die persönliche Integrität an Leib und Gut einbüßt und nicht mehr ein Gleicher unter Gleichen leben darf. In diesen Fällen geht eine Meldung wider ihn an die Thesmoteten, die die θέσμια bewahren πρὸς τὴν τῶν παρανομούντων κρίσιν (3. 4), sie haben ihn ehedem selbst gerichtet, jetzt berufen sie Geschworne. Um leichtsinniger Anrufung der Behörde zu steuern, ist für eine Anzahl dieser Sachen die Hinterlegung eines Sukkumbenzgeldes gefordert......"

„Der Athener, der sich zur Hure macht oder je gemacht hat (ἑταιρήσεως), der bürgerliche Personen verkuppelt (προαγωγείας), der die Familienehre des Bürgers angreift (μοιχείας, an welchem der Körper, die im Frieden des attischen Rechts stehen, er sich vergriffen hat und wie, ist gleichgültig), der gegen Bürger eine frevelhafte Unbill sich erlaubt (ὕβρεως, worin sie besteht ist einerlei), ist ein Verbrecher wider das Gemeinwesen der Athener. Auf die Gesinnung, die sittliche Führung des Delinquenten kommt es an, deshalb ist das Wesentliche bei der Rechtsfindung, sie zu fassen; nicht die Tat an sich qualifizierte das Verbrechen. Eine Ohrfeige kann ὕβρις sein, ein Dolchstich braucht es nicht zu sein. Und nicht auf die geschädigte Person kommt es an. Mag ein Monsieur Alphonse sehr zufrieden sein, wenn seine Frau einen jungen reichen Herrn anlockt: jeder Athener kann sie beide, den kuppelnden Ehemann und den Ehebrecher, vor die Thesmoteten

Daß gerade die Möglichkeit, sein ursprüngliches Verfolgungswollen in Geld umsetzen zu können, vielfach die Triebfeder dafür war, sich durch irgendetwas in seinem sozialen Fühlen verletzt zu erachten und auf Grund dessen die Ablösung dieses Wollens zu verlangen, spricht ebenfalls für die privatrechtliche Konstruktion des Verhältnisses zwischen Kläger und Beklagten. Während einerseits das Schwinden des Solidaritätsgefühles die Klagen, die sich lediglich aus dem Gesichtspunkt einer Gefühlsverletzung erklären lassen, seltener machte, nahm die Klageführung zum Zweck der Bereicherung der Staatskassen, resp. privater Vorteile zu, die durch die Unbestimmtheit des Begriffes des sozialen Gefühles und seiner Verletzung erheblich begünstigt wurde [1]).

So können wir sagen, daß das ganze Strafrecht in dem Umfange, als ein selbständiges Klagerecht eines Privaten seinem Mitbürger gegenüber zugelassen wurde, die Form eines Streites um eine Geldsumme annahm, für den die präjudizielle Vorfrage war, ob dieses Wollen durch eine bestimmte Verletzung gerechtfertigt war. Man brachte jenes Ereignis vor, auf Grund dessen das Wollen einer Summe Geldes sich als Ablösung eines eventuell noch weitergehenden Übelszufügungswollens darstellte; es mußte ein Einzelereignis, ein „Tatbestand“ vorgebracht werden, demzufolge dieses Wollen nicht bloß etwas rein Subjektives war, sondern Anspruch auf allgemeine Anerkennung hatte.

Mag die Abschätzung des durch eine Verletzung eines Gutes entstandenen Wollens bereits im vornherein durch eine im Gesetz enthaltene fixe Taxe geschehen sein, oder mag der Handel um diese Einschätzung erst dem konkreten Fall überlassen worden sein [2]), ist für unsere Betrachtung gleichgültig, immer handelt

---

holen; aber die Ehefrau nicht. Denn der Staat ist übt keine γυναικονομία, so scharf er die Standesehre der Bürger wahrt, das Weib ist ein Teil des κλῆρος und ein Teil der Ehre des Bürgers: ihr κύριος mag sehen, wie er sie zieht.“

[1]) Über die Bedeutung der Strafgelder als Mittel zur Erhöhung der Staatseinkünfte vgl. Böckh, c. l. I, 451 Anm. c, S. 453, 454; daselbst zitiert: Über die Ablösung der Todesstrafe, Lysias, 28, 8, Geldstrafe bei Klage auf Verrat, Dinarch gegen Demosth.; Herodot. VI. 136; Plutarch, Kimon 4; vgl. ferner Thonissen, c. l. S. 169 ff.

[2]) Vgl. dazu Meier-Schömann, c. l. S. 210 ff., Lipsius, c. l. II, S. 248 ff.

es sich um den Streit um eine Vergütigung einer Rechtsverletzung [1]).

Die staatliche Funktion war hier lediglich die, daß der Friede gestiftet wurde zwischen dem Kläger und dem Verfolgten, der dem Wollen des Verfolgers auswich, floh [2]).

Daß bei der Beurteilung der beiden Wollen, des Verfolgers und seines Gegners, auf rein individuelle Momente Rücksicht genommen wurde, entspricht dem Gedanken, daß wir es hier mit einem in der Form der Nebenordnung sich vollziehenden Streit zu tun haben [3]).

Der Staat fixierte nur das Wollen des Verfolgenden, resp. erklärte, daß die Durchführung dieses vom Staate anerkannten Wollens vom Täter getragen werden muß, daß diese Handlung nicht als Ursache weiterer kausaler Wollungen angesehen werden darf.

Diese Beseitigung weiterer kausaler Wirkungen für das vom Kläger aufgestellte primäre resp. sekundäre Ersatzwollen findet ihren entsprechenden Ausdruck darin, daß die staatliche Anerkennung dieses Wollens einzig und allein auf dem Ereignis beruhe, das vom Kläger zur Stütze dieses Wollens angeführt ist. Das Dulden des Täters ist lediglich das wertgleiche Entgelt für das Wollen, das der Täter durch die Verletzung in einem früheren Zeitpunkt hervorgerufen.

Das Duldenmüssen eines Übels, welches nicht der Anfang neuer kausaler Betätigungen sein darf, welches wieder die alten Rechte herstellt, ist gerechtfertigt durch ein früheres Kausalsein.

Treffend charakterisiert Hirzel [4]) diese für die Rechtsent-

---

[1]) Vgl. Meier-Schömann, c. l. S. 210; Lipsius, c. l. II, S. 249.

[2]) Die Entscheidung des Gerichts hieß τιμᾶν τῷ φεύγοντι, Meier-Schömann, c. l. S. 216.

[3]) Meier-Schömann, c. l. S. 215/216: „Beide Parteien suchten in einem mehr oder minder ausführlichem Vortrage ihre Schätzung dem Gerichtshofe durch alles das zu empfehlen, was rachsüchtige, leidenschaftliche Erbitterung, das Gefühl erlittener Kränkung auf der einen, das Bewußtsein bevorstehender Gefahr, Besorgnis für eigenes und der Angehörigen Wohlergehen auf der anderen Seite bewegliches eingab." Ebenso Lipsius, c. l. II, S. 253, vgl. Schmidt, Ethik d. alten Griechen, II, S. 254.

[4]) Hirzel, c. l. S. 190 ff., vgl. auch S. 200.

wicklung so bedeutungsvolle Tatsache: „Was der Naturtrieb der Leidenschaft bis dahin ausgeübt hatte, gleiches mit gleichem zu vergelten, wurde jetzt ein Grundsatz des strengen Rechts. Solange die Rache noch eine wilde Tat des Zornes war, fand das Recht nur Platz, wenn, wie bei der Blutrache, der Mörder und seine Verfolger sich über eine Entschädigungsbuße, genauer wohl ein Lösegeld, geeinigt hatten; die Rache war damit nicht eigentlich in rechtliche Form gebracht und zur Strafe veredelt, sondern vielmehr aufgehoben. Das änderte sich, als die Rache in die δίκη überging und zur Strafe wurde; seitdem mußte sie unweigerlich vollzogen werden. Mit der δίκη wurde sie auch an deren Formen gebunden, so daß nun zwischen Tun (δρᾶν) und Leiden (πάσχειν) ein Obligationsverhältnis stattfand, ähnlich wie zwischen Nehmen (λαμβάνειν) und Geben (διδόναι) in Kontrakten vor Gericht. Der Verletzende wurde zum Schuldner des Verletzten, sei es einer Person oder des Gesetzes [1]."

§ 2. Die Strafe als Funktion des Staates.

I. Die Gestaltung des funktionellen Strafrechtes durch die Organisation der staatlichen Reaktionszentren im allgemeinen.

Neben jener Form des Strafrechtes, die sich als die Feststellung des Wollensverhältnisses zweier Nebengeordneter durch die staatliche Autorität darstellte [1]), finden wir in der historischen griechischen Zeit auch das Strafen in einer anderen Gestalt.

Der Staat erkennt in diesen Fällen die Übelszufügung nicht an, weil sie den Inhalt eines sich ihm als befriedigungsbedürftig gegenüberstellenden Wollens eines Privaten bildet, sondern weil Übelzufügungswollen ein primäres Wollen seiner Organe ist, das durch Reize der Außenwelt, historische Vorgänge, hervorgerufen wurde.

Die Übelszufügung seitens des Staates ist hier Betätigung eines unmittelbaren staatlichen Wollens, ist unmittelbare Betätigung seiner Organe.

Wir finden in der historischen Zeit jene bereits in der Home-

[1]) Kulischer, Zeitschr. f. vergl. Rechtswissensch. Bd. XVI, S. 437, Untersuchungen über das primitive Strafrecht. „Das älteste Strafrecht ist dasjenige, das dem Gebiet des Völkerrechts angehört."

rischen Zeit [1]) festgestellte Übelsreaktion auf Grund eines unmittelbar staatlichen Wollens in die Rechtsordnung bereits eingeordnet, wenngleich sie vielfach noch den altertümlichen Namen behalten hat [2]).

Der Staat hatte in seinen Organen, die im Laufe der geschichtlichen Entwicklung wechselten, Reaktionszentren, deren Bewußtseinslage von vornherein auf staatliche Interessen eingestellt war, deren Wollen als Organ sich mit dem Gemeinwillen deckte.

Charakteristisch für die griechische Rechtsentwicklung wird der Umstand, daß wir bereits in der frühesten historischen Zeit eine Mehrheit von Reaktionszentren finden, die nebeneinander bestehend erscheinen, indem keines von dem anderen sein organschaftliches Wollendürfen ableitet.

Jedes dieser Organe ist Staatsorgan, ohne völlig den ganzen Staat in sich zu repräsentieren, wie es bei dem asiatischen Großkönigtum der Fall war [3]).

Jedes dieser Organe repräsentierte durch die Einstellung des Bewußtseins als Organ ein Stück Staat. Nur Reize, die aus einem bestimmten Teil jener Angelegenheiten kamen, die der Staat als seine Interessensphäre bezeichnete, fanden im Einzelorgan eine taugliche Einfühlung, nur diese vermochten sein Wollen und weiter seine Reaktion als Organ auszulösen. Reize, die aus einem anderen Gebiet kamen, waren untauglich, bei einem konkreten Organ ein Wollen als Staatsorgan auszulösen, weil es an Apperzeptionsmassen fehlte, die bei ihnen organschaftliches Wollen ausgelöst hätten [4]) [5]).

---

[1]) Vgl. oben S. 14 f.

[2]) Über das ϑωᾶν als Bezeichnung der unmittelbaren Reaktion der Beamten, Swoboda-Hermann, c. l. S. 148 Anm. 7; über die ἐπιβολή der Beamten, Lipsius, c. l. S. 54 Anm. 3.

[3]) Leist, Graeco-ital. Rechtsgeschichte, S. 137 u. 291.

[4]) So sagt Leist, c. l. bezüglich dieser von ihm als autoritäre Timorie bezeichneten Form des Strafrechtes S. 295: „Der Grund seines (Teil des Einzelorganes) richterlichen Amtes ist die Verpflichtung, die ihm zuständige Dignität und Autorität, wenn sie durch ein Vergehen als verletzt gilt, aufrechtzuerhalten. Voraussetzung ist, daß in irgendeiner Hinsicht das Vergehen unter die autoritäre Machtvollkommenheit jener Personen subsumierbar und dasselbe verletzend erscheine. Über die Grenze ihres Imperiums hinaus kann ihr Richteramt sich nicht erstrecken."

[5]) Zur Widerlegung des insbesondere von Fustel de Coulanges, Der antike

Das Nebeneinanderbestehen mehrerer einander nicht untergeordneter Organe ließ aber wohl bald das Nichtreagieren des Einzelorganes bei bestimmten Reizen, die bei einem anderen staatliches Wollen erzeugten, als individuelles Recht des Einzelorganes erscheinen; die Verteilung der staatlichen Funktionen unter mehrere Organe wurde als Zuteilung individueller Rechte an einzelne Menschen betrachtet, die als Menschen reagierten für den Fall, daß eine von ihnen vorzunehmende Organhandlung von einem anderen vorgenommen wurde. So ist von vornherein das ganze Gebiet der Ereignisse, die als Reize zur Auslösung staatlicher Reaktionen führten, in einzelne Kreise zerlegt, deren jeder einem bestimmten Organ derartig zugehört, daß aus demselben die Reaktion als Organ gerechtfertigt wird, resp., daß eine staatliche Reaktion durch den Nachweis eines dem zugehörigen Reizkreis angehörenden Reizes gerechtfertigt werden muß.

So finden wir bereits in der vordrakontischen Zeit Athens die Stellung des Königs geschwächt [1]) durch das Bestehen des Polemarch und des Archon, die neben dem König als selbständige Reaktionszentren geschaffen wurden [2]). Die weitere Beschränkung war die, daß die von den Einzelorganen ausgehenden Reaktionen von einem als Kollegium mehrerer Einzelorgane sich darstellenden Reaktionszentrum, den Thesmotheten [3]), überprüft werden konnten. Daß diese Prüfung bald die Form annahm, daß die genannten Einzelorgane ihr aus staatlicher Kompetenz sich ergebendes Wollen als privates demjenigen gegenüber geltend machen mußten, der Objekt staatlicher Reaktion war, dürfte wohl die Bezeichnung ihrer Funktion als das Recht, Prozesse rechtskräftig zu entscheiden, dartun [4]).

Staat (übersetzt von Paul Weiß, Berlin 1907), aufgestellten Lehre von der Allmacht des antiken Staates, S. 272 ff., siehe Jellinek, Allgemeine Staatslehre, II. Aufl., S. 285 ff.

[1]) Swoboda, c. l. S. 46 f.

[2]) Über den Bericht des Aristoteles, Verfassung von Athen, 3,1, über die Beschränkung des Königtumes, vgl. Swoboda, c. l. S. 47 Anm. 2, der darin nur ein Bild der Entwicklung sieht, welches zeigt, wie sich die Absorption des Königtums vollzogen haben kann, dem aber dem ganzen Umfang nach historische Realität nicht beizumessen ist.

[3]) Vgl. Lipsius, c. l. S. 68 ff., Wilamowitz, Aristot. und Athen, I, S. 245.

[4]) Aristoteles, c. l. 3, 5.

Die Thesmoteten stellen so „das“ Reaktionszentrum des Staates dar, nach dem sich das Reagieren der anderen Staatsorgane zu richten hat, nach dem die Reaktion des Einzelorganes korrigiert werden kann, indem durch Parteiakt die dem ersten Organ als Reiz vorliegende Sachlage neuerlich einem anderen Reaktionszentrum gegenüber vorgebracht wird, um seine Reaktionen herauszufordern, sie als die endgültige staatliche mit der primären zu vergleichen.

So kam auch diese Behörde dazu, die einzelnen Reaktionen, wie sie sich bei ihr vorfanden, als vorbildlich für die anderen Staatsorgane schriftlich zu fixieren, sie wurde Setzer des θεσμός[1]).

Dadurch wurde auch die Reaktion des Einzelorganes eingeschränkt; seine ursprünglich nur durch die Kompetenzabgrenzung bestimmte Reaktion wird nunmehr durch die Form, in der das als letztes Reaktionszentrum fungierende Kolleg reagiert, bestimmt. Das Einzelorgan erhält in den „Gesetzen“ Anweisungen für seine Amtstätigkeit. Die Art und Weise der Einzelreaktion wird dadurch unabhängig gemacht von der konkreten Einstellung des Bewußtseins des Staatsorganes. So wurden die Gesetze Anweisungen an die Behörden, durch die ihre souveräne Amtsgewalt eingeschränkt, die Einzelreaktion unabhängig gemacht wurde von dem Ermessen des einzelnen Amtsträgers[2]).

---

[1]) Hirzel, c. l. S. 341: „Dieser θεσμός war die Rechtsordnung im ganzen, nach der Recht gesprochen werden sollte, die sonach nicht mit einem Schlage geschaffen und abgeschlossen wurde, sondern im Laufe der Jahre sich bildete, das Werk nicht eines einzelnen, sondern der einander im Amte folgenden Thesmoteten überhaupt.“

[2]) Schöll, Über attische Gesetzgebung, Sitzungsberichte der Köngl. Bayr. Akad. d. Wissenschaft. 1886, I. Bd. S. 92: „Jede ursprüngliche Gesetzgebung wird hervorgerufen und bestimmt durch die Absicht, dem freien Ermessen und Verfügungen der Magistrate Schranken zu ziehen, Rechtsprechung und Exekutive an feste Normen zu binden. Der Buchstabe des Gesetzes ist Norm für die Behörden: Daß die Beamten die bestehenden Gesetze in Anwendung bringen, ist auch nach der neuen Kodifikation die nächste Forderung; die Forderung des Gehorsams aller gegenüber dem neuen Gesetz wird nicht ausgesprochen.“ Vgl. das daselbst zitierte Dekret des Tersamenos vom Jahre 403 bei Andokides, I, 84, ferner Platon, Gesetze, VI, 751, Aristot., Politik, VI, 1, 1289 a, ebenso Wilamowitz, Aristoteles u. Athen I, 258, II, 107, Swoboda, c. l. S. 71 3, S. 136, Hirzel, c. l. S. 347 Anm. 1: „Hiermit

Durch diese Form tritt das als Reiz vorliegende Einzelereignis mit der Reaktion in eine feste äußere Verbindung, mag diese Verbindung auch vom Standpunkt des die Einzelreaktion Aufzeichnenden erst durch komplizierte psychische Prozesse, die sich in dem staatlich eingestellten Bewußtsein abgespielt haben, hervorgerufen sein.

Schließlich wird bereits für die älteste Zeit das Bestehen eines Rates [1]) erwähnt, der mit der Obhut der Gesetze betraut war, gegenüber jeder Reaktion der untergeordneten Organe, die mit der gesetzmäßigen in Widerspruch kam, seinerseits strafend eingreifen konnte. Die Zurückführung einer organschaftlichen Reaktion auf eine Einzelhandlung und die Vergleichung des hiebei sich ergebenden Verhältnisses mit dem im Gesetz angegebenen, zu der eine derartige Beaufsichtigung führte, brachte ebenfalls eine Verbindung von organschaftlicher Reaktion und Einzelhandlung mit sich.

Die staatliche Übelsreaktion tritt so mit der Einzelhandlung in Verbindung.

Noch eine weitere Einschränkung der Reaktion der Behörden ist hier zu konstatieren. Die durch die organschaftliche Einstellung des Bewußtseins des Einzelorganes hervorgerufene Reaktion ließ eventuell eine Überprüfung durch ein anderes Reaktionszentrum zu.

Damit war der Anfang geschaffen für eine Abbröckelung der Bedeutung der unmittelbar auf Grund historischer Vorgänge eintretenden Reaktion. Die ursprünglich als Ausdruck staatlichen Wollens erscheinende Übelsreaktion erhielt immer mehr den Charakter eines Provisoriums, das der endgültigen Fixierung durch ein anderes Zentrum bedürftig war; schließlich blieb nur die vorläufige Formulierung staatlichen Wollens, die Instruktion des Prozesses, resp. das Verlangen seinen Willen als Wollen des Staates anzuerkennen, ein privilegiertes Klagerecht übrig [2]).

Auch hier wird wohl eine eventuelle Überprüfung dieser

war die Rechtsprechung aus der Periode der Inspiration oder der θέμιστες... endgültig herausgetreten."

[1]) Aristoteles, Verf. v. Athen, 3. 6.

[2]) Swoboda, c. l. S. 148; Lipsius, c. l. I. S. 28, 32.

Reaktion durch die Thesmoteten auf ihre Allgemeingültigkeit zulässig gewesen sein.

Damit sind die Grundlinien der nunmehr zu skizzierenden Entwicklung des funktionellen Strafrechtes gegeben. Die Einzelpersonen als staatliche unmittelbare Reaktionszentren werden immer mehr beschränkt.

Einerseits werden durch Gesetze immer weitere Gebiete der unmittelbaren Bestimmung der Reaktion durch das Organ bei Gegebensein bestimmter Reize entzogen.

Es treten andererseits neben die alten Reaktionszentren neue, durch die Zahl ihrer Mitglieder in weiterem Maße den Gesamtwillen des Staatsvolkes repräsentierender Organe. Unter diesen Reaktionszentren besteht eine Hierarchie, indem das eine dieser Organe den souveränen Reaktionswillen des Staates darstellt; an dieses kann einerseits gegen die Willensentschlüsse der anderen Organe appelliert werden, andererseits stellt es sich in bestimmten Fällen als primäres Reaktionszentrum dar. Von der Beschränkung des Einzelorganes durch eine Mehrheit von Menschen, einen Rat, in Fällen, wo es sich um funktionelle Strafe handelt, bis zu jener Gestaltung des Staatsorganismus, bei der die Gesamtheit der Volksgenossen allein das letzte Reaktionszentrum darstellt, wo das Volk als Herr der Gerichte auch κύριος τῆς πολιτείας wird, führt in der attischen Rechtsentwicklung, wie v. Wilamowitz [1]) treffend ausführt, eine gerade Linie der Entwicklung.

II. Das funktionelle Strafrecht der Beamten.

1. Das Strafrecht des Archon und des Königs als Typen des Beamtenstrafrechts und seiner Gestaltung.

Das funktionelle Strafrecht der einzelnen als Staatsorgane auftretenden Menschen geht im Laufe der Entwicklung von der Oligarchie zur Demokratie immer mehr zurück.

Die noch in der Zeit der Oligarchie [2]) einflußreiche Stellung der Beamten als Strafzentren wurde durch das Aufkommen weiterer Reaktionszentren eingeschränkt. In der Zeit der ent-

[1]) v. Wilamowitz, Aristot. u. Athen, I, S. 91 f.

[2]) Swoboda, c. l. S. 65 f.

wickelten Demokratie ist dieses Strafenwollen als Organ durch bestimmte Grenzen [1]) beschränkt. Wollte der Beamte als Organ eine als Strafe sich darstellende Herrschaftshandlung vornehmen, die über diese Grenze ging, so mußte er sein Wollen einem anderen Reaktionszentrum vorlegen; damit war ausgedrückt, daß eine Herrschaftshandlung von höherer Intensität als das „Recht" eines anderen Reaktionszentrums betrachtet wurde; eine nach allgemeiner staatlicher Zweckmäßigkeit durch einen Beamten einem Bürger gegenüber verhängte Strafe, die über das ihm als Recht eingeräumte Wollen hinausging, mußte als ein durch den Beamten zugefügtes Unrecht erscheinen.

So finden wir das Strafrecht der Beamten die Form annehmen, die der geschilderten Abgrenzungstendenz entspricht.

Als Typus kann hier wohl das in der Rede (Demosth.) gegen Makart. 75 eingelegte Gesetz angeführt werden [2]); es wird zunächst der Umfang des dem einzelnen Beamten, dem Archon, zukommenden Kreises des staatlichen Lebens, das überhaupt seiner Betrachtung als Organ unterworfen ist, umgrenzt; ferner wird innerhalb dieses Kreises seine Organstellung gesichert, indem für eine ihm als Organ zukommende Machtausübung gegen bestimmte Personen eine entsprechende Vollmacht erteilt wird. Nur wenn durch die organschaftliche Einstellung seines Bewußtseins ein Wollen zustande kommt, das inhaltlich seine Herrschaftsgewalt über bestimmte Personen übersteigt, kann er dieses Wollen nicht direkt befriedigen, er muß es als subjektives Wollen vor ein anderes Reaktionszentrum bringen, das von diesem als bloßer Vorschlag zu weiteren eigenen Reaktionen gewertet wird.

Wir sehen hier den Tatbestand, auf den der Beamte zu reagieren hat, des weiteren gar nicht begrenzt. Alles, was sich als ὕβρις, als Anderswollen gegenüber dem vom Beamten ver-

[1]) In Athen bis 50 Drachmen, Lipsius, c. l. I. S. 53.

[2]) ὁ ἄρχων ἐπιμελείσθω τῶν ὀρφανῶν καὶ τῶν ἐπικλήρων καὶ τῶν οἴκων τῶν ἐξερημουμένων καὶ τῶν γυναικῶν ὅσαι μένουσιν ἐν τοῖς οἴκοις τῶν ἀνδρῶν τῶν τεθνηκότων φάσκουσαι κυεῖν. τούτων ἐπιμελείσθω καὶ μὴ ἐάτω ὑβρίζειν μηδένα περὶ τούτους, ἐὰν δέ τις ὑβρίζῃ ἢ ποιῇ τι παράνομον κύριος ἔστω ἐπιβάλλειν κατὰ το τέλος. ἐάν δὲ μείζονος ζημίας δοκῇ ἄξιος εἶναι προσκαλεσάμενος πρόπεμπτα καὶ τίμημα ἐπιγραψάμενός ὅτι ἂν δοκῇ αὐτῷ εἰσαγαγέτω εἰς τὴν ἡλιαίαν, vgl. Lipsius, c. l. I, S. 58 Anm 16 u. S. 53 Anm. 2.

langten darstellt, rechtfertigt die Machtäußerung, das κύριος sein. Nur nach seiner Einstellung als staatliches Organ, als Teil des Staatswillens hat er zu handeln (κατὰ τὸ τέλος.)

Diese Reaktion im staatlichen Interesse konnte auch vom einzelnen angeregt werden, sei es, daß er eine bloße Denunziation, εἰσαγγελία [1]), sei es, daß er ein selbständiges Recht auf Funktionieren der Behörden im staatlichen Interesse in Gestalt einer Klage geltend machte [2]).

Das Vorhandensein eines in das Gebiet der Kompetenz eines bestimmten Organes fallenden Geschehnisses und das Streben des einzelnen Staatsbürgers, eine organschaftliche Reaktion zu erzielen, führte zu einer „öffentlichen Klage" [3]), bei der der einzelne die Entscheidung über eine durch ein Geschehnis eingetretene Verletzung seiner Rechtssphäre, resp. über den von ihm als Äquivalent dafür geltend gemachten Strafanspruch verlangte.

Es wird die Behauptung des Eintrittes behördlicher Zuständigkeit zum Tatbestand, zum Einzelereignis, auf den sich der Strafanspruch stützte.

In diesen Tatbeständen finden wir die den Strafanspruch bezeichnende Einzeltat nur wenig umgrenzt; es genügt, daß hier nur überhaupt der Eintritt der Kompetenz einer bestimmten Behörde angegeben wird [4]). Die Reaktion des Staatsorganes auf Grund der Klage, die ja auch in diesem Fall, wenn sie eine bestimmte Übelsgrenze überschritt, einer Überprüfung durch ein anderes Reaktionszentrum unterworfen werden mußte, erschien nur als Instruktion des Prozesses, als rechtliche Formulierung des vom Kläger geltend gemachten Anspruches [5]).

Das funktionelle Strafrecht der Behörden erhielt schließlich durch die Solonische Verfassung noch mehr den Charakter einer

---

[1]) Meier-Schömann, c. l. I, S. 358, Lipsius, c. l. II 1, S. 374 ff.

[2]) Meier-Schömann, c. l. S. 358 ff.

[3]) Über das jedem Bürger zustehende Klagerecht bei der einem anderen zugefügten Rechtsverletzung als Ersatz für den Mangel öffentlicher Ankläger Lipsius, c. l. I, 31; über das allgemeine Klagerecht vgl. Arist., Verf. v. Athen 9,1; vgl. oben S. 1.

[4]) Über die hier als Beispiel angeführte γραφὴ κακώσεως vgl. Meier-Schömann, c. l. S. 353 ff.; Lipsius, c. l. II 1, S. 342 ff.; Aristoteles, c. l. 56, 6.

[5]) Lipsius, c. l. S. 32, 54; Swoboda, c. l. S. 148.

provisorischen Willensäußerung, indem jeder auch gegen die innerhalb ihrer gesetzlichen Grenzen gebliebene Willensmacht die Überprüfung derselben durch ein anderes Reaktionszentrum verlangen konnte, mochte dies nun von dem Betroffenen selbst geschehen oder für ihn durch einen Dritten [1]).

Gerade hierin lag der volksfreundliche Charakter der Solonischen Verfassung und ein Mittel zur Ausbildung der Demokratie trotz formellen Weiterbestehens aristokratischer Institutionen. So wurde schließlich das Volk letztes und damit ausschließliches Reaktionszentrum, wenn es sich um die endgültige Bestimmung der in Gestalt der Strafe auftretenden Beherrschung eines Bürgers handelte.

v. Wilamowitz [2]) gibt folgende treffende Charakterisierung der Entwicklung des Strafrechts in der Demokratie.

„Und überhaupt hat doch erst ein tiefgehendes politisches Raisonnement diese Fundamentalsätze der Demokratie aus den Institutionen Athens, wie sie in der ausgebildeten Demokratie bestanden, entwickeln können: in den Gesetzen standen sie wahrhaftig nicht. Die hatten weder ein προοίμιον νόμων wie die des Platon und die danach verfertigten des falschen Zaleukos, noch „Grundrechte" oder Menschenrechte. Es sind gescheidte Leute gewesen, die aus der lebendigen Praxis das ius intercedendi und das ius provocandi entwickelt haben..... so mag die ἐσχάτη δημοκρατία Athens, von dem philosophischen Volke bis in ihre äußerste logische Konsequenz ausgedacht, die Wurzel ihres Wesens darin gefunden haben, daß jeder Athener sich als tribunus plebi fühlen soll, wo er ein Unrecht sieht, soll er interzedieren, wo ihm ein magistratischer Befehl zunahe tritt, provozieren: aber der populus, an den sich die Provokation richtet, der auch im Falle der Interzession die Entscheidung trifft, ist das Volksgericht. Der δῆμος, der durch Solon Richter geworden ist, ist durch Solon Herr geworden: dies Epigramm hat Aristoteles selbst also zugespitzt."

Diese Gestaltung des funktionellen Strafrechts von Einzel-

---

[1]) Aristoteles, c. l. 9; Swoboda, c. l. S. 147; Lipsius, c. l. I, S. 28.
[2]) v. Wilamowitz, c. l. I, S. 59 f.

personen, die an dem Beispiele des Archon gezeigt wurde, tritt in ähnlicher Form beim βασιλεύς [1]) auf. Die Kompetenz des Königs wurde durch die neben ihm stehenden Kompetenzen sachlich begrenzt, eingeschränkt auf jenes staatliche Gebiet, das sich auf die Verhältnisse der Menschen zu den Göttern bezog.

Das strafende Wollen des Königs mußte einer Überprüfung durch ein anderes Staatsorgan — Areopag, Rat, Volk — durchmachen, wenn die darin liegende Herrschaftsgewalt ein bestimmtes Maß überschritt [2]).

Auch hier bekam die vom einzelnen Privaten ausgehende Anregung obrigkeitlicher Tätigkeit die Form einer Klage, ἀσεβείας [3]), die dadurch hervorgerufene, aus der Kompetenz des Staatsorganes fließende Reaktion den Charakter einer Instruktion des von einem Privatmann eingeleiteten Prozesses, bei dem über die Schätzung privaten Strafwillens auf Grund einer „Verletzung" vom Volk entschieden wurde [4]). Von der funktionellen Reaktion ist lediglich die Weite des Tatbestandes übriggeblieben [5]) [6]).

2. Das Strafrecht der Elfmänner und die Bindung desselben an Tatbestände.

Als primäres Reaktionszentrum kommen in der athenischen Staatsverfassung ferner in Betracht die Elfmänner, οἱ ἕνδεκα [7]). Diesen war die innere Sicherheit des Staates anvertraut. Sie konnten im Interesse der inneren Sicherheit die tiefstgehenden Herrschaftsakte gegenüber dem einzelnen Bürger ausüben, sogar die Beseitigung desselben als Schädling der inneren Sicherheit durch Tötung durchführen [8]). Ihre Kompetenz war nur im all-

[1]) Meier-Schömann, c. l. S. 366 ff., Lipsius, c. l. II1, S. 358 ff.

[2]) Vgl. das Gesetz Lampsons, Cod. Inscr. Att. IV, S. 61, Wilamowitz, c. l. II S. 194.

[3]) Meier-Schömann, c. l. S. 367, Lipsius, c. l. S. 61, II1, S. 359, vgl. oben S. 7.

[4]) Über die dem Areopag bleibende Kompetenz bezüglich des Deliktes: Ausrodung der heiligen Ölbäume, Meier-Schömann, c. l. S. 374.

[5]) Vgl. Meier-Schömann, c. l. S. 369/370; Lipsius, c. l. II1, S. 359.

[6]) Bezüglich der Jurisdiktion des Polemarchen vgl. Lipsius, c. l. 65.

[7]) Lipsius, c. l. S. 74 ff.; Wilamowitz, c. l. I, S. 222 Anm. 71.

[8]) Lipsius, c. l.

gemeinen gegeben als Vorgehen gegen die Schädiger innerer Sicherheit, die κακοῦργοι [1]).

Diese Reaktionsmöglichkeit wurde dadurch eingeschränkt, daß sie die unmittelbare Reaktion, die sich als Tötung der Verbrecher darstellte, nur bei deren durch Ergreifung auf handhafter Tat und Geständnis sichergestellten Qualität als sicherheitsgefährlicher Menschen vornehmen durften. Nur im Falle handhafter Tat konnte diese Reaktion durch das formlose Vorbringen eines gefesselten Menschen vor die Behörde, resp. durch das Hinführen der Behörde an den Tatort veranlaßt werden. In allen Fällen, wo es sich nicht um handhafte Tat und gleichzeitiges Geständnis handelt, mußte auch bei ihr, seitdem sich Athen zum Rechtsstaate entwickelt hatte, eine Nachprüfung ihres Wollens durch das Gericht erfolgen. Erst wenn durch dieses ihr Tötungswollen bestätigt war, konnte sie den Tötungswillen verwirklichen [2]) [3]).

Mit dieser Einschränkung ihrer im Interesse der inneren Sicherheit begründeten Reaktion durch die Mitwirkung der Gerichte hängt auch ihre Kompetenz zur Annahme einzelner Anzeigen, die in das Gebiet der Fürsorge für die innere Sicherheit fallen, zusammen.

Aus ihrer primären Reaktionsgewalt war die Kompetenz zur Annahme von Anzeigen (ἔνδειξις [4]) übriggeblieben, die sie aber nicht zu endgültiger Strafreaktion, sondern lediglich zu Vorschlägen für eine durch ein anderes Organ vorzunehmende Reaktion bestimmten.

Da auch der Rat als Polizeibehörde in Betracht kam, der

---

[1]) Vgl. Antiphon v. Mord. d. Herod. 9 f., S. 707 f.; Lipsius, c. l. S. 77 f., vgl. oben S. 42 f.

[2]) Aristoteles, c. l. 52, 1. καθιστᾶσι δὲ καὶ τοὺς ἕνδεκα κλήρῳ τοὺς ἐπιμελησομένους τῶν ἐν τῷ δεσμωτηρίῳ καὶ τοὺς ἀπαγομένους κλέπτας καὶ τοὺς ἀνδραποδιστὰς καὶ τοὺς λωποδύτας, ἂν μὲν ὁμολογῶσι θανάτῳ ζημιώσαντας, ἄν δ' ἀμφισβητῶσιν εἰσάξοντας εἰς τὸ δικαστήριον, κἄν μὲν ἀποφύγωσιν ἀφήσοντας, εἰ δὲ μή, τότε θανατώσοντας vgl. Meuß, H., De Ἀπαγωγῆς actione apud Athenienses (Breslauer Diss.) 1884. S. 12 ff.

[3]) Über Apagoge und Ephegesis, Lipsius, c. l. S. 78, II, S. 317 ff.; Meuß, H., c. l. et passim.

[4]) Meier-Schömann, c. l. S. 286 ff.; Lipsius, c. l. II_1, S. 331 ff.

seinerseits die Sachen, sofern sie vor Gericht zur Entscheidung kamen, den Thesmoteten übergab, so konkurrierten die Elfmänner bezüglich Annahmen von Denunziationen mit den Thesmoteten[1]).

Das durch den Allgemeinbegriff des κακοῦργος umgrenzte Gebiet ihrer Kompetenz erhielt wohl gewohnheitsmäßig eine nähere Determination, indem die gangbarsten Typen der „gefährlichen Leute" festgestellt wurden, als Diebe, Kleiderräuber, Menschenräuber, Einbrecher, Beutelschneider[2]).

Diese Kategorien konnten sich aber wohl nicht als taxative Aufzählung der gefährlichen Leute durchsetzen, wir finden vielmehr daneben auch Fälle, wo auf Grund anderer Einzelereignisse: Tötung eines Menschen, Übervorteilung beim Verkauf von Sklaven, die Qualifikation der Täter als gefährlicher Menschen verlangt wurde[3]). Es tritt eben hier das Gebiet des funktionellen Strafrechtes der Behörden im Gegensatz zu dem lediglich auf die Verletzung durch Einzeltat sich stützenden Strafbegehren; der Gegensatz zwischen öffentlichem und privatem Strafrecht wirkt tatbestandsbildend[4]).

Die aus diesen Beispielen[5]) gezeigte Form des funktionellen Strafrechtes der Beamten läßt das Strafen von vornherein nicht an einzelne bestimmte Handlungstatbestände gebunden erscheinen. Eine Anregung zur Bildung von Tatbeständen tritt dort auf, wo mehrere nebeneinander bestehende Reaktionszentren auftreten, die eine Abgrenzung ihrer Kompetenzen anstreben. Des weiteren dort, wo die als Ausfluß funktionellen Strafrechtes erscheinende Herrschaftsausübung unter die Kontrolle anderer Staatsorgane kommt, denen gegenüber sie ihr Wollen zu rechtfertigen hatte, sobald entweder dieses auf ein bestimmtes Maß

---

[1]) Aristoteles, c. l. 521; v. Wilamowitz, c. l. I, S. 222 Anm. 71; Lipsius, c. l. S. 80, II 1, S. 335; Meier-Schömann, c. l. S. 291.

[2]) Vgl. Lysias, X, 10; Demosth. gegen Konon 24; Antiphon v. Mord. d. Herodes 9, 10; Demosth. gegen Timarch, 13 f.; Demosth. gegen Lakritos 47 usw.; bei Meuß, c. l. S. 5 ff.

[3]) Vgl. Hyperides gegen Athenog. 12 C. 5, bei Lipsius, c. l. I. S. 78 Anm. 104, dagegen Meuß, c. l. S. 27 ff.

[4]) Über die sonstige Zuständigkeit der Elfmänner, Lipsius, c. l. S. 79.

[5]) Über das Strafrecht der sonstigen athenischen Magistrate vgl. z. B. Lipsius, c. l. I, S. 81 ff.

von Herrschaft gerichtet war, resp. wenn der davon Betroffene die Überprüfung verlangte[1]).

Schließlich mag die Ausdeutung der Anregung der Behörden zur öffentlichen rechtlichen Reaktion durch Private als Geltendmachung eines subjektiven Klagerechtes die Meinung nahelegen, daß in dem einzelnen, zur Auslösung bestimmter, öffentlich-rechtlicher Reaktionskompetenz angeführten historischen Ereignis der rechtliche Grund für die staatliche Reaktion gelegen war.

3. Anhang zum Strafrecht der Magistrate. Die Thesmotheten.

Die überprüfende Tätigkeit der Thesmoteten, wie sie uns Aristoteles für die vordrakontische Zeit berichtet, wurde ebenfalls durch das Aufkommen der demokratischen Ideen im Staate zurückgedrängt.

Das endgültig das Recht feststellende Organ sind nicht die Thesmoteten, sondern ist das Volk. Sie sind nur das Organ, welches für die endgültige Reaktion eine vorläufige Form findet[2]); sei es, daß Sachen, die primär dem Volk übergeben waren, zur Entscheidung den Gerichtshöfen überlassen wurden, sei es, daß der Rat sein Reaktionswollen, wegen Überschreitung des ihm eingeräumten Herrschaftsbereiches oder infolge einer Berufung, einer Überprüfung durch die Volksgerichte unterziehen mußte.

Die Thesmotheten hatten ferner dort die rechtlichen Vor-

[1]) v. Wilamowitz, c. l. I, S. 60: „Die ἔφεσις εἰς δικαστήριον, die gesetzliche Bindung des Magistrats, Strafen von einer bestimmten Höhe ab nur auf Grund des Spruches von Geschworenen, die er berief, auszusprechen, war allerdings leicht und sicher aus den Gesetzen zu abstrahieren, die sie in jedem Einzelfalle bei der Abgrenzung der Kompetenzen jedes Beamten angeben mußten."

(Vgl. dazu Anm. 29 auf S. 61 c. l.): „Sein Fuß soll fünf Tage in den Block gespannt werden, falls die Heliaia diese Strafschärfung beschließt, so das Gesetz Solons bei Lys. 10, 16. Da steht aber nicht das Prinzip, daß der Beamte auf Leibesstrafe nicht mehr erkennen darf, aber aus der Klausel, die oft wiederkehren mußte, ließ es sich entwickeln. Die Gesetze sind formell Instruktionen der Magistrate, entstanden so, daß man diese nicht nach Gutdünken mehr regieren lassen wollte, sondern das „Gewohnheitsrecht", das Herkommen, den νόμος aufschrieb an den sie sich halten sollten, oder „Gesetze" θεσμοί gab, die doch auch meist κατὰ τὰ πάτρια gesetzt sein wollen oder gesetzt, d. h. schriftlich fixiert sind."

[2]) Lipsius, c. l. I, S. 70 f.; v. Wilamowitz, c. l. I, S. 245.

schläge zu machen, wo es sich um die unmittelbare Überprüfung der öffentlich-rechtlichen Funktionen auf ihre Übereinstimmung mit den Thesmoi, die sich ja an die Organe richteten, handelte [1]). Außerdem hatten sie die Gerichtsvorstandschaft bei einer Anzahl von Klagen, bei denen der Staat ein bestimmtes privates Wollen sanktionierte, das zum Herrschaftsbereiche keines der anderen, mit bestimmtem Wirkungskreis ausgestatteten Beamten gehörte, wo es sich um Klagen handelte, bei denen Anerkennung des geltend gemachten Wollens erst durch autoritativen Akt der Rechtssetzer erfolgte [2]).

Die Apagoge ging an die Thesmoteten, wo es sich gleichzeitig um die Wahrung der Rechtsverwirklichung gegenüber rechtskräftigen Richtersprüchen handelte [3]).

III. Die funktionelle Strafgewalt des Areopags.

1. Die Beziehung der funktionellen Strafgewalt zu dritten Personen; ihre strafrechtliche Bedeutung.

Weitgehende funktionelle Strafbefugnis hatten in der griechischen, speziell athenischen Rechtsentwicklung die kollegialen Organe, die entweder den herrschenden Stand der Adeligen oder schließlich das ganze Volk zu repräsentieren berufen waren.

Der Areopag, der Rat, die Volksversammlung sind die Reaktionszentren für funktionelle Strafausübung, die durch ihren jeweiligen Umfang ein Spiegelbild der politischen Struktur des Staates gibt.

Der Rat auf dem Areshügel [4]) stellt in der Zeit der Adelsherrschaft und in der Oligarchie [5]) das wichtigste staatliche Re-

---

[1]) Über die Aufsicht gegenüber den Vorsitzenden in Volksversammlungen und Ratssitzungen, sowie über die Beamten hinsichtlich ihrer Amtsführung, Lipsius, c. l. S. 71/72.

[2]) Über ihre lediglich subsidiär gegenüber den Beamten mit bestimmtem Verwaltungskreis eintretende Kompetenz, Lipsius, c. l. S. 70; Wilamowitz, c. l. I, S. 246.

[3]) Demosth. gegen Aristokr. 23, 30, 80; Lykurg gegen Leokr. 121; dazu Meuß, c. l. S. 16 ff.

[4]) Der Name stammt erst aus der Zeit, wo neben diesem Rat ein weiterer existierte, v. Wilamowitz, c. l. I, S. 91/92, Grote, c. l. II, S. 59.

[5]) Swoboda, c. l. S. 64.

präsentationsorgan dar, wo es unmittelbar staatliche Interessen mit der Strafe zu wahren galt.

Der Areopag war der Hüter der Gesetze, so berichtet Aristoteles über die Stellung des Areopags in der Drakontischen Verfassung; er reagierte unmittelbar auf Grund von privaten Anzeigen, Eisangelien, daß jemand von einem Beamten widerrechtlich behandelt wurde [1]), wenn nur das Gesetz, gegen das ein Verstoß vorlag, angegeben wurde.

In der Solonischen Verfassung [2]) hat er die Aufgabe, die verfassungsmäßige Handhabung der Gesetze zu kontrollieren, wie er ja auch früher schon die Aufsicht über das gesamte staatliche Leben geführt hatte...., insbesondere war er im Besitz einer unbeschränkten Strafbefugnis und demgemäß in der Lage, jede Ungesetzlichkeit zur Verantwortung zu ziehen. Die eingehenden Geldbußen überwies er der Staatskasse, brauchte aber nicht den Grund der Bestrafung anzugeben. Außerdem hatte er die Gerichtsbarkeit über Verschwörungen zum Umsturze der Staatsordnung. Solon war es, der für dies Verbrechen das Verfahren der Anzeige beim Areopag behufs Einleitung eines außerordentlichen Verfahrens (Eisangelia) durch ein Gesetz einführte.

Der Areopag ist so das umfassendste Reaktionszentrum [3]) gegenüber allem, was in die Sphäre der Erhaltung des ganzen Staates gehört.

Ebenso wie die einzelnen Beamten eine selbständige Herrschaftsgewalt ausübten, wenn ein Ereignis eintrat, das in den Kreis dieses Imperiums gehörte [4]), die tatsächliche Ausübung der Herrschaftsgewalt dritten Personen gegenüber durch den Eintritt eines derartigen Ereignisses rechtfertigten, hatte auch der

---

[1]) Aristoteles, c. l. 4, 4, Lipsius, c. l. S. 178, bestreitet die Authentizität dieser Nachricht.

[2]) Aristoteles, c. l. 8, 4. ... τὴν ... τῶν Ἀρεοπαγιτῶν ἔταξεν ἐπὶ τὸ νομοφυλακεῖν, ὥσπερ ὑπῆρχεν καὶ πρότερον ἐπίσκοπος οὖσα τῆς πολιτείας· καὶ τὰ δὲ ἄλλα τὰ πλεῖσθα καὶ τὰ μέγισθα τῶν πολιτικῶν διετήρει καὶ τοὺς ἁμαρτάνοντας ηὔθυνεν κυρία οὖσα καὶ ζημιοῦν καὶ κολάζειν, καὶ τὰς ἐκτίσεις ἀνέφερεν εἰς πόλιν οὐκ ἐπιγράφουσα τὴν πρόφασιν τοῦ πράττεσθαι καὶ τοὺς ἐπὶ καταλύσει τοῦ δήμου συνισταμένους ἔκρινεν, Σιόλωνος θέντος νόμον εἰσαγγελίας περὶ αὐτῶν.

[3]) Swoboda, c. l. S. 62.

[4]) Leist, c. l. S. 295.

Areopag als das zunächst umfassendste Zentrum die Betätigung seiner Herrschaftsgewalt dadurch als eine rechtliche Handlung zu erweisen, daß im gegebenen Zeitpunkt die in der Form einer Strafe zum Ausdruck kommende Herrschaftshandlung durch die Zwecke des Staates notwendig sei; denn ihre umfassendste Wahrung bildete den Inhalt der dem Areopag zugewiesenen Kompetenz. Die Verbindung derartiger Reaktionshandlungen mit bestimmten Tatbeständen als ihren Voraussetzungen zeigt sich dort, wo im staatlichen Interesse die Vernichtung eines Menschen notwendig wurde. Es mußte hier einerseits die in der Tötung sich äußernde Herrschaftsgewalt als Ausfluß einer im Interesse des Staates erfolgenden Reaktion gerechtfertigt sein, andererseits mußte das Reaktionszentrum sich bezüglich dieses autoritativen Wollens den übrigen untergeordneten Personen verständlich machen. Es mußte diesen mitgeteilt werden, wie der Wille des staatlichen Zentrums sich zu dem Verhalten der Bürger verhielt, das sich auf den im staatlichen Interesse zu Vernichtenden bezog.

So wurde gesetzlich bestimmt, daß ein Tötungswollen eines Privaten gegenüber einem im Interesse des Staates zu Vernichtenden vom Staat als Hilfsfunktion Genehmigung finde, daß dagegen kein durch eine derartige Tötung ausgelöstes privates Rachewollen staatlich anerkannt werde; ferner, daß jede Betätigung der Bürger dem zu Tötenden gegenüber, die ihn als Mitbürger in Schutz nahm, sich dem staatlichen Reaktionswollen entgegensetze.

So kam es auch hier zu strafrechtlicher Begriffsbildung. Die Reaktion wurde gerechtfertigt durch die Notwendigkeit eines im Interesse der Erhaltung des Ganzen notwendigen Herrschaftsaktes; der Herrschaftsakt war notwendig durch eine auf Vernichtung, Auflösung des Ganzen gerichtete Tätigkeit, προδοσία [1]).

Der Inhalt des dadurch ausgelösten organschaftlichen Wollens fand seinen Ausdruck in der autoritativen Bezeichnung des eine προδοσία setzenden Menschen als Feind der Gesamtheit [2]).

---

[1]) Leist, c. l. S. 293; Makarewicz, Einführung, c. l. S. 125, 236.

[2]) Makarewicz, c. l. S. 125; Kulischer, Zeitschr. f. vgl. Rechtswissenschaft Bd. XVI, S. 436.

Er ist nicht bloß Feind der Gesamtheit, d. h. das Tötungswollen jedes einzelnen ihm gegenüber basiert hier nicht auf einer naturgesetzlich bestimmten Reaktionsdisposition, sondern er soll es sein, d. h. die Einstellung jedes Bürgers dem als Feind bezeichneten in anderer Weise als es dem Bekämpfen, Töten der betreffenden Person entspricht, würde eine Reaktion des den ganzen Staat repräsentierenden Zentrums hervorrufen.

So kam es auch hier zur Tatbestandsbildung; der Hochverrat wurde „der Tatbestand“ [1]), der in seiner Grenzenlosigkeit alle Fälle umfassen konnte, in denen das die staatlichen Interessen verkörpernde Organ in öffentlichem Interesse mit dem Maximum an Herrschaftswollen gegen eine bestimmte Person, mit deren völliger Vernichtung, vorging.

Daß hier die Typizität der Einzelhandlung völlig zurücktrat, im Wege adhäsiver Rechtsbildung [2]) eine große Gruppe von Einzelhandlungen als taugliche Reize zur Auslösung derartiger Reaktionen unter den Vorratsbegriff subsumiert wurde, soll später bei der Besprechung des Demos als Reaktionszentrum gezeigt werden.

Durch die Festlegung des Areopags als Reaktionszentrum wurde aber gleichzeitig jedem anderen die unmittelbare Reaktion gegen jemand, den er für einen Hochverräter hielt, ohne daß er vom Areopag als solcher bezeichnet wurde, genommen [3]).

An die Stelle der gefühlsmäßigen unmittelbaren Reaktion der Gesamtheit tritt die geregelte Reaktion eines bestimmten Staatsorganes.

Treffend sagt v. Wilamowitz [4]): „Der Fortschritt der Entwicklung ist kenntlich. Zunächst gibt es gegen den Gewaltstreich die Gewalt, Kylon wird erschlagen. Dagegen reagiert die in Form des Gesetzes gekleidete Gewalt, das Ausnahmegericht. Solon schafft gesetzliche Ahndung, aber er bestimmt nur den Richter, dem die Freiheit bleibt, festzusetzen, ὅτι χρὴ παθεῖν ἢ ἀποτεῖσαι.“ Der einzelne erhält nur das Recht zur Denun-

[1]) Makarewicz, c. l. S. 125.

[2]) Leist, c. l. S. 293.

[3]) Vgl. Lipsius, c. l. S. 23.

[4]) v. Wilamowitz, c. l. I, S. 54, Anm. 23.

ziation, zur Eisangelie, für die als kompetente Behörde ausdrücklich der Areopag bestimmt wurde; dadurch wurde erst die Eisangelie zum technischen Begriff [1]).

2. Die Zuweisung einzelner Funktionen des Areopags an andere staatliche Organe als besondere Rechte.

Der Areopag als Reaktionszentrum setzte sich in Gegensatz zur Demokratisierung der Staatsverfassung, die von Solon eingeleitet war. Die Herrschaft der Beamten, ihre funktionelle Strafgewalt hatte ihre Bedeutung verloren mit der Solonischen Einführung der Berufung an die Volksgerichte, ihre letzten Reste in der Instruktion der Prozesse gefunden [2]).

So wurde auch die Herrschaftsgewalt des Areopags, der als Repräsentant des Staates überall strafen konnte, wann er es für den Staat notwendig erachtete [3]), ein Angriffspunkt für die soziale Bewegung, die in der unmittelbaren Beteiligung des Volkes am einzelnen Staatsakte das Endziel der Demokratie erblickte [4]).

Diese Bewegung führte schließlich dazu, daß durch Ephialtes [5]) dem Areopag jede Herrschaftsgewalt bis auf die auf religiöser Basis stehende, unpolitische [6]) Blutgerichtsbarkeit genommen wurde [7]). Aristoteles berichtet [8]): ἔπειτα τῆς βουλῆς ἐπὶ Κόνωνος ἄρχοντος ἅπαντα περιείλετο τὰ ἐπίθετα δι᾿ ὧν ἦν ἡ τῆς πολιτείας φυλακή, καὶ τὰ μὲν τοῖς πεντακοσίοις, τὰ δὲ τῷ δήμῳ καὶ τοῖς δικαστηρίοις ἀπέδωκεν.

---

1) Lipsius, c. l. S. 179.

2) Über diese Entwicklung vgl. Philippi, c. l. S. 272 ff.

3) Zur Charakterisierung dieser umfassenden Kompetenz die bei Philippi, c. l. S. 272 Anm. 125 zitierte Stelle aus Androtion und Philochoros (fr. 17. Mül.): περὶ πάντων σχεδὸν τῶν σφαλμάτων καὶ παρανομιμῶν.

4) Dazu Philippi, c. l. S. 259 ff.

5) Im Jahre 462 v. Chr.

6) Philippi, c. l. S. 265.

7) „Ebenso begreiflich ist es, daß das, was Ephialtes dem Areopag nahm, Theopomp als τὰς πλείστας κρίσεις oder τὰς κρίσεις πλὴν ὀλίγων ἁπάσας oder τὰ πάτρια νόμιμα, Ephoros als τὰ πάτρια καὶ περιβόητα νόμιμα bezeichneten, denn „Entscheidungen" waren ja mit jenen Befugnissen gegeben und politisch ungleich wichtiger, als die nun noch verbleibenden δίκαι φονικαί." So Philippi, c. l. S. 272, vgl. auch Grote, c. l. III, S. 284.

8) Aristoteles, c. l. 25,2.

Die Herrschaftsgewalt über die Beamten hat er an die Gerichte, die Annahme der Eisangelien an das Volk, die Verwaltung an den Rat der Fünfhundert verloren[1]).

Daß diese Herrschaftsgewalt, die ihm aus seiner funktionellen Strafbefugnis zustand, als ihm ursprünglich fremd bezeichnet wurde, daß in seinen einzelnen Funktionen selbständige Rechte erblickt wurden, führt v. Wilamowitz[2]) wohl mit Recht darauf zurück, daß hier eine von der siegenden Partei des Ephialtes vorgenommene Verdrehung der Tatsachen vorliege. Um nicht als revolutionär zu erscheinen, wird von der siegenden Partei die Sache so dargestellt, daß durch Ephialtes nur Übergriffe des Areopags beseitigt wurden.

v. Wilamowitz sagt dagegen mit Recht, daß die einzelnen Tätigkeiten des Areopags nicht auf der Verleihung einzelner Rechte beruhte[3]). Die Betrachtung der aus der umfassenden Kompetenz fließenden Handlungen als Einzelrechte setzt erst dort ein, wo die einzelnen Funktionen auf die primär nicht dazu berufenen Körperschaften übertragen wurden, diesen gegenüber nunmehr als ihnen allein zustehende Rechte in den als Dienstinstruktion wirkenden Gesetzen bezeichnet wurden. Das Wesentliche dieser Umgestaltung liegt so, um mit Philippi[4]) zu reden, nicht so sehr in der materiellen Erweiterung des Spruchgebietes der Volksrichter, „sondern in der Beschränkung des Areopags als Behörde und der dadurch herbeigeführten politisch freieren Stellung des Volkes, sowohl in der Ekklesie, als in ihren Ausschüssen, den Gerichten". Der Demos war so Herr der Gerichte geworden, „aber er war es nicht durch das Mehr, was der Areopag an Jurisdiktion verlor, sondern dadurch, daß dieser aufhörte, ἐπίσκοπος πάντων und φύλαξ τῶν νόμων zu sein" [5]). Als Reste einer ursprünglichen Strafgewalt[6]) blieben nur gewisse

---

[1]) Wilamowitz, c. l. II, S. 194.

[2]) Wilamowitz, c. l. II, S. 187.

[3]) Wilamowitz, c. l. II, S. 187.

[4]) Philippi, c. l. S. 285.

[5]) Philippi, c. l. S. 289.

[6]) Über das vorübergehende Aufleben der areopagitischen Strafgewalt unter den 30 Tyrannen vgl. Aristoteles, c. l. 35, 2.

Untersuchungsfunktionen übrig, wenn es sich um staatsgefährliche Verbrechen handelte [1]); auch diese Staatsanwaltsfunktionen [2]) wurden aber wiederum auf den Auftrag des Volkes, einen speziellen oder generellen [3]) (τοῦ δήμου προσταξάντος αὐτῇ), zurückgeführt [4]).

IV. Die funktionelle Strafgewalt des weiteren Rates.

1. Die Beschränkung seiner Herrschaftsgewalt in der Demokratie.

Ebenso wie der Areopag bildete längere Zeit der weitere Rat das Reaktionszentrum für die Wahrnehmung der Interessen des Staates; allerdings war dem Rate gegenüber schon das Prinzip der unmittelbaren Demokratie so weit zum Durchbruch gelangt, daß ein Teil staatlicher Herrschaftsgewalt von den Volksgerichten und der Ekklesie reklamiert wurde.

So berichtet Aristoteles [5]) von dem Rechte des Rates der 500, rechtskräftig Geldbußen, Verhaftungen und Todesurteile zu verhängen; sein Strafrecht steht ihm als „Verwaltungsbehörde" des Staates zu. Doch auch hier kam es durch das Erstarken der Demokratie zur Einschränkung des definitiven Strafwollens durch eine Überprüfung desselben seitens des souveränen Volkes.

So wurde ihm zunächst das Recht, Todesurteile definitiv auszusprechen, genommen, dem Volk übertragen [6]); es wurden ferner seiner Herrschaftsmacht absolute Grenzen gesetzt; seinen Strafwillen kann er nur in Geldbußen bis 500 Drachmen geltend machen. Findet er eine höhere Strafe für notwendig, dann ist seine Entscheidung nur eine vorläufige, bedarf der Bestätigung

---

[1]) Philippi, c. l. S. 170 ff.

[2]) Philippi, c. l. S. 299/300, Anm. 174.

[3]) Vgl. Dinarch gegen Demosth. 50 ff., zit. bei Philippi, c. l. S. 171, dazu Philippi, c. l. S. 179 ff.

[4]) So Philippi, c. l. S. 182, 269.

[5]) Aristoteles, c. l. 45, 1; Lipsius, c. l. S. 45, 196.

[6]) Aristoteles, c. l. 45, C. I. A. n. 57, bei Lipsius, c. l. S. 46 Anm. 138, besonders a. Z. 37: ἄνευ τοῦ δήμου τοῦ Ἀθηναίων πληθύοντος μὴ εἶναι θανατοῦν. Während Lipsius als Zeitpunkt für den Entzug des Rechtes des Rates über Leben und Tod die Zeit unmittelbar nach dem Sturz der Vierhundert annehmen will, wird von Wilamowitz, c. l. II, S. 197 noch für das 4. Jahrh. v. Chr. eine unbeschränkte Strafgewalt des Rates angenommen, dagegen Lipsius, c. l. S. 46 Anm. 142.

durch die Volksgerichte, vor die sie durch die Thesmoteten zu bringen ist [1]).

Auch der innerhalb dieser Grenzen sich bewegende Strafwille ist eventuell durch Berufung an das Volksgericht einer Überprüfung zugänglich [2]).

Dies gilt insbesondere für sein funktionelles Strafenwollen gegenüber Beamten, gegen die er entweder auf Grund eines privaten Wissens oder einer Anzeige, Eisangelie, vorgehen konnte [3]).

2. Sonstige Funktionen des Rates als Reste früherer Strafgewalt.

Als Rest seiner früheren Strafgewalt erscheint noch die ausdrückliche Bestimmung des Rates als Annahmeorgan für Anzeigen von Delikten, die in die staatliche Strafkompetenz fielen. Der Rat war hier noch immer das taugliche Reaktionszentrum für die Entscheidung, ob zu strafen sei, ob die Notwendigkeit des staatlichen Lebens das Strafen erheischte. Er hatte sich zunächst schlüssig zu machen, ob er die Eisangelie annehmen wollte oder nicht [4]). Wenn er die Notwendigkeit einer Betätigung staatlicher Herrschaftsmacht in Gestalt der Strafe bejahte, durfte er aber dieses Strafwollen nicht unmittelbar durchführen, sondern mußte es entweder einem anderen Reaktionszentrum zur Überprüfung vorlegen; dies nahm die Form an, daß der Rat entweder sein funktionelles Strafwollen in die Form der Klage vor dem Volksgerichte brachte [5]), oder daß er sich lediglich auf die Vorlage eines historischen Ereignisses in der Volksversammlung beschränkte, das nach seiner Ansicht die Notwendigkeit einer staatlichen Reaktion begründete; ebenso mußte eine beim Volke eingereichte Eisangelie dem Rate zur Begutachtung vorgelegt werden [6]).

Die funktionelle Strafgewalt des Rates zeigt sich auch darin,

[1]) Aristoteles, c. l. 45, 1; Lipsius, c. l. 45, besonders Anm. 137, ferner S. 196 ff.; Wilamowitz, c. l. II, S. 196.

[2]) Aristoteles, c. l. 45, 2; Lipsius, c. l. S. 197.

[3]) Aristoteles, c. l. 45, 2; 46, 2 Lipsius, c. l. S. 198 ff.

[4]) Vgl. Lysias gegen Nikom. 22; dazu Lipsius, c. l. S. 203, 195.

[5]) v. Wilamowitz, c. l. II, S. 374 ff.

[6]) Lipsius, c. l. S. 196.

daß er für das bloße Vorführen eines Menschen als Verbrecher, für die Apagoge und für die ähnliche Endeixis als kompetentes Reaktionszentrum im Gesetz anerkannt wurde [1]).

So sehen wir auch hier staatliches Strafrecht, das zunächst nicht an Einzelhandlungen als typische Tatbestände gebunden ist. Tatbestandsbildungen kommen erst dann vor, sobald andere Kompetenzen auftreten, die einen Teil der in der Strafe sich ausdrückenden Herrschaftsgewalt für sich reklamieren, sei es, daß die Sorge für einen bestimmten Teil staatlicher Tätigkeit von ihnen in Anspruch genommen, sei es, daß die im Strafquantum gelegene Herrschaft gegenüber Staatsbürgern ausschließlich für sie reklamiert wird.

V. Die funktionelle Strafgewalt des Volkes.

1. Die Bedeutung der demokratischen Verfassungsänderung für die tatbestandsmäßige Formulierung des Strafrechts.

Die unmittelbare Herrschaft des erstarkenden Volkes vertrug nicht das Beherrschtsein des einzelnen Bürgers durch andere von ihm verschiedene Instanzen, mag diese Herrschaft auch nur durch eine im allgemeinen staatlichen Zwecke diktierte Strafe begründet gewesen sein. Daß daneben die in der Masse gelegenen Garantien für die Richtigkeit einer Entscheidung die Volksgerichtsbarkeit wünschenswert erscheinen ließen, mag hier bereits konstatiert werden. So sagt Aristoteles [2]): ἁπάντων γὰρ αὐτὸς αὑτὸν πεποίηκεν ὁ δῆμος κύριον καὶ πάντα διοικεῖται ψηφίσμασιν καὶ δικαστηρίοις, ἐν οἷς ὁ δῆμός ἐστιν ὁ κρατῶν, καὶ γὰρ αἱ τῆς βουλῆς κρίσεις εἰς τὸν δῆμον ἐληλύθασιν. καὶ τοῦτο δοκοῦσι ποιεῖν ὀρθῶς· εὐδιαφθορώτεροι γὰρ οἱ ὀλίγοι τῶν πολλῶν εἰσὶν καὶ κερδεί καὶ χάρισιν.

Das Durchdringen des demokratischen Prinzipes stellte immer mehr die Gesamtgemeinde als unmittelbaren Repräsentanten des Staates, als Organ desselben, das zu entscheiden hat, wann die Ausübung einer Herrschaftsgewalt gegen einzelne im Interesse der Gesamtheit notwendig ist, in den Vordergrund.

---

[1]) Andokid. v. d. Myst. 91, 4 (bei Lipsius, c. l. S. 46 Anm. 141), besonders Isaios v. Erbe des Nikostr. 28 (bei Lipsius, c. l. S. 197 Anm. 64), wo es allgemein heißt: πάλιν ἀπογραφεὶς εἰς τὴν βουλὴν κακουργῶν.

[2]) Aristoteles, Verf. v. Ath. 41, 2.

Zunächst waren es die großen [1]) Geschworenengerichte, die Heliaia, die, als Repräsentanten der Gesamtheit fungierend [2]), wenigstens die Überprüfung des von anderen Organen produzierten Strafwollens auf sich nahmen, sei es, daß das entscheidende Organ selbst sich an die Heliaia wenden mußte, um die Bestätigung einzuholen, sei es, daß durch Parteiakt die Überprüfung seitens der Geschworenengerichte provoziert wurde [3]).

Daneben war die versammelte Volksgemeinde frühzeitig unmittelbares Reaktionszentrum, das für sich die Entscheidung in Anspruch nahm, wann zur Erhaltung des Ganzen eine Reaktion notwendig sei. So nahm sie wohl seit Kleisthenes [4]), nach Aristoteles [5]) seit Ephialtes die Gerichtsbarkeit über Hochverrat in Anspruch, der hier eine mehr demokratische Färbung annahm [6]).

Die geänderte politische Situation kommt insbesondere dadurch zum Ausdruck, daß die nunmehr herrschende Partei bei einer gegen ihre Herrschaft gerichteten Handlung sich jene Reaktion zu sichern suchte, die ursprünglich nur bei einer auf die Vernichtung des Staates überhaupt hinstrebenden Handlung eintrat [7]).

Dies zeigt das Psephisma des Demophantos, das im wesentlichsten die Wiederholung eines früheren Gesetzes gewesen ist [8]).

Der Standpunkt des demokratischen Staates drückt sich darin aus, daß aus der Vernichtung des Staates als Tatbestand der προδοσία das Streben nach der Tyrannis, resp. die Beteiligung an der Tyrannis durch Übernahme von Ämtern wird. Die neuerliche Festlegung dieses Verratsbegriffes wurde aktuell durch den

---

[1]) Über die Zusammensetzung dieser Geschworenengerichte vgl. Lipsius, c. l. S. 104, 142, 155.

[2]) v. Wilamowitz, c. l. I, S. 187, II, S. 105. „Das Gericht ist rechtlich immer identisch mit dem Volke, sonst hätte sich seine Unverantwortlichkeit gar nicht aufrecht erhalten lassen."

[3]) Lipsius, c. l. S. 28 ff.

[4]) Lipsius, c. l. S. 33.

[5]) Aristoteles c. l. 25, 1.

[6]) Vgl. oben S. 49.

[7]) Über die κατάλυσις τοῦ δήμου als Grundlage des Verratsbegriffes Aristoteles, c. l. 8, 4.

[8]) So Lipsius, c. l. S. 179 Anm. 7.

Sturz der Vierhundert, 411/410 v. Chr. Dieses aus 410/409 stammende Psephisma des Demophantos zeigt in seiner Form völlig die früher genannten Tendenzen, die zur Tatbestandsbildung führten[1]). Ἐάν τις δημοκρατίαν καταλύῃ τὴν Ἀθήνησιν ἢ ἀρχήν τινα ἄρχῃ καταλελυμένης τῆς δημοκρατίας, πολέμιος ἔστω Ἀθηναίων καὶ νηποινεὶ τεθνάτω, καὶ τὰ χρήματα αὐτοῦ δημόσια ἔστω, καὶ τῆς θεοῦ τὸ ἐπιδέκατον· ὁ δε ἀποκτείνας τὸν ταῦτα ποιήσαντα καὶ ὁ συμβουλεύσας ὅσιος ἔστω καὶ εὐάγης.

Daß hier die Stellung des staatlichen Reaktionszentrums zu der Einstellung der Bürger dem Hochverräter gegenüber tatbestandsbildend war, zeigt ebenso der Eid der Bürger[2]). κτενῶ καὶ λόγῳ καὶ ἔργῳ καὶ ψήφῳ καὶ τῇ ἐμαυτοῦ χειρί, ἂν δυνατὸς ὦ, ὃς ἂν καταλύσῃ τὴν δημοκρατίαν τὴν Ἀθήνησι, καὶ ἐάντις ἄρξῃ τινὰ ἀρχὴν καταλελυμένης τῆς δημοκρατίας τὸ λοιπόν, καὶ ἐὰν τις τυραννεῖν ἐπαναστῇ ἢ τὸν τύραννον συγκαταστήσῃ.

So stellt auch Aristoteles (Verf. v. Athen 16, 10) es als alte Regel hin, daß das Streben nach Tyrannis mit Friedlosigkeit bedacht ist. θέσμια τάδε Ἀθηναίοις κατὰ τὰ πάτρια· ἐάν τινες τυραννεῖν ἐπαιστῶνται ἢ συγκαθιστῇ τὴν τυραννίδα, ἄτιμον εἶναι καὶ αὐτὸν καὶ γένος[3])·

Wir finden hier in den Tatbeständen festgelegt, daß hier „auch" Fälle vorhanden sind, in denen die im Interesse der Erhaltung des Staates funktionierende Herrschaftsgewalt ausgelöst wird[4]), unter gleichzeitiger Angabe, wie die Gesamtheit zur Vollziehung dieses Strafwillens mitwirken muß; es wird die Kategorie der Friedlosigkeit geschaffen, es wird die Straflosigkeit dessen ausdrücklich bestätigt, der den Geächteten tötet; in besonderen Fällen, z. B. bei der Ächtung der Peisistratiden, im Psephisma des Demophantos, erfährt dies dadurch eine Verstärkung, daß sämtliche Bürger zu dieser Tötung verpflichtet werden[5]).

---

[1]) Andokides περὶ τῶν μυστερίων 96, vgl. dazu Lipsius, c. l., besonders Usteri, Ächtung und Verbannung im griechischen Recht, S. 16 ff.

[2]) Andokides, c. l. 97; Usteri, c. l. S. 16.

[3]) v. Wilamowitz, c. l. I, S. 53/54; Usteri, c. l. S. 11.

[4]) Vgl. dazu Swoboda, Beiträge usw., S. 27 u. passim; Usteri, c. l. S. 5 u. passim.

[5]) Über das „ἀγώγιμος εἶναι" als Spielart der Acht, bei der zum Zwecke des Strafvollzuges gegen flüchtige Verbrecher lediglich für die Bürger das Tötenkönnen, nicht das Töten-sollen, festgelegt wurde, vgl. Swoboda, Beiträge usw., S. 26 ff.

2. Der Einfluß privatrechtlicher Gesichtspunkte auf die Tatbestandsbildung.

Es entspricht dem primitiven Standpunkt des Denkens über Staatsfunktionen, wenn die Volksgerichtsbarkeit als höchst subjektives Recht des Demos betrachtet wurde; nur das Korrelat dieser Auffassung ist es, wenn der Anlaß zur Auslösung eines organschaftlichen Handelns nur privatrechtlich gedacht werden konnte, wenn er als eine Beleidigung des Volkes, als ein Verletzen des Volkes bezeichnet wurde.

So berichtet Xenophon, Hellen. Geschichte I, 7, 20 [1]): τὸ Καννωνοῦ ψηφίσμά ἐστιν ἰσχυρότατον, ὃ κελεύει ἐάν τις τὸν τῶν Ἀθηναίων δῆμον ἀδικῇ, δεδεμένον ἀποδικεῖν ἐν τῷ δήμῳ, καὶ ἐὰν καταγνωσθῇ ἀδικεῖν, ἀποθανεῖν εἰς τὸ βάραθρον ἐμβηθέντα, τὰ δε χρήματα αὐτοῦ δημευθῆναι καὶ τῆς θεοῦ τὸ ἐπιδέκατον εἶναι [2]).

Die Reaktion des Volkes wurde hier, wie bei der verwandten ἀπάτησις τοῦ δήμου [3]), auf die Vorstellung des Verletztseins durch eine Handlung, auf ein Unrechtleiden, aus dem ebenso wie beim Einzelindividuum der Trieb nach Reaktion sich erklären läßt [4]), zurückgeführt. Der hier geschilderten Bedeutung des „Tatbestandes" zur Kompetenzbegründung eines bestimmten Reaktionszentrums entspricht es, daß diese Fälle die Eigentümlichkeit zeigen, daß es genügt, „wenn nur ein Versuch, diese Verbrechen auszuüben, gemacht, nur die Absicht, sie auszuüben, durch irgendeine sichtbare Handlung an den Tag gelegt worden ist [5])."

Für unsere Frage belanglos ist die Erscheinung, daß das Volk seinen engeren Ausschuß, die Volksgerichte, zur Reaktion für den Einzelfall delegierte, oder wenigstens einen Teil des

---

[1]) Vgl. Lipsius, c. l. S. 43 Anm. 132.

[2]) Lipsius, c. l. S. 186/87. Von Bedeutung aber ist es, daß die den Feldherrn zur Last gelegte Schuld (scil. nach der Arginusenschlacht) in dem Probuleuma ebenso nur mit dem allgemeinen Ausdruck ἀδικεῖν bezeichnet ist, wie das Psephisma des Kannonos, dessen Anwendung Euryptolemos in Gegenantrag brachte, gegen die ἀδικοῦντες τὸν δῆμον gerichtet war.

[3]) Meier-Schömann, c. l. S. 424 ff.; Lipsius, c. l. S. 180.

[4]) Über die Mitwirkung des Rates, der Thesmoteten, bei dieser Reaktion vgl. oben S. 65, 73.

[5]) Meier-Schömann, c. l. S. 420.

Prozesses, die Feststellung der „Tatfrage“ dem Gerichte überließ [1]).

Das Wissen von dem Vorhandensein eines sein Einschreiten notwendig machenden Ereignisses verschaffte sich das Volk vielfach durch die Mitteilung Privater, die entweder in der feierlichen Form der εἰσαγγελία [2]) oder formlos als μήνυσις [3]) erfolgte.

3. Das funktionelle Strafrecht im Kampf mit dem Sykophantismus.

Die reine Form einer an das offizielle Reaktionszentrum erfolgenden Mitteilung behielt die Eisangelie insbesondere dadurch, daß ursprünglich den Anzeiger keine Strafe traf, wenn er weniger als den fünften Teil der Richterstimmen erhielt.

Erst im Kampf gegen den Sykophantismus wurde auch hier eine Geldstrafe von 1000 Drachmen für den unterliegenden Angreifer festgelegt [4]).

Aus diesem Kampf gegen den Sykophantismus dürfte auch die Kodifizierung des staatlichen Strafrechtes in der Gestalt des Eisangeliegesetzes um die Mitte des 4. Jahrhunderts v. Chr. hervorgegangen sein. So finden wir in der Rede des Hypereides für Euxenippos [5]) folgende Tatbestände als Voraussetzung des Eisangelieverfahrens:

1) ἐάν τις τὸν δῆμον τὸν Ἀθηναίων καταλύῃ ἢ συνίῃ ποι ἐπὶ καταλύσει τοῦ δήμου ἢ ἑταιρικὸν συναγάγῃ;

---

[1]) Lipsius, c. l. S. 182 ff.

[2]) Meier-Schömann, c. l. S. 312 ff.; Lipsius, c. l. S. 176.

[3]) Lipsius, c. l. S. 208 ff.; dazu Platner, Der Prozeß und die Klagen bei den Attikern, S. 354: „Diese inquisitorische Form des Prozesses ist um so mehr hervorzuheben, da die akkusatorische in ihrer Angemessenheit zu den freien Verfassungen des Altertums bei den Attikern, sowie bei den Römern als Regel und Norm galt, indem man sie für besonders geeignet hielt, den einzelnen vor den Mißgriffen und der despotischen Anmaßung einer willkürlichen Gewalt sicherzustellen und auf diese Weise die bürgerliche Freiheit in ihren Grundlagen zu erhalten.“

[4]) Lipsius, c. l. S. 208.

[5]) 7 f., C. 22 f., bei Lipsius, c. l. S. 192, dazu noch Hyper. f. Euxen. C. 21 f.: ... διὰ τοῦτο γὰρ ὑμεῖς ὑπὲρ ἁπάντων ἀδικημάτων ὅσα ἔστιν ἐν τῇ πόλει νόμους ἔθεσθε χωρὶς περὶ ἑκάστου αὐτῶν. ἀσεβεῖ τις περὶ τὰ ἱερά· γραφαὶ ἀσεβείας εἰσὶ πρὸς τὸν βασιλέα ..... ὑπὲρ τίνων οὖν ᾤεσθε δεῖν τὰς εἰσαγγελίας γίγνεσθαι; τοῦτ' ἤδη καθ' ἕκαστον ἐν τῷ νόμῳ ἐγράψατε, ἵνα μὴ ἀγνοῇ μηδείς.

2) ἢ ἐάν τις πόλιν τινὰ προδῷ ἢ ναῦς ἢ πεζὴν ἢ ναυτικὴν, στρατιάν, ἢ ἐάν τις εἰς τοὺς πολεμίους ἄνευ τοῦ πεμφθῆναι ἀφικνῆται ἢ μετοικῇ παρ' αὐτοῖς ἢ στρατεύηται μετ' αὐτῶν ἢ δῶρα λαμβάνῃ.

3) ἢ ῥήτωρ ὢν μὴ λέγῃ τὰ ἄριστα τῷ δήμῳ τῶν Ἀθηναίων χρήματα λαμβάνων καὶ δωρεὰς τῶν τἀναντία πραττόντων τῷ δήμῳ τῷ Ἀθηναίων.

4. Das organschaftliche Wollen und das individuelle Wollen der Staatsorgane.

Daß diese kasuistische Selbstbindung des Volkes nicht von großer Bedeutung war, zeigen jene gewaltsamen Interpretationsversuche, mit denen man andere Fälle, wo sich die Notwendigkeit einer organschaftlichen Strafe ergab, unter die hier festgestellten Kategorien zu pressen suchte.

So wird berichtet, daß ein Ehebruch als Umsturz der Verfassung qualifiziert werden sollte, und ähnliche Fälle [1]).

Daß der in seiner Strafgewalt schrankenlose Demos die ihm zukommende Straffunktion mißbrauchte, die ihm im Staatsinteresse zukommende Herrschaftsgewalt zur Befriedigung privaten Wollens mißbrauchte, zeigt genügend die Geschichte.

Dieses Volk der Athener, das die höchste Verfügung über alles in der Stadt und das Recht hat, zu tun, was es will [2]), nutzte die Unschädlichmachung des Verbrechers aus, um persönliche Feindschaft gegen einen Bürger oder die Sehnsucht nach seinen Gütern zu befriedigen [3]).

---

[1]) Vgl. Lipsius, c. l. S. 194 und die daselbst zitierten Hypereides f. Euxenipp., Anfang; vgl. Lykurg gegen Leokrates bei (Burckhard, Griechische Kulturgeschichte, 4. Aufl., I. Bd., S. 254).

[2]) Demosth. gegen Neaira p. 1374, bei Burckhard, c. l. I, S. 243; dazu auch v. Wilamowitz, Staat und Gesellschaft der Griechen, S. 114.

[3]) Vgl. dazu Pöhlmann, Geschichte des antiken Kommunismus und Sozialismus, II. Bd., S. 275 ff., u. daselbst zitierten Lysias, XIX. 10, XXVII. 1, XXX. 22, ferner Böckh, c. l. I, S. 451 Anm. C (zit. Dinarch gegen Demosth., S. 11), bezüglich Miltiades, Herodot VI. 136, bezüglich Kimon, Plutarch Kimon 4, Böckh, c. l. I, S. 453 ff. S. auch Thonisen, c. l. S. 168, vgl. dagegen die romantische Beurteilung der attischen Geschworenengerichtsbarkeit bei Grote, c. l. Bd. I, S. 295 ff., vgl. Simmel, Soziologie, Untersuchungen über die Formen der Vergesellschaftung, 1908, S. 175 ff.

Treffend charakterisiert Xenophon [1]) dieses Umschlagen der funktionellen Strafgewalt in die individuelle Reaktion:

„Die athenischen Richter haben, durch Reden herumgebracht, viele, die nichts verbrochen, hingerichtet, und viele Verbrecher freigesprochen.“

Der Demos träumte immer von Verschwörungen [2]), war bereit, jedes Ereignis unter diesem Gesichtswinkel zu betrachten. Die durch das staatliche Strafrecht begründete Herrschaftsgewalt betrachtete man als Äußerung eines höchst persönlichen Wollens, das einer Ablösung durch Geld zugänglich war.

Der Staatsredner und der gewerbsmäßige Angeber wurden damit die Physiognomien, die Volksversammlung und Volksgericht zu bestimmen suchten [3]).

Ihrerseits ließen sie sich wieder ihren Einfluß auf die richtende Körperschaft mit Geld abkaufen [4]). Der athenische Staat brauchte, wie Burckhard [5]) ausführt, diese spähenden [6]) Sykophanten ebenso wie das Königtum in Spanien die Inquisition; „die Polis war ja hier, wie das Königtum in Spanien, etwas Vergöttertes, eine Religion geworden, welche gegen jede Abweichung die äußersten Mittel ergreift“. „Jedes Vergehen wurde hier, abgesehen von seinem sonstigen Belang, als Bedrohung des Staates, als Minderung seiner Sicherheit betrachtet. Demnach hatte jeder Prozeß die Neigung, in das Politische überzuschlagen, und die Strafen erhielten so, weil die Polis die eigentliche Religion des Griechen war oder sein sollte, völlig das Ansehen einer Rache wegen Verletzung eines Heiligsten [7]).“

Die momentan herrschende Partei suchte die Durchführung ihres Willens durch die Anwendung der schwersten Strafen zu sichern, ein Andershandeln stets unter dem Gesichtspunkt des Verrates an der Gesamtheit zu behandeln [8]).

---

[1]) Memor. IV. 8, 5, bei Burckhard, c. l. I. Bd., S. 242.

[2]) Burckhard, c. l. S. 244.

[3]) Burckhardt, c. l. S. 246.

[4]) Aristoph. Plut. 377 ff.; bei Burckhard; c. l. 247; vgl. auch S. 250 ff.

[5]) Burckhard, c. l. S. 249.

[6]) Burckhard, c. l. S. 252.

[7]) Burckhard, c. l. S. 253.

[8]) Vgl. das bei Burckhard, c. l. S. 256 zitierte Psephisma des Eubulos wegen der Schaugelder.

Dem Pathos in der Beurteilung der Einzelhandlung[1]) stand gegenüber die Ablösbarkeit dieses Wollens durch Geld. Dem Anzeiger lag in der Regel nichts an den Prozessen, sondern an dem heimlichen Abkauf derselben, bei dem er mehr verdiente, als wenn es im Prozeß zu einer Verurteilung kam[2]).

Dem Demos lag in erster Linie an dem auf eventuelle Vermögenskonfiskation gehenden Herrschaftswollen; das Wünschenswerte der Güterkonfiskation für die Verbesserung der Finanzen wurde hier für die Verurteilung maßgebend, nicht die Frage der Übelszufügung gegen einen Verbrecher[3]).

„Es wäre wahrlich offener und konsequenter im Sinne der Polis gehandelt gewesen, wenn der Staat einfach erklärt hätte, dieser und jener Bürger müsse sterben, weil man seine Habe brauche. Statt dessen wird allen denjenigen, die in öffentlichen Geschäften sind, mit dem Vorwurf der Veruntreuung, und den übrigen, die etwas zu verlieren haben, mit dem Verdachte der ungenügenden Leistung zugesetzt, und die unsaubersten Individuen bekommen den größten Einfluß auf die Schicksale dieser aller; die Forderungen sind aber so gestellt, daß mit Ausnahme der Lumpe jedermann in Kontravention ist oder doch dafür bedroht und verklagt werden kann[4]).“ Die Degeneration des funktionellen Strafrechtes zeigt ein Epigramm, das den Demos mit einem unsteten, zwischen Stille und Sturmbrausen wechselnden Meer vergleicht, welches, wenn sich ein Anlaß gibt, den Bürger herunterschlingt, τὸν πολίτην κατέπιεν[5]).

So sehen wir im attischen Recht, das hier wohl als Repräsentant des griechischen Rechtes überhaupt verwendet werden kann[6]), ein Nebeneianderbestehen zweier Formen des Strafrechtes.

Auf der einen Seite die Geltendmachung eines Rechtes auf

[1]) Burckhard, c. l. S. 253.

[2]) Burckhard, c. l. S 250/51.

[3]) Vgl. Lysias XIX, zitiert bei Burckhard, c. l. S. 239; vgl. auch die aus Lysias XVIII, XXVII zit. Stellen bei Burckhard, c. l. S. 259, vgl. Böckh, c. l. I, 466 u. daselbst zit. Aristoph. Ritter 103.

[4]) Burckhard, c. l. S. 259/60.

[5]) Aus Bergk, Anthol. lyr. p. 541; bei Burckhard, c. l. S. 260.

[6]) Vgl. dazu die bei Swoboda, c. l. stets angeführten Parallelbildungen der übrigen griechischen Rechte.

Übelszufügung durch einen Privaten, die sich auf irgendeine Einzelhandlung stützt, die vom Staat anerkannt wird. Mag auch vielfach bei dieser Tätigkeit der einzelne eine staatliche Hilfsfunktion ausgeübt, eine Strafe aus staatlichen Gesichtspunkten angeregt haben, die Form des Strafrechtes blieb die einer Reaktion auf Grund einer als Klagegrund geltend gemachten Handlung. Auf der anderen Seite neigt das organschaftliche Strafrecht des Staates, das zunächst nicht an Einzelhandlungen gebunden ist, dazu, sich mit privatrechtlichen Elementen zu vermengen. Das durch staatliche Zwecke gerechtfertigte Wollen, einem anderen ein Übel zuzufügen, wird als freies, dem wollenden Individuum als Privatperson zustehendes betrachtet, das seiner Disposition unterliegt, eine Ablösung durch ein anderes, auf andere Güter gerichtetes Wollen zuläßt [1]) [2]).

So können wir im griechischen Recht zwei Formen des Strafrechtes feststellen: Einerseits steht der Staat dem von Privaten geltend gemachten Wollen einschränkend, bestimmend und durchführend gegenüber, bei dieser Form des Strafrechtes muß stets ein bestimmtes Strafwollen durch einen bestimmten Tatbestand gerechtfertigt werden.

---

[1]) Pöhlmann, c. l. I, S. 147: „So wie die Dinge in den republikanischen Staaten von Hellas liegen, fehlt hier eine Organisation der Staatsgewalt, welche stark genug wäre, gegenüber den in der Gesellschaft vertretenen Sonderinteressen die Idee des Staates als des Vertreters des Gemeininteresses und der ausgleichenden Gerechtigkeit in genügender Weise zur Geltung zu bringen, den Egoismus der Gesellschaft den gemeinsamen Zwecken des Staatslebens zu unterwerfen. In dem auf dem Prinzip der Volkssouveränität beruhenden Staat, wo in Wirklichkeit die Souveränität der Gesellschaft oder vielmehr der jeweilig herrschenden Gesellschaftsklasse die eigentliche Grundlage der Staatsordnung bildet, sind ja die sozialen Mächte von vornherein das ausschlaggebende Moment auch im öffentlichen Leben."

[2]) So bemerkt Hirzel, c. l. S. 177, richtig zu der Beurteilung der im Laufe der Geschichte eintretenden Bindung der Staatsgewalt bei der Ausübung ihres funktionellen Strafrechtes: „Das Staatsrecht der Griechen oder doch der Gedanke eines solchen — denn beides ist streng zu scheiden — hat somit einen ähnlichen Ursprung als die Vorstellungen von Privatrechten: nur aus der Negation von Rechten und im Streite konnten sie sich bilden, und βία und ὕβρις waren die Voraussetzungen von beiden Arten der δίκη; sie war im Denken der Griechen ursprünglich an einen Vertrag geknüpft."

Die andere Form des Strafrechtes ist dadurch gegeben, daß der Staat auf Grund seiner Überordnung dem einzelnen Individuum gegenüber sich gemäß seiner staatlichen Zwecke betätigt. Bei dieser Form der Strafe wird erst durch andere, vom reinen Strafgedanken unabhängige Momente eine Verbindung des Strafwollens mit dem „Tatbestand“ einer bestimmten Einzelhandlung geschaffen.

II. Buch.

Die griechische Lehre von Staat und Strafe.

I. Kapitel.

Staat und Strafe in der griechischen Dichtung.

§ 1. Die Lyrik.

I. Hesiod.

„Eine Rechtswissenschaft fehlt den Athenern und den Hellenen überhaupt..... [1].“ „Wer in griechischer Geschichte zu Hause sein will, der muß, was die älteste Zeit anlangt, in Homer und Pindar, was die spätere anlangt, in Platon und Aristoteles zu Hause sein: bei denen lernt er denken und empfinden wie die Leute, deren Staat und Geschichte er verstehen soll [2].“ — Diese treffenden Worte sollen die Verwertung von Produkten der Poesie und der Philosophie als Quellen der griechischen Auffassung von Strafe und Staat rechtfertigen.

Das griechische Geistesleben beschäftigte sich, soweit es überhaupt das Strafen zum Gegenstand einer Beobachtung und Beurteilung macht, zunächst mit jener Form des Strafens, der Übelszufügung, die einem Nebeneinanderbestehen verschiedener voneinander abgeschlossener Willenszentren entspricht.

Jedes Individuum hat als Inhalt seines Gesamtwollens eine bestimmte Gestaltung der Außenwelt. Wird durch die Handlungen eines Menschen diese Situation gestört, dann erscheint die Möglichkeit für die Befriedigung des Willens in der ursprünglichen Form genommen. Diesen Verlust sucht das Individuum

[1]) Wilamowitz, Aristoteles und Athen, I., S. 380.

[2]) Wilamowitz, c. l. S. 381.

dadurch auszugleichen, daß es nach anderen Betätigungsformen, anderen Herrschaftsformen strebt, in denen es ein Äquivalent findet für die durch die Tat eines anderen hervorgerufene Willensnegation [1]).

Dieses Äquivalent findet das Individuum darin, daß es in anderer Weise sein Wollendürfen demonstriert, indem es seinerseits gegenüber dem Individuum, das in seinen Willenskreis eingedrungen, ihm eine Herrschaftssphäre abgesprochen, Handlungen vornimmt, in denen sich das Herrschaftswollen gegenüber dem Willen des Angreifers zeigt. Das Herr-Sein, die daraus fließende Verfügung über Güter des Verletzers, das Übelzufügen wird das vom verletzten Individuum verlangte Äquivalent für Eingriffe in seine Willenssphäre.

Es entspricht dem leidenschaftlichen Charakter der Menschen der griechischen Frühzeit [2]), wenn ihr Denken über die Strafe sich gerade mit dieser auf dem individuellen Gefühlsleben des Menschen aufgebauten Form des Strafrechtes befaßte [3]).

Der Bauernnatur der Bewohner des griechischen Festlandes erschien als wichtigste Funktion des Rechtes die Erhaltung einer Abgrenzung bestehender Besitzverhältnisse [4]). Das personifiziert gedachte Recht fühlt sich durch Übergriffe in die Gütersphäre anderer in seinem Machtbewußtsein verletzt und sucht dies durch anderweitige Herrschaftsbetätigung wieder auszugleichen.

---

1) Simmel, Einleitung in die Moralwissenschaften, II., S. 251.

2) Wundt, c. l. S. 39, 47, 48.

3) Fragm. aus Archilochos (bei Bergk, IV. Aufl. d. Poetae lyrici graeci, II. Band, Fragm. 88 (6):

Ω Ζεῦ, πάτερ Ζεῦ, σὸν μὲν οὐρανοῦ κράτος,
σὺ δ' ἔργ' ἐπ' ἀνθρώπων ὁρᾷς
λεωργὰ καὶ θεμιστά, σοὶ δὲ θηρίων
ὕβρις τε καὶ δίκη μέλει.

Es sei nochmals hier betont, daß bei der Darstellung der durch die Dichtkunst dargebotenen Typen von Staats- und Strafauffassungen durchaus nicht Vollständigkeit anzustreben war. Es sollte hier nur eine bestimmte Rechtsauffassung an Beispielen aufgezeigt werden.

4) Wundt, c. l. S. 72 ff.

So heißt es bei Hesiod:

„Dreimal zehntausend walten auf vielernährender Erde,
Zeus' unsterbliche Wächter, die Hüter des Menschengeschlechtes,
Sie, die da wahren des Rechts und wehren schrecklichen Werken,
Ein in Nebel gehüllet, bald hierhin schreitend, bald dorthin.
Kindlich rein bleibt Dike, von Zeus, dem Olympier, stammend,
Herrlich und hehr den Göttern, des weiten Olympos Bewohnern.
Tut man ein Leid ihr an, mit schiefem Spruche sie kränkend,
Klagt sie's Zeus dem Vater, sich setzend zur Seite Kronions,
Wie doch so ungerecht sei der Sinn der Sterblichen [1]).

Der Übergriff in ein fremdes Herrschaftsgebiet erregt den Zorn [2]), der nach Übelszufügung verlangt, die so den Täter trifft infolge seiner törichten Nichtachtung fremden Wollens.

In diesem Übelszufügungswollen, das durch den Eingriff in eine fremde Sphäre ausgelöst wird, sieht Hesiod die wesentliche Stütze für den Bestand einer Rechstordnung:

„Hör der Gerechtigkeit Stimme, vergiß auf immer Gewaltat.
Denn so spricht das Gesetz, das Zeus auf Erden verordnet:

---

[1]) Hesiod, Werke u. Tage (deutsch von Pepmüller), 252 ff.:
τρὶς γὰρ μύριοί εἰσιν ἐπὶ χθονὶ πουλυβοτείρῃ
ἀθάνατοι Ζηνὸς φύλακες θνητῶν ἀνθρώπων·
οἵ ῥα φυλάσσουσίν τε δίκας καὶ σχέτλια ἔργα
ἠέρα ἑσσάμενοι, πάντῃ φοιτῶντες ἐπ' αἶαν.
ἡ δέ τε, παρθένος ἐστὶ Δίκη ἐκγεγαυῖα,
κυδρή τ' αἰδοίη τε θεοῖς, οἱ Ὄλυμπον ἔχουσιν.
καί ῥ' ὁπότ' ἄν τις μιν βλάπτῃ σκολιῶς ὀνοτάζων,
αὐτίκα πὰρ Διὶ πατρὶ καθεζομένη Κρονίωνι
γηρύετ' ἀνθρώπων ἀδίκων νόον, ὄφρ' ἀποτείσῃ
[δῆμος ἀτασθαλίας βασιλέων, οἳ λυγρὰ νοεῦντες
ἄλλῃ προκλίνωσι δίκας σκολιῶς ἐνέποντες].
Vgl. auch 214 ff., 287 ff., 320 ff., 711.

[2]) 333 ff.: τῷ δ' ἤτοι Ζεὺς αὐτὸς ἀγαίεται, ἐσ δὲ τελευτὴν
ἔργων ἀντ' ἀδίκων χαλεπὴν ἐπέθηκεν ἀμοιβήν.

Fische und Tiere des Waldes und schnellbefiederte Vögel
Sollen verzehren einander: denn ihrer waltet das Recht nicht.
Aber den Menschen gab er das Recht, das vor allem das beste sein soll [1]).“

Ohne diese Mächte kommt es zum Faustrecht:

„Nicht wer eidesgetreu, wer gerecht, wer ehrlich gehandelt,
Erntet den Dank: wer Böses tat und Übermut übte,
Den wird man ehren: die Faust spricht Recht, und Scham wird auf Erden
Nirgend mehr sein: dem besseren Mann wird schaden der böse
Durch betrügliches Wort und wird es beschwören mit Meineid.
Scheelsucht wohnt am jeglichen Ort bei den elenden Menschen,
Boshaft und übelrufen, Gehässigkeit führt sie im Blicke,
Dann zum Olympos empor von der Erde unendlicher Fläche
Werden, den schönen Leib in weiße Gewänder gehüllet,
Zu der Unsterblichen Schar, die Menschen verlassend enteilen
Scham und gerechte Vergeltung: nur brandige Schmerzen verbleiben
Dann noch den sterblichen Menschen: und Abwehr nirgend des Bösen [2]).“

---

[1]) Werke und Tage 275 ff.:

καὶ νυ δίκης ἐπάκουε, βίης δ' ἐπιλήθεο πάμπαν.
τὸν δὲ γὰρ ἀνθρώποισι νόμον διέταξε Κρονίων
ἰχθύσι μὲν καὶ θηρσὶ καὶ οἰωνοῖς πετεηνοῖς
ἐσθέμεν ἀλλήλους, ἐπεὶ οὐ δίκη ἐστὶν ἐν αὐτοῖς·
ἀνθρώποισι δ' ἔδωκε δίκην, ἣ πολλὸν ἀρίστη γίγνεται.

[2]) Werke und Tage 190 ff.:

οὐδέ τις εὐόρκου χάρις ἔσσεται οὔτε δικαίου
οὔτ' ἀγαθοῦ, μᾶλλον δὲ κακῶν ῥεκτῆρα καὶ ὕβριν
ἀνέρα τιμήσουσι· δίκη δ' ἐν χερσί, καὶ αἰδὼς
οὐκ ἔσται· βλάψει δ' ὁ κακὸς τὸν ἀρείονα φῶτα
μύθοισιν σκολιοῖς ἐνέπων, ἐπὶ δ' ὅρκον ὀμεῖται.

So wird die hinter der Erhaltung einer bestimmten Sphäre stehende Willensmacht, die sich bei Eingriffen in jene in andere Formen umsetzt, die Grundlage der Rechtsordnung. Der Eingriff in die fremde Sphäre ist eine Überhebung, ὕβρις [1]), seiner eigenen Macht gegenüber der die fremde Gütersphäre schützenden; die Hybris wird so die Ursache der Auslösung fremden Übelwollens und rechtfertigt so das Leiden des Verletzers.

II. Solon.

In den Gedichten Solons [2]) tritt ebenfalls der Gedanke der Strafe als Folge der Auslösung eines bestimmten individuellen Wollens durch eine Tat, die einem anderen Wollen nicht entsprochen hat, in den Vordergrund.

Das menschliche Leben ist von objektiven Mächten mit einem bestimmt gearteten Willensinhalt umgeben. Wer Erfolge setzt, welche diesem Willensinhalt nicht entsprechen, sich jenen Mächten gegenüber überhebt, den trifft die Macht jenes Wollens, das sich nun in anderer Weise auszuleben sucht. Diese objektiven Mächte sind die Gesetze, hinter denen der Wille der Götter steht; jedes Überschreiten dieser Grenzen zieht Strafe nach sich [3]). πάντως ὕστερον ἦλθε δίκη [4]).

„Die Ungesetzlichkeit bringt die größten Übel, die Gesetzlichkeit nur ordnet alles zweckvoll und legt den Ungerechten

---

ζῆλος δ' ἀνθρώποισιν οἰζυροῖσιν ἅπασι
δυσκέλαδος κακόχαρτος ὁμαρτήσει, στυγερώπης.
καὶ τότε δὴ πρὸς Ὄλυμπον ἀπὸ χθονὸς εὐρυοδείης
λευκοῖσιν φάρεσσι καλυμψαμένα χρόα καλὸν
ἀθανάτων μετὰ φῦλον ἴτον προλιπόντ' ἀνθρώπους
Αἰδὼς καὶ Νέμεσις· τὰ δὲ λείψεται ἄλγεα λυγρὰ
θνητοῖς ἀνθρώποισι· κακοῦ δ' οὐκ ἔσσεται ἀλκή.

1) Werke und Tage 213, 238, dazu Wundt, S. 73.

2) Ende des 7., Anfang des 6. Jahrh. v. Chr.

3) Frgm. 4 (13) 12 ff. bei Bergk, c. l.:
οὐθ', ἱερῶν κτεάνων, οὔτε τι δημοσίων
φειδόμενοι κλέπτουσιν ἐφ' ἁρπαγῇ ἄλλοθεν ἄλλος,
οὐδὲ φυλάσσονται σεμνὰ θέμεθλα Δίκης,
ἣ σιγῶσα σύνοιδε τὰ γιγνόμενα, πρότ' ἐόντα·
τῷ δὲ χρόνῳ πάντως ἦλθ' ἀποτισομένη. Dazu Wundt, c. l. S. 109.

4) Frgm. 13, g. c. l.

eine Fessel an, sie vernichtet Mutwillen und Übermut, wehrt das Verderben ab; das krumme Recht macht sie gerade und beendet Uneinigkeit und Streit [1])."

So wird auch hier die Überhebung des eigenen Ich gegenüber der Macht des in den Gesetzen zum Ausdruck kommenden Willens, die ὕβρις, die individualpsychische Voraussetzung, für ein Eingreifen in fremde Sphäre; sie wird dadurch der Grund der Auslösung fremden Übelwollens, das der Schwächere über sich ergehen lassen muß [2]).

πλοῦτον δ' ὃν μὲν δῶσι θεοί, παραγίγνεται ἀνδρὶ
ἔμπεδος ἐκ νεάτου πυθμενος εἰς κορυφήν·
ὃν δ' ἄνδρες μετίωσιν, ὑφ' ὕβριος οὐ κατὰ κόσμον
ἔρχεται· ἀλλ' ἀδίκοις ἔργμασι πειθόμενος,
οὐκ ἐθέλων ἕπεται· ταχέως, δ' ἀναμίσγεται ἄτη.
ἀρχὴ δ' ἐξ ὀλίγου γίγνεται, ὥστε πυρὸς
φλαύρη μὲν τὸ πρῶτον, ἀνιηρὴ δὲ τέλευτᾷ.
οὐ γὰρ δὴν θνητοῖς ὕβριος ἔργα πέλει [3]).

So hat auch hier das Unrechthandeln nur dadurch Unwert, daß es in die Willenssphäre eines Stärkeren eingreift, der nun seine Willensmacht in der Form der Unterwerfung des Verletzers dartun will [4]).

---

[1]) Wundt, c. l. S. 104, vgl. fr. 4, 32 ff. c. l.:
ὡς κακὰ πλεῖστα πόλει δυσνομία παρέχει,
εὐνομία δ' εὔκοσμα καὶ ἄρτια πάντ' ἀποφαίνει
καὶ θάμα τοῖς ἀδίκοις ἀμφιτίθησι πεδας·
τραχέα λεαίνει, παύει κόρον, ὕβριν ἀμαυροῖ,
αὐαίνει δ' ἄτης ἄνθεα φύομενα,
εὐθύνει δὲ δίκας σκολιὰς ὑπερήφανά τ' ἔργα
πραΰνει, παύει δ' ἔργα διχοστασίης
παύει δ' ἀργαλέης ἔριδος χόλον, ἔστι δ' ὑπ' αὐτῆς
πάντα κατ' ἀνθρώπους ἄρτια καὶ πινυτά.

[2]) Vgl. dazu Nägelsbach, Die nachhomerische Theologie des griechischen Volksglaubens bis auf Alexander, 1857, S. 321.

[3]) Frgm. 13, 8 ff.; Wundt, c. l. S. 105.

[4]) Über die Folgen der Hybris der Führer des Volkes für die Gesamtheit vgl. Frgm. 4 [13]; Bergk c. l. 5 ff.:
αὐτοὶ δὲ φθείρειν μεγάλην πόλιν ἀφραδίῃσιν
ἀστοὶ βούλονται, χρήμασι πειθόμενοι,

III. Pindar.

Ebenso tritt auch bei Pindar, dem Sänger der Aristokratie [1]), das Recht und die Strafe in seiner, bereits vorhandenen Besitzstand erhaltenden Funktion hervor. Er geht davon aus, daß die einzelnen Gütersphären bereits verteilt sind, daß der Bestand jeder dieser Gütersphären zum Gegenstand eines Wollens eines bestimmten Reaktionszentrums wird. In dieser Gütersphäre sieht das Individuum seine Macht vereinigt; jeder Eingriff in diese Gütersphäre erzeugt im Individuum das Bedürfnis nach anderweitiger Machtbetätigung, die auf Kosten des Angreifers erfolgt. Als Reflexwirkung dieses auf individualistischen Motiven basierenden Übelszufügungswollens wird das Hervorbringen der Scheu vor den Eingriffen in fremde Gütersphären hervorgehoben [2]). Dieser auf Eingriffe in bestimmte Sphären reagierende Wille erhält dadurch verstärkte Bedeutung, als er mit göttlicher Macht ausgestattet wird. Die allwissenden Götter sehen die Handlungen der Menschen, denen gemäß sie durch Übelszufügung oder durch Belohnung reagieren [3]).

Aus dieser Strafauffassung ergibt sich auch seine Stellung zur Schuldlehre.

Der Staat Pindars hat als wesentlichste Funktion das Ge-

δήμου θ' ἡγεμόνων ἄδικος νόος οἷσιν ἑτοῖμον
ὕβριος ἐκ μεγάλης ἄλγεα πολλὰ παθεῖν.
οὐ γὰρ ἐπίστανται κατέχειν κόρον, οὐδὲ παρούσας
εὐφροσύνας κοσμεῖν δαιτὸς ἐν ἡσυχίῃ.

[1]) Dazu Buchholz, Die sittliche Weltanschauung des Pindaros und Aischylos, S. 60; Pindaros Pyt. 2, 86 (Bergk):

ἐν πάντα δέ νόμον εὐθύγλωσσος ἀνὴρ προφέρει,
παρὰ τυραννίδι, χὠπόταν ὁ λάβρος στρατός,
χὤταν πόλιν οἱ σοφοὶ τηρέωντι.

[2]) Ol. 13, 6: ἐν τᾷ γὰρ Εὐνομία ναίει, κασιγνήτα τε, βάθρον πολίων ἀσφαλές,
Δίκα καὶ ὁμότροφος Εἰράνα, ταμίαι ἀνδράσι πλούτου.
χρύσεαι παῖδες εὐβούλου Θέμιτος·
ἐθέλοντι δ'ἀλέξειν
Ὕβριν, Κόρου ματέρα θρασύθυμον.
Vgl. Buchholz, c. l. S. 62; Wundt, c. l. S. 84, 117.

[3]) Ol. I, 64, bei Buchholz, S. 76/77:

εἰ δὲ θεὸν ἀνήρ τις ἔλπεται λελαθέμεν ἔρδων, ἁμαρτάνει.

nießen der Gütersphären den einzelnen Menschen zu garantieren. Der Zustand der Ruhe erscheint ihm als staatliches Ideal [1]).

Solange man nicht durch positive Handlung die fremde Sphäre stört, wird man selbst vor Übelleiden bewahrt.

Man kann sich vor einem Übelerleiden dadurch bewahren, wenn man in die Sphären nicht eingreift, hinter denen der Wille der Gottheit steht. Die heilige Scheu, die εὐσέβεια [2]), bewahrt einen davor, einen auf Übelszufügung gehenden göttlichen Willen über sich ergehen lassen zu müssen. Voraussetzung dieses Nichteingreifens in fremde Sphäre ist das Wissen, wieweit die Willenssphären der Machtzentren gehen, und ein Handelnkönnen gemäß diesem Wissen; so wird die σωφροσύνη [3]) zur Tugend, als Klugheit, sein Handeln fremden Willenssphären gegenüber so einstellen zu können, das kein Übelwollen eines anderen dadurch ausgelöst wird.

So erhält auch das tatsächliche Handeln dieser Einsicht gemäß, die Dikaiosyne [4]), die Gerechtigkeit, ihren Tugendwert.

Das Gefallenlassenmüssen eines Übels, die Schuld, beruht so darauf, daß man in fremde Sphären eingegriffen hat, nicht bedenkend die Macht, die hinter diesen Sphären steht. Psychologisch erscheint auch Pindar dies nur erklärlich, wenn man den kausalen Folgen seiner Tätigkeit durch seine eigene Macht Widerstand leisten zu können glaubt, wenn man sich dem anderen gegenüber überhebt. Die ὕβρις [5]) wird so die Grundlage der Strafschuld. Die Möglichkeit einer derartigen Überhebung

---

[1]) Pyth. VIII 1 f.: Φιλόφρον Ἀσυχία, Δίκας
ὦ μεγιστόπολι θύγατερ,
βουλᾶν τε καὶ πολέμων
ἔχοισα κλαῖδας ὑπερτάτας
Πυθιόνικον τιμὰν Ἀριστομένει δέκευ.

ebenso Pyth. 1, 69; Ol. 4, 18 bei Buchholz, c. l. S. 63; Frgm. 86 bei Buchholz S. 65.

[2]) Ol. 3, 41; dazu Buchholz, c. l. S. 85/86.

[3]) Vgl. Isthm. 8, 25 ff.; Buchholz, c. l. S. 86.

[4]) Nem. 10, 54; Pyth. 1, 86; Ol. 2, 6; dazu Buchholz, c. l. S. 88.

[5]) Buchholz, c. l. S. 94; vgl. dazu Pindar, Pyth. II, 28:
ἀλλά νιν ὕβρις εἰς αὐάταν ὑπεράφανον
ὦρσεν· τάχα δὲ παθὼν ἐοικότ' ἀνήρ
ἐξαίρετον ἔχε μόχθον.

sucht sich der Dichter weiter dadurch erklärlich zu machen, daß der Täter in einer Verblendung, ἄτη [1]), sich befindet, die ihm die natürlichen Kräfteverhältnisse nicht richtig einschätzen läßt.

So hat auch bei Pindar der Staat in erster Linie die Funktion, individuelles Wollen zu garantieren, mit seiner Macht eventuell der Verwirklichung individuellen Wollens beizustehen. Aus einem derartigen Gesichtspunkt fließt auch die hier gegebene Strafauffassung; die Strafe hat primär die Aufgabe der Befriedigung privaten Wollens; mag es sich um menschlichen, mag es sich um göttlichen Willen handeln [2]). Nur als sekundäre Folge der bereits in ihrer Berechtigung durch die Vergeltung erwiesenen Strafe kommt eventuell die einer Verletzung der Sphären zuvorkommende Wirkung in Betracht.

§ 2. Die Tragödie.

I. Aischylos.

1. Religion und Recht.

Die Weltauffassung der älteren Tragiker [3]) hat die eine Form der Strafe, die Strafe als Vollzug eines individuellen Wollens, das durch die Handlung eines Nebengeordneten hervorgerufen

---

Ol. 9, 37: ἐπεὶ τόγε λοιδορῆσαι θεούς
ἐχθρὰ σοφία, καὶ τὸ καυχᾶσθαι παρὰ καιρόν
μανίαισιν ὑποκρίκει.
Nem. 11, 48: ἀπροσίκτων δ' ἐρώτων ὀξύτεραι μανίαι
Nem. 11, 29 f.: ἀλλὰ βροτῶν τὸν μὲν κενεόφρονες αὖχαι
ἐξ ἀγαθῶν ἔβαλον.

[1]) Vgl. Ol. 7, 30; Pyth. 3, 34; Pyth. 2, 28; vgl. Buchholz, c. l. S. 92 ff.

[2]) Die Nemesis ist die Personifikation des göttlichen Unwillens über die Sünden der Menschen und der daraus hervorgehenden Notwendigkeit der Strafe. Buchholz, c. l. S. 95; vgl. Pindar, Pyth. 10, 42 f.:

πόνων δὲ καὶ μαχᾶν ἄτερ
οἰκέοισι φυγόντες
ὑπέρδικον Νέμεσιν·
Ol. II, 41 f.: ἰδοῖσα δ' ὀξεῖ' Ἐριννύς
ἔπεφνέ οἱ σύν ἀλλαλοφονίᾳ γένος ἀρήϊον·

[3]) Über die Bedeutung der Tragödie als Erkenntnismittel der Volksanschauung vgl. v. Wilamowitz, Einleitung in die attische Tragödie, S. 105.

ist, in den Vordergrund gestellt. So finden wir bei Aischylos [1]) die privatrechtliche Strafkonstruktion, wenngleich diese immer zugleich eine theologische Färbung erhält. Die Grundlage dafür bildet seine konservativ-religiöse Weltanschauung [2]).

Der Mensch erscheint überall umgeben von objektiven Mächten [3]). Die Reihenfolge des Eintrittes von Veränderungen in der Außenwelt, die naturgesetzliche Kausalität, kann sich der Dichter nur als Ausfluß eines dahinterstehenden individuellen Willens denken; ebenso wie beim einzelnen Privaten von demselben Handlungen gesetzt werden, dadurch Veränderungen in der Außenwelt hervorgerufen werden, die seinem Willensinhalt entsprechen, ebenso werden die einzelnen, in der großen Welt hervorgerufenen Veränderungen auf den Willensinhalt der Gottheit zurückgeführt [4]).

Zeus ist der Herr der Weltordnung, er ist identisch mit dem Naturgesetz, mit dem Schicksal, mit der μοῖρα [5]).

Ebenso wie der einzelne seinem Nebenmenschen gegenübersteht, dessen Wollen und die demgemäß verlangte Gestaltung der Außenwelt kennt, so steht auch der Mensch dem göttlichen Wollen gegenüber.

Der Mensch hat dann, wenn er in die Wollenssphäre seines Nebenmenschen eingreift, zu gewärtigen, daß der in seiner Herrschaftssphäre Gestörte seine Herrschaft durch neue Herrschaftsformen erhalten will; diese Herrschaftshandlungen stellen sich als Eingriffe in die Gütersphäre des Täters, als Übel dar, sie werden vorgenommen, um individuelle Affekte des Zornes,

---

[1]) Vgl. Buchholz, Die sittliche Weltanschauung des Pindaros und Aischylos; Nestle, Die Weltanschauung des Aischylos in Ilberg, Neue Jahrbücher für das klassische Altertum, X. Jahrg., Bd. XIX, 1907, S. 225 ff., 305 ff.

[2]) Vgl. Ed. Meyer, Geschichte des Altertums, 3. Bd., S. 451.

[3]) Wundt, c. l. S. 167: „So ist die Tragödie die Dichtung von dem Untergange des strebenden Menschen, der machtlos erliegt der Übergewalt objektiver Kräfte, die sein schwaches Streben nimmermehr nach eigenem Wollen zu meistern vermag."

[4]) Dazu Nägelsbach, Die nachhomerische Theologie des griechischen Volksglaubens bis auf Alexander, 1857 S. 78 ff.

[5]) Aischyl. Suppl. 1047 (1019); Eum. 1030; Nägelsbach, c. l. S. 148; Buchholz, c. l. S. 173; Nestle, c. l. S. 243, 312.

Hasses, zur Lösung zu bringen; ebenso steht auch der Mensch der Gottheit gegenüber [1]); diese hat ihrerseits aber wieder menschliches Wollen zum Inhalt ihres Wollens gemacht, indem sie als Beschützerin menschlicher Rechtsetzung auftritt [2]).

Trifft den Menschen ein Übel, so ist das für die Regel die Folge eines Übelwollens der Götter; dieses kann nur so erklärt werden, daß der Mensch in die Wollenssphäre der Gottheit eingegriffen hat [3]).

Will der Mensch sich vor dem Übel bewahren, so muß er die Grenzen göttlicher Willenssphäre kennen und sie achten [4]); er wird dann handelnd zwischen den Wollenssphären der verschiedenen Reaktionszentren durchgehen können, ohne infolge einer Verletzung einer solchen Sphäre Leidensfolgen erdulden zu müssen. Die σωφροσύνη, die εὐσέβεια, und die Gerechtigkeit, δικαιοσύνη, werden so die Kardinaltugenden [5]).

---

[1]) Aischyl., Suppl. 80 (73), Perser 829; dazu Nägelsbach, c. l. S. 46 ff.

[2]) Buchholz, c. l. S. 172, weist nach, wie Zeus bei Aischylos als Rechtspender (Agamemnon 503), als Vater der Dike (Choephoren 937) erscheint. Von den privaten Willenssphären, deren Verletzung gleichzeitig göttliches Übelwollen auslösend erscheint, werden angeführt: Besitz, Suppl. 427; der häusliche Herd, Agam. 679; Eigentumsrecht, Suppl. 345; die Güter des Geschlechtsverbandes, Suppl. 192; Gastrecht, Agam. 347; Asylrecht, Suppl. 370; dazu Nägelsbach, c. l. S. 88 ff.; F. G. Welcker, Die Aeschyleische Trilogie Prometheus S. 100.

[3]) Aischylos kehrt sich gegen die Ansicht, daß eine Übelszufügung durch die Gottheit auf einem Haß der Gottheit beruhen kann, der nicht durch eine vorausgehende Tat der Menschen hervorgerufen wurde. Es soll dadurch der Neid am Glücke der Menschen als Ursache des Hasses der Gottheit und damit einer Übelszufügung abgelehnt werden, das δυσσεβὲς ἔργον ist Ursache des Leides, Agam. 755 (722); Nägelsbach, c. l. S. 49.

[4]) Buchholz, c. l. S. 189, Die Frömmigkeit besteht darin, daß der Mensch die Götter fürchtet und seiner menschlichen Beschränktheit eingedenk bleibt.

[5]) Nägelsbach, c. l. S. 230, bezeichnet so als Grundlage der auch bei Aischylos zum Ausdruck kommenden gemeingriechischen Sittlichkeit, die Gesinnung, „kraft welcher der Mensch in heiliger Scheu vor Überschreitung der ihm als Sterblichem gesetzten Schranken nach allen Seiten hin mit Bewußtsein das gebührende Maß hält. Insofern ist die σωφροσύνη, so sehr sie einerseits von der εὐσέβεια als der Anerkennung göttlicher Majestät abhängig erscheint, andererseits hinwiederum Voraussetzung der εὐσέβεια nicht weniger als jeder anderen Tugend. Denn unmöglich kann der Mensch den Göttern mit wahrhafter Unterwerfung huldigen, ohne die Schranken seiner eigenen Natur zu erkennen und einzuhalten."

2. Der Strafgedanke.

Wer die hinter der Wollenssphäre stehende Macht nicht achtet, indem er verletzend eingreift, den trifft als kausale Folge seines Handelns das Übel; die Vergeltung ist die natürliche Folge des Handelns.

„Ες τὸ πᾶν δὲ τοι λέγω· βωμὸν αἴδεσαι Δίκας
Μηδέ νιν κέρδος ἰδὼν ἀθέῳ ποδὶ λὰξ ἀτίσῃς· ποινὰ γὰρ ἐπέσται.
Κύριον μένει τέλος.
Πρὸς τά δε τις τοκέων σέβας εὖ προτίων καὶ ξενοτίμους
Ἐπιστροφὰς δωμάτων αἰδόμενός τις ἔστω [1]) [2]).

Vom Standpunkt des verletzenden Individuums mußte so als condicio sine qua non für sein Handeln, damit auch für das Gefallenlassenmüssen gegenüber der durch sein Handeln hervorgerufenen Reaktion die Nichtachtung fremder Wollenssphäre erscheinen, die auf einer Überhebung des Handelnden gegenüber fremden Wollenssphären beruht. Die Hybris erscheint so als die Ursache der Auslösung eines fremden Übelwollens, erscheint so als Schuld [3]).

Bei dieser rein naturgesetzlichen Betrachtung von Schuld und Strafe ist mit der durch die Schuld hervorgerufenen Reaktion und ihrer Ausführung die Kausalkette nicht zu Ende geführt.

S. 238, bezüglich der δικαιοσύνη. „Wenn sich nämlich die σωφροσύνη im Verhältnis zu den andern, den Nebenmenschen, zeigt, so daß der σώφρων in den ihm durch die Rechte anderer gesetzten Schranken bleibt, so wird sie hier δικαιοσύνη und ist als solche gleichfalls von der αἰδώς und νέμεσις begleitet.

[1]) Eumeniden 510 (530), herausgeg. v. Otfr. Müller.

[2]) Vgl. ebenso Choeph. 309, 306; Agamem. 1563 (1530); Schutzfleh., 437 (420); dazu Nägelsbach, c. l. S. 36/37.

[3]) Perser 799 ff., 810, 821 (823) bezüglich Gleichstellung von Hybris und Torheit; dazu Wundt, c. l. S. 176: „Der attische Glaube, daß ein leidenschaftliches Hervortreten aus den Grenzen des Lebens die Strafe der Cötter auf sich herabzieht, verbindet sich so mit der ionischen Auffassung, die in der Leidenschaft das Blinde und Törichte sieht. Aus der Hybris aber entsteht die Ate. Sie bezeichnet die Verwirrung des Sinns, die im Affekt das Gute und Böse nicht mehr unterscheiden läßt, die Schuld, in die der verblendete Mensch stürzt, und endlich den Schaden, der ihm aus der Verletzung des Rechts erwachsen muß." Vgl. Aischylos, Prom., 404 (ἰδίοις νόμοις κρατύνει) und 186 (188) παρ' ἑαυτῷ τὸ δίκαιον ἔχει. Nägelsbach, c. l. S. 326 ff., 370; vgl. ferner Nestle, c. l. 310/11; Buchholz, c. l. S. 175/177.

Das durch eine Verletzung, also durch Hybris, verursachte Übelwollen führt zu Handlungen, die selbst wieder als Übel in fremde Sphären eingreifen, so hier wiederum ein nach Realisierung strebendes Übelwollen erzeugen [1]).

Diese Auffassung von Verbrechen und Strafe tritt besonders bei der paradigmatische Bedeutung forderndern Behandlung des Mordes und seiner Strafe hervor.

Das Übelwollen der den Geist des Verstorbenen repräsentierenden Erinys verlangt Befriedigung, mit der Befriedigung wird neues Wollen, Übel zuzufügen, geschaffen [2]).

τὸ δυσσεβὲς γὰρ ἔργον μετὰ μὲν πλείονα τίκτει,
σφετέρᾳ δ' εἰκότα γέννᾳ
.... φιλεῖ δὲ τίκτειν ὕβρις μὲν παλαιὰ νεάξουσαν ἐν κακοῖς βροτῶν ὕβριν.

Der Straf- und Rachegeist, der Alastor, schafft so immer neues Leid [3]).

Täter und Vergelter treten einander so als nebengeordnet gegenüber, der Staat hat lediglich diesen Privatstreit zu entscheiden, Frieden zwischen ihnen herzustellen [4]).

Von diesem privaten Reaktionsrecht versprach man sich auch die Sicherung der die einzelnen Willenssphären abgrenzenden Rechtsordnung. Mit dem Wegfall privater Vergeltung befürchtete man die Untergrabung der Rechtsordnung überhaupt.

So klagt der Chor in den Eumeniden, 485 ff.:

Νῦν καταστροφαὶ νέων θεσμίων, εἰ κρατήσει δίκατε καὶ βλάβα
Τοῦδε ματροκτόνου.
Πάντας ἤδη τοδ' ἔργον εὐχερείᾳ συναρμόσει βρότους.
Πολλὰ δ' ἔτυμα παιδότρωτα πάθεα προσνεμεῖ τοκεῦσιν μετὰ τ' αὖθις
ἐν χρόνῳ.
Οὔτε γὰρ βροτοσκόπων μαινάδων τῶν δ' ἐφέρψει κότος τις ἐργμάτων.
Πάντ' ἐφήσω μόρον.

---

[1]) Agam. 733 ff., 750; dazu Wundt, c. l. S. 189; Nestle, c. l. 309, 314; Nägelsbach, c. l. S. 247, 335.

[2]) Agam. 728 ff.; Buchholz, c. l. S. 182; vgl. auch Choeph., 47, 405.

[3]) Agamem. 1497—1508; Nägelsbach, c. l. S. 335; Buchholz, c. l. S. 183; Nestle, c. l. S. 315.

[4]) Vgl. den Prozeß der Eumeniden vor dem Areopag, Eum., 572 ff.

Πεύσεται δ' ἄλλος ἄλλοθεν προφωνῶν τὰ τῶν πέλας κακὰ
Λῆξιν ὑπόδοσίν τε μόχθων· ἄκεα δ' οὐ βέβαια, τλάμωνδὲ μάταν παρηγορεῖ
Μηδὲ τις κικλησκέτω ζυμφορᾷ τετυμμένος τοῦ' ἔπος θροούμενος
Ὦ δίκα! ὦ θρόνοι τ' Ἐριννύων!
Ταῦτά τις τάχ' ἂν πατὴρ ἢ τεκοῦσα νεοπαθὴς οἶκτον οἰκτίσαιτ',
ἐπειδὴ πιτνεῖ δόμος Δίκας.
Ἐσδ' ὅπου τὸ δεινὸν εὖ καὶ φρενῶν ἐπίσκοπον δεῖμένειν καθήμενον.
Ξυμφέρει σωφρονεῖν ὑπο στένει.
Τίς δὲ μηδὲν ἐν φράδαις καρδίας ἄν ἀνατρέφων, ἢ πόλις βροτὸς θ' ὁμοίως
ἐτ' ἂν σέβοι δίκαν[1]);

So finden wir auch bei Aischylos die Strafe durch das individuelle Wollen eines Individuums gerechtfertigt, das durch Eingriffe in die ebenfalls lediglich individuell bestimmte Interessensphäre desselben ausgelöst worden ist.

Daß man, wie bereits bemerkt, von dem durch die Vergeltung gerechtfertigten Recht zu strafen, sich auch Wirkungen für die Gesamtheit verspricht, steht der genannten Auffassung nicht im Wege.

Nur in geringem Umfang wird neben dieser Strafe die von alters her aus unmittelbar staatlichen Zwecken verhängte Strafe bei Hochverrat erwähnt [2]). Die zum Zwecke der Unschädlichmachung des Verbrechers eintretende Friedlosigkeit wird lediglich als Verbrechensfolge konstatiert [3]).

Spuren einer neuen Zeit, die rationalistisch die auf einem durch Macht gestützten Wollen ruhende Strafe einer Kritik unterzog, finden sich im Prometheus. Prometheus löst ein Strafwollen des Zeus aus, indem er durch den Diebstahl des Feuers

---

[1]) Dazu Wundt, c. l. S. 196, ebenso Choephoren, 639 ff.
τοδ' ἄγχι, πλευμόνων ξίφος
διανταίαν ὀξυπευκὲς οὐταῖ
διαὶ δίκας. [τὸ μὴ] θέμις γάρ οὐ λὰξ πέδοι πατούμενοι
τὸ πᾶν Διὸς σέβας παρεκβάντες οὐ θεμιστῶς
Δίκας [δ'] ἐρείδεται πυθμήν;
προχαλκεύει δ' Αἶσα φασγανουργός·
τέκνον δ' ἐπεισφέρει δόμοις αἱμάτων παλαιτέρων
τίνειν μύσος χρόνωι κλυτὴ βυσσόφρων Ἐρινύς.

[2]) Vgl. Buchholz, c. l. S. 168; Aisch. Sieben gegen Theben, 561 ff.

[3]) Sieben, 997 ff.

in dessen Machtsphäre eindringt [1]). Dieser Diebstahl repräsentiert gleichzeitig eine das Menschengeschlecht fördernde Kulturtat; damit war bereits der Anfang einer Kritik des von Zeus als Inhalt seines Wollens bezeichneten Gebietes, bzw. der auf Eingriffe in dieses gesetzten Strafe gegeben. Dieser Konflikt eines kraftvoll bewußten Willens mit einer sinnlos wirkenden Macht wurde schließlich von Aischylos dadurch gelöst, daß eine Versöhnung der auf Wollen und Macht basierenden Regierung der Welt mit dem die Vernunft repräsentierenden Prometheus erreicht wurde, nachdem Zeus selbst ein anderer geworden, aus dem Gewaltherrscher, dem Kratos und Bia dienen, ein Weltlenker geworden ist, dessen Organ Dike ist [3]).

II. Sophokles.

1. Naturgesetz und Götterwille.

Die Sophokleische [4]) Auffassung von Staat und Strafe steht ebenfalls noch völlig auf dem Boden der alten, tiefreligiösen Auffassung. Der Mensch sieht sich völlig von objektiven Gestalten, die in den Göttern personifiziert werden, umgeben.

Immer dann, wenn ein bestimmter Erfolg [5]) gegeben ist, ein bestimmtes Ereignis eingetreten ist, nimmt er die Notwendigkeit eines bestimmten anderen in der Zeit folgenden Ereignisses an.

Diese notwendige Verbindung einzelner Geschehnisse bildet so die ewigen Gesetze, das ewige Recht [7]). Die notwendige Ver-

---

[1]) Dazu Nestle, c. l. S. 238; Wundt, c. l. 184 ff.

[2]) Wundt, c. l. S. 186.

[3]) So Nestle, c. l. S. 239.

[4]) Lübker, Die Sophokleische Theologie und Ethik, 1851, I. u. II. Teil.

[5]) Vgl. Wundt, c. l. S. 222 f.

[6]) Vgl. Wundt, S. 232: „Die Handlung als solche hat einzig Geltung; sie reift jene furchtbaren Früchte, die den Tod über den Täter bringen."

[7]) Ödip. C. 1380 f. (Schneidewin-Nauck):

τοι γὰρ τὸ σον θάκημα καὶ τοὺς σοὺς θρόνους
κρατοῦσιν, εἴπερ ἔστιν ἡ παλαίφατος
Δίκη, ξύνεδρος Ζηνὸς ἀρχαίοις Νόμοις.

Dazu Lübker, c. l. S. 487.

bindung der Ereignisse denkt auch Sophokles so, daß sie Ausfluß des Willens der Gottheit ist [1]).

So wird insbesondere die notwendige Verwirklichung der als Gesetzesinhalt betrachteten Kausalkette zum Gegenstand eines besonderen Wollens, das die Göttin Dike [2]) verkörpert:

„Mög' ich nimmer in dem Streben wanken,
frommer Reinheit mich in Wort und Werken
hinzugeben, das Gesetz erfüllend,
das in heil'gen Äthers Regionen
ewiglich einhergeht. Eingeborne
Tochter ist's des Himmels, nicht der Menschen
sterbliches Gemächte. Nie vergißt es,
nimmer schläft es.
Gott ist stark in ihm: nie wird es altern."

Die Rechtsverwirklichung tritt damit mit der Notwendigkeit eines Naturgesetzes ein, ist doch die Dike, ξύνεδρος Ζηνὸς ἀρχαίοις Νόμοις [3]) die vollführende, τελεσφόρος [4]), die selbst das Recht vollstreckt oder doch über die Vollstreckung zu wachen hat [5]).

Das Maßgebende für diese Rechtsauffassung ist aber, daß sie auf einem, eine bestimmte Gestaltung der Ereignisse zum Inhalt habenden Wollen beruht, das sich mit seiner Macht durchzusetzen weiß, dadurch zur Notwendigkeit, zur ἀνάγκη [6]), wird.

---

[1]) Öd. C. 278 f.:

ἡγεῖσθε δὲ
βλέπειν μὲν αὐτοὺς (scl. τοὺς θεοὺς) πρὸς τὸν εὐσεβῆ βροτῶν,
βλέπειν δὲ πρὸς τοὺς δυσσεβεῖς, φυγὴν δέ του
μήπω γενέσθαι φωτὸς ἀνοσίου βροτῶν.

Vgl. auch Nägelsbach, c. l. S. 30.

[2]) Öd. T., 863 ff., übersetzt v. U. v. Wilamowitz-Möllendorf; vgl. El., 468; Öd. T., 247 etc. Vide Ellendt Lexicon Sophocleum s. v. δίκη

[3]) Öd. C. 1382.

[4]) Ajas. 1390.

[5]) Hirzel, c. l. S. 136, ferner S. 135/36: „Eine δίκη, die nicht vollzogen wird, ist ebenso widersinnig als ein ius, das nicht ausgeübt wird. Was als Recht anerkannt ist, treibt zu rascher Tat," darf Sophokles seine Chrysothemis sagen lassen ..... (El. 466 f.).

[6]) Vgl. Öd. T. 877; Lübker, I, S. 56.

Treffend charakterisiert v. Wilamowitz [1]) diese Rechtsauffassung:

„Der Gott (scl. Apollon) weiß die Zukunft und sagt dem Menschen, was er will, durch den Mund der Pythia, durch Propheten, Vogelflug usw. Der Gott ist rein und heilig; was er sagt, ist heilig, weil er es sagt; die Menschen haben es als solches hinzunehmen. Es ist vollkommen einerlei, ob die Wege Gottes nach menschlicher Einsicht gerecht sind; sie sind eben Gottes Wege; damit muß sich jeder abfinden...... Den schwachen Sterblichen umgeben rings beseelte Wesen, als solche ihm ähnlich, aber unendlich mächtiger, schädlich und hilfreich, je nach ihrer Art und Neigung: man darf nicht durch Gut und Böse falsche Begriffe menschlicher Sittlichkeit hineintragen.....

All das sind keine Abstrakta, auch keine bloßen Ursachen bestimmter Wirkungen, sondern lebendige, wollende Wesen mit Seelen wie Menschen, aber mit göttlicher Kraft. In diesem Getriebe steht der Mensch: was will, was kann seine Schwäche? Wer will der Zukunft auch nur der nächsten Stunde sicher sein? Das ist die einzige Hilfe, sich die Übermächtigen geneigt zu machen, ihrem Willen nachzukommen, und daher ist es die größte Gnade, daß ein unfehlbarer und allwissender Berater da ist, der soweit er es will, dem einzelnen und den Staaten sagt, was sie zu tun haben, um die göttlichen Gewalten günstig zu stimmen; ist das nicht möglich, sagt der Gott nur das künftige Unheil voraus, so muß der Mensch in seiner Ohnmacht sich bescheiden. Dann leidet er eben."

Dieser als Recht gedachte Wille setzt sich überall durch, auch gegenüber Menschenwillen, der eine andere Gestaltung der Außenwelt will; aus den Gefühlen des Hasses [2]) und der Rache heraus will der Rechtswille seine Macht betätigen in Übelzufügung an dem seine Wege Durchkreuzenden. Es ist der als Dike gedachte Wille, der auch in der Vergeltung und Rache seine Geltung dartut [3]):

[1]) Wilamowitz, Exkurse zum Ödipus des Sophokles, S. 56/57 in Hermes XXXIV, 1899.

[2]) El. 1458, δέδορκα φάσμ' ἄνευ φθόνου μὲν οὐ πεπτωκός.

[3]) Öd. Tyr. 883 ff. (übers. v. Wilamowitz-Möllendorf); ebenso Aj. 1390; Antig. 853 ff.

προβᾶς ἐπ' ἔσχατον θράσους
ὑψηλὸν ἐς Δίκας βάθρον
προσέπεσες, ὦ τέκνον, πολύν·

„Doch wer in Wort und Werk die Bahn
der Frevel geht, nicht Dike scheut,
der Göttersitze spottet,
der fahre dahin in verfluchtem Geschick.
Das sei des Übermutes Lohn,
der nach Gewinn in Sünden jagt,
der Ehre Schranken überspringt
und zum Verbot'nen dringt in eitlem Streben."

So basiert ebenso das Recht wie das an Stelle des primären Rechtswollens tretende Verlangen nach Übelzufügung auf einem individuellen Wollen.

Dieses Übelszufügungswollen kann aber wieder zum Eingriff in fremdes Wollen und damit wieder zur Ursache weiterer Übelsreaktionen werden. So kann eine einmalige Verfehlung eine lange Kette von gütervernichtenden Folgen auslösen [1]).

Es waltet dann der Rachegeist, Alastor [2]), in Vollziehung des Rechtes, neues Unrecht begehend, dadurch die Ursache zu neuen Übeln setzend.

Das Wollen des Rechtes lebt sich auch eventuell gegenüber der Gemeinschaft aus, der der Täter angehört, wenn er nicht von der Gemeinschaft selbst getötet oder ausgeliefert wird [3]). So sagt Ödipus (Öd. T. 236 ff.) [4]):

[1]) Antig. 593 ff.

ἀρχαῖα τὰ Λαβδακιδᾶν οἴκων ὁρῶμαι
πήματα φθιμένιων ἐπὶ πήμασι πίπτοντ',
οὐδ' ἀπαλλάσσει γενεὰν γένος, ἀλλ' ἐρείπει
θεῶν τις, οὐδ' ἔχει λύσιν.
νῦν γὰρ ἐσχάτας ὑπὲρ
ῥίζας ⟨δ⟩ τέτατο φάος ἐν Οἰδίπου δόμοις
κατ' αὖ νιν φοινία
θεῶν τῶν νερτέρων
ἀμᾷ κοπὶς λόγου τ' ἄνοια καὶ φρενῶν ἐρινύς.

Ebenso Antig. 856; dazu Lübker, c. l. I, S. 51, 59, 62.

[2]) Öd. C. 787, ... ἀλλάσοι τάδ ἔστ', ἐκεῖ
χώρας ἀλάστωρ οὑμὸς ἐνναίων ἀεί.

[3]) Ebenso Öd. Tyr., 95 (übers. v. Wilamowitz-Möllendorf).

Kreon: „So künd ich denn des Gottes Wort, Apollons
Befehl ist deutlich. Eine Blutschuld heißt
der Herr uns sühnen und nicht länger mehr
im Lande dulden, welches sie verpestet.

„Der Mörder, wer's auch sein mag, ist geächtet.
So weit wie meine Macht und Herrschaft reicht,
darf niemand Obdach ihm noch Zuspruch gönnen,
noch dulden ihn im Kreis, den ihr entsühnt
mit des Altares Wasser, wenn den Göttern
mit Opfern ihr und mit Gebeten naht.
Ein jeder stoße fort ihn aus dem Hause,
denn diese Blutschuld ist der Grund der Pest,
weil nur von seinem phythischen Orakel
Apollon es soeben kundgetan.
Das ist der Beistand, den ich selbst dem Gotte
und dem erschlag'nen Manne leisten kann.....
251. und euch verpflicht' ich drauf, um meinetwillen,
um Phoibos willen, um des Landes willen,
das so darniederliegt in Gram und Elend,
all' dies, wie ich es aussprach, zu erfüllen."

Allerdings wird auch in der in ihrem Effekt eigentlich zwecklosen Übelszufügung die wertgleiche Umsetzung des ursprünglichen Rechtswillens erblickt [1]).

Ödipus: Gib mir das Nähere an. Was ist die Sühne?
Kreon: Verbannung oder Blut um Blut; denn Thebens
Bedrängnis ist die Folge jenes Mordes.'

Ferner Lübker, I, S. 65."

[4]) Übersetzt von Wilamowitz-Möllendorf.

[1]) El. 237—43.

Öd. C. 892 ff.: „Wie soll der Mensch in solcher Zeit
die eigne Brust vor Frevelmut bewahren?
Wenn solches Handeln Ehre bringt,
was tanzen wir noch vor den Göttern?".....

905 ff.: „Ja, Zeus, allmächtig heißt man dich,
schau her, bewahr allmächtig dich und ewig.
Schon sagt man, daß der Götterspruch
des Laios ein taubes Wort gewesen, —
und nirgends glänzet Apollons Dienst:
es stürzen die Rechte der Götter."

Antigone 1349 ff.: χρὴ δὲ τά γ' εἰς θεοὺς
μηδὲν ἀσεπτεῖν· μεγάλοι δὲ λόγοι
μεγάλας πληγὰς τῶν ὑπεραύχων
ἀποτείσαντες
γήρα τὸ φρονεῖν ἐδίδαξαν.

Dazu Lübker, c. l. II, S. 54; Nägelsbach, c. l. S. 344.

2. Der Mensch in seiner Stellung zum Naturgesetz.

Für den Menschen kommt es an, dieses als Satzung sich darstellende Wollen des Mächtigen zu erkennen, sei es auf Grund von Erfahrung, sei es auf Grund von Offenbarung der Reaktionszentren selbst [1]).

Will sich der einzelne den auf Verletzung der Wollenssphären gerichteten Reaktionen entziehen, so muß er sich gefühlsmäßig in Achtung denselben gegenüber einstellen — es ist die Eigenschaft der εὐσέβεια [2]) — und muß weise handeln, indem er die durch die objektiven Mächte gesetzten Grenzen der Entfaltung seiner eigenen Persönlichkeit wahrt; es ist die Betätigung der Sophrosyne [3]).

Das gleiche gilt auch für den menschliche Satzungen Gebenden, der durch die in den Satzungen enthaltenen Vorschriften für menschliches Handeln nicht in die Sphäre der Götter eingreifen darf [4]). Die Übelsreaktion trifft somit den, der die Grenzen des Wollens des Herrschenden, mag dieser als Gott, mag er als Staat erscheinen, nicht achtet [5]).

---

[1]) Öd. Tyr. 40 ff.; Lübker II, 2, 3.

[2]) Dazu Öd. C. 287; Phil. 1443; Lübker, c. l. II, S. 54, 55; Nägelsbach, c. l. S. 223, 225.

[3]) Aj. 127:
τοιαῦτα τοίνυν εἰσορῶν ὑπέρκοπον
μηδέν ποτ' εἴπῃς αὐτὸς εἰς θεοὺς ἔπος,
μηδ' ὄγκον ἄρῃ μηδέν', εἴ τινος πλέον
ἢ χειρὶ βρίθεις ἢ μακροῦ πλούτου βάθει.
ὡς ἡμέρα κλίνει τε κἀνάγει πάλιν
ἅπαντα τἀνθρώπεια· τοὺς δὲ σώφρονας,
θεοὶ φιλοῦσι καὶ στιγοῦσι τοὺς κακούς.

Dazu Nägelsbach, c. l. S. 229; vgl. auch Aj. 760 f.

[4]) Ant. 450 ff.:
οὐ γάρ τί μοι Ζεὺς ἦ ὁ κηρύξας τάδε,
οὐδ' ἡ ξύνοικος τῶν κάτω θεῶν Δίκη
τοιούσδ' ἐν ἀνθρώποισιν ὥρισεν νόμους·
οὐδὲ σθένειν τοσοῦτον ᾠόμην τὰ σὰ
κηρύγμαθ', ὥστ' ἄγραπτα κἀσφαλῆ θεῶν
νόμιμα δύνασθαι θνητὸν ὄνθ' ὑπερδραμεῖν.

[5]) Ant. 604 ff.

Der subjektive Grund des Gefallenlassenmüssens einer Übelsreaktion ist somit auch hier die Hybris [1]).

Man greift in fremdes Recht ein, muß sich daher das an die Verletzung fremder Wollenssphäre geknüpfte Übelwollen gefallen lassen, weil man eben die Maße für seine eigene Freiheit nicht gewahrt; die Hybris ist der Gegensatz der Sophrosyne [2]). So ist die Hybris, die Schuld, etwas, was sich an die Götter und ihre Satzungen nicht kehrt, sie ist ein ἄθεον [3]), sie ist aber das Törichte, das Eitele [4]), Nichtige, das vergebens eigene Macht stärkerem Willen entgegensetzt. Im Staate betätigt, schafft sie die Tyrannis [5]); denn der Tyrann ist der einzige, der seine Freiheit ungezähmt betätigen, der reden und tun darf, was ihm beliebt [6]). So ergibt sich auch für den Dichter das Problem der Antigone; diese steht zwei voneinander in ihrem Inhalt verschiedenen Reaktionszentren gegenüber: dem von Antigone gewahrten göttlichen Willen, und dem als formell zu Recht bestehenden Staatsgebot erscheinenden Willen Kreons. Das Handeln gemäß dem Wollen des einen, erscheint als notwendige Verletzung des Wollens des anderen Zentrums und löst dessen Übelsreaktion aus [7]).

Während wir auch hier überall bei Sophokles die gemeingriechische Auffassung von Staat und Strafe finden, die das Recht ebenso wie die Strafe auf ein subjektives Wollen zurückführt, das nach Durchsetzung strebt, den Staat als Vollstrecker eines ihm fremden Wollens betrachtet, kann eine Stelle als Anklingen an die Strafe als Funktion des Staates gedeutet werden.

---

[1]) Öd. Ty. 874 ff.:

„Willkürherrschaft ist die Frucht der Hoffart,
Hoffart, die nach Ungebühr und Frevel
gierig haschet, zum höchsten Gipfel aufstrebt —
doch zerscheitert liegt sie bald im Abgrund,
kann den Fuß zu keinem Schritt mehr regen."

Vgl. El. 263; Öd. C. 883, 1028 etc.; Lübker, c. l. II, S. 57, 64, 67.

[2]) Nägelsbach, c. l. S. 318/19; Lübker c. l. II, 5, 6.

[3]) Öd. T. 1329; Nägelsbach, c. l. S. 319.

[4]) Trach. 556 (565); Nägelsbach, c. l. S. 321.

[5]) Öd. T. 874.

[6]) Ant. 506 f., ἀλλ' ἡ τυραννὶς πολλά τ' ἄλλ' εὐδαιμονεῖ
κἄξεστιν αὐτῇ δρᾶν λέγειν θ' ἁβούλεται.

[7]) Ant. 480 f., 923, 943; Lübker, c. l. II, S. 57.

Orestes wünscht, daß jeden, der gegen die Gesetze zu handeln Lust habe, der Tod treffen möge: dann würde des Übels nicht so viel in der Welt sein [1]).

Hier sehen wir das unmittelbare staatliche Strafrecht bereits gegeben, welches straft, weil sich jemand der staatlichen Gemeinschaft dadurch nicht einfügt, daß er evenutell bereit ist, fremdes Übelwollen auszulösen, das der Gemeinschaft Unheil bringt.

3. Exkurs: Herodot.

Ebenso wie bei Sophokles finden wir bei dem Historiker Herodot [2]) in seiner Weltauffassung die letzten Ausläufer der alten Auffassung von Staat und Strafe. Trotz gewisser Anklänge an rationalistische Weltbetrachtung steht er doch völlig auf dem Boden einer durch den göttlichen Willen [3]) bestimmten Regelung des menschlichen Geschehens [4]). Das Übel, das die Menschen als Strafe trifft, ist die Folge eines bei den Göttern durch menschliche Handlungen ausgelösten Zornes, der μῆνις [5]).

Als derartige Taten, die den göttlichen Zorn auslösen, kommen insbesondere jene in Betracht, die in die Sphäre der Götter eingreifen, auf deren Bewahrung die Götter eifersüchtig bedacht sind [6]). Insbesondere dulden die Götter nicht, daß der Mensch durch dauerndes Glück ihnen gleich wird [7]). Die Furcht vor Reaktionen der Götter ist auch die Ursache der Scheu vor ihrer Sphäre [8]). Meyer findet in dieser Auffassung das Bild der Gedankenwelt Athens zur perikleischen Zeit [9]), die zwar auf dem Boden des Empirismus steht, noch nichts aber weiß von den auflösenden Tendenzen der Folgezeit, so hinüberleitet zu

---

[1]) El. 1480 ff.; Lübker, c. l. II, S. 40.

[2]) Vgl. dazu Ed. Meyer, Forschungen zur alten Geschichte, II. Bd., 1899; Herodots Weltauffassung, S. 252 ff.

[3]) So Meyer, c. l. S. 256, mit Rücksicht auf Herodot, I, 8, II, 161, IV, 79.

[4]) Meyer, c. l. S. 255.

[5]) Meyer, c. l. 255, Herodot, VII, 137.

[6]) Meyer, c. l. S. 260.

[7]) Meyer, c. l. S. 260; Herodot, III, 40, VII, 10, 5.

[8]) Meyer, c. l. S. 256.

[9]) Meyer, c. l. S. 265.

der philosophischen Restauration der Lehren eines Sokrates und Tukydides [1]).

III. Euripides.

1. Naturgesetz und Vernunftgesetz.

Erst bei Euripides [2]) finden wir deutliche Spuren einer Änderung der Betrachtung von Verbrechen und Strafe, die auf die philosophische Aufklärung zurückzuführen ist.

Läßt sich einerseits die bei Euripides vorkommende Kritik der Volksreligion, die in ihren letzten Gründen einfach alles durch ein Wollen der Gottheit bzw. durch demgemäße Reaktionen derselben rechtfertigte, auf Protagoras [3]) zurückführen, so war andererseits für den positiven Ausbau der Rechtslehre des Euripides die Lehre Heraklits von der unbedingten Geltung des Naturgesetzes maßgebend; Naturgesetz und Rechtsgesetz ist eins. Dike ist die der Welt immanente, wirkende Kraft [4]). Aus dem ersten Gesichtspunkt ergibt sich, daß nicht mehr der individuelle Wille der Götter, sondern das, auch die Götter beherrschende Gesetz die Richtlinie für die Unterscheidung von Recht und Unrecht ist [5]). Wohl finden sich auch hier noch Anklänge an volkstümliche Vorstellungen, indem das Wirken dieser die Götter beherrschenden Schicksalsmacht als Realisierung eines Willens vorgestellt wird, der durch eine Handlung des Menschen zum Haß getrieben, in Ausfluß dieser individualistischen Regung handelt [6]).

---

[1]) Meyer, c. l. S. 267.

[2]) Dazu Nestle, Euripides der Dichter des griechischen Aufklärung, 1901.

[3]) Philoktet. Fr. 795; Nestle, c. l. S. 44.

[4]) Nestle, c. l. S. 49, 79; dazu Eurip., Hekabe 799 ff.; Bacchen 890 ff.; Wilamowitz, Einleitung in die attische Tragödie, S. 27.

[5]) Hekabe, 798 ff.: Ἡμεῖς μὲν οὖν δοῦλοι τε κἀσθενεῖς ἴσως·
Ἀλλ' οἱ θεοὶ σθένουσιν χὠ κείνων κρατῶν
Νόμος· νόμῳ γὰρ τοὺς θεοὺς ἡγούμεθα
Καὶ ζῶμεν ἄδικα καὶ δίκαι' ὡρισμένοι
bei Nestle, c. l. S. 418; dazu Nestle, c. l. S. 56.

[6]) Mit Rücksicht auf Euripid., Orestes, 972 ff.; Iphig. auf Aulis, 1097; Hiketiden, 348 etc. sagt Nestle, c. l. S. 60, mit Recht, ,,daß Euripides hinsichtlich des Glaubens an die Macht der Götter und des Schicksals sich vielfach der Volksanschauung anschließt. Daß in dieser enthaltene sittliche Element, vermöge dessen das Schicksal

Nur soweit will Euripides die Gottheit gelten lassen, die die Gewalt, die Überhebung haßt, das Recht beschützt, den Schuldigen bestraft [1]). Götter, die die Ursache des Übels, das nicht auf irgendwelcher Schuld der Menschen beruht, die die Ursache des Bösen auf der Erde sind, kann es nicht geben, da Göttlichkeit und Bosheit einander widersprechen [2]). Der Einfluß der Heraklitischen Lehre zeigt sich darin, daß Euripides den ganzen Weltenlauf unter die Kategorie der ἀνάγκη [3]), der Naturnotwendigkeit, unterstellt. Diese, das Ganze durchziehende Gesetzmäßigkeit ist die Dike, das zur Gottheit hypostasierte Naturgesetz [4]).

„Diese Dike umfaßt aber viel mehr als den bloßen Begriff der Gerechtigkeit im juristischen und auch im moralischen Sinn. Sie ist nicht nur das Recht, sondern auch das Rechte, das Vernünftige, sie ist ein kosmisches Wesen, der Weltgeist, die Weltvernunft [5]); sie ist die die Welt nach sittlichen Grundsätzen regierende Gottheit [6]).“

Die der Dike immanente Notwendigkeit bringt es auch mit sich, daß sie sich gegen jeden, der sich dem von ihr als innerlich notwendig gewollten Ablauf der Ereignisse nicht einfügt, siegreich durchsetzt. So ist die Dike, der Nomos die aus „sittlichen“ Gründen strafende Macht [7]).

---

als eine das Unrecht rächende Macht betrachtet wird, sucht er an der philosophischen Idee einer immanent in der Welt waltenden Macht fortzubilden, die für ihn stets nur eine Einheit sein kann, auch da, wo er von „Göttern“ spricht.“

[1]) Nestle, c. l. S. 60/61: „Die Götter hassen die Gewalt (Helena, 903) und insbesondere auch die Überhebung (Androm., 1007 f.); ihre Rache trifft Schuldige wie Helena (Or. 1361), während sie einer gerechten Sache wie der des Polyneikes beistehen (Phön. 155) und es dem frommen Mann wohlergehen lassen (Alc. 604 f.).“

[2]) Beller., Frg. 292, 7: Eἰ θεοὶ τι δρῶσιν αἰσχρόν, οὐκ εἰσιν θεοί.
Iph. T. 391: Οὐδένα γὰρ οἶμαι δαιμόνων εἶναι κακόν.
Dazu Nestle, 126, S. 446; Nestle, 130 ff. und die daselbst zitierten Stellen, wo die Götter nach der Volksauffassung Ursache eines durch ihre Willkür hervorgerufenen Übels und des Bösen auf der Erde sind.

[3]) Alcestis, 965 f., Helena, 513; Belleroph., Frg. 299; bei Nestle, c. l. S. 55.

[4]) Nestle, c. l. S. 151; vgl. Troerinnen, 889 ff.

[5]) Nestle, c. l. S. 146.

[6]) Nestle, c. l. S. 148.

[7]) Nestle, c. l. S. 149.

Δοκεῖς τὰ τῶν θεῶν ξυνετὰ νικήσειν ποτὲ
καὶ τὴν δίκην που μάκρ' ἀπῳκίσθαι βροτῶν·
Ἡ δ' ἐγγύς ἐστιν, οὐχ ὁρωμένη δ' ὁρᾷ
Ὃν χρὴ κολάζειν τ' οἶδεν· ἀλλ' οὐκ οἶσθα σὺ,
Ὁποταν ἄφνω μολοῦσα διολέσῃ κακούς[1]).

Dadurch wird das Recht identifiziert mit der das ganze Weltgeschehen regelnden kosmischen Macht; das Recht ist nur eine Teiläußerung der Gesetzmäßigkeit des Alls.

Damit ist auch implicite das Recht als Ausfluß eines Wollens und einer dahinterstehenden Macht abgelehnt.

Als Zerrbild einer auf dieser Basis aufgebauten Rechtsordnung erscheint die Rechtsauffassung des Kyklopen[2]).

Mit Recht werden die Konsequenzen aus einer auf dem Wollen basierenden Rechtsauffassung dahingezogen, daß dadurch selbst große Verbrechen gerechtfertigt werden[3]).

Ἀνὴρ γὰρ ὅστις χρημάτων μὲν ἐνδεής,
Δρᾶσαι δὲ χειρὶ δυνατός, οὐκ ἀφέξεται
Τὰ τῶν ἐχόντων χρημαθ' ἁρπάζειν βίᾳ[4]).

2. Naturgesetz und Strafe.

Als Strafe erscheint damit auch für Euripides nur die dem Naturgesetz immanente Durchsetzung seiner selbst gegen den Willen der Menschen, die sich nicht der Notwendigkeit einfügen[5]).

So erscheint die Strafe als Vergeltung, diese eventuell ausgeführt auf Grund des subjektiven Rachegefühls, sofern der Rächer Werkzeug der strafenden Gottheit ist[6]).

Er lehnt daher auch die Blutrache nicht prinzipiell ab, sondern kehrt sich lediglich gegen ihre regellose Betätigung[7]).

---

[1]) Archel., Fr. 255; bei Nestle, c. l. S. 147 u. 451; ebenso Elektra, 953 ff.

[2]) Kyklops, 316 ff.; bei Nestle, c. l. 204/5.

[3]) Nestle, c. l. S. 205.

[4]) Theseus, Frg. 389; bei Nestle, c. l. S. 336, 537.

[5]) Frg. 1076: Πάντων ἄριστον μὴ βιάζεσθαι θεούς,
Στέργειν δὲ μοῖραν· τῶν ἀμηχάνων δ' ἔρως
Πολλοὺς ἔθηκε τοῦ παρόντος ἀμπλακεῖν.
Bei Nestle, c. l. S. 196, S. 484.

[6]) Nestle, c. l. S. 191.

[7]) Orestes, 495 ff.; Hek., 201 ff.; Elektra, 974 ff.; bei Nestle, c. l. S. 121 ff.

Die höchste Tugend ist so die freiwillige Hingabe an das naturnotwendige Gesetz, das zugleich das Rechtgesetz ist [1]).

„Dem edlen Manne ziemt es, sich dem Recht zu weih'n
Und Bösen Böses überall und stets zu tun [2])."

Voraussetzung dieser Einfügung ist das Kennen der objektiven Maße, die Sophrosyne [3]), eine dementsprechende Gestaltung des Emotionalen, Selbstbeherrschung [4]), Bescheidenheit und Demut [5]) und ein dementsprechendes Handeln, die Gerechtigkeit.

Εἷς τοι δικαίων μυρίων οὐκ ἐνδίκων
Κρατεῖ τὸ θεῖον τὴν Δίκην τε συλλαβών [6]).

So finden wir bei Euripides die alte Lehre von Strafe und Schuld, die auch hier die Nichteinordnung, die Überhebung über objektive Schranken ist, die Hybris [7]), bereits umgestaltet durch den Einfluß der von der Naturphilosophie ausgehenden Aufklärung.

Durch die Identifikation von Naturgesetz und Rechtsgesetz ist auch für ihn die Strafe Vergeltung, die aber von einem zufälligen subjektiven Wollen eines verletzten Individuums befreit, nichts anderes als die Kehrseite der Vorstellung von der unverletzlichen Macht der als Naturgesetz auftretenden Dike [8]) ist.

Die Durchführung dieses Gedankens in seiner Lehre von den Funktionen des Staates läßt aber die neue Rechtsauffassung nur in schwachen Spuren zum Durchbruch kommen. In seiner Staatslehre folgt er noch einfachen gefühlsmäßigen Zweckmäßigkeitserwägungen, ohne die Kritik bestehender Staats-

---

1) Nestle, c. l. S. 190.

2) Hekabe, 844 f.; bei Nestle, c. l. S. 191; agl. auch Frg. 965; bei Nestle, c. l. S. 197.

3) Frg. 959; Medea, 635; bei Nestle, c. l. S. 199.

4) Z. B. Frg. 634 d. Polyidos; bei Nestle, c. l. S. 201.

5) Temenos, Frg. 746; bei Nestle, c. l. S. 201.

6) Palam., Frg. 584; bei Nestle, c. l. S. 203, 486.

7) Bacchen, 310 ff., 337 ff., 375, 516, 543 f., 555, 635 f., 778 f., 795, 1347; bei Nestle, c. l. S. 77; vgl. auch Bacchen, 890 ff.; bei Nestle, c. l. S. 79; vgl. auch Nägelsbach, c. l. S. 322.

8) Nestle, c. l. S. 227.

einrichtungen und der Staatsfunktionen aus seinem obersten Prinzip herzuleiten. Wir finden Euripides als Anhänger bestehender Verfassungsformen, der Demokratie [1]), mit ihrer Freiheit und Gleichheit [2]), die das geschriebene Gesetz [3]) garantiert. Ein Zusammenhang zwischen seiner, die Naturnotwendigkeit des Rechtsgesetzes und des Strafgesetzes betonenden Lehre und seiner Staatslehre kann nur insofern konstatiert werden, als er sich auch im Staate gegen die schrankenlose Geltendmachung der in der Masse gelegenen Wollensmacht kehrt [4]).

Es tritt immer mehr das Wissen des Herrschenden, als Grundlage der Rechtsordnung des Staates, hervor [5]), was für monarchische Elemente in der Staatsverfassung spricht. Jedenfalls weist er aber die auf dem Wollen basierende Alleinherrschaft, die Tyrannis, zurück, die der Götter Rechte sich anmaßt, dadurch als Ausgeburt der Hybris erscheint [6]).

So läßt sich auf Grund der hier erörterten Typen von Äußerungen griechischen Volksgeistes sagen, daß der Mensch sich in seinem Denken zunächst nur mit der einen Form der Strafe befaßte [7]). Die Strafe wird auf ein individuelles Wollen und die dahinterstehende Macht zurückgeführt. Dieses Wollen wird ausgelöst durch eine Handlung eines anderen Menschen, der in die Interessensphäre des die Strafe Wollenden eingegriffen hat.

---

[1]) Vgl. Hiketiden, 399 ff.; Nestle, c. l. S. 287.

[2]) Phönissen, 535 ff.; Nestle, c. l. S. 287.

[3]) Hiketiden, 433; Nestle, c. l. 285.

[4]) Orestes, 696 ff., 772 f.; Nestle, c. l. 289; Alkmeon, Frg. 97; Nestle, c. l. S. 292.

[5]) Vgl. Antiope, Frg. 220: Πολλοὶ δὲ θητῶν τοῦτο πάσχουσιν κακόν.
Γνώμῃ φρονοῦντες οὐ θέλουσ' ὑπηρετεῖν
Ψυχῇ τὰ πολλὰ πρὸς φίλων νικώμενοι.
Frg. 1107: ἄρχεσθαι χρεὼν
Κακοὺς ὑπ' ἐσθλῶν καὶ κλύειν
τῶν κρεισσόνων.
Nestle, c. l. S. 293, 520; vgl. auch Andromache, 479 ff.; Äg. Frg. 8; Nestle, c. l. S. 294/95.

[6]) Antig. Frg. 172: Οὔτ' εἰκὸς ἄρχειν οὔτε χρῆν εἶναι νόμον
Τύραννον εἶναι· μωρία δὲ καὶ θέλειν,
Ὃς τῶν ὁμοίων βούλεται κρατεῖν μόνος.
Nestle, c. l. S. 296, 521.

[7]) Vgl. dazu Nägelsbach, Die nachhom. Theologie, S. 342 ff.; Schmidt, Die Ethik der alten Griechen, II, S. 309 ff.

Wer die fremde Sphäre nicht achtet, mit Vertrauen auf seine Macht in sie eingreift, der muß sich die Reaktion des Verletzten gefallen lassen. Die Hybris wird so die Schuld, die das Gestraftwerden rechtfertigt. Dieser Strafgedanke erhält dann eine theologische Färbung, indem der Gott mit seiner Macht dieses Gesetz garantiert; der Gott ist eventueller Vollstrecker eines privaten Wollens, dem die natürliche Macht, sich zu realisieren fehlt, der aber seinerseits von den Menschen die Vollziehung seines rächenden Willens fordert.

II. Kapitel.

Die philosophischen Lehren von Staat und Strafe.

§ 1. Die vorsokratische Philosophie.

I. Anaximander.

Die griechische Philosophie war in ihren Anfängen Naturphilosophie. Die Probleme des Staates und der Strafe lagen außerhalb des Kreises der Aufgaben, deren Lösung zunächst das Denken anstrebte. Trotzdem ist die ältere griechische Philosophie für die Erkenntnis der späteren philosophischen Rechtslehren von Bedeutung, da durch sie jene Begriffe und deren denknotwendige Verbindung geschaffen wurde, deren Anwendung auf Staat und Strafe die geschlossenen Systeme einer Staats- und Straflehre schaffen half.

Das Nachdenken über die Natur führte zunächst zu einer Verwendung des Vergeltungsgedankens als erklärendes Prinzip des natürlichen Geschehens. Das Werden und Vergehen in der Natur, das Aufeinanderfolgen einzelner individuell bestimmter Zustände in der Natur suchte man sich dadurch erklärlich zu machen, daß man die Kategorien des Vergeltungsgedankens auch auf das natürliche Werden anzuwenden suchte. Ebenso wie man im Staat die Vernichtung des einen Wesens durch ein anderes nur auf individuelle Gegensätze zwischen beiden zurückführen zu können glaubte, die durch die Herstellung gestörter Herrschaftsmacht gelöst wurden, so sollte auch das Vergehen in der Natur durch individuelle Gegensätze zwischen den einander ablösenden Erscheinungen erklärt sein.

So sagt der Ionier Anaximander: „Wie aber alles aus einem andern geworden ist, so muß auch alles in den Stoff zurückkehren, aus dem es geworden ist; denn alle Dinge müssen einander... Buße und Strafe bezahlen für ihre Ungerechtigkeit nach der Ordnung der Zeit [1]).“

II. Naturgesetz und Seinsbegriff bei den Eleaten.

Die Naturbetrachtung führte zu einer Ablehnung einer das ganze Weltgeschehen auf ein Zusammentreffen indiviudell bestimmter Willen zurückführenden Weltanschauung. Hier tritt uns zunächst die Lehre der Eleaten entgegen, mit der auf Xenophanes zurückgehenden Kritik des alten Glaubens an die Götter und ihr Weltregiment.

Die Vielheit der Götter [2]), die ohne gegenseitige Beherrschung nicht möglich ist, war vor dem Forum der Vernunft nicht möglich, da die Gottheit ein Beherrschtwerden nicht verträgt [3]). Ebensowenig vertragen sich die von Homer und Hesiod den Göttern beigelegten Delikte mit der vernunftgemäßen Göttlichkeit [4]). Die Gottheit wird von Xenophanes als ewig

---

[1]) Vgl. Zeller, Die Philosophie der Griechen, I, 1, 5. Aufl., 1892, S. 229; Diels, Die Fragmente der Vorsokratiker, II. Aufl., Frg.: „ἐξ ὧν δὲ ἡ γένεσίς ἐστι τοῖς οὖσι, καὶ τὴν φθορὰν εἰς ταῦτα γίνεσθαι κατὰ τὸ χρεών· διδόναι γὰρ αὐτὰ δίκην καὶ τίσιν ἀλλήλοις τῆς ἀδικίας κατὰ τὴν τοῦ χρόνου τάξιν. (Bei Simpl. Phys. 24, 18, aus Theophrast. Phys. Dox. fr. 2, D. 476); vgl. dazu Alfred Gercke, Geschichte der Philosophie in Gercke-Norden, Einleitung in die Altertumswissenschaft, 1912 II. Bd., 2. Aufl., S. 281.

[2]) Zur Frage nach der Priorität der Eleatischen Einheitslehre gegenüber

[3]) Zeller, c. l. 1, 1, 5. Aufl., S. 526 f.

Heraklit vgl. Zeller, Die Philosophie der Griechen, I_2, V. Aufl., S. 740.

[4]) Vgl. Diels, Die Fragmente der Vorsokratiker, Xenoph. Frg. 11:

πάντα θεοῖσ' ἀνέθηκαν Ὅμηρός θ' Ἡσίοδός τε
ὅσσα παρ' ἀνθρώποισιν ὀνείδεα καὶ ψόγος ἐστίν,
κλέπτειν μοιχεύειν τε καὶ ἀλλήλους ἀπατεύειν.

Ebenso Frg. 12.

unwandelbar gedacht, die durch des Geistes Denkkraft das All regiert[1]).

Parmenides hat dann diesen Gedanken des Postulates der Vernunft weiter ausgebildet. Es gibt nur ein ewiges, unvergängliches endloses Sein[2]).

Parmenides strebt damit nach einem Objekt, das als Objekt unseres Denkens jene Eigenschaften hat, die von den Resultaten unseres Denkens gefordert werden.

Wie für die Ergebnisse des Denkens unvergängliche Wahrheit, Allgemeingültigkeit gefordert wird, so muß dem Denken auch ein Objekt entsprechen, durch dessen Eigenschaften der als Wahrnehmung aufgefaßte Denkprozeß Resultate ergibt, die unvergänglich sind, durch ihre innere Wahrheit einem Wechsel nicht unterliegen können[3]).

Dieses Objekt, auf das sich unser Denken bezieht, ist das einheitliche, ewige, unveränderliche Sein.

So kommt er zu einer Identifizierung des Denkens mit dem Objekt des Denkens, dem Sein. „Das Sagen und Denken muß ein Seiendes sein. Denn das Sein existiert, das Nichts existiert nicht[4])." „Das Seiende denken und sein ist dasselbe[5])." Denken und Gedankensziel ist eins; denn nicht ohne das Seiende, in dem es sich ausgesprochen findet, kannst du das Denken antreffen. Es gibt ja nichts und wird nichts anderes geben außerhalb des Seienden, da es ja das Schicksal an das unzerstückelte und unbewegliche Wesen gebunden hat. Drum ist alles leerer Schall

---

1) Diels, c. l. Frgm. 23:
εἷς θεός, ἔν τε θεοῖσιν καὶ ἀνθρώποισι μέγιστος,
οὔτε δέμας θνητοῖσιν ὁμοίιος οὔτε νόημα
Frg. 25: ἀλλ' ἀπάνευθε πόνοιο νόου φρενὶ πάντα κραδαίνει.

2) Diels, c. l. Parm. Frgm. 4; Zeller, c. l. I, 1, S. 558.

3) Wundt, c. l. S. 61: „Dabei ist er zufolge jener naiven Annahme der Griechen, daß alle Bestimmungen des Denkens den aufgefaßten Objekten selbst zukommen, davon überzeugt, daß diesem Denken ein reales Objekt entspricht; ja, weil die logischen Widersprüche hier gehoben sind, kann das allein wahrhaft Seiende nur im Denken gefunden werden." Über den Zusammenhang dieser Lehre mit Platons Ideenlehre vgl. Laas, Idealismus und Positivismus, 1879, I, T., S. 62.

4) Übersetzung nach Diels, Frg. 6: χρὴ τὸ λέγειν τε νοεῖν τ' ἐὸν ἔμμεναι· ἔστι γὰρ εἶναι μηδὲν δ' οὐκ ἔστιν.

5) Übers. nach Diels, Frg. 5: τὸ γὰρ αὐτὸ νοεῖν ἐστίν τε καὶ εἶναι.

was die Sterblichen in ihrer Sprache festgelegt haben, überzeugt, es sei wahr: Werden sowohl als Vergehen, Sein sowohl als Nichtsein, Veränderung des Ortes und Wechsel der leuchtenden Farbe [1]).

So wurde bereits in der Lehre des Parmenides durch die Erhebung der von unserem Denken geforderten Allgemeingültigkeit zu einer selbständigen Substanz [2]) die Grundlage für die naturrechtlichen Lehren geschaffen; auch auf dem Rechtsgebiete wurde nach einem ewigen unabänderlichen Sein gesucht, das Objekt des Denkens vom Recht sein kann.

Durch Parmenides' Lehre wurde auch die denkende Vernunft [3]) zur einzigen Quelle aller Werte im Leben erhoben, da ihr allein ein reales Objekt entspricht, ihr wurden in schroffer Weise die Sinne mit ihren nur Täuschungen enthaltenden Objekten gegenübergestellt [4]).

III. Heraklit.

1. Das Naturgesetz.

Parmenides war in seinem Rationalismus zu einer Negierung der Veränderung gekommen und zu einer Hypostasierung der

---

[1]) Übers. nach Diels, Frgm. 8, 34 ff.:

ταὐτὸν δ' ἐστι νοεῖν τε καὶ οὕνεκέν ἐστι νόημα.
οὐ γὰρ ἄνευ τοῦ ἐόντος, ἐν ὧι πεφατισμένον ἐστίν
εὑρήσεις τὸ νοεῖν· οὐδὲν γὰρ [ἢ], ἔστιν ἢ ἔσται
ἄλλο πάρεξ τοῦ ἐόντος. ἐπεὶ τό γε, Μοῖρ' ἐπέθησεν
οὖλον ἀκίνητόν τ' ἔμεναι· τῶν παντ' ὄνομ(α) ἔσται
ὅσσα βροθοὶ κατέθεντο πεποιθότες εἶναι ἀληθῆ,
γίγνεσθαί τε καὶ ὄλλυσθαι, εἶναι τε καὶ οὐχί
καὶ τόπον ἀλλάσειν διά τε χρόα φανὸν ἀμείβειν.

[2]) E. Cassirer, Das Erkenntnisproblem in der Philosophie und Wissenschaft der neueren Zeit, I. Bd., 1906, S. 26.

[3]) Zeller, c. l. I 1, S. 565 f.

[4]) Diels, c. l. Frg. 1, 33 ff.:

ἀλλὰ σὺ τῆσδ' ἀφ' ὁδοῦ διζήσιος εἶργε νόημα,
μηδέ σ' ἔθος πολύπειρον ὁδὸν κατὰ τήνδε βιάσθω,
νωμᾶν ἄσκοπον ὄμμα καὶ ἠχήεσσαν ἀκουὴν
καὶ γλῶσσαν, κρῖναι δὲ λόγω πολύθηριν ἔλεγχον
ἐξ ἐμέθεν ῥηθέντα. μόνος δ' ἔτι θυμὸς ὁδοῖο
λείπεται.

von der Vernunft an die Ergebnisse des Denkens gestellten Forderung nach unveränderlicher Allgemeingültigkeit; sein Antipode Heraklit, der ebenso wie Parmenides von der Überwertigkeit der Vernunfterkenntnis gegenüber der Wahrnehmung ausging [1]), wird zur alleinigen Anerkennung der Veränderung [2]) geführt.

Die Grundlage seiner Lehre, die er im Kampf gegen die Meinungen des Pöbels und der Dichter aufstellt [3]), ist, daß die Welt nur als etwas sich stets Veränderndes begriffen werden kann [4]). Jeder dauernde Bestand eines Dinges ist nur Täuschung. Diese immerwährende Veränderung führt [5]) dazu, als das allen in stetiger Veränderung befindlichen Erscheinungen zugrunde liegenden Wesen das Feuer anzunehmen [6]). „Diese Weltordnung, dieselbige für alle Wesen, hat kein Gott und kein Mensch geschaffen, sondern sie war immerdar und ist und wird sein ewig lebendiges Feuer; sein Erglimmen und sein Erlöschen sind ihre Masse [7]).“

So trägt jedes Ding den Keim des Todes in sich, wie es selbst nur entstanden ist, indem es an die Stelle eines Entgegengesetzten getreten ist [8]).

Dem entspricht es auch, wenn Heraklit den Fluß der Erscheinungen, der sich durch die Vernichtung der Dinge, sobald sie entstanden sind, darstellt, als stetigen Kriegszustand bezeichnet, den Krieg zum Vater aller Dinge macht [9]).

---

[1]) Zeller, c. l. I 2, S. 628 f., 735; Pfleiderer, Die Philosophie des Heraklit von Ephesus im Lichte der Mysterienidee, 1886, S. 46 ff.

[2]) Zeller, c. l. S. 634 f., besonders die Anm. 1. u. 2 zitierten Stellen.

[3]) Zeller, c. l. S. 633; Diels, Herakleitos von Ephesos, 1201; Frgm. 42, 56, 57; Pfleiderer, c. l. S. 59 f.

[4]) Vgl. Plato, Theät., 160 d, 152 d, 402 a, 412 a; ferner Zeller, c. l. S. 634 f., 641; Pfleiderer, c. l. S. 100 f.

[5]) Zeller, c. l. S. 646.

[6]) Zeller, c. l. S. 643 ff.; Pfleiderer, c. l. S. 120 ff.

[7]) Übersetzt nach Diels, Frgm. 30: κόσμον [τόνδε], τὸν αὐτὸν ἁπάντων, οὔτε τις θεῶν οὔτε ἀνθρώπων ἐποίησεν, ἀλλ' ἦν ἀεὶ καὶ ἔστιν καὶ ἔσται πῦρ ἀείζωον, ἁπτόμενον μέτρα καὶ ἀποσβεννύμενον μέτρα.

[8]) Zeller, c. l. S. 655; Pfleiderer, c. l. S. 78 ff.

[9]) Diels, Frgm. 53: Πόλεμος πάντων μὲν πατήρ ἐστι, πάντων δὲ βασιλεύς; vgl. Zeller, c. l. S. 655.

„Man soll aber wissen, daß der Krieg das Gemeinsame ist und das Recht der Streit, und daß alles durch Streit und Notwendigkeit zum Leben kommt [1].“

So folgert er weiter, daß das, was vom menschlichen Standpunkt aus ein Vernichtetwerden, ein Übel ist, vom Standpunkt der Weltordnung dieser entsprechend, gut ist [2].

Auch Heraklit gebraucht so zur Verdeutlichung der auf stete Vernichtung des Bestehenden gerichteten Weltgesetzes Vorstellungen, die er aus der alten privatrechtlichen Strafauffassung [3] entnommen hat, wo die durch fremde Eingriffshandlungen hervorgerufenen Affekte die Grundlage für die einzelnen Reaktionen bilden. So wird das die ganze Welt durchziehende Naturgesetz mit der Dike identifiziert. „Denn die Sonne wird ihre Maße nicht überschreiten; ansonsten werden sie die Erinyen, der Dike Schergen, ausfindig machen [4].“

Durch die Personifikation dieses Naturgesetzes, welches stets nur die Veränderung will, kommt er zum Begriff des Logos, der die die Welt regierende Weisheit ist [5].

2. Individuum und Naturgesetz.

Für den Menschen ergibt sich daher als Ziel: die weise Einfügung in die naturgesetzliche Notwendigkeit.

„Das Denken ist der größte Vorzug, und die Weisheit besteht darin, die Wahrheit zu sagen und nach der Natur zu handeln, auf sie hinhörend [6]. Der Geltungsgrund der menschlichen Ge-

---

[1]) Diels, Frgm. 80: εἰδέναι δὲ χρὴ τὸν πόλεμον ἐόντα ξυνόν, καὶ δίκην ἔριν, καὶ γινόμενα πάντα κατ᾽ ἔριν καὶ χρεώμενα.

[2]) Diels, Frgm. 102: τῶι μὲν θεῶι καλὰ πάντα καὶ ἀγαθὰ καὶ δίκαια, ἄνθρωποι δὲ ἃ μὲν ἄδικα ὑπειλήφασιν ἃ δὲ δίκαια; ebenso Frgm. 58; Zeller, c. l. S. 664.

[3]) Wundt, c. l. S. 58: „Das ionische Leben in seiner Unruhe und seinen Kontrasten hat dem Heraklit den Inhalt seiner Philosophie geliefert.“

[4]) Diels, Frgm. 94: ἥλιος γὰρ οὐχ ὑπερβήσεται [τὰ] μέτρα· εἰδε μή, Ἐρινύες μιν Δίκης ἐπίκουροι ἐξευρήσουσιν. Zeller, c. l. S. 667; Hildenbrand, Geschichte und System der Rechts- und Staatsphilosophie, I. Bd.: Das klassische Altertum, 1860, S. 63; Gomperz, Griechische Denker, I. Bd., 2. Aufl., 1903, S. 63.

[5]) Diels, Frgm. 1; Zeller, c. l. S. 668; Pfleiderer, c. l. S. 224.

[6]) Diels, Frgm. 112: τὸ φρονεῖν ἀρετὴ μεγίστη, καὶ σοφίη ἀληθέα λέγειν καὶ ποιεῖν κατὰ φύσιν ἐπαΐοντας.

setze ist daher auch nur ihre Übereinstimmung mit dem Naturgesetze, das die allgemeine Vernunft darstellt, dem als dem allen Gemeinsamen alle folgen müssen [1]).

„Gemeinsam ist allen das Denken. Wenn man mit Verstand reden will, muß man sich wappnen mit diesem allen Gemeinsamen, wie eine Stadt mit dem Gesetz, und noch stärker. Nähren sich doch alle menschlichen Gesetze aus dem einen göttlichen. Denn es gebietet, soweit es nur will, und genügt allem und siegt ob allem [2]). Für dieses Gesetz soll das Volk kämpfen wie um seine Mauer [3]).“

So ist am Menschen zu beseitigen jede Widersetzlichkeit gegen dieses Naturgesetz [4]), die Hybris, durch Heilmittel, wie er die auf die Seele wirkenden Sühnemittel bezeichnete [5]). Nicht auf scheinbare Beseitigung eines individuellen Willens der Gottheit kommt es an, so daß die Reinigung von Blutschuld die vergeblich suchen, die sich mit Blut besudeln [6]). So kommt es bei der Staatsleitung nur auf das Wissen, nicht auf subjektives Wollen an, mag dieses auch als Wollen der Masse des Volkes sich darstellen [7]).

Damit sind bereits im Keime in Heraklits Lehre die für die weitere Entwicklung des Zusammenhangs von Staatsidee

---

[1]) Zeller, c. l. S. 726; Pfleiderer, c. l. S. 244. In diesem Satz liegt einerseits eine auf die Erhaltung der bestehenden Ordnung gerichtete konservative Tendenz, andererseits eine revolutionäre, die einer bestimmten Ordnung wegen ihrer Nichtübereinstimmung mit dem Naturgesetz nicht bloß ihre Richtigkeit, sondern überhaupt ihre Geltung abspricht. Vgl. Gomperz, c. l. S. 63 f.; Hildenbrand, c. l. S. 65.

[2]) Diels, Frgm. 113 u. 114: ξυνόν ἐστι πᾶσι το φρονέειν ξὺν νόωι λέγοντας ἰσχυρίζεσθαι χρὴ τῶι ξυνῶι πάντων, ὅκωσπερ νόμωι πόλις, καὶ πολὺ ἰσχυροτέρως. τρέφονται γὰρ πάντες οἱ ἀνθρώπειοι νόμοι ὑπὸ ἑνὸς τοῦ θείου· κρατεῖ γὰρ τοσοῦτον ὁκόσον ἐθέλει καὶ ἐξαρκεῖ πᾶσι καὶ περιγίνεται.

[3]) Diels, Frgm. 44: μάχεσθαι χρὴ τὸν δῆμον ὑπὲρ τοῦ νόμου ὅκωσπερ τείχεος.

[4]) Diels, Frgm. 43: ὕβριν χρὴ σβεννύναι μᾶλλον ἢ πυρκαϊήν. Zeller, c. l. S. 725 f.; Ziegler, Geschichte der Ethik, I, Die Ethik der Griechen und Römer, 1881, S. 32; Hildenbrand, c. l. S. 63.

[5]) Diels, Frgm. 68.

[6]) Diels, Frgm. 5.

[7]) Zu diesen aus der ganzen Rechtsauffassung sich ergebenden antidemokratischen Tendenzen vgl. Diels, Frgm. 41, 49, 121; Zeller, c. l. 726; Hildenbrand, c. l. S. 64, Anm. 2; Gomperz, c. l. S. 49/50 und Anm. S. 425.

und Strafrecht grundlegenden Elemente gegeben. Die Veränderungen in der Welt werden Ausfluß eines Willens, der gleichzeitig die höchste Vernunft darstellt.

Die menschliche Vernunft allein kann diese durch die Weltvernunft geforderte Gesetzmäßigkeit erkennen und sich demgemäß einordnen. Die Gesetze des Staates sollen nichts anderes als Informationen der Untertanen von der höchsten Gesetzmäßigkeit sein.

Der nächste Schritt war nur noch zu machen, daß die Aufgabe des Staates sein muß, seine Bürger der natürlichen Gesetzmäßigkeit einzufügen, indem er sie den staatlichen Gesetzen anpaßt.

IV. Die Pythagoreer.

Die Bedeutung der Pythagoreer[1]) für die Entwicklung der Lehren von Staat und Strafe ist dadurch gegeben, daß sie die durch die Vernunft erkannte Gesetzmäßigkeit des Weltalls im praktischen Leben zu verwirklichen suchten, eine sittlich religiöse Vereinigung zur Verwirklichung ihrer ethischen Forderungen im Leben gründeten[2]).

Der Grundzug ihrer Lehre ist die Konstatierung einer strengen Gesetzmäßigkeit, die in der Welt herrscht[3]), auch dem Menschen gegenüber stets wirksam ist, insbesondere sich als Wiedervergeltung nach dem Tode äußert[4]). Dieser Auffassung suchen sie in ihıer Zahlenlehre[5]) den Ausdruck zu verleihen. Auf die Auswahl der einzelnen Zahlen kommt es hier nicht an: so wurde die Gerechtigkeit durch die Quadratzahl[6]) darge-

---

[1]) Zeller, c. l. I 1, S. 449 f., 465; Wundt, c. l. S. 139.

[2]) Zeller, c. l. S. 483; Hildenbrand, c. l. S. 53.

[3]) Zeller, c. l. S. 345, 349, 473; Diels, Frgm. d. Vorsokr. Philolaos, Frgm. 11: ἴδοις δὲ κα οὐ μόνον ἐν τοῖς δαιμονίοις καὶ θείοις πράγμασι τὰν τῶ ἀριθμῶ φύσιν καὶ τὰν δύναμιν ἰσχύουσαν, ἀλλὰ καὶ ἐν τοῖς ἀνθρωπικοῖς ἔργοις καὶ λόγοις πᾶσι παντᾶ καὶ κατὰ τὰς δημιουργίαις τὰς τεχνικὰς πάσας καὶ κατὰ τὰν μουσικάν.

[4]) Zeller, c. l. S. 451, 463.

[5]) Diels, Philol. Frgm. 11; dazu Zeller, c. l. S. 389 ff.

[6]) Aristot. Eth. Nic. V, 8, M. Mor. I,1 1182, a. 11; Zeller, c. l. 389,90; Ziegler, c. l. S. 25; Wundt, c. l. S. 142.

stellt, da als Grundlage für das rechte Handeln die Wiedervergeltung, das ἀντιπεπονθός, angenommen wurde.

Damit stimmt es überein [1]), daß die Pythagoreer die strengste Unterordnung unter Gesetz und Recht forderten, daß als größtes Übel die Gesetzlosigkeit betrachtet wurde; ohne Obrigkeit, glaubten sie, könne das Menschengeschlecht nicht bestehen.

„Regierung und Regierte sollen durch Liebe miteinander verbunden, jedem Staatsbürger soll seine Stelle im Ganzen angewiesen sein, die Knaben und Jünglinge sollen für den Staat erzogen werden, die Männer und Greise für ihn tätig sein [2]).“

Jedenfalls war im pythagoreischen Bund der Gedanke realisiert, ein Gemeinwesen zu begründen, dessen Struktur, dessen Funktionen durch ein von der Vernunft erkanntes Ziel bestimmt war; das Gemeinwesen erhielt so besondere Zwecke, die über den Schutz individueller, zufälliger Wollungen hinausgehen [3]) [4]).

V. Empedokles und die Atomistik.

1. Die Gesetzmäßigkeit des Weltgeschehens.

Der für die Entwicklung des Denkens von Staat und Strafe grundlegende Satz von der allgemeinen Gesetzmäßigkeit alles natürlichen Geschehens wurde dann von Empedokles weiter aufgenommen, von ihm zuerst die Gesetzmäßigkeit auf das Zusammenwirken von Stoff und Kraft zurückgeführt [5]), die Kraft wieder in offenbarem Anschluß an die primitiven Auffassungen menschlichen Zusammenwirkens [6]) in die Gegensätze von Liebe und Haß zerlegt [7]).

---

[1]) Ziegler, c. l. S. 30.

[2]) Zeller, c. l. S. 461.

[3]) Zeller, c. l. S. 465, 483.

[4]) Von dem Pythagoreer Hippodamos von Milet ward von Aristoteles (Polit. B. 7, 1267b 20) berichtet, daß er der erste Privatmann war, der es unternahm, etwas über die beste Staatsverfassung zu sagen. Überweg, Grundriß der Geschichte der Philosophie, 20. Aufl. 1909, I, S. 49. Hier ist nur zu konstatieren, daß er nur drei Arten von Gesetzen verlangte über ὕβρις, βλάβη, θάνατος; dazu Hildenbrand, c. l. S. 59 ff.

[5]) Zeller, c. l. I_2, S. 770.

[6]) Wundt, c. l. S. 145.

[7]) Diels, Frgm. d. Vors. Emped. Frgm. 17.

Das Abwechseln eines Obsiegens von Liebe oder Haß führt er allerdings wieder auf positive Satzung der Götter, die durch unverbrüchlichen Eid gesichert ist, zurück [1]).

Für den Menschen ergibt sich dadurch die Notwendigkeit einer Seelenwanderung; einen göttlichen Beschluß dieser Art nimmt Empedokles als durch Mord und Meineid kausiert an [2]).

2. Naturgesetz und Ethik bei Demokrit.

In völlig strenger Form wurde dann die Lehre vom Naturgesetz in der atomistischen Schule ausgebildet, nach der alles auf der Welt mit Notwendigkeit geschieht [3]). Folgerichtig ergaben sich aus diesem grundlegenden Gedanken die Folgerungen für die Beurteilung des Ziels der Menschen und ihres Zusammenlebens, die wir in Demokrits [4]) Lehre finden. Auch nach Demokrit hat der als Erkenntnismittel der allgemeinen Gesetze taugliche Verstand die Priorität vor allem anderen im menschlichen Leben. „Auf den rechten Verstand kommt es an, unter seiner Leitung allein gereicht, was uns von außen zuteil wird, uns zum Guten [5]).“

Als Ziel des Menschen muß so die Unterwerfung unter Norm und Gesetz erscheinen [6]), die sich in einer Einstellung unserer Handlungen und unseres Gefühlslebens äußert, die nicht mit dem notwendig waltenden Naturgesetz in Widerspruch kommt; durch dieses wird die Vernichtung von uns lediglich gefühls-

---

1) Diels, Frgm. 115; Zeller, c. l. S. 777, Anm. 1.

2) Diels, Frgm. 115:

ἔστιν Ἀνάγκης χρῆμα, θεῶν ψήφισμα παλαιόν,
ἀίδιον, πλατέεσσι κατεσφρηγισμένον ὅρκοις·
εὖτέ τις ἀμπλακίῃσι φόνωι φίλα γυῖα μιήνῃ,
[Νεικέϊ θ'] ὅς κ(ε) ἐπίορκον ἁμαρτήσας ἐπομόσσῃ,
δαίμονες οἵτε μακραίωνος λελάχασι βίοιο,
τρίς μιν μυρίας ὥρας ἀπὸ μακάρων ἀλάλησθαι
φυομένους παντοῖα διὰ χρόνου εἴδεα θνητῶν
ἀργαλέας βιότοιο μεταλλάσσοντα κελεύθους.

3) Dazu Zeller, c. l. I_2, S. 869 ff.

4) Natorp, Die Ethika des Demokritos. 1893.

5) Natorp, c. l. S. 96, 108; Diels, Frgm. d. Vors. Demokr., Frg. 11.

6) Diels, Frgm. d. Vors. Demokrit., Frgm. 191; Natorp, c. l. S. 104.

mäßig erstrebter Werte, dadurch ihre Nichtigkeit und Wertlosigkeit dargetan [1]).

So ist zwar Lust und Unlust, wenn die Glückseligkeit des Menschen das Endziel ihres Strebens ist, das Kriterium dessen, was anzustreben und zu unterlassen ist [2]). Dieses vorläufige Kriterium für die Beurteilung unseres Handelns bedarf aber einer Nachprüfung durch den Verstand hinsichtlich der Beständigkeit der Gefühle [3]).

Erst wenn man einer durch das Naturgesetz nicht vernichtbaren Lust zustrebt, erlangt man die wahre Glückseligkeit, „den aus der Versenkung in das Unwandelbare, Unvergängliche, Gesetzmäßige der Dinge folgenden Zustand ebenmäßiger, in sich gefaßter, durch nichts Äußeres zu erschütternder Ruhe und Einstimmigkeit mit sich selbst, des seelischen Gleichgewichts" [4]).

So kommt Demokrit zu jener Vertiefung der Beurteilung menschlischen Handelns, die nicht auf die äußere Seite der Willensbetätigung, den Erfolg, sondern auf die Gesinnung den Wertmaßstab anlegt [5]). Ἀγαθὸν οὐ τὸ μὴ ἀδικεῖν ἀλλὰ τὸ μηδὲ ἐθέλειν [6]). So gewährt auch die bewußte Einfügung in die Gesetzmäßigkeit allein die Gewähr, daß man jederzeit auch im geheimen so handeln wird, daß man mit der notwendigen Gesetzmäßigkeit nicht in Widerspruch kommt.

κρέσσων ἐπ' ἀρετὴν φανεῖται προτροπῇ χρώμενος καὶ λόγου πειθοῖ ἤπερ νόμῳ καὶ ἀνάγκῃ. λάθρῃ μὲν γὰρ ἁμαρτεῖν εἰκὸς τὸν εἰργμένον ἀδικίης ὑπὸ νόμου, τὸν δὲ ἐς τὸ δέον ἠγμένον πειθοῖ οὐκ εἰκὸς οὔτε λάθρῃ οὔτε φανερῶς ἔρδειν τι πλημμελές· διόπερ ξυνέσει τε καὶ ἐπιστήμῃ ὀρθοπραγέων τις ἀνδρήιος ἅμα καὶ ἰθύγνωμος γίγνεται [7]).

Daher trägt auch jedes Unrechthandeln in sich bereits die

---

[1]) Natorp, c. l. S. 92 f.

[2]) Diels, Frgm., 188: ὅρος συμφόρων καὶ ἀσυμφόρων τέρψις καὶ ἀτερψίη; ebenso Frgm. 4; Zeller, c. l. S. 925; Natorp, c. l. 89.

[3]) Diels, Frgm. 189: ἄριστον ἀνθρώπωι τὸν βίον διάγειν ὡς πλεῖστα εὐθυμηθέντι καὶ ἐλάχιστα ἀνιηθέντι, τοῦτο δ' ἂν εἴη, εἴ τις μὴ ἐπὶ τοῖς θνητοῖσι τὰς ἡδονὰς ποιοῖτο; dazu Natorp, c. l. S. 93, 98.

[4]) Natorp, c. l. S. 95.

[5]) Natorp, c. l. S. 102.

[6]) Diels, Frgm. 62.

[7]) Diels, Fragm. 181; ebenso, Frgm. 41; Natorp, c. l. S. 102 f.

Straffolge. Δίκης κῦδος γνώμης θάρσος καὶ ἀθαμβίη, ἀδικίης δὲ δεῖμα ξυμφορῆς τέρμα [1]).

So erscheint auch das menschliche Gesetz als Instruktion über das richtige ὁ νόμος βούλεται μὲν εὐεργετεῖν βίον ἀνθρώπων· δύναται δέ, ὅταν αὐτοὶ βούλωνται πάσχειν εὖ. τοῖσι γὰρ πειθομένοισι τὴν ἰδίην ἀρετὴν ἐνδείκνυται [2]).

Es erscheint als die durch die Zwietracht der Menschen notwendige Garantie der menschlichen Freiheit.

οὐκ ἂν ἐκώλυον οἱ νόμοι ζῆν ἕκαστον κατ' ἰδίην ἐξουσίην, εἰ μὴ ἕτερος ἕτερον ἐλυμαίνετο. φθόνος γὰρ στάσιος ἀρχὴν ἀπεργάζεται [3])

3. Die Lehren Demokrits von Staat und Strafe.

Durch die Notwendigkeit der Gesetze für den einzelnen als Instruktionen ist auch der Staat notwendig und eine der allgemeinen Gesetzmäßigkeit dienende Staatstätigkeit.

τὰ κατὰ τὴν πόλιν χρεὼν τῶν λοιπῶν μέγιστα ἡγεῖσθαι, ὅκως ἄξεται εὖ, μήτε φιλονικέοντα παρὰ τὸ ἐπιεικὲς μήτε ἰσχὺν ἑαυτῶι περιτιθέμενον παρὰ τὸ χρηστὸν τὸ τοῦ ξυνοῦ. πόλις γὰρ εὖ ἀγομένη μεγίστη ὄρθωσίς ἐστι, καὶ ἐν τούτωι πάντα ἔνι, καὶ τούτου σωιζομένου πάντα σώιζεται καὶ τούτου διαφθειρομένου τὰ πάντα διαφθείρεται [4]).

So erscheint es auch als Ausfluß der für Interessen der Gesamtheit sorgenden Staatstätigkeit, wenn die Personen aus dem Staate ausgeschieden werden, die nicht in den Staat hineinpassen.

κτείνειν χρὴ τὰ πημαίνοντα παρὰ δίκην πάντα περὶ παντός, καὶ ταῦτα ὁ ποιέων εὐθυμίης καὶ δίκης καὶ θάρσεος καὶ κτήσιος ἐν παντὶ κόσμῳ μέζονα μοῖρα μεθέζει [5])

Besonders drückt sich sein Verlangen nach einem Strafrecht als Ausfluß der Staatsidee in folgenden beiden Fragmenten aus.

ὅκωσπερ περὶ κιναδέων τε καὶ ἑρπετῶν ⟨νόμοι⟩ γεγράφαται τῶν πολεμίων, οὕτω καὶ κατὰ ἀνθρώπων δοκεῖ μοι χρεὼν εἶναι ποιεῖν· κατὰ

---

[1]) Diels, Frgm. 215; ebenso, Frgm. 174.

[2]) Diels, Frgm. 248.

[3]) Diels, Frgm. 246.

[4]) Diels, Frgm. 252.

[5]) Diels, Frgm. 258.

νόμους τοὺς πατρίους κτείνειν πολέμιον ἐν παντὶ κόσμωι, ἐν ὧι μὴ νόμος ἀπείργει· νόμος δέ απείργει. ἱερὰ ἑκάστοισιν ἐπιχώρια καὶ σπονδαὶ καὶ ὅρκοι[1]). Ebenso: κιξάλλην καὶ ληιστὴν πάντα κτείνων τις ἀθῷιος ἂν εἴη καὶ αὐτοχειρίηι καὶ κελεύων καὶ ψήφωι[2]).

Besonders in der ersten Stelle tritt Demokrits Stellung zum funktionellen Strafrecht des Staates deutlich hervor. Einerseits war ihm durch seine philosophische Grundauffassung als Aufgabe des Staates die Verwirklichung des Naturgesetzes durch Instruktion der Bürger über dasselbe, bzw. durch Anpassung an dasselbe gegeben[3]), andererseits hatte er als historisch gegebenen Stoff, als Regelfall des damaligen staatlichen Strafrechtes die völlige Beseitigung eines vom Standpunkt des Staates sich seinem Willen nicht Einfügenden vor sich.

Als Reminiszenz an das historisch gegebene Recht mag es erscheinen, daß die Durchführung der Vernichtung des „Verbrechers“, den er als Staatsfeind bezeichnet, positive Schranken im Gesetz, den religiösen Satzungen, und individuelle Vereinbarungen hat. So tritt er auch dagegen ein, eine aus dem Grunde staatlicher Straffunktion zulässige Übelszufügung als Ausfluß des subjektiven Wollens der zur Verhängung der Strafe Berechtigten zu erklären.

καὶ οἳ φυγῆς ἄξια ἔρδουσιν ἢ δεσμῶν, ἢ θωιῆς ἄξιοι, κατὰ ψηφιστέον καὶ μὴ ἀπολύειν· ὃς δ' ἂν παρὰ νόμον ἀπολύηι κέρδει ὁρίζων ἢ ἡδονῆι ἀδικεῖ, καὶ οἱ τοῦτο ἐγκάρδιον ἀνάγκη εἶναι[4]).

Um eine solche funktionelle Strafgerichtsbarkeit zu gewährleisten, muß aber für den Schutz der Funktionäre gesorgt sein; sie müssen davor bewahrt werden, daß die von ihnen als Organe ausgeübten Handlungen für sie als Privatpersonen irgendwelche nachteiligen Folgen haben.

οὐδεμία μηχανὴ τῶι νῦν καθεστῶτι ῥυθμῶι μὴ οὐκ ἀδικεῖν τοὺς ἄρχοντας, ἢν καὶ πάνυ ἀγαθοὶ ἔωσιν. οὐδενὶ γὰρ ἄλλωι ἔοικεν ἢ ἑωυτῶι τὸ αὐτὸν ὑφ' ἑτέροισι αὖ γίγνεσθαι· δεῖ δέ κως οὕτω καὶ ταῦτα κοσμηθῆναι, ὅκως ὁ μηδὲν ἀδικέων, ἢν καὶ πάνυ ἐτάζηι τοὺς ἀδικέοντας, μὴ

[1]) Diels, Frgm. 259.
[2]) Diels, Frgm. 260.
[3]) Vgl. Natorp, c. l. S. 115.
[4]) Diels, Frgm. 262.

ὑπ᾽ ἐκείνοις γενήσεται, ἀλλά τις ἢ θεσμὸς ἢ ἄλλο τι ἀμυνεῖ τῶι τὰ δίκαια ποιεῦντι [1]).

Zusammenfassend läßt sich als Ergebnis der geschilderten Lehren für die Ausbildung des Verhältnisses von Staatsidee und Strafrecht folgendes feststellen.

Man sucht zunächst nach einem Objekt unseres Denkens, das als Objekt der Wissenschaft gilt, das die unserem Denken entnommenen Forderungen nach Allgemeingültigkeit, Unveränderlichkeit als Eigenschaften an sich trägt. Die zweite Gedankenreihe, auf der die die spätere Rechtslehre aufbaut, ist die Lehre von der Vernunftnotwendigkeit des Weltenlaufes, von der Unverbrüchlichkeit des Naturgesetzes, das mit der Idee des Vernünftigen zusammenfällt. Als dritte Gedankenreihe ist hier zu nennen, daß die Gemeinschaft der Individuen, der Staat, Zwecke zu erfüllen hat, die ihm durch die Vernunft diktiert sind, die über den einfachen Schutz individuellen Willens hinausgehen.

VI. Die Sophistik.

1. Die Sophistik und die Objektivität des Rechtes.

In den bisherigen philosophischen Systemen war das Denken über Recht, Staat und Strafe das Nebenprodukt eines Strebens nach einem vernünftigen Begreifen des Alls. Eine neue Richtung im Denken bedeutet es, wenn mit dem Ende des 5. Jahrhunderts das Denken sich von den kosmischen Problemen abwandte, sich dem viel nähergelegenen, dem Zusammenleben der Menschen widmete [2]). Auch diese Betrachtungen verfolgten nicht primär ein theoretisches Interesse, das Ziel einer Synthese der realen Lebenserscheinungen, sondern sie sollten Mittel zu einem weiteren Zweck sein, Mittel zur Erziehung anderer zur Brauchbarkeit, Tüchtigkeit im realen Leben [3]).

Die kulturelle Entwicklung Athens im perikleischen Zeitalter zeitigte die Notwendigkeit einer Änderung der Jugenderziehung;

[1]) Diels, Frgm. 266.

[2]) Vgl. H. Maier, Sokrates, 1913, S. 195.

[3]) Maier, c. l. S. 198.

die Erziehung der Jugend zum Politiker der unmittelbaren Demokratie [1]) tritt als Problem hervor.

Das Streben, andere zu bürgerlicher Tüchtigkeit, zur ἀρετή [2]) zu erziehen, deren Inhalt verschieden war je nach dem Beruf, dem man zustrebte, war charakteristisch für die Richtung der sogenannten Sophistik [3]).

Es treten in Griechenland Männer auf, die gegen Bezahlung die Ausbildung der Jugend zur πολιτικὴ ἀρετή, das βέλτιους ποιεῖν τοὺς νέους [4]) versprachen.

In ausdrücklicher Abneigung gegen die wertlosen Spekulationen der Naturphilosophen wollten sie Kenntnisse, μαθήματα [5]), vermitteln, die Werte des täglichen Lebens darstellen; charakteristisch für diese Kenntnisse ist es, daß es sich hier nicht in erster Linie um spekulative Erkenntnisse handelt, sondern um Ergebnisse einer Empirie, einer Beobachtung des praktischen Lebens [6]). So wurde das tatsächliche Leben mit seinen tatsächlich beobachteten Kausalketten Gegenstand der Darstellung und der Lehre.

Dem entspricht es auch, wenn die Gesellschaft in ihrer aus Einzelmenschen sich zusammensetzenden Positivität zum Gegenstand der Beobachtung gemacht wurde.

Die Abkehr von der Beobachtung der Natur mit ihrer ewigen Gesetzmäßigkeit ließ Staat und Gesellschaft als Produkt von Handlungen des allein sichtbaren Substrates, der Menschen, erscheinen [7]).

Das ganze Staats- und Gesellschaftsleben mit den Erscheinungen der Religion, des Rechtes und der Sitte mußte sich

---

[1]) Maier, c. l. S. 195.

[2]) M. Pohlenz, Aus Platos Werdezeit, 1913, S. 197.

[3]) Über die Ziele der Sophistik gegen H. Gomperz Sophistik und Rhetorik. 1912, der die Rhetorik als Hauptziel der Sophisten feststellen will, Pohlenz, c. l. S. 193 ff., ebenso Maier, c. l. S. 195, Anm. 1.

[4]) Pohlenz, c. l. S. 198; Plato, Protagoras, 318 d, 323 b; Maier, c. l. S. 216.

[5]) Plato, Protag., 313 c, 5 f.; Pohlenz, c. l. S. 198.

[6]) Maier, c. l. S. 216; Busse, Sokrates, 1914 (Die großen Erzieher, Bd. VII), S. 55 f. Bezüglich des Zurückgehens der Sophisten auf die im Volke lebenden Anschauungen vgl. Plato, Gorgias, 481 ff.; dazu Pohlenz, c. l. S. 142 f.

[7]) Hildenbrand, c. l. S. 68; Pfleiderer, Sokrates und Plato, 1896, S. 14 f.

schließlich auf das allein wahrnehmbare Substrat jedes staatlichen oder gesellschaftlichen Vorganges, auf die Handlungen von Einzelmenschen zurückführen lassen [1]).

Die Menschen mit ihrer individuellen Motivation waren doch die letzte Ursache aller gesellschaftlichen Kollektiverscheinungen, an die die gläubige Zeit früherer Jahrhunderte überhaupt mit der kritisierenden Vernunft nicht herantrat, sie eingefügt glaubte in den durch den Willen der Götter bestimmten Weltlauf [2]).

Diese positivistische Richtung, die in den Reihen der professionalen Lehrer der praktischen Lebensweisheit zutage trat, ist nur das Spiegelbild tatsächlich vorhandener Bewegungen im griechischen Geistesleben [3]).

Die objektive Gesetzmäßigkeit der theonomen Weltauffassung war ins Wanken geraten. Die auf dem individuellen Willen der Götter basierende Weltregierung hatte bei einer Prüfung vor dem Forum der Vernunft ihre innere Gesetzmäßigkeit verloren [4]). Der einzelne trat als freie Persönlichkeit den Göttern gegenüber, deren Reaktionen er bei Eingriffen in ihre Sphäre entweder zu entgehen oder die er trotz Unrechttuns durch Opfer umzustimmen hoffte [5]).

Die Religion, die die letzte Schranke des individuellen und staatlichen Lebens war, kam in ihrer naiven anthropomorphen Fassung ins Wanken. Dieser tatsächlichen Bewegung auf religiösem Gebiete entsprach auch der Bruch der Sophisten mit der alten Theonomie.

περὶ μὲν θεῶν οὐκ ἔχω οὔθ' ὡς εἰσὶν οὐθ' ὡς οὐκ εισὶν οὐθ' ὁποῖοι τινες ἰδέαν. πολλὰ γὰρ τὰ κωλύοντα εἰδέναι ἥ τ' ἀδηλότης καὶ

[1]) Pfleiderer, c. l. S. 16.

[2]) Zeller, c. l. I_2, 5. Aufl., S. 1153 f.; K. Fr. Hermann, Geschichte und System der Platon. Philosophie, I, 1839, S. 233; Schanz, Die Sophisten (Beiträge zur vorsokratischen Philosophie aus Plato), 1867, S. 17 f.; Hildenbrand, c. l. S. 68.

[3]) Zeller, c. l. 1044 ff., 1150 ff.; Pfleiderer, c. l. S. 35; Hildenbrand, c. l. S. 68; Schanz, c. l. S. 17; Maier, c. l. S. 252; Wundt, S. 251 ff., 312 ff.

[4]) Über das Zeitalter der griechischen Aufklärung vgl. Gomperz, Griechische Denker, I, 2. Aufl., S. 221 ff.; Zeller, c. l. 1150 f.

[5]) Wundt, c. l. S. 313; Pfleiderer, c. l. S. 21.

βραχὺς ὢν ὁ βίος τοῦ ἀνθρώπου heißt es bei Protagoras [1]) in seiner Schrift περὶ θεῶν [2]).

Kritias behauptet, anfangs haben die Menschen ohne Gesetz und Ordnung gelebt, wie die Tiere, zum Schutz gegen Gewalttaten seien Strafgesetze gegeben worden; da aber diese nur die offenbaren Verbrechen verhindern konnten, sei ein kluger und erfinderischer Mann darauf gekommen, zur Verhütung des geheimen Unrechts von den Göttern zu erzählen, die mächtig und unsterblich das Verborgene sehen [3]).

Ebenso war der Glauben an die objektive Gesetzmäßigkeit des Rechts ins Wanken geraten. Das attische Rechtsleben mit seiner unmittelbaren Demokratie, in der die Volksversammlung und die Volksgerichte die obersten Instanzen waren, nach deren Reaktion sich die Gestaltung der Rechtslage richtete, bot reichlich Gelegenheit zur Bestreitung der vernunftnotwendigen Abhängigkeit einer bestimmten Rechtsfolge von einem bestimmten objektiven Tatbestand [4]). Die Abhängigkeit der Reaktion von der zufälligen Eingestelltheit der Bewußtseinslage des Volkes, bzw. seiner repräsentativen Ausschüsse mußte den Glauben an die Notwendigkeit der konkreten Reaktion im Sinne einer höheren Gesetzmäßigkeit erschüttern, mochte es sich nun um Gesetzgebung oder Rechtsprechung handeln [5]).

Es trat auch im tatsächlichen Leben die Abhängigkeit dieser Bewußtseinslage von den konkreten Verhältnissen, insbesondere von der individuellen Motivation der Einzelmenschen durch einen bestimmten „Tatbestand" hervor.

Damit war auch die Bedeutung einer zielbewußten Beeinflussung dieses Gesamtbewußtseins, einer bestimmten psychischen Motivation für die Erzielung einer bestimmten Reaktion erkannt [6]).

Die Technik dieser willkürlichen Bestimmung der Bewußt-

---

[1]) Diels, Frgm. d. Vors. Protag., Frgm. 4.

[2]) Vgl. Maier, c. l. S. 252; Zeller, c. l. S. 1133; Wundt, c. l. S. 265.

[3]) Zeller, c. l. S. 1134; Diels, Frgm. d. Vors. Kritias, Frgm. 25.

[4]) Vgl. dazu Zeller, c. l. S. 1045; Wundt, c. l. S. 314 f.; Maier, c. l. S. 238.

[5]) Vgl. Xenophon, Mem., I,2, 40 ff.

[6]) Vgl. Maier, c. l. S. 196.

seinslage zur Erzielung einer bestimmten Reaktion wurde die Rhetorik [1]. „Die Redekunst ist das Vermögen, im Gerichtshof die Richter, im Rathaus die Ratsmänner, in der Volksversammlung die Versammelten und bei jeder anderen Zusammenkunft, die unter den Bürgern eines Staates stattfindet, alle zu überreden [2].“

Die Rede als Mittel, die schwächere Sache zur stärkeren zu machen, τὸ τὸν ἥττω λόγον κρείττω ποιεῖν [3], erhielt so durch die politischen Verhältnisse ihre Bedeutung. So wurde der Einzelmensch mit seiner individuellen Motivation doch schließlich die letzte Quelle für die Richtung des Handelns und Wertens, das sich äußerlich als Ausdruck einer höheren Einheit, des Staates, darstellte. Das Zurücktreten der Motivation des einzelnen durch Kollektivinteressen, die freiere Betonung der Geltendmachung des Individualwillens, die bewußte Befriedigung der gefühlsmäßig gegebenen Strebungen des einzelnen [4] mochte so zu dem Satze des Protagoras geführt haben, daß der Mensch das Maß aller Dinge sei.

πάντων χρημάτων μέτρον ἄνθρωπος, τῶν μὲν ὄντων ὡς ἔστιν, τῶν δε οὐκ ὄντων ὡς οὐκ ἐστιν [5].

Von der viel umstrittenen [6] Bedeutung dieses Satzes bleibt als Protagoreisch jedenfalls so viel übrig, daß die Abhängigkeit des Handelns des Individuums von seinem höchst persönlichen Ich gekennzeichnet ist; damit war auch die kollektive Willensäußerung als Konglomerat von Einzelwillen in ihren letzten Gründen wieder auf die Individualitäten der einzelnen Glieder des sozialen Ganzen zurückgeführt [7].

---

[1] Vgl. Maier, c. l. S. 195 ff.; Zeller, c. l. S. 1136 ff.

[2] Plato, Gorgias, 452 e; dazu Pohlenz, c. l. S. 132 ff.; Gorgias, S. 452 e.

[3] Aristoteles, Rhetorik, II, 27, 1402 a, 23; Zeller, c. l. S. 1140, besonders Anm. 1; Pfleiderer c. l. S. 28.

[4] Vgl. dazu die Schilderung bei Thukydides, III, 82; dazu Wundt, S. 310, 317.

[5] Diels, Frgm. d. Vors. Protag., Frgm. 1.

[6] Vgl. Zeller, c. l. S. 1093 ff.

[7] Maier, c. l. S. 207 ff., spricht sich gegen die Deutung dieser Stelle im Sinne eines erkenntnistheoretischen Skeptizismus aus, betont den Zusammenhang derselben mit den Aufgaben der Rhetorik, ähnlich Pfleiderer, c. l. S. 11; daß auch bei Gorgias nicht skeptische Lehren, sondern nur eine Parodie der eleatischen Dialektik zu finden sei, Maier, c. l. S. 219 ff.; Pfleiderer, c. l. S. 12; anders Zeller, c. l. S. 1101 ff.

Gemeinsam ist der ganzen didaktischen Bewegung so die die Loslösung von den objektiven, überkommenen Mächten, die Rationalisierung der Kultur [1]).

„Staat und Gesellschaftsordnung, Wirtschaft und Recht wollten sie vernünftig gestalten."

Aus diesem Denken über Fragen von Staat und Recht, das mit den Sophisten begann, sind dann die großen Systeme entstanden, die für das gesamte rechtliche Denken der modernen Kultur richtunggebend waren [2]).

So kann auch eine Darstellung der in den Quellen als sophistisch vorgetragenen Lehren gerechtfertigt sein, wenngleich heute die historische Kritik die Authentizität der einzelnen Äußerungen bestreitet.

Insbesondere kann zugegeben werden, daß die den Sophisten von Plato in den Mund gelegten Lehren nur Folgerungen waren, die Plato aus den Grundsätzen sophistischer Lehren gezogen, während die historischen Sophisten als Eklektiker vor Folgerungen zurückschreckten, mit denen sie eventuell ihren praktischen Erfolg gefährdet hätten [3]). Jedenfalls sind sie aber als logische Konsequenzen aus historisch gegebenen Prämissen von Bedeutung, indem sie die Anregung boten zu einer Revision der Grundsätze, zu einer neuen Synthese von Staat und Recht [4]).

2. Protagoras' Lehre von Staat und Strafe.

Protagoras, der ein Werk über den Staat geschrieben hat [5]), schildert in einem Mythus [6]) die Entstehung des Staates, in der Anklänge an die „Vertragstheorie" gefunden werden [7]) können;

---

[1]) Maier, c. l. S. 281.

[2]) Pfleiderer, c. l. S. 35; Maier, c. l. S. 230.

[3]) Vgl. Maier, c. l. S. 233, 235, 245, 247.

[4]) Vgl. Pfleiderer, c. l. S. 31.

[5]) Über die Antilogika des Protagoras und ihr Verhältnis zu Platons Staat, vgl. Maier, c. l. S. 230; Menzel, Zschr. f. Politik, III. Bd., S. 206, Protagoras, der älteste Theoretiker der Demokratie.

[6]) Plato, Protag., 320 d, zur Frage der Echtheit dieses Mythus vgl. Zeller, c. l. S. 1120; Maier, c. l. S. 236.

[7]) Kaerst, Die Entstehung der Vertragstheorie im Altertum, Ztschr. f. Politik, II. Bd., S. 510; dagegen Maier, c. l. S. 236.

bei Protagoras selbst sind aber die letzten Konsequenzen aus dieser Lehre für Recht und Strafe noch nicht gezogen

Die Menschen [1]) in ihrer ursprünglichen Beschaffenheit, die lediglich Individualinteressen kannten, suchten aus diesen heraus die Vergesellschaftung [2]). Die tatsächliche Berührung der früher vereinzelt Lebenden führte aber zu gegenseitigem Unrechttun und wieder zur Auflösung der Gemeinschaft. Eine zum Schutze der Individualinteressen der Menschen [3]) taugliche Gemeinschaft war erst möglich, als ihnen von den Göttern die Scheu vor der Sphäre des Mitmenschen, αἴδως und die Dike [4]), der Gedanke der unbedingten Rechtsverwirklichung, gegeben war. Zu dieser lediglich das Verhältnis der Nebenordnung betonenden Auffassung des Rechtes, der eine Strafe als Reaktion gegen den Eingriff in die private Sphäre entsprechen würde, steht in gewissem Gegensatz das allerdings nicht von den Menschen selbst, sondern von dem um die Erhaltung des Ganzen besorgten Zeus gegebene Strafgesetz.

καὶ νόμον γε θὲς παρ' ἐμοῦ τὸν μὴ δυνάμενον αἰδοῦς καὶ δίκης μετέχειν κτείνειν ὡς νόσον πόλεως [5]).

Hier wird der Gedanke des funktionellen Strafrechtes betont, dessen Notwendigkeit allerdings im Mythus nicht von den Menschen erkannt ist, das nach außen als Ausfluß eines den göttlichen Willen darstellenden Gesetzes erscheint.

Dem entspricht es auch, wenn Protagoras als der Lehrer der politischen Tugend von jedem Bürger als politisches Existenzminimum bestimmte soziale Eigenschaften fordert, bei deren Mangel die funktionelle Strafgewalt des Staates bis zur eventuellen Vernichtung des antisozialen Menschen einsetzt.

Als die Eigenschaften, die jeder Bürger haben muß, wenn es einen Staat geben soll, werden die δικαιοσύνη, die σωφροσύνη und das ὅσιον εἶναι genannt [6]). Für den, der diese Eigenschaften

[1]) Dazu Harpf, Die Ethik des Protagoras, 1884, S. 12; gegen Harpf Zeller, c. l. S. 1121, Anm. 1.

[2]) Plato, Protag., 322 b 5.

[3]) Kaerst, c. l. S. 511.

[4]) Vgl. dazu L. Schmid, Die Ethik der alten Griechen, 1882, I. Bd., S. 179.

[5]) Plato, Protag., 322 d 5.

[6]) Plato, Prot. 325.

nicht hat, gilt das διδάσκειν καὶ κολάζειν καὶ παῖδα καὶ ἄνδρα καὶ γυναῖκα, ἕωσπερ ἂν κολαζόμενος βελτίων γένηται, ὃς δ' ἂν μὴ ὑπακούῃ κολαζόμενος καὶ διδασκόμενος, ὡς ἀνίατον ὄντα τοῦτον ἐκβάλλειν ἐκ τῶν πόλεων ἢ ἀποκτείνειν [1]).

So erscheint die Strafe bei ihm unter schroffer Ablehnung des Vergeltungsgedankens eingeordnet unter die Mittel der notwendigen Erziehung zur Tugend.

οὐδεὶς γὰρ κολάζει τοὺς ἀδικοῦντας πρὸς τούτῳ τὸν νοῦν ἔχων καὶ τούτου ἕνεκα, ὅτι ἠδίκησεν, ὅστις μὴ ὥσπερ θηρίον ἀλογίστως τιμωρεῖται· ὁ δὲ μετὰ λόγου ἐπιχειρῶν κολάζειν οὐ τοῦ παρεληλυθότος ἕνεκα ἀδικήματως τιμωρεῖται — οὐ γὰρ ἂν τό γε πραχθὲν ἀγένητον θείη — ἀλλὰ τοῦ μέλλοντος χάριν, ἵνα μὴ αὖθις ἀδικήσῃ μήτε αὐτὸς οὗτος μήτε ἄλλος ὁ τοῦτον ἰδὼν κολασθέντα [2]).

3. Die sophistische Lehre im Kampf gegen Staat und Strafe.

Während in Protagoras' Lehre noch konservative Tendenzen liegen — die Bürgertugend wird gefordert, weil ein Staat bestehen muß, Staatsfunktion ist die Erziehung zur Tugend, eventuell die zwangsweise durch Strafe —, treten in der späteren Sophistik die destruktiven Tendenzen der sophistischen Bewegung stärker hervor. Die vorhandene Rechtsauffassung, die die Reaktion des Rechtes gegen den einzelnen aus dem Gesichtspunkt der Nebenordnung konstruierte, konnte der Vernunftkritik nicht mehr standhalten, sobald die Stützpunkte, die in der Objektivität metaphysischer Kräfte gelegen waren, weggefallen sind.

Die positive Satzung, der νόμος, mußte seine innere Notwendigkeit, die φύσις, erst vor dem Forum der Vernunft dartun.

Bei Hippias finden wir zuerst unter den Sophisten [3]), offenbar auf Grund rechtsvergleichender Studien [4]), die Positivität des Rechtes seiner Vernünftigkeit gegenübergestellt [5]); als

---

[1]) c. l. 325 5; Harpf, c. l. S. 16.

[2]) c. l. 324 ff.; dazu Menzel, Protagoras als Kriminalist, Österr. Z. f. Strafrecht, Bd. I, S. 389.

[3]) Über die Lehre des Archelaos, daß das Gerechte und Ungerechte νόμῳ und nicht φύσει bestehe, vgl. Diels, Frgm. d. Vors. Archelaos, 1.

[4]) Joel, Der echte und der Xenophontische Sokrates, II 2, 1901, S. 1106.

[5]) Plato, Protag. 337 d, Busse, c. l. S. 66 f.

Zeichen der Positivität eines Rechtssatzes wird die verschiedene Regelung desselben Gegenstandes an verschiedenen Orten und zu verschiedenen Zeiten angeführt [1]). Vom Standpunkt dieser Auffassung war eine Kritik des bestehenden Strafrechts naheliegend. Die Abgrenzung der einzelnen Willenssphären durch die Rechtssätze verlor ihre innere Notwendigkeit ebenso wie die Strafe, die der Inhalt des Wollens des Verletzten war.

Es mag zweifelhaft sein [2]), ob tatsächlich in den Lehren der historischen Sophisten diese letzten Konsequenzen gezogen wurden; wichtig sind sie trotzdem, indem sie ein bestimmtes System von Staat und Strafe zu Ende denken.

Die jeweilige Abgrenzung der einzelnen Willenssphären entspringt dem individuellen Wollen der Herrschenden. So läßt Plato den chalcedonensischen Redner, Thrasymachos, im Staate sagen [3]):

Τίθεται δέ γε τοὺς νόμους ἑκάστη ἡ ἀρχὴ πρὸς τὸ αὑτῇ συμφέρον, δημοκρατία μὲν δημοκρατικούς, τυραννὶς δὲ τυραννικούς, καὶ αἱ ἄλλαι οὕτως· θέμεναι δὲ ἀπέφηναν τοῦτο δίκαιον τοῖς ἀρχομένοις εἶναι, τὸ σφίσι συμφέρον, καὶ τὸν τούτου ἐκβαίνοτα κολάζουσιν ὡς παρανομοῦντά τε καὶ ἀδικοῦντα. τοῦτ' οὖν ἐστιν, ὦ βέλτιστε, ὃ λέγω ἐν ἁπάσαις ταῖς πόλεσιν ταὐτὸν εἶναι δίκαιον, τὸ τῆς καθεστηκυίας ἀρχῆς συμφέρον· αὕτη δέ που κρατεῖ, ὥστε συμβαίνει τῷ ὀρθῶς λογιζομένῳ πανταχοῦ εἶναι τὸ αὐτὸ δίκαιον, τὸ τοῦ κρείττονος συμφέρον.

Das Recht war das Wollen derer, die die Macht hatten, ihr Wollen durchzusetzen, zu verlangen, daß das Wollen von der Allgemeinheit anerkannt werde. Da die Macht allein es war, welche die Anerkennung bestimmter Wollenssphären, bzw. das Strafenwollen, das bei Verletzung einer ursprünglichen Wollenssphäre an die Stelle des primären Wollens trat, rechtfertigte, lag es nahe, auch diese Macht noch einer Kritik vor dem Forum der Vernunft zu unterziehen.

Die Macht, die in der Assoziation der als Einzelpersonen

---

[1]) Xenophon, Memor., IV, 4; Zeller, c. l. S. 1127; Maier, c. l. S. 237 ff.; R. Hirzel, Ἄγραφος νόμος (Abhandl. d. phil.-histor. Klasse der K. Sächs. Gesellschaft d. Wissensch., XX. Bd., 1903, S. 31, 47 ff., S. 56 f.).

[2]) Maier, c. l. S. 245, 247.

[3]) Plato, Politeia, I 338e, 339.

schwachen Individuen gelegen war, erschien als etwas Künstliches gegenüber der in der Physis des Einzelmenschen gelegenen Macht; der in den Gesetzen verwirklichte Wille der Herdenmenschen hatte so gegenüber dem Willen des starken Einzelmenschen den Wert verloren.

So sagt Kallias im Gorgias, 483 b:

ἀλλ' οἶμαι οἱ τιθέμενοι τοὺς νόμους οἱ ἀσθενεῖς ἄνθρωποί εἰσιν καὶ οἱ πολλοί πρὸς αὑτοὺς οὖν καὶ τὸ αὑτοῖς συμφέρον τούς τε νόμους τίθενται καὶ τοὺς ἐπαίνους ἐπαινοῦσιν καὶ τοὺς ψόγους ψέγουσιν· ἐκφοβοῦντες τοὺς ἐρρωμενεστέρους τῶν ἀνθρώπων καὶ δυνατοὺς ὄντας πλέον ἔχειν, ἵνα μὴ αὐτῶν πλέον ἔχωσιν, λέγουσιν ὡς αἰσχρὸν καὶ ἄδικον τὸ πλεονεκτεῖν, καὶ τοῦτό ἐστιν τὸ ἀδικεῖν, τὸ πλέον τῶν ἄλλων ζητεῖν ἔχειν· ἀγαπῶσι γὰρ οἶμαι αὐτοὶ ἂν τὸ ἴσον ἔχωσιν φαυλότεροι ὄντες. διὰ ταῦτα δὴ νόμῳ μὲν τοῦτο ἄδικον καὶ αἰσχρὸν λέγεται, τὸ πλέον ζητεῖν ἔχειν τῶν πολλῶν, καὶ ἀδικεῖν αὐτὸ καλοῦσιν ἡ δέ γε οἶμαι φύσις αὐτὴ ἀποφαίνει αὐτό, ὅτι δίκαιόν ἐστιν τὸν ἀμείνω τοῦ χείρονος πλέον ἔχειν καὶ τὸν δυνατώτερον τοῦ ἀδυνατωτέρου.

Da so das Strafgesetz mit künstlicher Gewalt menschliches Wollen beschränkt, erscheint es als eine durch die Vernunft nicht zu rechtfertigende Beschränkung der persönlichen Freiheit. ὁ δὲ νόμος, τύραννος ὢν τῶν ἀνθρώπων, πολλὰ παρὰ τὴν φύσιν βιάζεται[1]).

Solange man nicht die Macht hat, den Folgen des Eingriffs in eine fremde Sphäre zu entgehen, seine eigene Wollenssphäre ohne fremde Mithilfe zu verteidigen, ist es allerdings gerechtfertigt, die von einer konkreten Rechtsordnung gezogenen Schranken zu beachten, gerecht zu handeln. So erscheint die Gerechtigkeit, die in dem gesetzmäßigen Handeln besteht, lediglich als Kompromiß zwischen dem höchsten Wert, der freien Betätigung eigenen Wollens und dem tiefsten Unglück, der Negierung des eigenen Willens durch fremde Mächte.

So erscheint es völlig konsequent, wenn in Platos Staat den Sophisten die Erörterung über das Wesen der Gerechtigkeit in den Mund gelegt wird.

Πεφυκέναι γὰρ δή φασιν τό μὲν ἀδικεῖν ἀγαθόν, τὸ δὲ ἀδικεῖσθαι κακόν, πλέονι δὲ κακῷ ὑπερβάλλειν τὸ ἀδικεῖσθαι ἢ ἀγαθῷ τὸ ἀδικεῖν,

---

[1]) Plato, Protagoras, 337 d; Zeller, c. l. S. 1130.

ὥστ' ἐπειδὰν ἀλλήλους ἀδικῶσί τε καὶ ἀδικῶνται καὶ ἀμφοτέρων γεύωνται, τοῖς μὴ δυναμένοις τὸ μὲν ἐκφεύγειν τὸ δὲ αἱρεῖν δοκεῖ λυσιτελεῖν συνθέσθαι ἀλλήλοις μήτ' ἀδικεῖν μήτ' ἀδικεῖσθαι· καὶ ἐντεῦθεν δὴ ἄρξασθαι νόμους τίθεσθαι καὶ συνθήκας αὑτῶν, καὶ ὀνομάσαι τὸ ὑπὸ τοῦ νόμου ἐπιτάγμα νόμιμόν τε καὶ δίκαιον· καὶ εἶναι δὴ ταύτην γένεσίν τε καὶ οὐσίαν δικαιοσύνης, μεταξὺ οὖσαν τοῦ μὲν ἀρίστου ὄντος, ἐὰν ἀδικῶν μὴ διδῷ δίκην, τοῦ δὲ κακίστου, ἐὰν ἀδικούμενος τιμωρεῖσθαι ἀδύνατος ᾖ· τὸ δὲ δίκαιον ἐν μέσῳ ὂν τούτων ἀμφότερον ἀγαπᾶσθαι οὐχ ὡς ἀγαθόν, ἀλλ' ὡς ἀρρωστίᾳ τοῦ ἀδικεῖν τιμώμενον· ἐπεὶ τὸν δυνάμενον αὐτὸ ποιεῖν καὶ ὡς ἀληθῶς ἄνδρα οὐδ' ἂν ἑνί ποτε συνθέσθαι τὸ μήτε ἀδικεῖν μήτε ἀδικεῖσθαι [1]).

Das Gerechthandeln hat, da die Abgrenzung der einzelnen Willenssphären selbst keinen vernünftigen Wert hat, nur solange Bedeutung, solange man nicht seinen eigenen Willen zur unbedingten Durchsetzung bringen kann, solange man nicht sein eigenes Wollen als allgemeines Gesetz geachtet weiß.

So kann das letzte Ziel des Menschen nur die schrankenlose Befriedigung des eigenen Wollens sein, ohne Rücksichtnahme auf die Gesetze des großen Haufens [2]).

Das individualistische Lebensideal wird von Kallikles richtig geschildert.

ἐπεὶ πῶς ἂν εὐδαίμων γένοιτο ἄνθρωπος δουλεύων ὁτῳοῦν· ἀλλὰ τοῦτ' ἐστὶν τὸ κατὰ φύσιν καλὸν καὶ δίκαιον, ὃ ἐγώ σοι νῦν παρρησιαζόμενος λέγω, ὅτι δεῖ τὸν ὀρθῶς βιωσόμενον τὰς μὲν ἐπιθυμίας τὰς ἑαυτοῦ ἐᾶν ὡς μεγίστας εἶναι καὶ μὴ κολάζειν, ταύταις δὲ ὡς μεγίσταις οὔσαις ἱκανὸν εἶναι ὑπηρετεῖν δι' ἀνδρείαν καὶ φρόνησιν, καὶ ἀποπιμπλάναι ὧν ἂν ἀεὶ ἡ ἐπιθυμία γίγνηται [3]).

Das Ziel des Menschen ist, eine Stellung zu erlangen, in der er nicht mehr unrecht tun kann, weil jede Handlung, die seinem Individualwillen entspringt, Recht ist; das Ideal ist der Tyrann, der Handlungen setzen kann, die im gewöhnlichen Leben als Raub, Betrug usw. qualifiziert werden, wenn er sie aber begeht, recht sind, weil es an einem Willen fehlt, der diese Handlungen

---

[1]) Plato, Pol., II, 358 e, 3 ff.

[2]) Plato, Gorg., 492 b.

[3]) Gorg. 491 e ff.

als Eingriff in eine Willenssphäre mit einer Strafsanktion belegen könnte.

So sagt Thrasymachos in Platos Staat [1]):

Πάντων δὲ ῥᾷστα μαθήσῃ, ἐὰν ἐπὶ τὴν τελεωτάτην ἀδικίαν ἔλθῃς, ἣ τὸν μὲν ἀδικήσαντα εὐδαιμονέστατον ποιεῖ, τοὺς δὲ ἀδικηθέντας καὶ ἀδικῆσαι οὐκ ἂν ἐθέλοντας ἀθλιωτάτους. ἔστιν δὲ τοῦτο τυραννίς, ἣ οὐ κατὰ σμικρὸν τἀλλότρια καὶ λάθρᾳ καὶ βίᾳ ἀφαιρεῖται, καὶ ἱερὰ καὶ ὅσια καὶ ἴδια καὶ δημόσια, ἀλλὰ συλλήβδην. ὧν ἐφ' ἑκάστῳ μέρει ὅταν τις ἀδικήσας μὴ λάθῃ, ζημιοῦταί τε καὶ ὀνείδη ἔχει τὰ μέγιστα — καὶ γὰρ ἱερόσυλοι καὶ ἀνδραποδισταὶ καὶ τοιχωρύχοι καὶ ἀποστερηταὶ καὶ κλέπται οἱ κατὰ μέρη ἀδικοῦντες τῶν τοιούτων κακουργημάτων καλοῦνται — ἐπειδὰν δὲ τις πρὸς τοῖς τῶν πολιτῶν χρήμασιν καὶ αὐτοὺς ἀνδραποδισάμενος δουλώσηται, ἀντὶ τούτων τῶν αἰσχρῶν ὀνομάτων εὐδαίμονες καὶ μακάριοι κέκληνται, οὐ μόνον ὑπὸ τῶν πολιτῶν ἀλλὰ καὶ ὑπὸ τῶν ἄλλων, ὅσοι ἂν πύθωνται αὐτὸν τὴν ὅλην ἀδικίαν ἠδικηκότα.

Die Ausführungen dürften den Wert, den die sophistische Bewegung für die Entwicklung der griechischen Lehren von Staat und Strafe haben, gezeigt haben. Einerseits sehen wir, wie bei Protagoras die vom Staat unmittelbar ausgeübte Strafgewalt in ein System der Aufgaben des Staates eingeordnet wurde, andererseits wurde Kritik [2]) geübt an der bestehenden Ordnung des Strafens im Staate oder genauer gesagt an einer bestimmten Auffassung dieser Ordnung. Wenngleich von den historischen Sophisten noch nicht die Lehren bis in die letzten Konsequenzen durchgedacht wurden, so sind, wie bereits oben erwähnt, die von ihren Schülern oder Gegnern gezogenen Folgerungen doch von Bedeutung, indem sie das logische Abhängigkeitsverhältnis der Lehren von Staat und Strafe zeigten, zu einer Revision der Grundsätze führten, weil man die Absurdität der logischen Konsequenzen vermeiden wollte.

§ 2. Sokrates.

I. Das Wissen als Quelle der menschlichen Werte.

Die Konsequenzen der Sophistik, die die Regelung menschlichen Zusammenlebens auf Grund eines durch Macht gestützten

[1]) Polit. I, 344₃.
[2]) Maier, c. l. S. 228.

Wollens einer Kritik vor dem Forum der Vernunft unterzog, führten zur Konstatierung der Vernunftlosigkeit der Normen menschlichen Handelns und der auf Normwidrigkeiten gesetzten Sanktionen; dieses Resultat führte weiter zu einem die Normen als vernunftwidrig mißachtenden Libertinismus, wenn man sich nicht ihnen in einem Pessimismus, der die Macht des hinter den Sanktionen stehenden Willens fürchtete, fügte [1]).

Gegenüber diesen aus ionischem Kulturkreis stammenden Gedanken bedeutet die Lehre des Attikers Sokrates den Beginn einer Restauration der Staat und Recht bejahenden Weltauffassung [2]).

Auch Sokrates wirkt gegen eine Zurückführung der Normen unseres Handelns auf ein Wollen äußerer Mächte, insbesondere gegen eine Identifizierung von Recht und Wille des Volkes [3]). So will er sich nicht dem Volkswillen fügen, der auf die Verurteilung der aus der Arginusenschlacht heimkehrenden Feldherren ging [4]); Plato läßt Sokrates seine eigenen Richter ausdrücklich davor warnen, die Strafvollmacht als Ausfluß ihres eigenen Willens zu behandeln.

οὐ γὰρ ἐπὶ τούτῳ κάθηται ὁ δικαστής, ἐπὶ τῶ καταχαρίζεσδαι τὰ δίκαια, ἀλλ' ἐπὶ τῳ κρίνειν ταῦτα· καὶ ὀμώμοκεν οὐ χαρεῖσθαι οἷς ἂν δοκῇ αὐτῷ, ἀλλὰ δικάσειν κατὰ τοὺς νόμους [5]).

Er kehrt sich auch gegen seine, auf einem gefühlsmäßig zustande gekommenen Volkswillen beruhende Verurteilung, die auf die üble Meinung und den Haß der Menge zurückzuführen ist, die, trotzdem sie den Volkswillen repräsentiert, doch widerrechtlich ist [6]). Er will das Volk erwecken aus dem sittlichen Schlaf, der in dem kritiklosen Hinnehmen der durch fremdes Wollen gesetzten Normen des Lebens liegt [7]).

[1]) Vgl. Maier, Sokrates, S. 299 ff.

[2]) Vgl. Ed. Meyer, Forschungen zur alten Geschichte, II. Bd., 1899; Herodots Weltanschauung, S. 266; Wundt, c. l. I. S. 362, 365, 36.

[3]) Maier, c. l. S. 315, 320, 346.

[4]) Xenoph., Griechische Geschichte, I 7; Memor. I 1, 18; Plato, Apologie, 32 b 5.

[5]) Plato, Apol., 35 c; vgl. auch 34 e.

[6]) Apol. 28 5.

[7]) Apol. 30 d ff.; Maier, c. l. S. 302, 315, 320; Zeller, c. l. II 1, IV. Aufl., S. 223 ff.

Bei Xenophons Darstellung der Lehren Sokrates' spricht allerdings noch das auf göttlichem Wollen basierende ungeschriebene Gesetz, dem man wegen der Allwissenheit und Macht der Götter nicht entrinnen kann, eine Rolle [1]). Die anthropomorphe Einkleidung des hier durchschimmernden Gedankens einer das Weltganze durchziehenden Gesetzmäßigkeit dürfte mehr auf den altgläubigen Xenophon als auf Sokrates zurückzuführen sein [2]).

Sokrates' Wirken war aber nicht bloß wie das System der Sophistik — dieses in die äußersten Konsequenzen ausgedacht — destruktiv gegenüber dem Althergebrachten. Sokrates will neue Normen dem menschlichen Handeln geben; an die Stelle der von außen kommenden Normen soll der Mensch solche setzen, die er aus der Besinnung auf seine Individualität gewonnen hat [3]). So sollte das Wissen, die Funktion der Vernunft, die ihren Sitz in der Seele hat, das Wertvollere darstellt gegenüber den aus Körperlichem entstehenden Begierden [4]), allein für die menschlichen Handlungen bestimmend sein.

Die Durchführung dieser rationalistischen Gedanken, [5]) insbesondere in ihren Folgerungen für Staat und Strafe, in rein Sokratischer Gestalt darzustellen, findet ihre Grenzen an der Unsicherheit der Quellen der Sokratischen Lehre.

Die moderne Quellenforschung hat den Glauben an die Authentizität der Darstellung Sokratischer Lehren bei Plato, Xenophon und Aristoteles zerstört [6]); an die Stelle des Hinnehmens einer gegebenen Darstellung als Grundlage systematischer Bearbeitung tritt die Rekonstruktion durch Rückschlüsse aus den Lehren der Schüler; insbesondere wird nur bei jenen Sätzen Sokratischer Ursprung anerkannt, aus denen sich die

---

[1]) Memor., IV 4, 21; Maier, c. l. S. 46; Joel, Der echte und der Xenophontische Sokrates, I 1, S. 114, II 2, 1119.

[2]) Maier, c. l. S. 429, 434.

[3]) Maier, c. l. S. 303; Zeller, c. l. S. 113.

[4]) Memor. I 4, 13; I 2, 53, 55; IV 3, 14; Zeller, c. l. S. 155; Wundt, c. l. S. 382.

[5]) Dazu vgl. besonders Joel, c. l. I 1, S. 303 ff.

[6]) Vgl. Zeller, c. l. S. 92 ff.; Joel, c. l. I 1, S. 1—68; Maier, c. l. S. 4 ff.; Wundt, c. l. I, S. 353 ff.

Mannigfaltigkeit der von den Schülern daraus gezogenen Folgerungen erklären läßt [1]).

Trotzdem das Resultat einer derartigen Rekonstruktion infolge der Eigentümlichkeit der Methode nie völlige historische Gewißheit erreichen kann, mag doch der Versuch einer Darstellung der Richtlinien der Sokratischen Lehre als Ausgangspunkt für die weitere Entwicklung der Lehren von Staat und Strafe gewagt werden.

II. Die Lehre vom Tugendwissen.

1. Die Individualethik.

Sokrates geht in seinen Lehren ebenso wie die Sophisten davon aus [2]), daß die von den Menschen nach der traditionellen Erziehung erlangte Brauchbarkeit für das Leben nicht genügend sei, daß der Mensch keinen Grund habe, in stolzer Selbstzufriedenheit zu leben, wenn er den Trieben seines unter dem Einfluß von traditionellen Autoritäten gewordenen Ichs folgt. Diese Tendenz fand ihren Ausdruck in seinem Streben, die Menschen zu „tüchtigeren" erst zu machen, die ihre wirkliche politische Brauchbarkeit, ihre ἀρετή, besitzen [3]). Die erste Voraussetzung dafür aber war, die Überzeugung zu verbreiten, daß der Mensch, so wie er ist, nicht im Besitz dieser Tugend ist. So kam Sokrates dazu, die Leute über ihre eigene Tüchtigkeit nachdenken zu machen. Mit der Selbstbesinnung, die er immer lehrte — dem γνῶθι σαὐτόν —, kommt der Mensch zu der Erkenntnis, daß er überhaupt von der wahren Tüchtigkeit, die er zu haben, resp. der er nachzustreben vermeint, nichts weiß [4]).

So faßt Sokrates in Platos Apologie (29 d ff.) seine erste Aufgabe, die er sich gestellt hat, dahin zusammen, zu lehren, daß die Menschen sich auf das Ziel ihres Strebens besinnen sollen.

---

[1]) Vgl. Joel, c. l. I_1, S. 173; Maier, c. l. S. 153.

[2]) Zeller, c. l. S. 111, 142; Maier, c. l. S. 256.

[3]) Zeller, c. l. S. 135; Wundt c. l. 370, 372.

[4]) Memor. IV_2, 24 ff.; Maier, c. l. S. 365 ff.

„Ω ἄριστε ἀνδρῶν, 'Αθηναῖος ὤν, πόλεως τῆς μεγίστης καὶ εὐδοκιμωτάτης εἰς σοφίαν καὶ ἰσχύν, χρημάτων μὲν οὐκ αἰσχύνῃ ἐπιμελούμενος ὅπως σοι ἔσται ὡς πλεῖστα, καὶ δόξης καὶ τιμῆς φρονήσεως δὲ καὶ ἀληθείας καὶ τῆς ψυχῆς, ὅπως ὡς βελτίστη ἔσται οὐκ ἐπιμελῇ οὐδὲ φροντίζεις;“ καὶ ἐὰν τις ὑμῶν ἀμφισβητήσῃ καὶ φῃ ἐπιμελεῖσθαι, καὶ εὐθὺς ἀφήσω αὐτὸν οὐδ' ἄπειμι, ἀλλ' ἐρήσομαι αὐτὸν, καὶ ἐξετάσω καὶ ἔλεγξω, καὶ ἐὰν μοι μὴ δοκῇ κεκτῆσθαι ἀρετήν, φάναι δέ, ὀνειδιῶ ὅτι τὰ πλείστου ἄξια περὶ ἐλαχίστου ποιεῖται, τά δε φαυλότερα περὶ πλείονος.

Durch die Erkenntnis der eigenen Unwissenheit kommt der Mensch zum Suchen des wahren Wissens [1]). Der Mensch muß nach der Erkenntnis seines wahren Zieles streben, das in der durch die Vernunft erfaßten Tüchtigkeit, der ἀρετή, besteht.

Die Aufgabe, die Sokrates dem Menschen stellt, wird von Plato (Apol. 36c) so geschildert: „μὴ πρότερον μήτε τῶν ἑαυτοῦ μηδενὸς ἐπιμελεῖσθαι πρὶν ἑαυτοῦ ἐπιμεληθείη ὅπως ὡς βέλτιστος καὶ φρονιμώτατος ἔσοιτο, μήτε τῶν τῆς πόλεως, πρὶν αὐτῆς τῆς πόλεως, τῶν δὲ ἄλλων οὕτω κατὰ αὐτὸν τρόπον ἐπιμελεῖσθαι.

Damit war das von der Vernunft gegebene regulative Prinzip für das menschliche Leben gewonnen, das zunächst dem menschlichen Handeln eine selbständige, von der auf Befriedigung des individuell, gefühlsartig bestimmten Wollens unabhängige Richtung gab.

οὐ καλῶς λέγεις, ὦ ἄνθρωπε, εἰ οἴει δεῖν κίνδυνον ὑπολογίζεσθαι τοῦ ζῆν ἢ τεθνάναι ἄνδρα ὅτου τι καὶ σμικρὸν ὀφελός ἐστιν, ἀλλ' οὐκ ἐκεῖνο μόνον σκοπεῖν ὅταν πράττῃ, πότερον δίκαια ἢ ἄδικα πράττει, καὶ ἀνδρὸς ἀγαθοῦ ἔργα ἢ κακοῦ [2]).

Die Tüchtigkeit, die anzustreben ist, mußte als Grenzwert gedacht werden, sollte es ein endgültiges Ziel unseres Strebens sein, es mußte die Vollkommenheit des Menschen sein [3]).

„Die persönliche Vollkommenheit ist ein absolutes Ideal, und nach ihrer Verwirklichung zu streben, ein unbedingt verbindliches Gesetz [4]).“

Die Vollkommenheit des Menschen bildet so ein ein-

---

[1]) Zeller, c. l. S. 120, 224.

[2]) Apol. 28 b 5, ebenso 29 b, 32 d; Maier, c. l. 308 ff., 333, 354.

[3]) Plato, Gorg. 507 b c.

[4]) Maier, c. l. S. 316.

heitliches Ziel des menschlichen Handelns; es gibt nur eine Tugend [1]).

Durch dieses einheitliche Ziel menschlichen Verhaltens war auch eine einheitliche Beurteilung menschlichen Handelns gegeben. Jedes Handeln, das sich als taugliches Mittel zur Erreichung dieses Endzweckes darstellte, war gut, was zur Herabsetzung der menschlichen Tüchtigkeit führt, schlecht [2]).

Dadurch wurde aber die Beurteilung der menschlichen Handlungen unabhängig gemacht von dem Erfolg des Handelns. Jede Handlung war gut, wenn sie für die Psyche des Menschen einen Schritt vorwärts bedeutete; ging sie auf eine Verschlechterung der menschlichen Seele, dann war sie bereits, ohne Rücksicht auf den Erfolg, schlecht [3]).

Da die Vollkommenheit das letzte Ziel des Menschen sein muß, ein weiteres Streben nicht möglich ist, ist in diesem Zustand auch die Glückseligkeit gegeben, die sich in wahrer Lust zeigt. Dadurch hat Sokrates seinen Idealismus an den Eudaimonismus der griechischen populären Auffassung angeknüpft [4]).

So zeigt sich nachträglich ein Zusammenfallen des durch das Streben nach Vollkommenheit gesetzten Zieles mit dem, das der Mensch durch sein Handeln stets erreichen will.

Der Mensch als Individuum zeigt ein Handeln, dessen Richtung durch die Gefühle der Lust und der Unlust bestimmt ist, der Mensch, der als letztes Ziel die Vollkommenheit hat, arbeitet auf denselben Endeffekt hin; das εὖ ζῆν ist gleichzeitig das ἡδέως ζῆν [5]).

Der in Platos Dialog Protagoras noch stark in den Vor-

---

[1]) Protag. 329 b ff., 349 b ff.; Maier, c. l. 316; Pohlenz, Aus Platos Werdezeit, 1913, S. 104.

[2]) Protag. 333 d, 358 b c; Gorg. 477, 499 d; Maier, c. l. S. 310, 311, 319, 354; Zeller, c. l. 151, 160.

[3]) Apol. 28 b; Gorg. 512 e; dazu Maier, c. l. S. 333, besonders Anm. 3; anders die Darstellung der Sokr. Lehre bei Xenophon; Memor. IV. 6, 8 f., IV. 1, 5, 5, 6; dazu Zeller, S. 151 ff.

[4]) Gorg., 470 l, 507 b c, Apol. 36 d. Zur Eudaimonie nach Xenophon, Memor. III. 2, 4, IV. 1, 2 usw.; vgl. Zeller, c. l. S. 152; Joel, c. l. I 1, 296 f.; Maier, c. l. 314 ff.

[5]) Prot. 351 c, 358 a, f.; dazu Pohlenz, c. l. S. 103; Maier, c. l. 316; Busse, c. l. S. 177 ff.

dergrund geschobene Hedonismus tritt im Dialog Gorgias gegen den Idealismus an Bedeutung zurück.

Ἕνεκα τῶν ἀγαθῶν ἅπαντα ἡμῖν ἔδοξε πρακτέον εἶναι ... ἆρα καὶ σοὶ συνδοκεῖ οὕτω, τέλος εἶναι ἁπασῶν τῶν πράξεων τὸ ἀγαθόν, καὶ ἐκείνου ἕνεκα δεῖν πάντα τἆλλα πράττεσθαι, ἀλλ' οὐκ ἐκεῖνο τῶν ἄλλων .... Τῶν ἀγαθῶν ἄρα ἕνεκα δεῖ καὶ τἆλλα καὶ τὰ ἡδέα πράττειν, ἀλλ' οὐ τ' ἀγαθὰ τῶν ἡδέων[1]).

Deckt sich eine Handlung, die zur Befriedigung der primären Strebungen nach Lust vorgenommen worden ist, nicht mit der, die durch die Richtung auf das Endmal des Menschen orientiert ist, so beruht dies auf einem Irrtum über den wahren Lustcharakter; es wird etwas als Lust erstrebt, dem inhaltlich kein Bestand zukommt. Nur aus Irrtum, nicht aber freiwillig, fehlt der Mensch [2]).

Εἰ ἄρα ... τὸ ἡδὺ ἀγαθόν ἐστιν, οὐδεὶς οὔτε εἰδὼς οὔτε οἰόμενος ἄλλα βελτίω εἶναι ἢ ἃ ποιεῖ, καὶ δυνατά, ἔπειτα ποιεῖ ταῦτα, ἐξὸν τὰ βελτίω. οὐδὲ τὸ ἥττω 'εἶναι αὑτοῦ ἄλλο τι τοῦτ' ἐστὶν ἢ ἀμαθία, οὐδὲ κρείττω ἑαυτοῦ ἄλλο τι ἢ σοφία[3]).

So kommt Sokrates zur einseitigen Betonung des Intellektes als Mittel, um die wahre Tauglichkeit für das menschliche Leben zu erhalten.

Der Mensch muß das Ziel, dem er nachstrebt, kennen, er muß auch das Wissen von den richtigen Mitteln, die ihn zu diesem Endziel führen, haben, insbesondere das Wissen von der Relativität der dem Menschen zunächst vorschwebenden Werte im Verhältnis zu seinem Endziel [4]).

Die praktische Tendenz seiner Lehre fand ihren Ausdruck in dem viel umstrittenen Satz: „Die Tugend ist das Wissen“ [5]).

In dieser Form wird der Versuch einer Begriffsbestimmung der Vollkommenheit des Menschen gegeben.

---

[1]) Gorg., 499 e; Maier, c. l. S. 318. Über den Gegensatz der Lehren im Protag. und Gorg. vgl. besonders Pohlenz, c. l. S. 146 f.

[2]) Protag., 345 d e; Zeller, c. l. S. 143; Maier, c. l. S. 357 ff.; Pohlenz, c. l. S. 107.

[3]) Gorg., 358 b c.

[4]) Memor. IV. 2, 24 ff.; Zeller, c. l. S. 117, 147; Maier, c. l. S. 351, 353, besonders S. 354/55.

[5]) Dazu Maier, c. l. S. 339 ff.; Joel, c. l. I1, S. 279, 284; Zeller, c. l. S. 141 ff.

„Die Arete ist die praktische Tüchtigkeit, die in der Kenntnis der in ihrem Gebiete nötigen Zwecke und Mittel besteht. Das Allgemeine, was allen jenen verschiedenen Tüchtigkeiten gemeinsam ist, ist damit hervorgehoben, aber wenn nach dem Inhalt dieses allgemeinen Begriffs des Guten gefragt wird, so kann die Antwort nur in einer Rückverweisung auf die einzelnen Gebiete der Tätigkeit und die ihnen zu verwirklichenden Zwecke bestehen [1]."

So erscheint das letzte Ziel des Menschen immer nur als oberster Wertmaßstab seiner Handlungen, und als Licht, das ihm auf seinem Wege voranleuchtet [2]), das er aber niemals völlig erreichen kann; es ist das vollkommene Wissen. Nicht mehr das einseitige, auf einen kleinen Kreis des konkreten Berufes sich beschränkende Wissen, sondern die Gesamtentfaltung der intellektuellen Persönlichkeit war so das Ideal [3]). Die Tugend, das Gute, ist das Wissen, das Wissen ist die Tugend, das Gute.

Damit war das Ziel menschlichen Handelns nur formal [4]), nicht inhaltlich bestimmt.

2. Die Sozialethik.

Auch die Konsequenzen dieser Lehre für die Beurteilung von Staat und Strafe teilen diesen Charakter der Formalität.

Das für die spätere Entwicklung der Staats- und Rechtslehre Grundlegende war in der Sokratischen Lehre geschaffen, daß die Vernunft des Menschen oberstes regulatives Prinzip der menschlichen Handlungen sein müsse; nicht der Wille anthropomorph gedachter Götter oder der Wille der Gesellschaft, sondern allein die Vernunft war für die Beurteilung menschlicher Handlungen maßgebend.

So war das Sittengesetz losgelöst von dem durch einen bloßen Willensakt eines oder vieler Menschen zustande ge-

---

[1]) Wundt, c. l. S. 378/79; vgl. Maier, c. l. S. 351.

[2]) Maier, c. l. S. 355.

[3]) Maier, c. l. S. 397.

[4]) Joel, c. l. I 1, S. 279, 284; Maier, c. l. S. 383; Busse, c. l. S. 157 ff.

kommenen Rechtsgesetz [1]); damit war ein Standpunkt für eine eventuelle Kritik des Rechtsgesetzes vom Standpunkt der Vernunft gewonnen.

Wieweit Sokrates selbst aus seinem individualethischen Ideal Folgerungen für die Sozialethik gezogen, läßt sich infolge der Unzuverläßlichkeit der Quellen schwer sagen [2]).

Sowohl Xenophon als auch Plato betonen zunächst die konservative Tendenz des Sokratischen Rationalismus auf dem Gebiet der Sozialethik. Man soll den Gesetzen gehorchen, weil dies für den Gehorchenden und den Staat das nützlichste ist, und des Unrechts sich enthalten, weil es sich am Ende doch immer straft; so berichtet der konservative Xenophon über Sokrates' Rechtslehre [3]). Die Tugend der Gerechtigkeit besteht in dem Handeln gemäß den Gesetzen, das δίκαιον ist das νόμιμον [4]). In Platos Kriton verteidigt Sokrates die Vernunftnotwendigkeit des Handelns gemäß dem Gesetz und gemäß dem Richterspruch, der sich formell als Ausfluß des Staatswillens darstellt. Ohne Achtung der formellen Rechtskraft einer richterlichen Entscheidung verlieren die Gesetze, auf der sie basiert, ihren gesetzlichen Charakter, wodurch der ganze Staat dem Untergange preisgegeben wird. So läßt er die Gesetze sagen:

Εἰπέ μοι, ὦ Σώκρατες, τί ἐν νῷ ἔχεις ποιεῖν; ἄλλοτι ἢ τούτῳ τῷ ἔργῳ ᾧ ἐπιχειρεῖς διανοῇ τούς τε νόμους ἡμᾶς ἀπολέσαι καὶ σύμπασαν τὴν πόλιν τὸ σὸν μέρος; ἢ δοκεῖ σοι οἷον τε ἔτι ἐκείνην τὴν πόλιν εἶναι καὶ μὴ ἀνατετράφθαι, ἐν ᾗ ἂν αἱ γενόμεναι δίκαι μηδὲν ἰσχύωσιν ἀλλὰ ὑπὸ ἰδιωτῶν ἄκυροί τε γίγνωνται καὶ διαφθείρωνται [5]);

So kommt Sokrates zunächst zu einer kritiklosen Hinnahme eines bestehenden Zustandes von Staat, Recht und Strafe, da jedenfalls eine staatliche Gemeinschaft, eine Regelung menschlichen Zusammenlebens notwendig ist zur Verwirklichung des menschlichen Kulturideals [6]).

[1]) Maier, c. l. S. 389 ff.

[2]) Joel, c. l. II₂, S. 955 ff. negiert überhaupt sozialethische Tendenzen in der Lehre des historischen Sokrates.

[3]) Memor. III. 9, 12 f., IV. 4, 16 ff., 20 f.; Zeller, c. l. S. 153.

[4]) Dazu Joel, c. l. II₂, 1098 ff.; Maier, c. l. S. 46, 410; Zeller, c. l. S. 167.

[5]) Platon. Kriton. 50 b.

[6]) Maier, c. l. S. 404, 416 ff.; Busse, c. l. S. 192 f.

Im Zustand der Ungebundenheit besteht überhaupt keine menschenwürdige Existenz.

ὑπερχόμενος δὴ βιώσῃ πάντας ἀνθρώπους καὶ δουλεύων[1]).

Die Staats- und Rechtsbejahung ist vernunftnotwendig; die Bejahung eines konkreten Staates und Rechtes beruht darauf, daß man in dieser historisch gegebenen Rechtsordnung die vernunftnotwendigen Bedingungen für seine individuelle Entfaltung tatsächlich gefunden hat; würde eine konkrete Ordnung von Staat und Recht dem nicht entsprechen, so kann man ja noch immer auswandern.

ἡμεῖς γάρ σε γεννήσαντες, ἐκθρέψαντες, παιδεύσαντες, μεταδόντες ἁπάντων ὧν οἷοί τ' ἦμεν καλῶν σοὶ καὶ τοῖς ἄλλοις πᾶσιν πολίταις, ὅμως προαγορεύομεν τῷ ἐξουσίαν πεποιηκέναι Ἀθηναίων τῷ βουλομένῳ, ἐπειδὰν δοκιμασθῇ καὶ ἴδῃ τὰ ἐν τῇ πόλει πράγματα καὶ ἡμᾶς τοὺς νόμους, ᾧ ἂν μὴ ἀρέσκωμνν ἡμεῖς, ἐξεῖναι λαβόντα τὰ αὑτοῦ ἀπιέναι ὅποι ἂν βούληται .....[2]).

ὃς δ' ἂν ὑμῶν παραμείνῃ, ὁρῶν ὃν τρόπον ἡμεῖς τάς τε δίκας δικάζομεν καὶ τἆλλα τὴν πόλιν διοικοῦμεν, ἤδη φαμὲν τοῦτον ὡμολογηκέναι ἔργῳ ἡμῖν ἃ ἂν ἡμεῖς κελεύωμεν ποιήσειν ταῦτα, καὶ τὸν μὴ πειθόμενον τριχῇ φαμεν ἀδικεῖν, ὅτι τε γεννηταῖς οὖσιν ἡμῖν οὐ πείθεται, καὶ ὅτι τροφεῦσι, καὶ ὅτι ὁμολογήσας ἡμῖν πείθεσθαι οὔτε πείθεται οὔτε πείθει ἡμᾶς, εἰ μὴ καλῶς τι ποιοῦμεν, προτιθέντων ἡμῶν καὶ οὐκ ἀγρίως ἐπιταττόντων ποιεῖν ἃ ἂν κελεύωμεν, ἀλλὰ ἐφιέντων δυοῖν θάτερα, ἢ πείθειν ἡμᾶς ἢ ποιεῖν, τούτων οὐδέτερα ποιεῖ[3]).

Wir sehen hier die Vereinigung von zwei Gesichtspunkten.

Daß ein Staat, eine Regelung menschlichen Zusammenlebens sein muß, der man sich unterwerfen muß, ist vernunftnotwendig; daß man sich einer bestimmten Ordnung, dem νόμος, unterwirft, tritt nach außen hin als Entschluß des individuellen Wollens zutage.

So finden sich hier Ansätze der „organischen" und der „Vertragstheorie" [4]).

Daß eine bestimmte Regelung im Staate aber nur dann

---

[1]) Kriton. 53 e; vgl. auch Memor. II 1, 14 ff.

[2]) Kriton. 51 d.

[3]) Kriton. 51 e.

[4]) Maier, c. l. S. 409.

vom Willen frei bejaht wird, wenn sie dem Vernunftideal am nächsten kommt, tritt nach außen hin, da dies lediglich Vertragsmotiv ist, nicht in den Vordergrund.

Der einzelne nimmt, scheinbar als gleichberechtigter Kompaziszent, das Angebotene an, das er als Untergeordneter durch seine Vernunft für die Erreichung seines Ideals für notwendig hält.

Welcher Inhalt der Regelung diesem Ideal entspricht, insbesondere auf dem Gebiet des Strafens, läßt sich bei Sokrates noch nicht genau feststellen [1]).

Xenophon [2]) legt noch die der alten, populären Auffassung entsprechende Formulierung des Strafgedankens, daß es richtig sei, den Freunden Gutes, den Feinden Böses zu tun, auch Sokrates in den Mund. Bei Plato dagegen wird von Sokrates die Rationalisierung einer Übelszufügung durch den Gedanken der Feindschaft zurückgewiesen [3]).

„Οὔτε ἄρα ἀνταδικεῖν δεῖ οὔτε κακῶς ποιεῖν οὐδένα ἀνθρώπων, οὐδ' ἂν ὁτιοῦν πάσχῃ ὑπ' αὐτῶν“ [4]).

Allerdings stellt auch der Platonische Sokrates dieses neue Evangelium nur auf, unter Zweifel in seine Überzeugungskraft. Plato läßt ihn die denkwürdigen, für alle Zeiten geltenden Worte sagen:

καὶ ὅρα, ὦ Κρίτων, ταῦτα καθομολογῶν, ὅπως μὴ παρὰ δόξαν ὁμολογῇς· οἶδα γάρ, ὅτι ὀλίγοις τισὶ ταῦτα καὶ δοκεῖ καὶ δόξει. οἷς οὖν οὕτω δέδοκται καὶ οἷς μή, τούτοις οὐκ ἔστι κοινὴ βουλή, ἀλλὰ ἀνάγκη τούτους ἀλλήλων καταφρονεῖν ὁρῶντας ἀλλήλων τὰ βουλεύματα [5]).

Wieweit die positiven Lehren über die Regelung des Strafens, die in Platos Gorgias dem Sokrates in den Mund gelegt werden, echt Sokratisch sind, läßt sich nicht mit Sicherheit feststellen. Hier wird bereits die Strafe als etwas dem Individuum Heilsames bezeichnet, die einen durch das Unrechttun entstandenen Zustand der Krankheit zu beseitigen hat.

---

[1]) Maier, c. l. S. 404/5.
[2]) Mem. II 1, 35; Zeller, c. l. S. 171.
[3]) Maier, c. l. S. 404; Zeller, c. l. S. 172.
[4]) Kriton. 49 c.
[5]) Kriton. 49 d.

βελτίων τὴν ψυχὴν γίγνεται, εἴπερ δικαίως κολάζεται[1]).

Das Strafen erscheint hier als Handeln auf Grund eines Wissens, nicht eines Wollens, die Gesetze, die die Strafen feststellen, nur als Ausdruck des Wissens von dem, was das gute Leben fordert[2]).

Das Gesamtbild der Sokratischen Lehre von Staat und Strafe, das wir aus den verschiedenen Quellen erhalten, läßt sich nur in großen Umrissen dahin bestimmen, daß sie Staat und Strafe als vernunftnotwendig zu erweisen suchte. Die Vernunft sollte die Quelle sein, aus der die letzten Normen unseres Handelns, des einzelnen und auch der Gesamtheit, fließen sollen. Die Durchführung dieses Satzes in den weiteren Konsequenzen ist wohl erst seinen Schülern zuzuweisen.

§ 3. Die Sokratiker.

I. Die Kyniker.

1. Der Inhalt des kynischen Tugendbegriffes.

Der werbende Grundgedanke der Sokratischen Lehre, der als letztes Ziel des menschlichen Lebens das Wissen, die Vernunft zum Maßstab menschlichen Handelns macht, hat seine Wirkungen in der Methode der aus Sokrates' Umgebung hervorgegangenen Schüler gezeitigt.

Die Methode seiner Schüler läßt sich charakterisieren als Vernunftradikalismus, „der ebenso unschätzbar ist als Wirkung der Kritik und als Waffe des Angriffs gegen wertloses Bestehendes, wie er gelegentlich gefahrdrohend und verhängnisvoll wird durch den Anspruch auf sofortige, auch gewaltsame Verwirklichung seiner Forderungen, die im einzelnen Falle doch nichts anderes sind als die Forderungen fehlbarer menschlicher Geister. Vernunft gegen Autorität, Zweckdienlichkeit gegen Herkommen und dunklen Gefühlsdrang, — so lautet das Feldgeschrei in dem Kampfe, den Sokrates vorbereitet, aber nur zum kleineren Teil eröffnet hat“[3]).

[1]) Gorg. 477 a; vgl. auch Kriton. 47 d, f. Die weitere Durchführung dieses Gedankens im Gorg. 525 a ff. zeigt schon völlig den Platonischen Einfluß.

[2]) Kriton 47 d ff.; Maier, c. l. S. 421.

[3]) Gomperz, Griechische Denker, II. S. 64.

Nur die Methode war damit charakterisiert, indem das Wissen zum allein Maßgebenden erhoben wurde. Noch war kein fester Inhalt diesem Wissen gegeben; die Ausfüllung des durch das Wissen gesetzten formellen Zieles erfolgt erst in den Lehren seiner Schüler.

Bei Anthistenes, dem Stifter der kynischen Schule tritt, zunächst die Sokratische Forderung, allein der Tugend Wert beizumessen, in den Vordergrund.

Die Tugend ist Wissen, ist Einsicht. Diese allein hat Wert, alles andere ist wertlos [1]).

Auch hier wurde zunächst diesem Wissen kein bestimmter Inhalt gegeben [2]).

Trotz dieses formellen Charakters des Endzieles des Menschen wurden doch von Anthistenes und seiner Schule materielle Folgerungen für das Verhalten des Menschen gezogen.

Jede Betätigung des Menschen auf Grund seines Gefühlslebens, das unmittelbar nach den Objekten der Außenwelt strebt, durch die Außenwelt bestimmt wird, erschien dem Kyniker irrational, als etwas dem Menschen Fremdes, daher Schlechtes [3]). Es mußte als erste Aufgabe des Menschen, die Beseitigung der auf unserem Gefühlsleben basierenden Strebungen erscheinen [4]).

Es muß das Wissen als alleiniger Bestimmungsgrund des menschlichen Handels gelten; der erste Schritt zu diesem Ziel ist die Beseitigung der in unserem Ich schlummernden alogischen Bestimmungsgründe menschlichen Handels. Die Tugend besteht im Verlernen des Bösen [5]); mit dieser Beseitigung des Gefühlslebens als eines selbständigen Bestimmungsgrundes menschlichen Handelns war die Alleinherrschaft der Weisheit gesichert, damit die wahre Weisheit, die Tugend, erreicht.

So ist als erstes Ziel die Beherrschung der menschlichen

---

[1]) Fragm. 56, 57 in Mulach, Fragm. Philosoph. graec., II. Bd.

[2]) Zeller, c. l. II 1, 4. Aufl., S. 313.

[3]) Joel, c. l. II 2, 604, 609. Diese Seite des Anthisten. Ideals wurde dann vom späteren Kynismus einseitig betont; vgl. Joel, c. l. II 2, S. 589; Zeller, c. l. S. 316 ff.

[4]) Zeller, c. l. S. 306; Maier, c. l. S. 323, 507.

[5]) Diog. 8 zitiert bei Zeller, c. l. S. 314 Anm. 1.

Leidenschaften, die ἐγκράτεια [1]), anzustreben; die ἐγκράτεια wird Voraussetzung für die Entfaltung des Wissens.

So läßt Xenophon seinen „anthistenischen" Sokrates sagen: τοῖς ἐγκρατέσι μόνοις ἔξεστι σκοπεῖν τὰ κράτιστα τῶν πραγμάτων, καὶ λόγῳ καὶ ἔργῳ διαλέγοντας κατὰ γένη τὰ μὲν ἀγαθὰ προαιρεῖσθαι, τῶν δὲ κακῶν ἀπέχεσθαι [2]).

Dadurch, daß Anthistenes in seiner dynamischen Psychologie dem Intellekt noch eine zweite Macht gegenüberstellt, die im Gefühlsleben fußt, kam er überhaupt erst in die Lage, die Gewalt des wahren Wissens über das Triebleben, die Unüberwindlichkeit des Wissens zu betonen [3]); der erste Kampf geht gegen die Leidenschaft, es ist der Kampf des λόγος gegen den πάθος [4]).

Das Überwertigwerden der Gefühle, die Akrasie, hebt die Einsicht auf [5]). Es ist ein Unterliegen des Menschen, ein Beherrschtwerden durch etwas ihm Fremdes, das aus dem Körper, nicht aus der Seele stammt [6]). Der Weise ist der ἐγκρατής, der σώφρων [7]), er allein ist der Freie [8]), der Glückliche [9]). Auf die mangelnde Beherrschung der Begierden werden daher auch die Verbrechen zurückgeführt. So sagt Antisthenes in Xenoph. Symp. III. 8:

Δι' ἔνδειαν μὲν γὰρ δήπου οἱ μὲν κλέπτουσιν, οἱ δὲ τοιχωρυχοῦσιν, οἱ δὲ ἀνδραποδίζονται· τύραννοι δ' εἰσὶ τινες οἱ ὅλους μὲν οἴκους ἀναιροῦσιν, ἀθρόους δ' ἀποκτείνουσι, πολλάκις δὲ καὶ ὅλας πόλεις χρημάτων ἕνεκα ἐξανδραποδίζονται. Τούτους μὲν οὖν ἔγωγε καὶ πάνυ οἰκτείρω τῆς ἄγαν χαλεπῆς νόσου.

Damit waren die Grundlagen gelegt für die Beurteilung des Deliktes als Zeichen einer Krankheit des Menschen, die zu beseitigen der Staat die Aufgabe hat.

---

1) Joel, c. l. II1, S. 8, II2, 561 ff.
2) Memor. IV, 5, 11; dazu Joel, c. l. II2, S. 596, 598, 601.
3) Joel, c. l. II2, S. 585.
4) Joel, c. l. II2, S. 579, 583, 604, 609.
5) Joel, c. l. II2, S. 578, 581.
6) Joel, c. l. II2, S. 572, 578, 604, 609.
7) Joel, c. l. II2, S. 589 f.
8) Joel, c. l. II2, S. 567 f., 621.
9) Vgl. Fragm. 56, c. l.; Zeller, c. l. S. 303, besonders Anm. 4.

2. Die Rechtslehre der Kyniker.

So wie der Kyniker den Objekten ihren ursprünglichen Wert genommen [1]), um sein Handeln davon unabhängig zu machen, dieses nur durch sein Wissen bestimmt zu sehen, so steht auch der Kyniker der positiven Rechtsordnung, dem positiven Staat und seiner Regelung verständnislos gegenüber [2]).

καὶ τὸν σοφὸν οὐ κατὰ τοὺς κειμένους νόμους πολιτεύεσθαι ἀλλὰ κατὰ τὸν τῆς ἀρετῆς [3]).

Der Staat, der auf dem Wollen der Masse [4]) oder eines Einzelnen [5]) beruht, erscheint dem Kyniker verwerflich. Zum Herrschen gehört ein Wissen, das Herrschen ist eine Kunst, die βασιλικὴ τέχνη [6]). Die von dieser Herrschaft des Wissenden ausgehenden Gesetze haben aber dann nicht mehr bloß territoriale Geltung, sie haben als Ausdruck des Richtigen universale Geltung, sie sind Gesetze des kynischen Weltstaates [7]). Sie sind damit, nicht wie die menschlichen Gesetze ein bloßes Soll, das des zweifelhaften Schutzes durch eine fremde Macht zu seiner Durchführung bedarf, sondern sie tragen ihre Justiz in sich selbst, sorgen für ihre Erfüllung, rächen ihre Nichterfüllung; sie haben die Kraft eines Naturgesetzes [8]).

Wie sich Antisthenes, abgesehen von der eventuell als Strafe zu bezeichnenden Selbstverwirklichung der Naturgesetze, die Strafe als Handlung der Menschen, vor dem Forum der Vernunft betrachtet, denkt, läßt sich nur auf Grund von einigen Andeu-

---

[1]) Joel, c. l. II$_2$, S. 969.

[2]) Fragm. 89, c. l.; Wundt, c. l. S. 400; Joel, c. l. II$_2$, S. 1054.

[3]) Fragm. 58, c. l.

[4]) Fragm. 66, c. l.: ὅθεν δῆλον ὅτι καὶ τὴν νομοθεσίαν ἀναγκαῖον εἶναι περὶ τοὺς ἴσους καὶ τῷ γένει καὶ τῇ δυνάμει. Κατὰ δὲ τῶν τοιούτων οὐκ ἔστι νόμος. αὐτοὶ γάρ εἰσι νόμος. Καὶ γὰρ γελοῖος ἂν εἴη νομοθετεῖν τις πειρώμενος κατ' αὐτῶν· λέγοιεν γὰρ ἂν ἴσως ἅπερ Ἀνπισθένης ἔφη τοὺς λέοντας δημηγορούντων τῶν δασυπόδων καὶ τὸ ἴσον ἀξιούντων πάντας ἔχειν.

[5]) Fragm. 90, c. l.: Ἀντισθένης ὁ φιλόσοφος τοὺς δημίους εὐσεβεστέρους ἔλεγεν εἶναι τῶν τυράννων. Πυθομένου δέ τινος τὴν αἰτίαν, ἔφη, ὅτι ὑπὸ μὲν τῶν δημίων οἱ ἀδικοῦντες ἀναιροῦνται, ὑπὸ δὲ τῶν τυράννων οἱ μηδὲν ἁμαρτάνοντες.

[6]) Joel, c. l. I. S. 387, II$_1$, 78 ff., II$_2$, S. 1053 ff.

[7]) Joel, c. l. II$_2$, 1117; Zeller, c. l. S. 325.

[8]) Joel, c. l. II$_2$, 1119, dazu Maier, c. l. S. 46 Anm. 2.

tungen vermuten. Während aus der Xenophontischen Darstellung noch Anklänge an das Vergeltungssystem zu konstatieren sind, ist an anderer Stelle [1]) die Beseitigung der Akrasia als Aufgabe der Strafe auf Grund der νόμοι βασιλικοί zu erschließen [2]).

II. Die Kyrenäiker.

1. Das Lebensziel des Menschen.

Antisthenes und die kynische Schule war durch die einseitige Betonung des Sokratischen Satzes, daß die Tugend Wissen sei, zu einer Negation jedes durch die Objekte der Außenwelt bestimmten Strebens gekommen. Dadurch wurde die Schule für die Entwicklung des Deliktsbegriffes der Folgezeit maßgebend, sowie für die Stellung des Staates zum Delikt.

Aristipp und die kyrenäische Schule hat für die Entwicklung der Lehre von Staat und Strafe dadurch Bedeutung, daß die Konsequenzen, die aus dem Grundprinzip ihrer Lehre, das wohl auf Sokratischem Boden fußt, gezogen wurden — mag dies auch erst von ihren Gegnern geschehen sein —, die Folie bildeten für den Neuaufbau der Staats- und Straflehre. Auch Aristipp knüpft an das Sokratische Evangelium vom Wissen an, dessen Folge die Glückseligkeit mit ihrer Lustempfindung sei. Sein erkenntnistheoretischer Skeptizismus [3]) ließ ihm aber nur das eigene Erlebnis, das erlebte Gefühl als sicheren Ausgangspunkt aller anderen Wertungen erscheinen.

Unter den Gefühlen war die Wertung durch die Eigenbeobachtung und Erfahrung gegeben; die Lust suchen wir durch unser Verhalten zu erreichen, die Unlust zu vermeiden [4]). So kommt es bei unseren Handlungen darauf an, Lust zu erhalten [5]), die Glückseligkeit setzt sich nur aus den einzelnen Teilgefühlen

[1]) Memor. IV 2, 16; Joel, c. l. I, S. 403.

[2]) Joel, c. l. II 1, S. 94 mit Rücksicht auf Xenoph. Oec. IV. vgl. auch Joel, c. l. II 2, S. 1079.

[3]) Cicero Acad. II. 46, 142; Plutarch, adv. Colot. 24, 2 und die anderen bei Zeller, c. l. S. 348 Anm. 1 zitierten; vgl. auch Maier, c. l. S. 211, 557, 584.

[4]) Diog. Laert. 87, 88, 89; bei Zeller, c. l. S. 354 Anm. 1 u. 2.

[5]) Vgl. Xenoph.-Memor. II 1, 9; Zeller, c. l. S. 346 Anm. 2, 352 Anm. 1.

zusammen [1]). Der Charakter des Objektes, aus dem wir die Lust erhalten, ist gleichgültig [2]).

Ist das Ziel der Menschen die Lust, so kommt der Verstand, das Wissen, als Mittel in Betracht, um dem Menschen durch seine Handlungen das Maximum an Lust zu verschaffen [3]). Dies geschieht dadurch, daß die Vernunft den Menschen in die Kausalität der Außenwelt einordnet, insbesondere in die durch bereits vorhandene Wertungen der Dinge entstehenden Kausalketten.

Das Maximum der Lust wird erreicht durch Anpassung an das durch die Gegenwart Gebotene und durch die gleichzeitige seelische Gleichgültigkeit gegenüber dem Wechsel der Geschehnisse [4]).

So ist auch hier die innere Freiheit [5]) von dem Wechsel der Außenwelt ein Ziel, um die größte Lust zu erreichen.

2. Die Bedeutung von Staat und Strafe.

Der Mensch muß sein Lustbegehren dem durch die Vernunft erkannten Wechsel der Ereignisse anpassen lernen, er muß seine Lust beherrschen [6]). Aus einer derartigen Verstandeserwägung fließt die Forderung, das als Gut anzustreben, dem eine untrügliche ἡδονή zukommt [7]).

Der Weise wird daher ein aus dem Streben nach Lust orientiertes Verlangen vermeiden, wenn ihm der Verstand die Notwendigkeit einer Schmerzfolge zeigt.

Aristipp steht dem Staat und der Strafe verständnislos gegenüber.

μηδέν τε εἶναι φύσει δίκαιον ἢ καλὸν ἢ αἰσχρὸν, ἀλλὰ νόμῳ καὶ ἔθει. ὁ μέντοι σπουδαῖος οὐδὲν ἄτοπον πράξει διὰ τὰς ἐπικειμένας ζημίας καὶ δόξας [8]).

Es fehlt dieser Lehre jede Rechtfertigung von Staat und Strafe.

---

[1]) Fragm. 75, c. l. Diog. Laert. II. 87 f.

[2]) Vgl. ebenda Fragm. 75, c. l.

[3]) Diog., 91 f.; Zeller, c. l. S. 347 Anm. 1.

[4]) Fragm. 66, c. l.; Zeller, c. l. S. 360.

[5]) Maier, c. l. S. 325.

[6]) Fragm. 53, c. l.; Maier, c. l. S. 326, 585.

[7]) Sext. Mathem. VII. 199 bei Zeller, c. l. S. 354 Anm. 4.

[8]) Diog. Laert. II. 93; Zeller, c. l. S. 358 Anm. 2.

Es konnten sich zwar für einen derartigen Standpunkt Gradunterschiede bei der Beurteilung einzelner positiver Regelungen ergeben [1]), immer blieb aber die Regelung eine zufällige Begrenzung menschlicher Lustbetätigung, der gegenüber die absolute Freiheit das letzte Endziel sein mußte [2]).

III. Die Megariker.

Die Weiterbildung der Sokratischen Lehren in der von Euklid gegründeten megarischen Schule ist für die Lehren von Staat und Strafe dadurch von Bedeutung, daß durch sie der Begriff des Guten mit dem Seinsbegriff der Eleaten verbunden wurde [3]). Nur das, worauf das Wissen gerichtet ist, hat die Qualität des Seienden [4]); während das Wissen nach der Sokratischen Lehre das regulative Prinzip des Handelns war, wurde jetzt das als unveränderliches Sein betrachtete Objekt des Wissens Wertmaßstab aller Handlungen [5]).

So wurde das Gute eine Realität, und nur das Gute konnte

---

[1]) Fragm. 56, c. l.; Stob. Flor. 49, 18, worin der Vorzug des Königtums gegenüber der Tyrannis geschildert wird.

[2]) Vgl. auch die Schilderung bei Xenoph. Memor. II 1, 8 ff. Mag auch die Schilderung bei Xenophon keinen Anspruch auf Authentizität haben (vgl. Maier, c. l. S. 50, 416, 584), so erscheint doch die dort gezogene Konsequenz, daß eine staatliche Ordnung nur als etwas historisch Gegebenes hingenommen wird, als folgerichtig. Daß von der Lehre des Aristipp zu den aus der sophistischen Lehre gezogenen Folgerungen nur ein Schritt ist, mag auch so der Grund sein, daß von Plato, um Aristipps Lehre zu bekämpfen, dessen Lehren in den Mund eines Sophisten gelegt wurden (vgl. Zeller, c. l. S. 358 Anm. 2); dadurch sollte auch diesen Lehren ihre Sokratische Provenienz abgesprochen werden.

Nur als Konsequenz aus der kyrenäischen Lehre können die dem Kyrenäiker Theodor in den Mund gelegten Worte gelten, mag er selbst auch diese Konsequenzen nicht gezogen haben, Zeller, c. l. S. 375 Anm. 2.

So heißt es bei Diog. Laert. II. 99 f. (nach Zeller, c. l. S. 375): „es gebe nichts, was nicht unter Umständen erlaubt wäre; wenn gewisse Dinge für schändlich gelten, so habe dies nur den Zweck, die unverständige Masse im Zaum zu halten, der Weise dagegen, durch jenes Vorurteil nicht gebunden, brauche sich geeignetenfalls vor Ehebruch, Diebstahl und Tempelraub nicht zu scheuen."

[3]) Zeller II 1, IV. Aufl., S. 255.

[4]) Plato Soph. 248; Zeller, c. l. S. 255 Anm. 1.

[5]) Diog. Laert. II. 106; Zeller, c. l. S. 260; Wundt, c. l. S. 418.

so Realität haben [1]). Damit erscheint in die teleologische Betrachtung der Dinge seitens der sokratischen Lehre die kausale der jonischen Philosophen hineingetragen [2]). Die durch das Wissen unserem Handeln gegebene Richtung wurde zur kosmischen Realität, der Beurteilungsmaßstab für die Richtigkeit unserer Handlungen zum Naturgesetz. Dadurch war der naturrechtlichen Lehre von Staat und Verbrechen — dem letzteren konnte keine Realität zukommen — vorgearbeitet, die dann in der Platonischen Staatslehre durch die Verbindung mit seiner Ideenlehre zur Entfaltung kam.

§ 4. Plato.

I. Die Grundlagen seiner Lehre.

Die Grundlage des sokratischen Systems, die in dem Wissen die Quelle aller Werte suchte, war der Ausgangspunkt für die Lehren Platos von Staat und Strafe.

Nicht induktiv suchte er zum Begriff des Staates und der Strafe zu kommen, hier wäre er ja wieder von den vernunftlosen Erscheinungen des Alltags ausgegangen. Aus seinem Wissen suchte er sich ein Staatssystem zu konstruieren, dessen immanente Richtigkeit er der widerspruchsvollen Gestaltung des historischen Staates gegenüberstellt.

Die aus seiner Vernunft abgeleiteten Lehren sollten jedoch nicht bloß theoretische Gebilde bleiben. Ebenso wie in der Pythagoreergemeinde ein auf bestimmten wissenschaftlichen Tendenzen aufgebautes Gemeinleben bestand [3]), ebenso wollte auch Plato seine Lehren in Wirklichkeit umsetzen, sozialreformatorisch wirken. Plato hat als der Erste in ein vollständiges, auf dem neuen Boden des Wissens aufgebautes Lehrsystem die Begriffe von Staat und Strafe eingeordnet, danach alles Historische gewertet. Die gegenseitige vernunftgemäße Bedingtheit der einzelnen Institutionen des Staates tritt deutlich in seinem

[1]) Diog. Laert. II. 106: τὰ δ' ἀντικείμενα τῷ ἀγαθῷ ἀνῄρει μὴ εἶναι φάσκων.

[2]) Wundt, c. l. S. 418.

[3]) Pohlenz, c. l. S. 152; Zeller, c. l. S. 918.

[4]) Nohle, Die Staatslehre Platos in ihrer geschichtlichen Entwicklung, 1880.

7. Brief hervor, in dem er erklärt: „Wie ein verständiger Arzt die Behandlung einer akuten Krankheit nur übernehmen wird, wenn er sieht, daß der Patient im ganzen vernünftig lebt oder bereit ist, auf Verlangen seine ganze ungesunde Lebensweise zu ändern, so haben auch einzelne politische Ratschläge nur Sinn, wenn das ganze Staatswesen auf gesunder Basis steht oder die Bereitwilligkeit zu einer Änderung der Grundrichtung vorhanden ist" 330 c—331 c [1]).

Eine Besserung der politischen Verhältisse läßt sich nur von der Radikalkur, der Einführung der ὀρθὴ πολιτεία [2]) erwarten.

Bereits in der Apologie und im Kriton war Plato auf Grund des Satzes, daß an jedes menschliche Verhalten der Maßstab des Wissens anzulegen sei, zu einer vernunftmäßigen Bejahung des Staates gekommen, bezüglich des Strafens zur Zurückweisung der Vergeltung.

In der Entwicklung der Platonischen Lehre von Staat und Strafe spiegelt sich die Gesamtentwicklung seiner Philosophie, die von der Übernahme des formalen, in der Sokratischen Lehre vom Wissen gelegenen Gedankens zu der Ausbildung eines durch den Gegenstand dieses Wissens bestimmten Systems führt. Platon geht in seinen Lehren von dem Sokratischen Satz des Tugendwissens aus; er sucht aber über das darin gelegene methodologische Prinzip zu einem inhaltlichen Richtpunkt seines ganzen Denksystems zu kommen [3]). Die Lehre, daß jedes Handeln des Menschen lediglich nach den Forderungen der Vernunft beurteilt werden müsse [4]), dem emotionalen Teil im Menschen kein primärer Wert zukomme, war hier der Ausgangspunkt seines Denkens. Er suchte darüber hinaus nach einem positiven Ziel des menschlichen Handelns, des Lebens, durch das auch wieder das Gefühlsleben einen Wert, wenngleich abgeleiteten Wert, erhielt. Dieses Ziel suchte Plato nicht bloß für die Handlungen des Einzelindividuums, sondern auch für die des Staatsganzen zu bestimmen.

[1]) Zitiert nach Pohlenz, c. l. S. 117.
[2]) Pol. 425 e; Nohle, c. l. S. 36; Pohlenz, c. l. S. 117.
[3]) Pohlenz, c. l. S. 55; Nohle, c. l. S. 39 ff.
[4]) Vgl. Maier, c. l. S. 519 ff.

Plato geht daran, die Handlungen des Staates vom Standpunkt des vernunftmäßig erfaßten, inhaltlich bestimmten Zieles zu beurteilen. Daß diese nicht bloß Ausdruck eines Wissens, sondern eines bestimmten Wissens sein müssen, war der Ausgangspunkt für die Lehre Platos von Staat und Strafe.

II. Staat und Strafe im Dialog „Gorgias“.

1. Die vernunftnotwendigen Staatsaufgaben.

Im Dialog Gorgias hat Plato bereits diesen Ideen greifbaren Ausdruck verliehen.

Im Gegensatz zu der Sophistik sucht hier Platon den Satz zur Anerkennung zu bringen, daß der Staat durch sein Handeln nicht das Wollen eines einzelnen oder der Menge zur Befriedigung zu bringen hat.

Sogar die Handlungen der großen Staatsmänner, des Perikles, Themistokles, waren nur bestimmt, dem Staate das zu verschaffen, wonach ihm gelüstete; diese Männer waren Diener des Volkes[1]).

Der Staatsmann handelt dann richtig, wenn seine Handlungen der Ausfluß eines Wissens sind; deshalb muß ein Wissender herrschen[2]). Als Ausfluß dieses Wissens, das in seiner Umgrenzung für den Staatslenker eine besondere Kunst, die Staatskunst, darstellt[3]), erscheinen nur jene Handlungen, die der Gesamtheit dadurch dienen, daß sie dieselbe dem durch die Vernunft gegebenen Ziel näher bringen, sie also möglichst gutzumachen suchen[4]).

Plato hatte im Dialog Protagoras die Heranbildung des Menschen zur Erreichung seines Endzieles dadurch versucht, daß er das Zusammenfallen der durch das natürliche Wollen und das vernünftige Wissen gestellten Ziele nachzuweisen suchte[5]). Die Belehrung des Menschen über seine Ziele erschien ihm genügend, um ihn zu einem richtigen Handeln zu bestimmen.

---

[1]) Gorg. 517 b, d, 518 c; Pohlenz, c. l. S. 150; Nohle, c. l. S. 66.

[2]) Gorg. 490; Pohlenz, c. l. S. 161.

[3]) Gorg. 464 b, c; Pohlenz, c. l. S. 158.

[4]) Gorg. 502 e., 513 e, 515 c, 520 a, 521 a; Pohlenz, c. l. S. 158.

[5]) Pohlenz, c. l. S. 105; Pfleiderer, c. l. S. 247 ff.

Nach dem Gorgias erscheint aber das Gute nicht mehr in dieser hedonistischen Färbung, es ist eine Ordnung und Harmonie der Seele [1]), ein Zustand, bei dem der Mensch von selbst das den Göttern und Menschen Geziemende tut, so daß er gerecht und fromm ist [2]).

Dadurch waren auch die Funktionen charakterisiert, die die Staatskunst vom Standpunkt der Vernunft vorzunehmen hat. Die Handlungen sind auf das Ziel gerichtet, daß Gerechtigkeit in die Seele der Bürger komme, Ungerechtigkeit weiche, Besonnenheit hineinkomme, Ungebundenheit weiche, und so jede andere Tugend hineinkomme, die Untugend aber abziehe [3]).

Diese Tätigkeit wird nun ausgeübt durch Recht und Gesetz, die Ordnungen und Bildungsvorschriften für die Seele sind. Ταῖς δέ γε τῆς ψυχῆς τάξεσι καὶ κοσμήσεσιν νόμιμόν τε καὶ νόμος, ὅθεν καὶ νόμιμοι γίγνονται καὶ κόσμιοι· ταῦτα δ' ἐστιν δικαιοσύνη τε καὶ σωφροσύνη [4]).

2. Die Strafe als Staatsfunktion.

Diese informative Tätigkeit ist aber noch nicht genügend, um im einzelnen Menschen den der Ordnung entsprechenden Zustand hervorzubringen; es muß dazu noch die der Heilkunst entsprechende δικαιοσύνη kommen [5]). Ausfluß dieser δικαιοσύνη ist dann die Strafe. Die Strafe ist nur gerechtfertigt, wenn und soweit sie sich in das System der öffentlichen Zwecke einordnet.

οὐκ ἄρα σφάττειν βουλόμεθα οὐδ' ἐκβάλλειν ἐκ τῶν πόλεων οὐδὲ χρήματα ἀφαιρεῖσθαι ἁπλῶς οὕτως, ἀλλ' μὲν ὠφέλιμα ᾖ ταῦτα, βουλόμεθα πράττειν αὐτά, βλαβερὰ δὲ ὄντα οὐ βουλόμεθα [6]).

Die Strafe ist dann gerechtfertigt, wenn sie das Mittel ist, die im Unrechten zutage tretende Ungeordnetheit der Seele zu beseitigen.

---

[1]) Gorg. 506 e.
[2]) Gorg. 507 b.
[3]) Gorg. 504 e.
[4]) Gorg. 504 c.
[5]) Gorg. 464 b, c.
[6]) Gorg. 468 c.

Durch die Strafe, die dem einzelnen nach der Idee der Gerechtigkeit zugefügt wird, wird der einzelne von der Unbeständigkeit und Ungerechtigkeit befreit [1]).

Deswegen ist das Entgehen der Strafe kein Wert [2]); das Nichtstrafeleiden ist ein Verharren in dem Übel [3]), die Strafe dagegen macht besonnener und gerechter, das Recht ist eine Heilkunst für die Schlechtigkeit:

Σωφρονίζει γάρ που καὶ δικαιοτέρους ποιεῖ καὶ ἰατρικὴ γίγνεται πονηρίας ἡ δίκη [4]).

So muß die Strafe von dem, der einmal in die Zügellosigkeit verfallen ist, selbst verlangt werden [5]). Das Unrechttun ist das größte Übel; Realinjurien, Körperverletzungen, Diebstahl, Verknechtung, Einbruch und jedes andere Unrecht sind für den Täter ein größeres Übel als für den, an dem es begangen wird [6]).

Die Durchführung dieser Wirkung mittels der Strafen wird im Anschluß an die als Folge eines Naturgesetzes betrachteten Strafen im Jenseits geschildert [7]).

προσήκει δὲ παντὶ τῷ ἐν τιμωρίᾳ ὄντι, ὑπ' ἄλλου ὀρθῶς τιμωρουμένῳ ἢ βελτίονι γίγνεσθαι καὶ ὀνίνασθαι ἢ παραδείγματι τοῖς ἄλλοις γίγνεσθαι, ἵνα ἄλλοι ὁρῶντες πάσχοντα ἃ ἂν πάσχῃ φοβούμενοι βελτίους γίγνωνται. εἰσὶν δὲ οἱ μὲν ὠφελούμενοί τε καὶ δίκην διδόντες ὑπὸ θεῶν τε καὶ ἀνθρώπων οὗτοι, οἳ ἂν ἰάσιμα ἁμαρτήματα ἁμάρτωσιν· ὅμως δὲ δι' ἀλγηδόνων καὶ ὀδυνῶν γίγνεται αὐτοῖς ἡ ὠφελία καὶ ἐνθάδε καὶ ἐν Ἅιδου· οὐ γὰρ οἷόν τε ἄλλως ἀδικίας ἀπαλλάτεσθαι. οἳ δ' ἂν τὰ ἔσχατα ἀδικήσωσι καὶ διὰ τὰ τοιαῦτα ἀδικήματα ἀνίατοι γένωνται, ἐκ τουτῶν τὰ παραδείγματα γίγνεται, καὶ οὗτοι αὐτοὶ μὲν οὐκέτι ὀνίνανται. οὐδέν, ἅτε ἀνίατοι ὄντες, ἄλλοι δὲ ὀνίνανται οἱ τούτους ὁρῶντες διὰ τὰς ἁμαρτίας τὰ μέγιστα καὶ ὀδυνηρότατα καὶ φοβηρώτατα πάθη πάσχοντας τὸν ἀεὶ χρόνον, ἀτεχνῶς παραδείγματα ἀνηρτημένους ἐκεῖ ἐν Αιδου ἐν τῷ δεσ-

---

1) Gorg. 478 b, 477 b.
2) Gorg. 472 e, 474 b 5.
3) Gorg. 479 d.
4) Gorg. 478 d.
5) Gorg. 507 c, d, 480 a 5, b, c.
6) Gorg. 508 e.
7) Gorg. 523 ff.

μωτερίῳ, τοῖς ἀεὶ, τῶν ἀδίκων ἀφικνουμένοις θεάματα καὶ νουθετήματα [1]).

So haben wir hier bereits die Grundzüge der Lehre von Staat und Strafe in ihrem Zusammenhang mit dem Prinzip des Wissens festgelegt.

Die staatlichen Handlungen müssen vor dem Forum der Vernunft auf ihre Berechtigung geprüft werden. Sie können nur ein durch die Vernunft gefordertes Ziel haben, als solches erscheint nur die Einwirkung auf die Gesamtheit, um sie ihrem durch die Vernunft gegebenen Ziel näherzubringen. In Verfolgung dieser Idee muß durch staatliche Handlung ein dem Idealzustand des Menschen widerstreitender Zustand beseitigt werden. Dies geschieht durch Informativgesetze und durch Strafen, die die Beseitigung dieses Zustandes durch Besserung, durch eigene oder fremde Strafe, bei Unheilbarkeit durch immerwährende Strafe im Interesse der Generalprävention anstreben.

III. Die Lehre von den Ideen und von den Seelenteilen.

1. Die Ideenlehre.

Die Weiterbildung der Lehren von Staat und Strafe bei Plato ist durch zwei Momente bestimmt, durch die Lehre von den Ideen und durch die Lehre von der analogen Zusammensetzung von Staat und Individuum.

Die Ideenlehre [2]) ist das Produkt des Platonischen Strebens, das Objekt jenes Wissens zu erforschen, das für jedes menschliche Verhalten normativ sein soll. Nur dann kann das Wissen normativ sein, wenn es ein Wissen überhaupt gibt; es gibt nur dann ein Wissen, wenn es ein spezifisches Objekt dieses Wissens gibt [3]).

So heißt es Politeia V. 477 b, wo Plato den Unterschied von Wissen und Vorstellen geben will:

---

[1]) Gorg. 525 b.

[2]) Dem Text wurde die Gestaltung der Ideenlehre nach der Politeia zugrunde gelegt, da sie für die weiteren Folgerungen über Staat und Strafe maßgebend wurde. Über die Entwicklung dieser Lehren bis zur Darstellung im Staat vgl. Natorp, Platos Ideenlehre, 1903, S. 47—475.

[3]) Zeller, c. l. S. 645.

Ἀρ' οὖν λέγομέν τι δόξαν εἶναι; Πῶς γὰρ οὐ; πότερον ἄλλην δύναμιν ἐπιστήμης ἢ τὴν αὐτήν; Ἄλλην· Ἐπ' ἄλλῳ ἄρα τέτακται δόξα ἐπ' ἄλλῳ ἐπιστήμη, κατὰ τὴν δύναμιν ἑκατέρα τὴν αὑτῆς. οὕτω. οὐκ οὖν ἐπιστήμη μὲν ἐπὶ τῷ ὄντι πέφυκε, γνῶναι, ὡς ἔστι τὸ ὄν[1]).

Als Objekt des Wissens kann sich Plato wieder nur ein Sein, eine Realität denken, der als Eigenschaften jene Prädikate zukommen, die wir den Produkten unserer Denkfunktion zusprechen.

„Nichts war Plato denn auch an seiner neuen Entdeckung wichtiger und interessanter als die Einsicht, daß dem Begriff Realität zukomme — zumal sich zugleich zeigte, daß diese Realität ein Sein ist, das jedes Entstehen und Vergehen und jede Veränderung schlechthin ausschließt, das somit nach der Anschauung der bisherigen Philosophie keinerlei Nichtsein enthält und darum als ein Sein im strengen Sinn betrachtet werden muß. Und Plato kann sich dieses Sein nur als ein Existieren denken: die Begriffe sind für sich (καθ' αὑτά) existierende Wesenheiten (οὐσίαι)[2])."

Das Objekt des Wissens muß ein gleichbleibendes Sein darstellen; der Forderung des Wissens nach Gültigkeit, Widerspruchlosigkeit seiner Resultate entspricht das unveränderliche Sein, zwischen dessen Teilen keine gegenseitige Störung ihres Daseins besteht; Plato wendet zur Illustration dieser Vorstellung aus dem Rechtsleben entnommene Bilder an.

Objekt des Wissens sind gleichbleibende und untereinander Unrecht weder duldende, noch zufügende Gegenstände, die insgesamt wohl und vernunftgemäß geordnet sind[3]).

Da auch den anderen psychischen Funktionen, die aber vom Wissen verschieden sind, irgendwelche adäquate Objekte entsprechen müssen, so können diese nicht mehr wahre Seinsquatität haben[4]); er nimmt hier ein mittleres zwischen Sein und

---

[1]) Vgl. Zeller, c. l. S. 644, 652; Wundt, c. l. S. 460; Pohlenz, c. l. S. 320; Maier, c. l. S. 528; Natorp, Platos Ideenlehre, S. 181 f.

[2]) So Maier, c. l. S. 528; vgl. Pol. V. 477 b, 478 a, VI. 508 a ff., 518 c, 521 c usw.; dazu auch Pohlenz, c. l. S. 318.

[3]) Pol. 500 c.; Zeller, c. l. S. 652 f.; Maier, c. l. S. 531; Natorp, c. l. S. 193.

[4]) Pol. 478 a, b; Natorp, c. l. S. 182.

Nichtsein an, das Gegenstand des Vorstellens, Meinens, des δοκεῖν ist [1]).

Wahres Sein hat nur der Gegenstand unseres Wissens, das begrifflich Allgemeine, die Idee.

Da das Wissen normativ für das menschliche Handeln ist, mußte diese normative Bedeutung auf das Objekt des Wissens, von dem es seine Wertqualität ableitet, übertragen werden [2]).

Die einsetzende teleologische Betrachtung der Ideen, die das Ziel der menschlichen Handlungen bilden, mußte zur Annahme eines Endzieles [3]) der Handlungen führen, das das Gute an sich, die Idee des Guten darstellte [4]).

So ist diese Idee auch das höchste Objekt unseres Wissens, da es die Ursache aller anderen Ideen ist [5]).

Τοῦτο τοίνυν τὸ τὴν ἀλήθειαν παρέχον τοῖς γιγνωσκομένοις καὶ τῷ γιγνώσκοντι τὴν δύναμιν ἀποδιδὸν τὴν τοῦ ἀγαθοῦ ἰδέαν φάθι εἶναι, αἰτίαν δὲ ἐπιστήμης οὖσαν καὶ ἀληθείας [6]).

Da diese Idee die Ursache alles Seins darstellt, will Plato ihr sogar noch eine das gewöhnliche Sein überragende Qualität zubilligen.

Καὶ τοῖς γιγνοσκωμένοις τοίνυν μὴ μόνον τὸ γιγνώσκεσθαι φάναι ὑπὸ τοῦ ἀγαθοῦ παρεῖναι, ἀλλὰ καὶ τὸ εἶναι τε καὶ τὴν οὐσίαν ὑπ' ἐκείνου αὐτοῖς προσεῖναι, οὐκ οὐσίας ὄντος τοῦ ἀγαθοῦ, ἀλλ' ἔτι ἐπέκεινα τῆς οὐσίας πρεσβείᾳ καὶ δυνάμει ὑπερέχοντος [7]).

Damit war den Abstraktionen unseres Denkens eine selbständige Unterordnung zugebilligt, dem Verhältnis logischer Über- und Unterordnung die Kausalität substituiert, der letzten Abstraktion unseres Denkens, die in dem Begrifflichen überhaupt besteht, Realität, Ursachenqualität zugesprochen. Die letzte Idee war die Ursache des widerspruchslosen Kosmos der Ideen [8]).

---

1) Pol. 478 d.

2) Pol. 476 a; Zeller, c. l. S. 647; Wundt, c. l. S. 462.

3) Lysis. 219; dazu Wundt, c. l. S. 462; Pohlenz, c. l. S. 369.

4) Natorp, c. l. S. 183 ff.; Zeller, c. l. S. 708 Anm. 1.

5) Zeller, c. l. S. 707 f.; Wundt, c. l. S. 462; Windelband, Platon, S. 103 ff.; Natorp, c. l. S. 192 f.

6) Pol. 508 e.

7) Pol. 509 b.

8) Zeller, c. l. S. 707; Maier, c. l. S. 546. Über den Zusammenhang dieser Lehren mit dem νοῦς-Begriff des Anaxagoras vgl. z. B. Windelband, c. l. S. 105.

So werden die Gesetze der Logik Naturgesetze, das oberste Prinzip der Logik, die Einheitlichkeit unseres Denkens oberstes Naturgesetz [1]).

Damit ist aber auch die Beschaffenheit des Menschen charakterisiert, die als die vollkommenste, als die Tugend bezeichnet werden muß. Es ist die Beschaffenheit dessen, der das in sich wohlgeordnete Gute schaut, dieses nachzuahmen und dadurch diesem ähnlich zu werden sucht. Dadurch, daß der Weisheitsfreund sich mit dem Wohlgeordneten und Göttlichen beschäftigt, wird er, soweit ein Mensch das vermag, zu einem wohlgeordneten und göttlichen [2]).

Nicht die völlige Zurückdrängung des Gefühlslebens charakterisiert diesen Zustand; nur eingeordnet der allgemeinen Gesetzmäßigkeit muß dieses sein; durch diese innere Ordnung wird die Seele harmonisch [3]). In diesem Zustande kommt die Vernunft zur Herrschaft, dadurch allein ist der Mensch frei [4]).

Wenn nun diese ganze Seele vom Streben nach Weisheit sich leiten läßt und mit sich selbst nicht im Streite ist, dann ist jedem Teile derselben gestattet, das ihm Zukommende zu tun und gerecht sich zu zeigen, insbesondere auch jedem, der für ihn besten und wahrhaftesten Lustgefühle sich zu erfreuen [5]).

So hat nur der, der mit seiner unsterblichen Seele auf Grund des Wiederkennens [6]) das Gute schaut, der Philosoph, das letzte Ziel des Menschen erreicht. Dieser Zustand ist es, den jede Seele erstrebt und um dessen willen sie im dunklen Gefühle, daß er existiere, alles tut; da sie aber keine richtige Vorstellung von dem Ziele hat, verfehlt sie es [7]).

Über die Weiterbildung dieser Lehren im Weltbild des Platonischen Timaios vgl. Zeller, c. l. S. 769 ff.

[1]) Natorp, c. l. S. 191 f.

[2]) Pol. 500 c, d.

[3]) Zeller, c. l. S. 876.

[4]) Pol. IX. 577 d_2; Zeller, c. l. S. 877.

[5]) Pol. IX. 586 e.

[6]) Vgl. die bei Zeller, c. l. S. 836, Maier, c. l. S. 530, Wundt, c. l. I. S. 404, 466 zitierten Stellen.

[7]) Pol. VI. 506 a.

Es ist möglich, daß der Mensch auch ohne dieses Wissen die gleiche Einstellung seiner Psyche erhält wie der Philosoph und dadurch, wenngleich sich dessen nicht bewußt, richtig handelt, daß er, wenngleich blind, doch den richtigen Weg einschlägt [1]).

Diese Tugend entbehrt zwar der festen Grundlage der wahren Tugend, sie ist aber von Wert als Vorstufe zu ihr. Durch Gewöhnung und Übung muß die Psyche zunächst in eine derartige Verfassung gebracht werden, daß sie imstande ist, die Idee des Guten zu schauen [2]).

2. Die Lehre von den Seelenteilen.

Diese durch die Ideenlehre bestimmte Auffassung vom Ziele des Menschen, seiner Tugend, erhielt ihre psychologische Ausgestaltung in der Lehre von den Seelenteilen.

In Verbindung mit dieser Lehre wurden die Grundlagen geschaffen für die Beurteilung menschlicher Handlungen als Folgen einer richtigen oder unrichtigen psychischen Beschaffenheit; die Grundlagen für die spätere strafrechtliche Zurechnungslehre.

Während nach Platos Phaido die einheitliche Seele dem Leibe entgegengesetzt wird [3]), ist im Staat die Seele in drei Teile geschieden [4]): der sinnliche Trieb, das Mutartige und das Vernünftige sind die Teile der Seele. Dieser Teilung wird eine analoge Teilung im Staate gegenübergestellt, der nur als Mensch im großen erscheint [5]).

Bei dieser Teilung erhielt das Wissen, das regulatives Prinzip unseres Handelns ist, ein psychisches Substrat in dem vernünfti-

---

[1]) Pol. VI. 506 c; vgl. Pohlenz, c. l. S. 152, 177, 180, 324; Zeller, S. 595 ff., 881, 895. Guggenheim, Zur Komposition der Platon. Republik in ihrem Verhältnis zur Entwicklung der Platon. Ethik (Zeitschr. f. Volkspsychologie, XV. 1884), S. 147 ff.; Nohle, c. l. S. 60 ff.

[2]) Pol. VII. 518 a; Zeller, c. l. S. 882.

[3]) Pohlenz, c. l. S. 235.

[4]) Windelband, c. l. S. 159; Zeller, c. l. S. 844; dazu auch Natorp, Platos Staat und die Idee der Sozialpädagogik (Arch. f. soziale Gesetzgebung und Statistik, 1895), S.-A. S. 20.

[5]) Windelband, c. l. Zeller, c. l. S. 901, 904 Anm. 3; Pohlenz, c. l. S. 232; Wundt, c. l. S. 483.

gen Teil der Seele[1]); diesem steht der vernunftlose gegenüber, von dem wieder der eine, wenngleich er ohne Verstand ist, zur Unterordnung unter die Vernunft bestimmt ist, während der andere sich als ein lediglich durch die Objekte bestimmter Trieb darstellt[2]).

Auf diesen Fundamenten baut Plato sein umfassendes Staatssystem auf; durch jene war auch die Stellungnahme zum Strafrecht gegeben.

Die Ideenlehre führt zur Forderung des Staates, der die höchste Gesetzmäßigkeit, die in der Idee des Guten gelegen ist, im Menschen dadurch verwirklicht, daß er in ihm eine dem wahren Wissen seines vernünftigen Teiles entsprechende Konstellation seiner übrigen Seelenteile hervorbringt[3]).

IV. Die Politeia.

1. Die Vernunftnotwendigkeit des Staates und des Rechtes.

Die Notwendigkeit eines Staates sucht Plato dadurch zu erweisen, daß er die Unmöglichkeit einer allseitigen Bedürfnisbefriedigung durch das isolierte Individuum infolge der als historische Tatsache angenommenen Arbeitsteilung zeigt:

Γίγνεται τοίνυν .... πόλις .. ἐπειδὴ τυγχάνει ἡμῶν ἕκαστος οὐκ αὐτάρκης, ἀλλὰ πολλῶν ἐνδεής[4]).

Ist so das Zusammenleben der Menschen gegeben, so ist auch die rechtliche Regelung desselben im Staate vernunftnotwendig gemacht.

Das Zusammenleben im Staat bedarf ebenso einer Regelung, wie selbst eine Bande von Räubern oder Dieben, wenn sie gemeinschaftlich etwas ausrichten soll, eine derartige Regelung braucht[5]).

War einmal die Vernunftnotwendigkeit einer Regelung des Zusammenlebens erwiesen, dann mußte auch die Regelung selbst nach den Forderungen der Vernunft erfolgen.

---

1) Zeller, c. l. S. 843.

2) Natorp, Platos Staat usw., S. 20.

3) Vgl. Zeller, c. l. S. 920.

4) Pol. II. 369 b.

5) Pol. I. 351 d.

Diesen Gedanken sucht Plato zunächst durch die Wiederlegung der Lehren, die im Recht nur den Ausdruck eines Wollens sehen, zu entkräften. Diese führen notwendig zu einem Relativismus auf dem Gebiete des Rechtes. Ist das Recht Ausfluß eines Wollens, so liegt sein Wert nur in der hinter dem Wollen stehenden Macht. Der Unwert eines gegen dieses Wollen gerichteten Handels hört aber auf, sobald der Eintritt der Wollensreaktion auf irgendwelche Weise beseitigt ist [1]).

Dieser Auffassung stellt Plato jene entgegen, die in der rechtlichen Regelung den Ausdruck eines Wissens sieht. Aus der als tatsächliches Phänomen hingenommenen Arbeitsteilung sucht Plato nachzuweisen, daß die rechtliche Regelung die Arbeitsteilung zum Prinzip erheben, bis in die äußersten Konsequenzen durchführen muß [2]).

Gegen die Auffassung der Demokratie in der Perikleischen Zeit, als deren Lobredner Thukydides erscheint [3]), nimmt er mit dieser Auffassung Stellung. In der attischen Demokratie bestand nach Thukydides die allgemeine Beteiligung des Volkes an allen Staatsgeschäften, von der rühmend erwähnt wird, daß sie die einzige sei, „wo man einen, der an denselben gar keinen Teil nimmt, nicht für einen eingezogenen und Ruhe liebenden Menschen, sondern für ein unnützes Glied des gemeinen Wesens hält“ [4]). Dieser Vielgeschäftigkeit, der πολυπραγμοσύνη, setzt Plato die strengste Teilung der staatlichen Tätigkeiten durch rechtliche Regelung entgegen, indem die Erfüllung der einzelnen ihrer inneren Struktur nach verschiedenen Staatsaufgaben Personen zugewiesen wird, die von Natur aus für sie bestimmt sind.

Ἐθέμεθα δὲ δήπου καὶ πολλάκις ἐλέγομεν, εἰ μέμνησαι, ὅτι ἕνα ἕκαστον ἓν δέοι ἐπιτηδεύειν τῶν περὶ τὴν πόλιν, εἰς ὃ αὐτοῦ ἡ φύσις ἐπιτηδειοτάτη πεφυκυῖα εἴη [6]).

Die Fürsorge für die niederen Bedürfnisse fällt den Demi-

[1]) Vgl. Pol. II. 366 b ff.

[2]) Guggenheim, c. l. S. 153.

[3]) Pfleiderer, c. l. S. 160; Pohlenz, c. l. S. 248.

[4]) Thukydides, Geschichte des Peloponnesischen Krieges, II. 37 u. 40 (übersetzt von Heilmann).

[5]) Pol. IV. 433; Guggenheim, c. l. S. 153; Pfleiderer, c. l. S. 165.

urgen [1]), die Durchführung des Willens der Regierenden, der ἄρχοντες [2]), fällt den Wächtern zu [3]). Die Richtigkeit der Regelung des staatlichen Zusammenlebens besteht nach dieser Auffassung darin, daß jeder Stand lediglich die ihm zugewiesenen Funktionen verrichtet.

Καὶ μὴν ὅτι γε τὸ τὰ αὑτοῦ πράττειν καὶ μὴ πολυπραγμονεῖν δικαιοσύνη ἐστί, καὶ τοῦτο ἄλλων τε πολλῶν ἀκηκόαμεν καὶ αὐτοὶ πολλάκις εἰρήκαμεν [4]).

Diese Teilung der Funktionen stellt sich aber Plato wieder unter Zuhilfenahme privatrechtlicher Konstruktionen vor [5]). Die jedem Kreis zugewiesenen Pflichten werden als Betätigung der jedem Stand gewährten Wollenssphäre, als δύναμις τὰ αὑτοῦ πράττειν [6]) bezeichnet.

Die Überschreitung dieser Grenzen wird als Ungerechtigkeit bezeichnet; auch hier tritt die privatrechtliche Konstruktion auf; auf die dadurch eingetretene Störung des Staatsbetriebes wird der aus dem Privatstrafrecht entnommene Begriff der Verletzung angewendet.

Ἡ τριῶν ἄρα ὄντων γενῶν πολυπραγμοσύνη καὶ μεταβολὴ εἰς ἄλληλα μεγίστη τε βλάβη τῇ πόλει καὶ ὀρθότατ' ἂν προσαγορεύοιτο μάλιστα κακουργία ..... Κακουργίαν δὲ τὴν μεγίστην τῆς ἑαυτοῦ πόλεως οὐκ ἀδικίαν φήσεις εἶναι; Πῶς δε οὔ; Τοῦτο μὲν ἄρα ἀδικία [7]).

Innerhalb des jedem zugewiesenen Wirkungskreises muß jeder Stand das Maximum an Tauglichkeit erlangen. Für die Regierenden ist es das Wissen [8]). Dieses Wissen ist hier noch kein philosophisch-metaphysisches, sondern lediglich ein Wissen, in welcher Weise sich der Staat am besten gegen sich selbst und gegen andere Staaten zu verhalten habe [9]).

---

[1]) Pfleiderer, c. l. S. 166; Nohle, c. l. S. 138 ff.; Pöhlmann, Geschichte des antiken Kommunismus und Sozialismus I 1893, S. 272 ff.

[2]) Nohle, c. l. S. 113 ff.

[3]) Nohle, c. l. S. 120 ff.; Pfleiderer, c. l. S. 172; Zeller, c. l. S. 901.

[4]) Pol. IV. 433 b.

[5]) Guggenheim, c. l. S. 155.

[6]) Pol. IV. 433 d.; Pöhlmann, c. l. S. 273.

[7]) Pol. IV. 434 c.

[8]) Pol. IV. 428, 429 a.

[9]) Pol. 428 d; Pfleiderer, c. l. S. 208.

Die Tugend derer, die die Außenwelt nach dem Wissen der Herrschenden gestalten, ist die Tapferkeit [1]); für den dritten Stand besteht keine besondere Tugend [2]); für ihn ist nur die σωφροσύνη notwendig, die er mit den anderen Ständen teilt, die in der freiwilligen Hingabe der eigenen Strebungen an die von anderen gegebenen Ordnungen besteht [3]).

So ruht die Staatsidee auf einer durch das Wissen allein bestimmten Regelung des menschlichen Zusammenlebens; durch das Eindringen [4]) der Ideenlehre wurde ihre Ausgestaltung bestimmt dahingehend, daß diejenigen allein, die wahres Wissen haben, die Philosophen, Herrscher sein sollen [5]).

2. Die Aufgaben des Idealstaates.

Dadurch waren auch die Funktionen des Staates, die er, um der Forderung der Vernunft gerecht zu werden, vornehmen muß, insbesondere die Stellung des Strafens in diesem Lehrsystem bestimmt.

Die Funktionen des Staates dem einzelnen gegenüber sind dadurch gegeben, daß der Staat den Menschen zu jenem Ziel zu bringen vernunftgemäß die Aufgabe hat, das der einzelne durch seine Vernunft sich selber setzen muß, ohne es aber ohne den Staat erreichen zu können.

Der Staat ist eine Erziehungsanstalt; er hat nicht die Aufgabe, das Wohlbefinden e i n e s Standes hervorzurufen; sein Ziel ist das Wohl des Ganzen, d. h. er muß die Bürger durch Zwang und Überredung zur Übereinstimmung bringen, bewirken, daß die Bürger einander an dem Nutzen teilnehmen lassen, den jeder einzelne dem Gemeinwesen zu gewähren vermag, Männer her-

---

[1]) Pol. IV. 429 ff.

[2]) Zeller, c. l. S. 906; Pol. IV. 431 e, 432.

[3]) Pfleiderer, c. l. S. 209; Zeller, c. l. S. 903; dazu Pöhlmann, c. l. I. S. 302.

[4]) Über die Stufen dieser Entwicklung vgl. Charmid. 172 ff; Euthydem 291 b ff. usw.; dazu Nohle, c. l. S. 47 f.; über die verschiedenen Redaktionen der Politeia: Pfleiderer, c. l. S. 207 ff.; Pohlenz, c. l. S. 207 ff.

[5]) III. 413 c, V. 473 d, VI. 503 b ff. usw.; Nohle, c. l. S. 114 ff.; Zeller, c. l. S. 897 f.; vgl. auch Pöhlmann, c. l. I. S. 285.

vorbringen, die nicht ihre eigenen Wege gehen, sondern Mittel zur Befestigung des Staatsverbandes sind [1]).

Zur Durchführung dieser Aufgabe ist es notwendig, sowohl den Zustand des Menschen zu erkennen, der anzustreben ist, ferner auch die Mittel zu kennen, die tauglich sind, diesen Zustand hervorzubringen.

Das Ziel, das der einzelne zu erreichen hat, ist, daß der vernünftige Teil seiner Seele die anderen Teile beherrsche; er ist dadurch ein gerechter Mensch, indem jeder Seelenteil die ihm zugewiesenen Funktionen verrichtet [2]); er ist besonnen, indem der herrschende Teil mit dem beherrschten einverstanden ist, daß das Vernünftige herrschen müsse [3]).

Die notwendige Folge einer derartigen psychischen Beschaffenheit ist, daß der Mensch stets objektiv rechtmäßige Handlungen setzen wird, er wird nicht Unterschlagungen begehen [4]), keinen Tempelraub, Diebstahl, Hochverrat [5]), keinen Meineid [6]), keinen Ehebruch, keine Delikte gegen Eltern und Götter [7]). So ist die Gerechtigkeit in einer psychischen Beschaffenheit des Menschen gelegen [8]), ebenso gilt dies bezüglich der Ungerechtigkeit, die in einer rhetorischen Frage folgendermaßen charakterisiert wird:

οὐκοῦν στάσιν τινὰ αὖ τριῶν ὄντων τούτων δεῖ αὐτὴν εἶναι καὶ πολυπραγμοσύνην καὶ ἀλλοτριοπραγμοσύνην καὶ ἐπανάστασιν μέρους τινὸς τῷ ὅλῳ τῆς ψυχῆς, ἵν' ἀρχῇ ἐν αὐτῇ, οὐ προσῆκον, ἀλλὰ τοιούτου ὄντος φύσει, οἵου πρέπειν αὐτῷ δουλεύειν τῷ τοῦ ἀρχικοῦ γένους ὄντι [9]);

Durch die Ungerechtigkeit geht die Gesundheit der Seele unter, die daher zu fliehen ist, gleichviel wenn man nicht dafür

---

[1]) Pol. VII. 519 e, 520; vgl. auch Pol. IV. 420 b, 421 b, VI. 500 d; Zeller, c. l. S. 896 f.; Nohle, c. l. S. 164 ff.; Pöhlmann, c. l. I. S. 269 ff.

[2]) Pol. IV. 441 d, e.

[3]) Pol. IV. 442 d.

[4]) Pol. IV. 442 e.

[5]) Pol. IV. 443 a.

[6]) Pol. IV. 443 a

[7]) Pol. IV. 443 b.

[8]) Pol. IV. 443 d.

[9]) Pol. IV. 444 b.

gestraft wird [1]). Ist die Ungerechtigkeit aber eingetreten, dann muß man nach Mitteln suchen, um wieder von ihr frei zu werden [2]).

Der Zustand der Gerechtigkeit ist noch nicht das Ideal; er findet seine Vollendung durch die Idee des Guten. Durch die Idee des Guten wird erst das Gerechte und die übrigen Tugenden nützlich und ersprießlich [3]). Diese Gerechtigkeit, die in der Unterordnung des gesamten Psychischen unter die Forderung der Vernunft besteht, durch Gewöhnung und Übung entsteht [4]), ist die Vorstufe [5]) für die Vollendung, die eintritt, wenn das Denken selbst, die Vernunft, zur Vollendung gelangt.

3. Die Mittel zur Erreichung der Staatszwecke.

Als Mittel zur Erreichung dieses Zweckes sieht Plato in erster Linie sozialpädagogische und sozialpolitische Maßnahmen vor. Eine rationelle Erziehung der Regierenden [6]) durch den Staat und für den Staat ist das wichtigste Mittel, um den angestrebten Zustand zu erreichen [7]). Dazu kommt die Beseitigung der Sonderinteressen [8]) bei den Regierenden durch Schaffung der Weiber- und Kindergemeinschaft und durch Beseitigung des Privateigentums [9]).

Denn wenn Bettler und nach eigenem Vorteil Hungrige dem Staatsdienste sich widmen, in der Meinung, sich dorther das Gute erbeuten zu müssen, dann wird das Herrschen zum Gegenstand eines Kampfes, der den Staat zugrunde richtet [10]). Es dürfen keine individuellen Motive für die Herrschenden vorhanden sein, die ihnen die Herrschaft erstrebenswert machen [11]).

---

1) Pol. IV. 445.

2) Pol IV. 445 b.

3) Pol. V. 505.

4) Pol. VII. 518 e.

5) Pol. VII. 518 ff.

6) Nohle, c. l. S. 144 ff.; Pöhlmann, c. l. I, S. 28.

7) Pol. II. 376 e; IV. 423 e; 425 a, b.

8) Zeller, c. l. S. 909; Natorp, c. l. S. 21; Pfleiderer, c. l. S. 180 ff.; Pöhlmann, c. l. I, 277 ff., 374 ff.

9) Pol. III. 416 c ff., IV. 419 ff.; Nohle, c. l. S. 129; Windelband, c. l. S. 153, 163; Pfleiderer, c. l. S. 173 ff.; Pöhlmann, c. l. I, S. 278 f.

10) Pol. VII. 521.

11) Pol. I. 47 b ff., VI. 500 b, VII. 519 c ff.; Nohle, c. l. S. 119.

Durch diese Institutionen wird die Gesetzgebung und die Strafe als Sanktion derselben auf ein kleines Gebiet eingeschränkt. Die guten Männer brauchen keine Gesetze; sind die Menschen schlecht, dann hilft auch die Gesetzmacherei nichts [1]); ebensowenig wie die Todesstrafe, die auf Angriffe auf eine Verfassung gesetzt ist, die selbst schlecht ist, nicht für den Staat förderlich ist [2]). Durch die Maßnahmen im Idealstaat wird auch die richterliche Tätigkeit auf ein geringes Gebiet eingesehränkt [3]). Die Rechtshändel wegen des Besitzes von Geld, Kindern und Verwandten werden verschwinden, da außer seinem Körper niemand etwas Besonderes besitzt [4]).

Ebenso wird jene Einigkeit erzielt, durch die jeder Mensch die seinen Mitbürger treffende Verletzung als seine eigene empfindet [5]), durch die einer dem anderen jederzeit zu helfen bereit ist, durch die jeder Rechtshandel wegen Gewalttätigkeiten oder Beschimpfungen beseitigt wird [6]). Die Rechtspflege hat hier nur wie die Medizin die Aufgabe, sich um die hinsichtlich der Seele von Natur wohlbedachten zu bemühen; diejenigen aber, die der Seele nach schlecht geartet und unheilbar sind, wird sie töten [7]).

Die Strafe ist theoretisch dadurch gerechtfertigt, daß man bestrebt ist, im einzelnen der Vernunft die Herrschaft, die sie im Unrechttuenden verloren hat, wieder zu erobern [8]).

Das Individualinteresse fordert ebenso die Strafe wie das soziale; beim Unrechttun verborgen zu bleiben und nicht dafür zu büßen, ist daher dem Bestraftwerden gegenüber das schlechtere.

ἢ οὐχὶ ὁ μὲν λανθάνων ἔτι πονηρότερος γίγνεται, τοῦ δὲ μὴ λανθάνοντος καὶ κολαζομένου τὸ μὲν θηριῶδες κοιμίζεται καὶ ἡμεροῦται, τὸ δὲ ἥμερον ἐλευθεροῦται, καὶ δλη ἡ ψυχὴ εἰς τὴν βελτίστην φύσιν καθισταμένη τιμιωτέραν ἕξειν λαμβάνει, σωφροσύνην τε καὶ δικαιοσύνην

[1]) Pol. IV. 425 d, e.
[2]) Pol. IV. 426 c.
[3]) Pol. III. 405 c, d, 410 a.
[4]) Pol. V. 464 d.
[5]) Pol. V. 462 d.
[6]) Pol. V. 464 e, 465 a, b.
[7]) Pol. III. 409 e.
[8]) Pol. IX. 590 d.

μετὰ φρονήσεως κτωμένη ἢ σῶμα ἰσχύν τε καὶ κάλλος μετὰ ὑγιείας λαμβάνον, τοσούτῳ, ὅσῳπερ ψυχὴ σώματος τιμιωτέρα [1]);

4. Staatsidee und Freiheit.

Im Idealstaat geht jede Handlung des Staates aus vom Wissenden, stellt sich also als eine solche dar, die auch von jedem einzelnen Individuum durch seine Vernunft gefordert werden müßte.

Die Herrschaft im Staate ist eine Herrschaft über Freie [2]).

Den Beweis hierfür sucht Plato dadurch zu erbringen, daß er den Freiheitsbegriff vor dem Forum der Vernunft einer Revision unterzieht.

Bereits im Gorgias [3]) erklärt er, nicht das Tun-können, das auf einem bloßen δοκεῖν beruhe, sondern lediglich das Tunkönnen, was man will, als Inhalt der Freiheit; ein auf Wollen beruhendes Tun ist aber nur dann vorhanden, wenn es durch die Vernunft orientiert ist [4]). Niemand tut mit Willen unrecht, ist nur die Umkehrung dieses Satzes [5]).

Auch in der Politeia sucht Plato darzutun, daß die Menschen, in denen nicht die Vernunft herrscht, nicht frei sind, ebensowenig wie die Staaten, die nicht analog geartet sind.

So schildert er, wie eine Herrschaft des Mutartigen [6]) im Menschen, die ihrerseits wieder durch eine schlechte Staatsverfassung hervorgerufen wird [7]), notwendigerweise zur Geldsucht führt [8]), die im Staate eine Oligarchie der Reichen und ein Drohnentum der Armen erzeugt, aus denen sich das Verbrechertum, eine Krankheit des Staates [9]), entwickelt [10]).

---

[1]) Pol. IX. 591 b.

[2]) Pol. V. 463 ff. Über die Koinzidenz von Individual und Sozialinteressen vgl. Pöhlmann, c. l. I, S. 371—414.

[3]) Gorg. 466 d ff.

[4]) Gorg. 467.

[5]) Gorg. 509 e; vgl. Pfleiderer, c. l. S. 223.

[6]) Pol. VIII. 548 c ff.

[7]) Pol. VIII. 549 c ff.

[8]) Pol. VIII. 551 ff.

[9]) Pol. VIII. 552 c.

[10]) Pol. VIII. 552 d; vgl. Pöhlmann, c. l. I, S. 351 f.

Die herrschenden Reichen selbst sind unfrei; in ihrer Geldgier können sie sich nur aus Angst vor dem Gesetz und der dahinterstehenden Gewalt und aus Sorge um ihren Besitz vom Unrecht zurückhalten [1]).

Auch bei der jeder Regelung entbehrenden Zusammensetzung des einzelnen, bei der jeder völlig planlos der jeweilig auftauchenden Begierde sich hingibt [2]), ist keine Freiheit vorhanden; die schlechtesten Regungen nehmen in derartigen Menschen die Herrschaft an sich; die Gesetzlosigkeit wird hier Freiheit genannt [3]), ebenso wie dies der Inhalt des Freiheitsbegriffes im demokratischen Staat ist. Hier plündern die besitzlosen Drohnen die Reichen [4]), herrschen ohne Rücksicht auf eine Befähigung [5]), nicht achtend die Gesetze und die auf ihre Übertretung als Sanktion gesetzten Strafen [6]).

Schließlich ist auch die aus der Schrankenlosigkeit, der demokratischen Freiheit [7]) sich entwickelnde Herrschaft der Begierden kein Zustand der wahren Freiheit, sondern Sklaverei [8]). Die schrankenlose Befriedigung der Begierden führt im Staate zum Streben nach Alleinherrschaft durch Gewalt [9]); die Herrschaft der Begierde im einzelnen schreckt auch vor Verbrechen nicht zurück [10]).

Von der Freiheit ist in einem derartigen Menschen, ebenso wie in einem derartigen Staat nichts zu finden; gebieterisch gegen den einen, sklavisch gegen den anderen [11]) bringen solche Menschen ihr ganzes Leben in Reue und Unruhe zu [12]). Es liegt eben in allen Fällen, in denen nicht die Vernunft herrscht, keine

[1]) Pol. VIII, 554 d.
[2]) Pol. VIII. 562 c.
[3]) Pol. VIII. 561.
[4]) Pol. VIII 557
[5]) Pol. VIII 557 e ff.
[6]) Pol. VIII. 558.
[7]) Pol. VIII. 562 c.
[8]) Pol. VIII. 564.
[9]) Pol. VIII. 565 e, 566.
[10]) Pol. IX. 575 a, b.
[11]) Pol. IX. 576.
[12]) Pol. IX. 577 l.

wahre Freiheit vor. Wohl glaubt der Mensch, wenn er dem Mutvollen oder den Begierden folgt, in dem Handeln einen Wert zu finden, wegen der Lustgefühle, um deren Erreichung willen gehandelt wird [1]).

Diese Lustgefühle entsprechen aber nur den niederen Seelenteilen [2]). Sie stehen aber an Wert nach gegenüber jenen, die dem vornehmsten Teile der Seele entsprechen [3]). Die Lust der anderen Seelenteile hat vor dem Forum der Vernunft überhaupt keine Realität [4]); dasjenige, was die niederen Seelenteile zu erreichen suchen, hat gar nicht Lustqualität, sondern ist bloße Pseudolust [5]). Nur dort, wo die Seele vom Streben nach Weisheit sich leiten läßt, hat jeder Seelenteil die dementsprechende Lust [6]); nur dort, wo ein Handeln durch wahre Lust bestimmt wird, kann das Handeln als Ausdruck der Freiheit gelten [7]).

So hat sich jede Beeinflussung des einzelnen durch den Idealstaat nicht als Beschränkung der Freiheit, sondern als Erhaltung seiner Freiheit ergeben. Das Streben, seinen individuellen Wollungen ohne Rücksicht auf eine äußere Regelung folgen zu können, hat den Wert als Freiheit verloren, indem die Realität der Strebungen, als deren Ausfluß die Handlungen erscheinen, negiert wurde.

5. Die Stellung der Strafe zum Gedanken des Idealstaates.

Die Lehre vom Staat und seinen Zwecken bestimmt auch die Lehre von der Strafe.

Die Ungerechtigkeit ist begrifflich von den Folgen losgelöst; ihre Begriffsbestimmung geht dem Begriff der Strafe voraus [8]); erst durch die Lehre von den Funktionen des Staates ergibt sich die Stellungnahme des Staates zum Unrecht; das Strafen ist nur

---

[1]) Pol. IX. 581 ff.
[2]) Pol. IX. 581 c.
[3]) Pol. IX. 583.
[4]) Pol. IX. 583 b.
[5]) Pol. IX. 585 ff.
[6]) Pol. IX. 586 e ff.
[7]) Pol. IX. 587 ff.
[8]) Pol. II. 366 e.

ein gegenüber der Erziehung subsidiäres Kampfmittel gegen das Unrecht.

Für den Staat war die Vergeltung aus dem Strafrecht eliminiert; ihren Platz bekommt sie nur in der Lehre von der Vergeltung im Jenseits. Den Gedanken, daß sich die Ungerechtigkeit mit der Idee des Guten, die als letztes Sein, als letzte kosmische Gesetzmäßigkeit gefaßt wurde, nicht vertrage, kleidet Plato in die Form, daß die Ungerechtigkeit an sich ohne menschliches Zutun sich bestrafe [1]). Alles Verderbende und Zerstörende ist so das Schlechte, das Erhaltende und Fördernde das Gute [2]).

Die Ungerechtigkeit als die schlechte Beschaffenheit der Seele muß daher das dieselbe Verderbende sein [3]). Der Gedanke der Vernichtung der Seele durch die Ungerechtigkeit tritt aber in Widerspruch mit dem Gedanken einer Unsterblichkeit der Seele [4]); so tritt an Stelle der Vernichtung der Seele ihre Bestrafung im Jenseits [5]).

Diese den einzelnen treffende Strafe darf aber nicht auf die das gesamte Weltall durchziehende Gesetzmäßigkeit zurückgeführt werden; sie wird der freien Wahl der präexistenten Seele zugerechnet. αἰτία ἑλομένου· θεὸς ἀναίτιος [6]).

So hat sich das großartige Gebäude, das Plato von Staat und Strafe entworfen, geschlossen; die Aufgaben, die der Staat und die Strafe vernunftnotwendig durchzuführen haben, finden ihre letzte Stütze in einer das Weltall durchziehenden Gesetzmäßigkeit, der die Vernünftigkeit immanent ist.

V. Die Realisierbarkeit der Platonischen Staatsideale; der „Politikos“.

1. Die Aufgaben des realen Staates.

Die „Politeia“ zeigt uns die Lehre Platos vom Staat und

[1]) Pol. X. 612 c ff.; Pfleiderer, c. l. S. 455 ff.
[2]) Pol. X. 609 e.
[3]) Pol. X. 609 c ff.
[4]) Pol. X. 611.
[5]) Pol. X. 615 ff.
[6]) Pol. X. 618 e.

dessen Funktionen, von der Bedingtheit der Strafe durch den Staatsgedanken in ihrer völligen theoretischen Reinheit [1]).

Die Schriften der Platonischen Spätzeit weisen bereits ein Abgehen von diesem Ideal auf, das auf die Angriffe der anderen Sokratischen Schulen [2]) resp. bereits auf Aristoteles' [3]) Einfluß zurückzuführen ist.

Die vom Empirischen ausgehende Lehre des Aristoteles hat auch den alternden Meister zur Welt des historisch Gegebenen hingezogen; wir finden in den Schriften der Platonischen Spätzeit eine umfassendere Berücksichtigung der Tatsachen des Staats- und Rechtslebens der Athener zu Platos Zeit. Parallel damit geht auch die Wandlung der Ideenlehre, die seit der Politeia mannigfaltige Modifikationen durchmachte [4]). Der Bestand des Individuellen sollte durch die Ideenlehre nicht bloß als logische Folgerung, sondern als genetisches Produkt denkbar gemacht werden [5]).

Mit dieser Änderung der Ideenlehre ist eine Änderung der Lehre vom höchsten Gut, das in dem Schauen der Idee des Guten gefunden war, verbunden. Im Philebus wird das höchste Gut als ein Zustand der Seele bezeichnet, der für den Menschen das Glück bedeutet [6]).

„Als Kriterien des höchsten Gutes aber werden bezeichnet: Vollkommenheit (τέλεον), die Fähigkeit, das Begehren völlig zu befriedigen (ἱκανόν), und das Vermögen, für jedes Wesen, das von ihm weiß, unbedingtes Ziel des Strebens zu werden [7]).“

Damit ist die Einsicht in die höchste Gesetzmäßigkeit in ihrer praktischen Brauchbarkeit für den auf sein Ich reflektierenden empirischen Menschen als letztes Ziel des Menschen erklärt; „das formale Ideal ist ganz in den Inhalt aufgegangen, und der Inhalt ist völlig intellektualisiert [8])“.

[1]) Maier, c. l. S. 554.
[2]) Maier, c. l. S. 557.
[3]) Pfleiderer, c. l. S. 867 ff.; Maier, c. l. S. 596 ff.
[4]) Pfleiderer, c. l. S. 585; Maier, c. l. S. 561 ff.
[5]) Maier, c. l. S. 571 ff.
[6]) Phileb. 11 d; Maier, c. l. S. 575.
[7]) Maier, c. l. S. 575; vgl. Phileb. 20 c, d, 67 a.
[8]) Maier, c. l. S. 577.

So wird auch in den Schriften der Platonischen Spätzeit über Staat und Strafe, im Staatsmann und in den Gesetzen das reale Leben stärker berücksichtigt.

„Aber es ist die Tragik dieser seiner spätesten Spekulation, daß Plato, nachdem er den logischen Charakter des Empirischen einmal entdeckt hat, jener Fülle des Empirischen nicht mehr Herr zu werden vermochte [1]).“

Der Dialog: Der Staatsmann, Πολιτικός, zeigt bereits das Streben Platos, die durch die Vernunft gegebenen Ziele des Staates und der Strafe dem realen Staat und seinen Institutionen einzuordnen [2]).

Es beginnt das Rechnen mit der Fehlbarkeit der Menschen, die es nicht möglich macht, einen dem idealen adäquaten Zustand zu verwirklichen. Der ideale bleibt nur die Richtlinie für die Einrichtungen des realen Staates, die das jeweils erreichbare Maximum der Annäherung an den Idealstaat darstellen sollen. Es machen sich wohl hier historische Erlebnisse Platos bemerkbar; der Gedanke der Möglichkeit einer Verwirklichung seiner Pläne in Syrakus [3]) führte zu einer Überprüfung der Realisierbarkeit des Richtigen. So untersucht Plato die Gestaltung des Staates und des Rechtes unter der Supposition, daß nicht mehr der die ewigen Ideen schauende und sie verwirklichende Philosoph auf der Welt regiert.

Nur im Mythus wird die Regierung des Weltalls durch die die höchste Gesetzmäßigkeit verkörpernde Gottheit geschildert. Dem höchsten Wesen, das frei von jeder körperlichen Wesenheit ist, kommt allein die Kraft zu, sich immer in identischen Formen. und Zuständen zu halten und stets dasselbe zu sein. Τὸ κατὰ ταῦτα καὶ ὡσαύτως ἔχειν ἀεὶ καὶ ταὐτὸν εἶναι τοῖς πάντων θειοτάτοις προσήκει μόνοις, σώματος δὲ φύσις οὐ ταύτης τῆς τάξεως [4]).

Dieses Prinzip der Gesetzlichkeit [5]) lenkte einst selbst auch die ganze Menschheit. Ein Gott hütete so als ein der Mensch-

---

1) Wundt, Die Ethik der Griechen, II. Bd., 1911, S. 84.

2) Vgl. dazu Nohle, c. l. S. 71 ff.

3) Pfleiderer, c. l. S. 513; Wundt, c. l. S. 515; Pöhlmann, c. l. I, S. 480 f.

4) Politikos, 269 d 5.

5) Vgl. Natorp, c. l. S. 335 ff.

heit überlegener dieselbe ebenso, wie der den Tieren überlegene Mensch dies heute diesen gegenüber tut. Unter seiner Leitung gab es keine Staaten, keinen Privatbesitz von Weib und Kindern [1]). Die Natur bot in ihrer Gesetzlichkeit dem Menschen selbsttätig alles, was er zum Leben brauchte. Doch dieses Prinzip der Gesetzlichkeit zog sich von der Regierung, der unmittelbaren Verwirklichung dieser Gesetzlichkeit in der Welt, zurück. Wohl bleibt auch für diese Welt die höchste Gesetzmäßigkeit das Ziel [2]); τοῦτο μὲν οὖν τέλος ἁπάντων εἴρηται [3]), was gut auf der Welt ist, hat sie von ihrem Ordner, was ungerecht, aus ihrem der Ordnung entbehrenden Zustand der Materialität [4]). Auch für die Menschheit ist, wenn sie sich erhalten will [5]), eine Angleichung ihres Zusammenlebens an die Ordnung notwendig, der die Welt zustrebt [6]).

Es muß unter den Menschen eine Ordnung hergestellt werden, die sich jener kosmischen angleicht, trotzdem zur Verwirklichung dieser Ordnung wieder nur Menschen, nicht ein die Menschheit überragender Gott als Hüter gefunden werden kann [7]).

Durch die Notwendigkeit der Verwirklichung einer Ordnung, die durch eine kosmische Realität bedingt ist, ist der Staat notwendig, damit zugleich ein Mensch, der ein Wissen von jener Ordnung hat, so in den Stand gesetzt ist, durch seine Befehle eine Gestaltung des Ganzen zu erreichen, die den Maßprinzipien der höchsten Ordnung entspricht [8]).

So ist im Staat jemand notwendig, der die Kunst des Befehlgebens hat, die auf einer Erkenntnis beruht [9]), die sich auf die Fürsorge für die menschliche Gemeinschaft bezieht [10]). Diese Kunst muß der haben, der herrschen will, und der dem Herrscher, ob-

---

[1]) Politikos, 271 e.

[2]) Politikos, 269 c, 273 b.

[3]) Politikos, 273 e.

[4]) Politikos, 273 b.

[5]) Politikos, 274 b.

[6]) Politikos, 274 d.

[7]) Politikos, 275 c.

[8]) Politikos, 284 b, c; Natorp, c. l. S. 331 ff.

[9]) Politikos, 260 ff.

[10]) Politikos, 275 d, 276 c, 276 e.

wohl er selbst Privatmann ist, raten soll [1]). Der echte Herrscher handelt nicht selbst, sondern gibt nur Befehle an seine Organe, die ihm zu gehorchen haben [2]).

2. Die Funktionen des Staates und das Problem der Gesetzgebung.

Die Aufgaben des Staates bestehen so vernunftgemäß in der Verwirklichung einer der erkannten Ordnung entsprechenden Gesetzmäßigkeit im Staat. Wie die Weberkunst muß auch die Staatskunst das harmonische Ineinandergreifen der einzelnen Teile des Staates verwirklichen [3]).

Die Menschen insbesondere müssen zu solchen gemacht werden, daß sie selbst das Prinzip des Maßvollen in sich haben, wodurch sie in ihren Handlungen stets innerhalb des durch die allgemeine Ordnung gezogenen Lebenskreises bleiben werden. [4])

Der Herrscher muß dafür sorgen, daß durch seine Organe Handlungen gesetzt werden, die jenes Ziel: Heranbildung der Bürger zur Gesetzmäßigkeit, verwirklichen.

Dies geschieht zunächst durch die Ausbildung durch staatliche Erzieher [5]).

Für diejenigen, welche dieser Erziehung nicht folgen, sich in Gottlosigkeit, Übermut und Ungerechtigkeit verlieren, ist die Strafe bestimmt, die in der Beseitigung derartiger Naturen aus dem Staate besteht.

Darauf allein kommt es an, daß die Herrschenden ihre Herrschaft gemäß dem wahren Wissen ordnen. Ob sie nun nach Gesetzen oder ohne sie herrschen und mit oder wider den Willen der Bürger, in Armut oder Reichtum, ist für die Richtigkeit ihrer Maßnahmen irrelevant [6]).

Mögen sie dadurch, daß sie einige töten oder in die Verbannung schicken, den Staat zu seinem Besten reinigen, oder sonst in seiner Bürgerzahl verändern, solange sie lediglich,

[1]) Politikos, 259 a.
[2]) Politikos, 305 d.
[3]) Politikos, 279 b, 305 e, 306.
[4]) Politikos, 307 e.
[5]) Politikos, 308 e.
[6]) Politikos, 293 a, d, 300 d.

gestützt auf ihr Wissen, den Staat besser machen wollen, ist die rechte Verfassung des Staates nicht gestört [1]).

Diejenigen, die gezwungen werden, im Widerspruch mit den geschriebenen, althergebrachten Gesetzen anderes, Gerechteres, Besseres und Schöneres als vorher zu tun, die dürfen sich nicht beschweren, daß ihnen Gewalt angetan wurde [2]).

Dies faßt er dahin zusammen, daß der Herrscher sich in Ausübung seiner die Menschen zum Richtigen bildenden Funktion nicht durch Gesetze binden soll.

Nur die innere Richtigkeit ist für ihn maßgebend, nicht etwa Gesetze, deren Geltungsgrund der Wille, die Zustimmung der Menge ist [3]).

. . . πάντα ποιοῦσι τοῖς ἔμφροσιν ἄρχουσιν οὐκ ἔστιν ἁμάρτημα, μέχριπερ ἂν ἓν μέγα φυλάττωσι, τὸ μετὰ νοῦ καὶ τέχνης δικαιότατον ἀεὶ διανέμοντες τοῖς ἐν τῇ πόλει σῴζειν τε αὐτοὺς οἷοί τε ὦσιν καὶ ἀμείνους ἐκ χειρόνων ἀποτελεῖν κατὰ τὸ δυνατόν [4]).

Die Gesetzgebung hat nur Bedeutung für die Masse von Menschen, die niemals imstande ist, sich dieses Wissen anzueignen [5]), nicht für den Wissenden [6]), der niemals an Gesetze gebunden ist, wenn er auf Grund seines Wissens etwas anderes anzuordnen für notwendig findet [7]).

. . . τοὺς μὲν μὴ δυναμένους κοινωνεῖν ἤθους ἀνδρείου καὶ σώφρονος ὅσα τε ἄλλα ἐστὶ τείνοντα πρὸς ἀρετήν, ἀλλ' εἰς ἀθεότητα καὶ ὕβριν καὶ ἀδικίαν ὑπὸ κακῆς βίᾳ φύσεως ἀπωθουμένους, θανάτοις τε ἐκβάλλει καὶ φυγαῖς καὶ ταῖς μεγίσταις κολάζουσι ἀτιμίαις [8]).

Hervorzuheben ist besonders, daß bereits im Politikos die Abhängigkeit der näheren Durchführung dieser Staatsfunktion von der realen Zusammensetzung des Staates hervorgehoben wird.

---

[1]) Politikos, 293 d.
[2]) Politikos, 296 d.
[3]) Politikos, 296 a, b.
[4]) Politikos, 297, b.
[5]) Politikos, 297 c, 300 e.
[6]) Politikos, 295 b.
[7]) Politikos, 295 c, d.
[8]) Politikos, 308 e, 309.

Ist der Leitende des Staates der Wissende, dann sind die einzelnen Handlungen, die nach seinem Befehl vorzunehmen sind, lediglich durch das von ihm gewußte Prinzip der Ordnung bestimmt; eine Bindung seiner Anordnungen durch feste, schematisierende Gesetze ist nur schädlich, da sie den Bedürfnissen des konkreten Falles nicht vollkommen nachkommen können. Niemals kann ein Gesetz das, was genau für alle zugleich das Beste und Gerechteste ist, in sich befassen und darnach das Zweckmäßigste befehlen. Die Verschiedenheit der Menschen und ihrer Handlungen und der Umstand, daß nichts Menschliches je stetig und ruhig bleiben kann, lassen keine einzelne Kunst für die Verschiedenheiten der Gegenstände und der Zeitpunkte ausreichend erscheinen [1]). Das Gesetz geht wie ein eigenwilliger, ungebildeter Mensch vor, der nichts gegen seine Bestimmung tun läßt und niemanden befragt, auch, wenn ein neues, besseres Verhältnis für ihn eintreten sollte, das der von ihm gegebenen Bestimmung widerstreitet.

τὸν δέ γε νόμον ὁρῶμεν σχεδὸν ἐπ' αὐτὸ τοῦτο συντείνοντα, ὥσπερ τινὰ ἄνθρωπον αὐθάδη καὶ ἀμαθῆ καὶ μηδένα μηδὲν ἐῶντα ποιεῖν παρὰ τὴν ἑαυτοῦ τάξιν, μηδ' ἐπερωτᾶν μηδένα, μηδ' ἄν τι νέον ἄρα τῳ συμβαίνῃ βέλτιον παρὰ τὸν λόγον ὃν αὐτὸς ἐπέταξεν [2]).

Für die große Masse, der der Herrscher nicht das dem Einzelfall Angemessene jeweils befehlen kann, sind Gesetze notwendig [3]). Der Herrscher wird durch Gesetze das für die Masse Angemessene, mit Rücksicht auf diese generalisierende Betrachtung des Zusammenlebens allerdings nur in groben Umrissen feststellen, sei es im geschriebenen Gesetz, sei es durch Anerkennung von Gewohnheitsrecht [4]). So wird er durch Gesetze die Masse erziehen [5]). Gesetze muß also der Herrscher auch zur Bindung seiner handelnden Organe erlassen. Dies gilt insbesondere für die Richter. Die Richter haben lediglich die von dem Herrscher

---

[1]) Politikos, 294 b.
[2]) Politikos, 294 c.
[3]) Politikos, 295.
[4]) Politikos, 295 5.
[5]) Politikos, 310.

ausgehenden Bestimmungen anzuwenden, bei der Gesetzesanwendung alle Gefühlserwägungen auszuschalten [1]).

Der richterliche Beruf ist nicht ein Herrscherberuf; er ist nur Wächter und Diener der Gesetze.

... τὴν τῶν δικαστῶν ... ῥώμην ἀνευρίσκομεν οὐ βασιλικὴν οὖσαν ἀλλὰ νόμων φύλακα καὶ ὑπηρέτιν ἐκείνης [2]).

So werden die verschiedenen Staatsformen danach unterschieden, ob im Staat das Wissen zur Verwirklichung kommt oder nicht [3]). Der auf dem Wissen ruhenden Verfassung stellt er jene entgegen, in der das Recht und die Strafe auf einem Wollen beruht.

Hier gibt die unkundige Masse einfach ihren Willen kund, wie das Zusammenleben geregelt sein soll, und legt dies ein für allemal in den Gesetzen fest [4]).

Niemand darf es dann wagen, diesem kundgegebenen Willen zuwider etwas anderes zu tun; wer es wagt, ist mit dem Tode und den härtesten Strafen bedroht [5]). Der Wille des Gesetzes wird zur höchsten Autorität, gleichzeitig aber zum Ausdruck der höchsten Staatsweisheit erhoben; οὐδὲν γὰρ δεῖν τῶν νόμων εἶναι σοφώτερον [6]).

Jeder Versuch, andere zu Höherem als dem durch den Willen der Masse festgelegten zu bestimmen, wird mit den höchsten Strafen belegt [7]).

Die Gesetzgebung als Ausdruck des Willens der Masse ist aber ein notwendiges Übel jedes Staates, in dem viele zur Herrschaft kommen sollen.

In einer solchen Gesetzgebung schlägt sich wenigstens die Erfahrung vieler nieder [8]). Durch die Masse wird es nicht möglich, daß der individuelle Wille eines Unwissenden zum Gesetze

[1]) Politikos, 305 b, c.
[2]) Politikos, 305 c.
[3]) Politikos, 292 ff., 292 c ff.
[4]) Politikos, 298 a-e.
[5]) Politikos, 297 e.
[6]) Politikos, 299 c.
[7]) Politikos, 299 c.
[8]) Politikos, 300 b.

würde, indem die Gewalten in ihren kleinen Teilchen auf viele verteilt sind [1]). Deswegen ist auch die Bindung des einzelnen an das Gesetz notwendig [2]), insbesondere bei den Staatsorganen, die durch einen ihr Wissen jedenfalls nicht nachweisenden Akt, Wahl oder Los, zur Regierung berufen sind [3]).

Überall dort, wo nicht ein wissender Herrscher vorhanden ist — in der herrschenden Masse ist niemals ein praktisches Wissen möglich [4]) —, sind Gesetze, die von der Menge ausgehen, notwendig [5]), diese müssen unbedingt beobachtet werden [6]). Geschieht dies, dann ahmt man wenigstens das Richtige nach [7]).

Je mehr in einem Staate, in dem nicht ein Wissender herrscht, das der Allgemeingültigkeit entbehrende subjektive Wollen des Menschen zum Durchbruch kommt um so schlechter ist der Staat.

Während es als das Beste erscheint, wenn ein an keine Gesetze gebundener Wissender, der wahre König, herrscht [8]), ist es das schlechteste, wenn einer herrscht, der lediglich seinen Begierden folgend sich an Gesetze nicht hält; hier liegt Tyrannis [9]) vor.

Weil man nicht glaubt, daß ein Mensch bestehen kann, der die Weisheit hat, und den Willen, der Weisheit gemäß zu herrschen [10]), sucht man nach einer Verfassung, bei der durch die natürliche Zusammensetzung der Regierungszentren eine gewisse Garantie geboten wird, daß ihr Wille nicht lediglich subjektive Bedeutung habe.

Die größte derartige Garantie ist dort gegeben, wo man den Willen der Masse allein als Herrschaftswillen entscheiden läßt, dafür aber verzichtet auf die Weisheit derjenigen, die am Regierungsakt beteiligt sind. So ergibt sich eine Stufenleiter der

[1]) Politikos, 300.
[2]) Politikos, 300 c.
[3]) Politikos, 300.
[4]) Politikos, 300 e.
[5]) Politikos, 301 e.
[6]) Politikos, 301.
[7]) Politikos, 301.
[8]) Politikos, 301 b, 302 e, 303 b.
[9]) Politikos, 301 c.
[10]) Politikos, 301 d.

Verfassungen, die durch die Kombination der beiden Prinzipien: Wissen, das im einzelnen oder wenigen nur zu finden ist, Beteiligung einer Mehrheit von Personen an den Regierungsgeschäften, um den lediglich individuell motivierten Willen auszuschließen, gegeben ist.

Königtum, Aristokratie sind gegenüber der Demokratie der Verwirklichung des Wissens wegen zu bevorzugen: Oligarchie und Tyrannis weisen auf die Entartung der Verfassung durch den Durchbruch des individuellen Willens als Inhalt des Herrschaftswillens [1]).

Damit zeigt Plato die Abhängigkeit der Durchführung der Staatsaufgaben, zu denen auch das Strafen gehört, von den verschiedenen Möglichkeiten einer Organisation der Staatsgewalt. Die gesetzliche Regelung der Staatsaufgaben wird darauf Rücksicht zu nehmen haben, wieweit bei den Organen, die Durchführer des staatlichen Willens sein sollen, durch ihre natürliche Beschaffenheit bereits, das für die Regierenden notwendige Wissen vorhanden ist, resp. wieweit durch die Zusammensetzung des Staatsorganes bereits Garantien für die mechanische Verhinderung eines Mißbrauchs der Herrschaftsvollmacht gegeben sind.

Danach wird auch die einzelne konkrete gesetzliche Regelung zu beurteilen sein, die bei einer bestimmten Staatsorganisation der Verwirklichung der idealen Staatszwecke, bei einer anderen Organisation dagegen, um die mangelnden natürlichen Garantien gegen einen Herrschaftsmißbrauch zu ersetzen, der gesetzlicher Bindung der Staatsorgane nachstreben muß.

VI. Die Gesetze.

1. Die Vernunftnotwendigkeit des Staates.

Die Tendenz, die durch die Vernunft geforderte Gestaltung des Staates und seiner Institutionen in ihrer durch die realen Verhältnisse bedingten Modifikation im historischen Staat aufzuzeigen, tritt auch in den „Gesetzen“, den Νόμοι, hervor. Es mag wohl bereits der Einfluß der auf das Empirische gerichteten

[1]) Politikos, 302 c.

Lehre des Aristoteles gewesen sein, der auch Platos letztem Werk die Richtung auf das praktische Leben gegeben [1]).

Daß ein Staat für sterbliche Menschen geschaffen werden muß, in dem weder Götter regieren, noch Göttersöhne regiert werden, ist für die Abkehr von den durch die Vernunft unmittelbar als richtig erkannten Institutionen des Staates und seiner Regelung maßgebend [2]). Daß die konkrete Regelung, die Plato in den „Gesetzen" zu entwickeln sucht, von dem Ideal verschieden ist, steht nicht im Widerspruch damit, daß die konkreten Institutionen des Staates nach dem durch die Idee des Richtigen gegebenenen Zielpunkt beurteilt werden müssen.

So heißt es in den „Gesetzen" [3]): „Glaubt nicht...., daß mir selbst bei unseren Beratungen die vorgebrachten Einwürfe unbekannt geblieben sind; ich gestehe, daß man sie in gewisser Art mit gutem Grunde geltend machen kann. Gleichwohl achtete ich es bei allem, was ins Leben gerufen werden soll, für durchaus billig, daß der, der das Muster bald aufstellen und zeigen will, wie das Unternommene werden muß, nicht unter die höchste Stufe von Schönheit und Wahrheit heruntergeht. Wer dabei auf eine Unmöglichkeit in der Ausführung stößt, sucht diese zu vermeiden und richtet die Sache nicht so ins Werk; was dagegen unter den übrigen Dingen dieser Stufe am nächsten liegt und nach seiner Natur mit dem, was eigentlich geschehen sollte, in der engsten Verwandtschaft steht, auf dessen Verwirklichung wird er mit allen Mitteln hinarbeiten."

Der Gesetzgeber soll erst ruhig seinen Plan machen, erst wenn dies geschehen ist, untersuche man seine Realisierbarkeit [4]).

Auch der reale Staat hat die Aufgabe einer Verwirklichung des Vernünftigen, des Willens der Gottheit [5]); der höchste Zweck des Staates ist die Tugend seiner Bürger und die durch die Tugend bedingte Glückseligkeit derselben [6]).

[1]) Pfleiderer, c. l. S. 900 ff.; Maier, c. l. S. 596.

[2]) Nomoi, 853 c, 854 a, 739 d; Pfleiderer, c. l. S. 743.

[3]) Nomoi, V. 746 b ff., deutsch von E. Eyth, III. Aufl.

[4]) Nomoi, 746 c.

[5]) Nomoi, IV. 713 a, e.

[6]) Nomoi, I. 631 b ff., 688 a ff., IV. 705 d, 707 c f., 715 b, 718 c, V. 742 d ff., VI. 770 e, VIII. 828 e, Zeller, c. l. S. 896 Anm. 1 u. 2, S. 952.

Die Vernunft jedes einzelnen fordert den Staat in dieser Gestalt, da kein Mensch in seiner Isoliertheit zur Tugend gelangen kann; der Mensch in seiner natürlichen Beschaffenheit unter der Herrschaft seiner Lüste und Begierden wird notwendigerweise zu Frevel und Ungerechtigkeit getrieben [1]). Wie einst Gott selbst, der die Unfähigkeit der Menschen, aus sich selbst heraus ihr Ziel zu erreichen, kannte, ihnen Wesen von höherer Einsicht zu Herrschern bestellt, die Vernünftigkeit im Staat verwirklicht hatte [2]), so muß der Mensch heute, wo er von sterblichen Menschen regiert wird, diesen Idealzustand nachzuahmen suchen, indem die Satzungen der Vernunft zu Gesetzen erhoben werden [3]).

Nur durch die Unterordnung unter die Herrschaft der Vernunft fügt man sich ein in die das Weltall durchziehende Gesetzmäßigkeit, die identisch ist mit dem Willen Gottes.

„Gott ist es, schon nach einem alten Wort, der Anfang, Mitt' und Ende aller Dinge in seinen Händen hält. Und dieser Gott wandelt umher, und überall, seiner Natur gemäß, geht er den geraden Weg. Und allezeit ist die Gerechtigkeit seine Begleiterin, die da züchtigt alle, die das göttliche Gesetz nicht vollkommentlich erfüllen. Wer nun zum wahren Glück gelangen will, der schließt sich an und folgt ihr gleichfalls nach, aber in Demut und Sittsamkeit [4])."

Gott ist das Prinzip der höchsten Gesetzmäßigkeit, der Widerspruchslosigkeit, Gott, nicht der Mensch, ist daher das Maß aller Dinge.

„Und Gott wird uns wohl am ehesten als das rechte Maß erscheinen von allem, was da ist, weit mehr, als so ein Mensch, wie sie behaupten. Wer nun einem solchen Gott will wohlgefällig werden, muß selbst nach Kräften ihm ähnlich werden. Diesem Satze entsprechend ist einer von uns Gott wohlgefällig, wenn er die weise Mäßigung besitzt; denn dann ist er ihm ähnlich; wer sie nicht besitzt, ist ihm unähnlich, lebt im Widerstreit mit ihm, ist ein u n g e r e c h t e r Mensch [5])."

[1]) Nomoi, IV. 713 c.
[2]) Nomoi, IV. 713 d.
[3]) Nomoi, IV. 714.
[4]) Nomoi, IV. 716 a.
[5]) Nomoi, IV. 716 d.

Die höchste Tugend, die in dem unmittelbaren Schauen der in der Idee des Guten verkörperten Gesetzmäßigkeit gelegen war, ist im realen Staat nicht möglich [1]).

Nur jene tatsächliche Beschaffenheit des Menschen, aus der Handlungen fließen, die sich in die objektive Gesetzmäßigkeit einordnen, kann erreicht werden, bei der aber das Bewußtsein der inneren Einheit und des Zusammenhanges der einzelnen Tätigkeiten fehlt [2]).

Diese Beschaffenheit besteht darin, daß man eine Einsicht in die Angelegenheiten der Menschen hat [3]), daß man den emotionalen Teil seiner Psyche den durch die Einsicht gemachten Forderungen unterwirft [4]); man muß Besonnenheit haben, die dem Gefühlsleben ein Maß gewährt [5]). Die durch Weisheit und Besonnenheit sich ergebende Einfügung in objektive Ordnungen ist die Tugend der Gerechtigkeit, die einen so vor den vernichtenden Folgen der Widerrechtlichkeit bewahrt [6]).

Dadurch ist das Ziel des Menschen gegeben, dessen Erreichung ihm durch den Staat ermöglicht werden soll; dadurch sind somit auch die Staatsaufgaben bestimmt.

Der Herrscher hat in allen seinen Handlungen das Augenmerk auf die Tugend, auf den Vollbegriff der ἀρετή seiner Bürger zu richten [7]).

2. Die Sicherung des richtigen staatlichen Handelns durch Behördenorganisation und Gesetzgebung.

Durch diese Aufgabe sind auch die Qualitäten der die Leitung des Staates innehabenden bestimmt; nur derjenige taugt zur Leitung des Staates, der die Tugend hinreichend kennt [8]).

---

[1]) Nomoi, 897 d, e; Pfleiderer, c. l. S. 861/62. Über das Zurücktreten der Ideenlehre vgl. Zeller, c. l. S. 953.

[2]) Zeller, c. l. S. 961.

[3]) Nomoi, III. 688 a ff.

[4]) Nomoi, III. 689 a.

[5]) Nomoi, IV. 710 a, 716 c, III 696 ff.; Pfleiderer, c. l. S. 838 ff.; Zeller, c. l. S. 958. Die Tapferkeit verliert als Tugend an Wert; Nomoi, 630 a, 667 a.

[6]) Nomoi, X. 906 b; Zeller, c. l. S. 959.

[7]) Nomoi, 630 ff.

[8]) Vgl. Nomoi, 962—969; Pfleiderer, c. l. S. 833.

Daher darf im Staate Bürgern, die unverständig und ungeschickt sind, nichts von der Leitung des Staates anvertraut werden [1]).

Dieser Satz gilt für alle Personen, die irgendwelche staatliche Funktionen auszuüben haben [2]), damit sie dem, welcher der Einsicht ermangelt oder gar wegen seiner Vergehungen der zurechtweisenden Züchtigung oder Bestrafung bedarf, die nötige Belehrung und vollständige Aufklärung über die eigentliche Bedeutung der Tugend und des Lasters zu geben imstande sind [3]). Der gewichtigste Anspruch auf die Herrschaft ist durch den Verstand gegeben.

Ebenso wie im Einzelmenschen muß auch im Staat nur die Vernunft, nicht der Wille der Regierenden zur Grundlage der Regelung des Lebens werden [5]).

In einem Staate, in dem das Wollen der Herrschenden, nicht das Wissen regulatives Prinzip ist, ist keine Verfassung, sondern eine bloße Parteiregierung vorhanden [6]), indem die Bürger nicht als freie Menschen, sondern als Sklaven beherrscht werden [7]); es ist eine Herrschaft über Sklaven.

Der einzelne Mensch in seiner natürlichen Unvollkommenheit vermag aber nicht auf die Dauer seinen individuellen Willen gegenüber dem durch die Vernunft erkännten, objektiven zurückzudrängen.

Wenn auch die Zentralisation der Staatsgewalt in den Händen eines Menschen als Ideal anzustreben ist [8]), so muß doch wieder mit Rücksicht auf die menschliche Unvollkommenheit nach Garantien gegen einen Mißbrauch seiner Macht gesucht werden.

Nur zu leicht verwandelt sich im Einzelmenschen das Handeln auf Grund eines Wissens in ein solches auf Grund subjek-

---

[1]) Nomoi, 689 c.
[2]) Nomoi, 964 c.
[3]) Nomoi, 964 c, 966 b.
[4]) Nomoi, 690 b, c, 715.
[5]) Nomoi, 714, XII 963.
[6]) Nomoi, 832 c.
[7]) Nomoi, 712 e.
[8]) Nomoi, 711 ff.

tiven Wollens [1]). Es muß daher im Staate nach einer derartigen Organisierung der vorhandenen Kräfte gesucht werden, daß einerseits bei den, staatliche Funktionen Ausübenden ein Wissen vorhanden sei, andererseits aber, durch gegenseitige Beschränkung der Gewalten, die subjektive Willkür der Herrschenden möglichst ausgeschaltet, die Einheit des Staates und die Freiheit der Bürger garantiert werde [2]).

Wenn eine Macht die Oberhand gewinnt, ihr Wollen zum regulativen Prinzip des Staates erhebt, dann geht die Freiheit und Einheit im Staate unter; der Staat wird diesen Namen nicht mehr verdienen [3]).

Als Mittel zur Erreichung dieses Zieles sieht Plato einerseits eine Behördenorganisation vor, die auf einer Kombination der beiden Prinzipien beruht. Kollegialität und Los bei der Auswahl der staatlichen Funktionäre sollen die Freiheitsgarantie darstellen, bewußte Auswahl aus der Vielheit durch Kenntnisse qualifizierter Personen das Wissen sicherstellen [4]).

Diese Organisation der staatlichen Behörden muß von einem Kollegium gekrönt sein, das ein objektives Wissen von dem höchsten Staatswerk hat [5]). Von diesem Zentrum der Wissenden, der Vernunft des Staates [6]), müssen alle Anordnungen ausgehen, die alle dem gemeinsamen Ziel des Staates: der Tugend seiner Bürger, zustreben [6]). Dieses Wissen muß sich auf jenes Eine und Gleiche beziehen, das sich durch die Sondertugenden der Weisheit, Besonnenheit, Gerechtigkeit und Tapferkeit hindurchzieht [7]); es ist die das ganze Weltall durchziehende Gesetzmäßigkeit des Vernünftigen [8]). Alle anderen Behörden erscheinen diesem Herrscherkollegium gegenüber als Diener [9]).

[1]) Nomoi, 691 c ff., Pfleiderer, c. l. S. 732; Pöhlmann, c. l. I, S. 483 ff.

[2]) Nomoi, 693 d ff., 701 d f., Zeller, c. l. S. 962.

[3]) Nomoi, 693 a ff., 697 d, 701 e, 712 e, 714 b, 715 b, VIII. 832 b ff.; Zeller, c. l. S. 962.

[4]) Vgl. über die Einzelheiten dieser Organisation Zeller, c. l. S. 963; Pfleiderer, c. l. S. 764; Pöhlmann, c. l. S. 547.

[5]) Nomoi, XII. 962; Pöhlmann, c. l. S. 557.

[6]) Nomoi, XII. 963 a.

[7]) Nomoi, XII. 965 b.

[8]) Nomoi, XII. 966 d, e.

[9]) Nomoi, XII. 968.

Neben dieser, durch Mischung von aristokratischen und demokratischen Elementen erzielten Garantie von Wissensherrschaft und Freiheit kommt das Gesetz als objektive Regel für die Handlungen der Staatsorgane, als Garantie der Freiheit in Betracht.

Die Obrigkeiten müssen sich an die Gesetze als die Objektivierung des Richtigen halten.

Allerdings gibt Plato auch in den „Gesetzen" zu, daß die Gesetze nur durch die Unvollkommenheit der Menschen notwendige Beschränkungen der Freiheit der Regierenden zwecks Garantie der Freiheit der Untertanen sind.

„Wäre irgend einmal ein von Natur tüchtiger Mensch durch göttliche Fügung dazu geboren, so bedürfte es keiner Gesetze, ihn zu leiten. Denn vorzüglicher als das Wissen, ἐπιστήμη, ist weder ein Gesetz, noch eine Einrichtung, noch ist es dem göttlichen Willen gemäß, daß der Geist, wenn er seiner Natur nach ein wahrhaft freier ist, von irgend etwas abhängig oder dessen Sklave sei, sondern er hat alles zu beherrschen.... Nun gibt es aber nirgends einen solchen, es sei denn auf kurze Zeit. Darum ist es nötig, gute Einrichtungen und das Gesetz zu wählen, welches vieles sieht und beobachtet, für alles aber es nicht vermögend ist [1])."

So müssen im Staate die Herrschenden Diener der Gesetze sein, die auf das Beste des ganzen Staates gerichtet sind, nicht wie Parteisatzungen das Wohl einzelner verfolgen [2]). Durch die Unterordnung der Herrscher unter die Gesetze wird allein das Heil des Staates erhalten.

τοὺς δ' ἄρχοντας λεγομένους νῦν ὑπηρέτας τοῖς νόμοις ἐκάλεσα οὔ τι καινοτομίας ὀνομάτων ἕνεκα, ἀλλ' ἡγοῦμαι παντὸς μᾶλλον εἶναι παρὰ τοῦτο σωτηρίαν τε πόλει καὶ τοὐναντίον. ἐν ᾗ μὲν γὰρ ἂν ἀρχόμενος ᾖ καὶ ἄκυρος νόμος, φθορὰν ὁρῶ τῇ τοιαύτῃ ἑτοίμην οὖσαν· ἐν ᾗ δὲ ἂν δεσπότης τῶν ἀρχόντων, οἱ δὲ ἄρχοντες δοῦλοι τοῦ νόμου, σωτηρίαν καὶ πάντα ὅσα θεοὶ πόλεσιν ἔδοσαν ἀγαθὰ γιγνόμενα καθορῶ [3]).

---

[1]) Nomoi, IX. 875 c ff.; Pfleiderer, c. l. S. 732; Zeller, c. l. S. 960.

[2]) Nomoi, 715 b.

[3]) Nomoi, IV. 715 c, d; vgl. auch V. 729 d, 762 e; Pfleiderer, c. l. S. 733, Zeller, c. l. S. 960.

3. Die Generalmotivation als Staatsfunktion.

Aus der ideellen Aufgabe des Staates für die Wohlfahrt des Ganzen zu sorgen, indem er die einzelnen Menschen der objektiven Gesetzmäßigkeit unterordnet, sind auch seine Zwecke bestimmt; die Gestaltung ihrer Durchführung ist im Staate der sterblichen Menschen mitbedingt durch die Eigenart des Mittels, das dem Staate zur Vollführung seiner idealen Zwecke immer nur in den unvollkommenen Menschen gegeben ist. Die erste Aufgabe des Staates ist die Aufstellung von Gesetzen, die jene Handlungen bezeichnen, die sich der durch die Vernunft erkannten objektiven Gesetzmäßigkeit des Weltgeschehens einordnen [1]). Diese Gesetze sollen die Menschen über die Vernunftnotwendigkeit der darin verlangten Handlungsweise zu belehren und zu überzeugen suchen, eventuell, wenn diese Überredung nicht ausreicht, Zwang und Strafe gegenüber Rechtswidrigkeiten androhen [2]).

Die Gesetze sollen von den Menschen ein bestimmtes Verhalten im Namen des Wissens, nicht aber lediglich als Willen der Herrschenden verlangen; damit würden sie nur dem Sklavenarzt nachahmen, der das zur Heilung dem Sklaven Notwendige diesem als Ausdruck seines tyrannischen Willens aufnötigt [3]).

Nicht nur durch die einfache Strafsanktion soll ein gesetzmäßiges Verhalten der Menschen erreicht werden, sondern auch durch Überredung und Aufmunterung [4]). Überredung und Zwang sind die beiden Mittel, um die Menschen zu den in den Gesetzen enthaltenen Regeln der Vernunft zu bestimmen [5]).

So wird jedes Gesetz zwei Bestandteile enthalten: den reinen Befehl und ein Proömium, das die Vernunftnotwendigkeit der in Befehlsform verlangten Verhaltungsweise zeigt [6]). Es muß insbesondere in den Menschen die Überzeugung von der Notwendigkeit der Unterordnung der menschlichen Strebungen unter die Vernunft, deren Gebote vom Gesetzgeber in den Gesetzen

---

[1]) Nomoi, I. 631, 632, IV. 716 ff., IX. 875 a, 880 d.
[2]) Nomoi, IV. 718 b.
[3]) Nomoi, IV. 720 c ff., IX. 857 c.
[4]) Nomoi, IV. 720, 859 a.
[5]) Nomoi, IV. 720 b, c.
[6]) Nomoi, IV. 723.

fixiert sind, hervorgerufen werden [1]). Nur durch das gesetzmäßige Handeln wird man der Herrschaft des Wertvollsten im Menschen, seiner Seele, gerecht [2]). Denn durch die gesetzwidrigen Handlungen wird man ein schlechter Mensch [3]), dadurch wieder den Folgen ausgesetzt, die die schlechte Natur selbst hervorbringt. Die natürlichen Folgen des Ungerechtseins will Plato gar nicht als Rechtsfolgen bezeichnen, sondern als eine außerhalb des Rechtsgedankens stehende Strafe.

Zu den natürlichen Folgen des Unrechtes bemerkt er:

τοῦτο οὖν δὴ τὸ πάθος δίκη μὲν οὐκ ἔστι. καλὸν γὰρ τό γε δίκαιον καὶ ἡ δίκη, τιμωρία δὲ, ἀδικίας ἀκόλουθος πάθη, ἧς ὅτε τυχὼν καὶ μὴ τυγχάνων ἄθλιος, ὁ μὲν οὐκ ἰατρευόμενος, ὁ δὲ, ἵνα ἕτεροι πολλοὶ σώζωνται ἀπολλύμενος [4]).

Die Gesetze haben so den Zweck der Generalmotivation der Menschheit zum gesetzmäßigen Handeln, durch Vernunft, durch den Rechtsgedanken und durch Furcht [5]).

An die Vernunft wenden sich die Gesetze, indem den Menschen in einem allgemeinen Proömium die Vernunftnotwendigkeit der Gesetze überhaupt dargetan wird, dessen Inhalt mit den einleitenden Sätzen charakterisiert erscheint [6]):

προῤῥητέον δή τι περὶ πάντων τῶν τοιούτων τοιόνδε, ὡς ἄρα νόμους ἀνθρώποις ἀναγκαῖον τίθεσθαι καὶ ζῆν κατὰ νόμους, ἢ μηδὲν διαφέρειν τῶν πάντῃ ἀγριωτάτων θηρίων. ἡ δὲ αἰτία τούτων ἥδε, ὅτι φύσις ἀνθρώπων οὐδενὸς ἱκανὴ φύεται ὥστε γνῶναί τε τὰ συμφέροντα ἀνθρώποις εἰς πολιτείαν καὶ γνοῦσα τὸ βέλτιστον ἀεὶ δύνασθαί τε καὶ ἐθέλειν πράττειν.

An die Furcht wenden sich die Gesetze durch die Drohung einer Übelszufügung [7]).

4. Die Spezialmotivation als Staatsfunktion.

Die Aufgaben des Staates sind aber mit der Gesetzgebung, der darin erfolgten Aufzeigung des Richtigen, der generellen

[1]) Nomoi, I. 645 a.
[2]) Nomoi, V. 727 c, 728 a.
[3]) Nomoi, V. 728 b.
[4]) Nomoi, V. 728 c.
[5]) Nomoi, I. 645 a, IV. 718 b, VI. 783 a.
[6]) Nomoi, IX. 874 e, 875 a.
[7]) Nomoi, IV. 718 b.

Motivation der Bürger zum richtigen Verhalten durch Vernunft und Zwang nicht erschöpft. Die Unwissenheit und die Willensschwäche, die als der Grund aller Verfehlungen des großen Haufens bezeichnet werden [1]), müssen auch durch die staatliche Motivation jedes einzelnen beseitigt werden. Dieser Aufgabe dient zunächst die Erziehung [2]).

So heißt es [3]) über die Aufgaben der Erziehung:

„daß nämlich die Erziehung der Jugend eben in einem Hinziehen und Hinleiten zu den Ansichten bestehe, welche von dem Gesetz für die richtigen erklärt worden sind, und wobei auch die geordnetsten, durch das Alter gereiftesten Männer nach ihren gemachten Erfahrungen mit übereinstimmen, daß es wirklich die richtigen Ansichten seien."

Der einzelne muß in Übereinstimmung kommen mit dem Gesetze, resp. mit den Männern, die von der Richtigkeit des Gesetzes überzeugt sind.

So besteht Platcs Erziehung zur Tugend darin, daß Lust und Liebe, Unlust und Haß auf die richtige Weise in die Seele kommen, während der Mensch noch außerstande ist, sich davon Rechenschaft zu geben — und daß dann in der Zeit, da man sich Rechenschaft gegeben hat, jene Empfindungen mit der Vernunft übereinstimmen und beide sagen, daß sie durch eine ganz passende Angewöhnung und vollkommen richtig den Menschen beigebracht worden sind [4]).

Ebenso ordnet sich der Gedanke der Strafe, als eines nach den Gesetzen der Vernunft den Menschen zugefügten Übels dem System der staatlichen Funktionen, die durch den obersten Staatszweck bedingt sind, ein. In den Ausführungen der „Gesetze" über die Gestaltung des Strafrechts zeigt sich in weitem Umfang die Tendenz an das empirische Recht, insbesondere an das athenische, den Anschluß zu gewinnen [5]). So wirkt auch die im

---

[1]) Nomoi, 734 b.

[2]) Nomoi, II. 659 d. Über die weitere Ausgestaltung der Erziehung vgl. VII. VIII. 828—835.

[3]) Nomoi, II. 659 d.

[4]) Nomoi, II. 653 d.

[5]) Pfleiderer, c. l. S. 738

historisch gegebenen Recht enthaltene Macht bestimmend mit bei den Gesetzesvorschlägen zur Gestaltung des Strafrechtes, die nach den Gedanken des obersten Staatszweckes orientiert ist. Auch in den Gesetzen wird das Prinzip des Strafens dahin bestimmt, daß es ein Mittel sein soll, den einzelnen in die Gesetzmäßigkeit des Ganzen einzufügen.

οὐ γὰρ ἐπὶ κακῷ δίκη γίγνεται οὐδεμία γενομένη κατὰ νόμον, δυοῖν δὲ θάτερον ἀπεργάζεται σχεδόν· ἢ γὰρ βελτίονα, ἢ μοχθερότερον ἧττον ἐξειργάσατο τὸν τὴν δίκην παρασχόντα[1]).

Dieser Gedanke wird dann des näheren ausgeführt, indem bereits die aus der Idee des Strafens sich ergebenden Gestaltungen des Strafmaßes und des Strafgesetzes zur Erörterung gelangen[2]). „Der Verbrecher soll neben der vollen Gutmachung des Schadens, den er durch seine Tat verursacht hat, eine weitere Strafe, δίκη σωφρονιστύος ἕνεκα, erleiden, und zwar wenn er durch den Unverstand eines Dritten, wie durch Überredung, die bei seiner Jugend oder aus ähnlichen Gründen möglich war, zu seinem Vergehen kam, eine leichtere. Wer dagegen aus eigenem Unverstand oder durch Mangel an Selbstbeherrschung bei Lust und Leid sich verfehlte, als ein Mensch, der leicht in feige Ängste oder mancherlei Begierden, in unheilbare Ausbrüche von Haß oder Leidenschaft verfällt — dieser erhält dann eine schwerere Strafe. Nicht um des begangenen Verbrechens willen muß er eine Strafe erleiden (denn das Geschehene kann ja nie ungeschehen gemacht werden), sondern deswegen, daß er für die Zukunft selbst entweder jedes Unrecht vollständig und von Herzen meidet (wie auch alle, die ihn der strafenden Gerechtigkeit verfallen sehen) oder doch einen beträchtlichen Teil dieses Elends von sich abschüttelt.

Aus allen diesen Gründen und im Hinblick auf alles Ähnliche sollen die Gesetze, wie ein guter Schütze, pünktlich zielen, um bei der Größe der Bestrafung jedes einzelnen und hauptsächlich bei der Bedeutung des Verbrechens das Richtige zu treffen. Und bei der Ausführung dieser Aufgabe muß der Richter den Gesetz-

---

[1]) Nomoi, IX. 854 d.

[2]) Nomoi, XI. 933 e, 934 a, b, c.

geber unterstützen, so oft ihm ein Gesetz das Geschäft aufträgt, zu bestimmen, was der Verurteilte persönlich erleiden oder an Geld bezahlen soll. Der Gesetzgeber aber soll, wie ein Maler, eine Skizze von den etwaigen wirklichen Handlungen entwerfen, so daß sie an die schriftliche Bestimmung sich anpassen."

Mag nun ein Gesetzgeber durch Taten oder durch Worte, unter Anwendung von Lust oder von Schmerz, von Ehre oder von Schande, von Geldbußen oder von Geldbelohnungen oder auf welche Weise immer zustande bringen, daß er dem, welcher, fehlte, das Verbrechen und Unrecht verhaßt macht und ihm Liebe zur Gerechtigkeit einflößt oder wenigstens seine Abneigung gegen dieselbe benimmt, immer wird er damit eine Aufgabe der schönsten Gesetzgebung erfüllen. Wenn der Gesetzgeber aber einen in dieser Beziehung für unheilbar erachtet, welche Strafe wird er für diesen im Gesetz bestimmen?

Da er einsieht, daß für diese das Weiterleben ohnehin nicht besser ist, den anderen aber ihre Entfernung aus dem Leben doppelten Nutzen bereitet, darin bestehend, daß sie einerseits den anderen ein Beispiel ist, damit sie selbst nicht unrecht tun, andererseits den Staat von solchen Verbrechern befreien, so muß er auf solche Fälle als Strafe den Tod unbedingt setzen [1]).

Die Abhängigkeit der Durchführung dieses Strafgedankens von den realen Machtverhältnissen führt uns Plato vor, als er die Neugründung eines Staatswesens theoretisch betrachtet.

Nur wer Tyrann und Gesetzgeber zugleich ist, könnte die radikale Säuberung des Staates von antisozialen Elementen vornehmen. Ein Gesetzgeber, der nicht solch unumschränkte Gewalt hat, muß sich zufrieden stellen, wenn er die oberflächlichste Reinigung des Staates vornehmen kann.

„Die beste Art ist mit Schmerz verbunden, wie das ähnlich auch bei körperlichen Heilmitteln der Fall ist. Sie führt auf dem Wege der Gerechtigkeit zur Bestrafung begangener Übeltaten und schließt ihre Züchtigung zuletzt mit Tod oder Verbannung ab. Denn Leute, die sich der größten Verbrechen schuldig gemacht haben, keine Besserung hoffen lassen und für einen Staat

[1]) Nomoi, IX. 862 d, e.

das größte Übel bilden, pflegt sie aus ihm ganz fortzuschaffen [1]).

Hat der Herrscher nicht diese Macht, dann kann er höchstens die, die aus Mangel an Lebensunterhalt denen folgen, die sie zum Angriff auf das Eigentum der Besitzenden führen, als einen Krankheitsstoff, der im Staate entstanden ist, unter dem wohlklingenden Namen einer Koloniegründung aus dem Staate entfernen [2]).

Die Durchführung der Platonischen Grundidee des Strafens, die aus der Idee des Staates, aus seinen Aufgaben abgeleitet war, zeigt deutlich das Ringen des Philosophen mit der Überfülle des empirischen Stoffes, der sich ihm insbesondere in der Strafgesetzgebung seiner Heimatstadt dargeboten hatte.

Nicht mehr, wie im „Staat", wird hier aus der Vernunft das Rechtssystem konstruiert; Plato sucht, ausgehend vom historisch Gegebenen, dieses im Sinn seiner Rechtsauffassung zu rationalisieren, resp. nach den Forderungen derselben weiterzubilden.

Die Einzelgesetzgebung war, wie bereits erwähnt, notwendig, um die Menschen zu informieren, welche Verhaltungsweisen der Menschen notwendig sind, damit sie in Frieden und Freundschaft leben können [3]). Doch war die Einzelgesetzgebung auch notwendig, zur Bestimmung der Strafen, die jene Personen treffen sollten, die das gesetzmäßige Benehmen nicht bewahrten.

Allerdings ist bereits die Annahme einer Gesetzwidrigkeit als realer Tatsache des menschlichen Zusammenlebens ein Schimpf für den Staat, der sich die Verwirklichung der Tugend zum Ziele setzt [4]).

Solange aber nur für Menschen, nicht für Götter und Göttersöhne Gesetze gegeben werden, muß die Gesetzgebung auch die Regelung der Fälle vorsehen, in denen eine Strafe gegenüber einem gesetzwidrig Handelnden ausgesprochen werden muß. Es gilt jeden einzelnen Fall des wirklichen Strafens durch Gesetz zu bestimmen, ebenso wie die Strafe, die im einzelnen Straffall

[1]) Nomoi, V. 735 d.

[2]) Nomoi, V. 736.

[3]) Nomoi, IX, 880 e.

[4]) Nomoi, IX. 853 b.

einzutreten hat, und die Gerichte, die darüber zu entscheiden haben, im Gesetze festzusetzen sind[1]).

Wie weit hierin die Gesetzgebung gehen muß, bestimmt durch die Notwendigkeit, in den Hauptzügen die Formen der Strafen anzugeben, damit die Richter nach ihrem Muster zu Werke gingen, um die Schranken des Rechts nicht zu überschreiten[2]), läßt sich nicht von vornherein sagen. Dies hängt von der Qualität der Richter ab, die durch die Gesetze gebunden werden sollen.

„Wenn in einem Staate die Gerichtsstellen schlecht und gleichsam sinnlos sind, indem sie mit ihren Absichten Hehlerei treiben und ihre Entscheidungen nur heimlicherweise abgeben, oder auch (was noch viel entsetzlicher ist), wenn es dabei keineswegs still zugeht, sondern ein Höllenlärm ist wie im Theater, wenn man abwechselnd dem Sprecher der einen und der anderen Partei mit lautem Geschrei seinen Beifall oder sein Mißfallen ausdrückt und in solcher Weise das Urteil fällt, da kann in der Regel nur großes Unheil für den ganzen Staat daraus entstehen. Für derartige Gerichtsstellen nun Gesetze zu entwerfen und hierzu durch irgendeine Notwendigkeit veranlaßt zu sein, ist kein hohes Glück; ist man aber dennoch durch einen derartigen Zwang gebunden, so hat man nur in den allergeringsten Fällen den Richtern die Strafbestimmung zu überlassen; für die meisten Fälle muß man selbst das Gesetz ausdrücklich geben, wenn man überhaupt bei einer so schlechten Verfassung noch Gesetze geben kann."

„Wo dagegen in einem Staate die Gerichtshöfe wohl bestellt sind, indem die, welche Recht sprechen sollen, eine gute Zucht und Bildung genossen und sich einer sorgfältigen Prüfung haben unterziehen müssen, da ist es ganz recht und billig und wohlgetan in vielen Fällen, den Richtern die Entscheidung über das Maß der den Verurteilten aufzulegenden Strafe oder Buße anheimzugeben, und daher kann es auch niemand mißbilligen, wenn wir unsererseits unsern Richtern für die hauptsächlichsten und meisten Fälle, in welchen auch schlechter erzogene Richter wohl

---

[1]) Nomoi, IX. 853 a.

[2]) Nomoi, IX. 876 a.

imstande sein werden, einzusehen und abzumessen, wie groß die zu leidende Strafe oder Buße sein müsse, um der Größe des Verbrechens oder Vergehens zu entsprechen, keine Vorschriften machen [1])."

5. Ein Strafgesetzentwurf.

Der Entwurf einer positiven Strafgesetzgebung, den Plato in den „Gesetzen" zu geben versucht, zeigt das Streben, den beiden durch die Vernunft gegebenen Aufgaben des Strafgesetzes: Generalmotivation zur Einhaltung der Grenzen des Rechtgemäßen durch die Gesetze, Begrenzung der richterlichen Freiheit bei der Strafanwendung, die durch den Gesichtspunkt der Einzelmotivation zum rechtgemäßen Handeln bestimmt ist, gerecht zu werden.

Allerdings hat Plato sich in den „Gesetzen" von dem historischen Material, das sich ihm in der positiven Gesetzgebung seines Heimatsstaates darbot, nicht freizumachen gewußt.

Die das Verhältnis zwischen Nebengeordneten regelnden Strafgesetze, die den größten Teil der positiven Strafgesetzgebung im athenischen Staat bildeten [2]), suchte auch Plato in sein System einzufügen. Der Gesetzgeber muß [3]) sowohl die ἀδικία als auch den Schaden, der durch ein Delikt verursacht ist, die βλάβη, berücksichtigen; mit Rücksicht auf den letzteren ergibt sich für den Gesetzgeber die Aufgabe:

τὸ μὲν βλαβὲν ὑγιὲς τοῖς νόμοις εἰς τὸ δυνατὸν ποιητέον, τό τε ἀπολόμενον σώζοντα καὶ τὸ πεσὸν ὑπό του πάλιν ἐξορθοῦντα καὶ τὸ θανατωθὲν ἢ τρωθὲν ὑγιὲς, τὸ δὲ ἀποίνοις ἐξιλασθὲν τοῖς δρῶσι καὶ πάσχουσιν ἑκάστας τῶν βλάψεων ἐκ διαφορᾶς εἰς φιλίαν πειρατέον ἀεὶ καθιστάναι τοῖς νόμοις [4]).

Die erste den Gesetzen gestellte Aufgabe der Generalmotivation sucht Plato insbesondere dadurch zu erreichen, daß er auch den einzelnen, die Grenzen des Rechtmäßigen begrenzenden Tatbestände mit besonderen Vorreden versieht, die die Vernunft-

[1]) Nomoi, IX. 876 c, d.
[2]) Vgl. oben I. Buch.
[3]) Nomoi, IX. 862 b, c.
[4]) Nomoi, IX. 862 c.

notwendigkeit des konkreten, vom Gesetze geforderten Verhaltens dartun sollen [1]). Größere Schwierigkeiten bereitet die Erfüllung der zweiten Aufgabe, Instruktion der Richter über die Straffestsetzung. Die Strafe muß gemäß ihrer durch die Vernunft gegebenen Aufgabe sich gegen die Ursachen des rechtswidrigen Handelns wenden, durch diese Zweckbestimmtheit ihr Maß finden.

Dem Verbrechen liegt eine Krankheit der Seele zugrunde, deren Heilung, falls sie noch heilbar ist, das Ziel des Gesetzgebers sein muß [2]).

Diese Krankheit besteht darin, daß die unvernünftigen Strebungen im Menschen die reine Vernunft nicht zur Herrschaft gelangen lassen.

Die Gewaltherrschaft von Zorn, Furcht, Lust, Schmerz, Neid, Mißgunst usw. in der Seele ist ohne Rücksicht auf den konkreten äußeren Schaden die Ungerechtigkeit [3]); dazu kommt noch die Unwissenheit, hier als Unkenntnis der objektiven Gesetzmäßigkeit genommen, als Grund eines rechtswidrigen Verhaltens in Betracht [4]).

So will er für drei Arten von Vergehungen besondere Gesetze aufgestellt wissen [5]).

Für die Delikte, die aus Furcht und Zorn entstehen [6]), für die, die aus den Lüsten und Begierden entstehen [7]), und für die, die aus Unwissenheit entstehen [8]), sind besondere Gesetze notwendig. Diese Unwissenheit ist wiederum eine zweifache; aus der einen gehen nur die kleinen Vergehen hervor; die andere ist die, in der jemand fehlgreift, nicht bloß von Unwissenheit befangen, sondern in dem Wahne der Weisheit, als verstände er das vollkommen, wovon er gar nichts versteht. Ist diese Unwissenheit noch mit Macht und Stärke ausgestattet, dann ist sie

---

[1]) Pfleiderer, c. i. S. 738 ff.

[2]) Nomoi, 862 c.

[3]) Nomoi, 863 e.

[4]) Nomoi, 863 c.

[5]) Nomoi, 864 b.

[6]) Nomoi, 863 b.

[7]) Nomoi, 863 b.

[8]) Nomoi, 863 c.

die Ursache aller großen Verbrechen; mit Schwachheit begleitet, zeigt sie sich nur in den Fehlern der Greise und Kinder [1]).

Durch diesen Zweck ist auch die Antinomie gelöst, die beim Strafen auf den ersten Blick besteht. Die Strafe, ein Übelzufügen, erscheint zunächst durch ihren Inhalt als etwas Unschönes, Schimpfliches; trotzdem soll sie als Institution des Rechtes die diesem zukommenden Qualitäten des Gerechten und Schönen tragen [2]). Diese Qualitäten erhält die Strafe dadurch, daß sie dem einzelnen etwas zufügt, was er selbst nach der Rechtsidee für sich wollen müßte.

Dieser Gedanke kommt offenbar darin zum Ausdruck, daß der Unrechthandelnde wider Willen Böses tut [3]), indem hier als Willen lediglich die durch die Vernunft gegebene Leitung des Menschen verstanden werden soll.

Die Verbindung beider Aufgaben, die Plato der positiven Strafgesetzgebung stellt, Abgrenzung der Sphären des Rechtswidrigen und Rechtmäßigen, und dementsprechende Generalmotivation und Instruktion der Richter über die bei Gesetzwidrigkeiten zu fällende Strafe, die ihr Maß durch eine psychische Disposition des Delinquenten erhält, macht keine besonderen Schwierigkeiten, wo es sich um Delikte gegen die Gesamtheit handelt [4]).

Das gilt zunächst von den Delikten, die gegen den Bestand des Staates gerichtet sind.

δς ἂν ἄγων εἰς ἀρχὴν ἄνθρωπον δουλῶται μὲν τοὺς νόμους, ἑταιρείας δὲ τὴν πόλιν ὑπήκοον ποιῇ· τοῦτον δὴ διανοεῖσθαι δεῖ πάντων πολεμιώτατον δλῃ τῇ πόλει [5]).

Das einzelne Delikt erscheint hier ebenso wie beim Delikt des Staatsverrates [6]) als Ausdruck einer psychischen Disposition,

---

[1]) Nomoi, 863 c, d.

[2]) Nomoi, 860 a.

[3]) Nomoi, 860 d.

[4]) Im folgenden sollen nur die Grundzüge seiner Gesetzgebung besprochen, die typischen Züge hervorgehoben werden. Vollständigkeit in der Aufzählung der von Plato unter Strafsanktion gestellten Gesetzesbestimmungen wurde nicht angestrebt.

[5]) Nomoi, IX. 856 b.

[6]) Nomoi, IX. 856 e.

gegenüber der die aus dem Grunde der Unheilbarkeit, resp. präsumierten Unheilbarkeit gerechtfertigte Todesstrafe als entsprechend erscheint [1]).

Ebenso wird das gegen die Götter sich richtende Delikt des Tempelraubes, das von einem Bürger trotz seiner Erziehung und Bildung begangen wird, als Zeichen der Unheilbarkeit des psychischen Defektes angesehen, so daß auch hier die Todesstrafe gerechtfertigt erscheint [2]). Gegenüber Nichtbürgern erscheint die Landesverweisung als angemessene Strafe, um ihre Besserung zu erreichen [3]).

Feiner differenziert erscheint die Wertung der in anderer Weise gegen die Staatsreligion sich richtenden Delikte. Plato fordert von jedem Bürger die Anerkennung des Bestandes einer das ganze Weltall durchziehenden Gesetzmäßigkeit, der jeder einzelne Mensch eingefügt ist, sich nicht entziehen kann [4]); ebenso wird der Glauben an eine Vergeltung im Jenseits von jedem Bürger verlangt [5]).

Als Personifikation der das Weltall durchziehenden Gesetzmäßigkeit müssen die Götter erscheinen, deren Willen gemäß das Weltgeschehen erfolgt [6]). Der Wille der Götter deckt sich mit der objektiven Gesetzmäßigkeit, ist daher einer Umwandlung, wie sie beim Willen des Einzelindividuums durch Auftreten von individuell dem primären Willensinhalt adäquaten Werten möglich erscheint, unzugänglich [7]). Die verderbliche Wirkung der Ungerechtigkeit erfolgt mit naturgesetzlicher Notwendigkeit [8]).

---

[1]) Der Tatbestand hat gleichzeitig auch die Aufgabe, die Anzeigepflicht für die Allgemeinheit bei einzelnen objektiven Geschehnissen zu bestimmen; 856 c; vgl. auch 907 e.

[2]) Nomoi, IX. 854 d.

[3]) Nomoi, IX. 854 d.

[4]) Nomoi, X. 903 b.

[5]) Nomoi, X. 905 a ff., über den Zusammenhang dieses Dogmas mit dem Problem der Willensfreiheit vgl. X. 904 b, c.

[6]) Nomoi, X. 896 d ff., 899 b ff.

[7]) Nomoi, 906 d.

[8]) Nomoi, 906 b.

Der Bestand dieser Dogmen erscheint Plato notwendig, um die Grundlagen alles Rechtes zu erhalten.

Ohne diese Dogmen geht die Objektivität des Rechtes verloren; man muß zu der Lehre kommen:

τὰ ... δίκαια οὐδ' εἶναι τὸ παράπαν φύσει ἀλλ' ἀμφισβητοῦντας διατελεῖν ἀλλήλοις καὶ μετατιθεμένους ἀεὶ ταῦτα. ἃ δ' ἂν μετάθωνται καὶ ὅταν, τότε κύρια ἕκαστα εἶναι, γιγνόμενα τέχνῃ καὶ τοῖς νόμοις ἀλλ' οὐ δή τίνι φύσει[1]).

Die Äußerungen des Unglaubens, die eventuell in Gotteslästerungen zum Ausdruck kommen, werden so als Ausdruck einer die Objektivität des Rechtes verleugnenden, daher zu Gesetzwidrigkeiten hinneigenden Gesinnung angesehen[2]).

Denn kein Mensch, welcher die genannten Dogmen annimmt, wird je absichtlich eine gottlose Tat verüben oder ein gesetzwidriges Wort reden. Das kann nur der tun, der entweder überhaupt an die Götter oder an ihre Fürsorge für die Menschen nicht glaubt, oder aber auf die Umstimmung der Götter seine Hoffnung setzt[3]). Die staatliche Bedeutung des Nichtglaubens an die durch die Götter garantierte Gesetzmäßigkeit ist jedoch noch nach dem natürlichen Charakter der Ungläubigen zu differenzieren. Wenn jemand zwar nicht an die Götter glaubt, aber eine natürliche Rechtschaffenheit des Charakters zeigt, so wird er von selbst die Ungerechtigkeit meiden[4]). Die Gefährlichkeit der Gottlosen dieser Art besteht nur darin, daß sie eventuell durch ihre Reden andere zur Gottlosigkeit verführen[5]). Tritt aber zu dieser Gottlosigkeit noch ein natürlicher Mangel an Selbstbeherrschung hinzu, so ist damit die Quelle vieler Verbrechen gegeben[6]). Personen der letzteren Art sind durch den Tod, respektive lebenslängliche Kerkerstrafe unschädlich zu machen[7]).

---

1) Nomoi, X. 889 e.
2) Nomoi, X. 890.
3) Nomoi, X. 885 b.
4) Nomoi, X. 908 b.
5) Nomoi, X. 908 c.
6) Nomoi, X. 908 d.
7) Nomoi, X. 908 e, 909 b.

Für die Personen der ersten Kategorie empfiehlt er Verurteilung zu relativ unbestimmter Strafe. Sie sollen auf nicht weniger als auf 5 Jahre in ein Besserungshaus, σωφρονιστήριον, eingesperrt werden. Ist diese Zeit der Gefängnisstrafe abgelaufen, so sollen sie, wenn sie Hoffnung geben, zu Vernunft gekommen zu sein, unter den Vernünftigen wohnen; wenn nicht, so soll ihnen von neuem der Prozeß gemacht werden, und sie die Todesstrafe treffen [1]).

Bei den Delikten gegen die Rechtspflege des Staates soll die Beurteilung derselben erfolgen, je nachdem sie Ausdruck der Habgier oder der Gewinnsucht waren. Die Habgier als Motiv rechtfertigt bei Einheimischen die Todesstrafe [2]). Bei falschem Zeugnis tritt beim zweiten Rückfall die Todesstrafe ein [3]). Bei passiver Bestechung staatlicher Funktionäre tritt sogleich die Todesstrafe ein [4]), ebenso bei der Aufnahme eines als Staatsfeind erklärten Verbannten, den jeder Staatsbürger selbst wie er Staatsfeind ist, auch als seinen eigenen Feind betrachten muß [5]).

Bei den Delikten, die sich gegen Rechtsgüter der einzelnen richten, kommt der Gesichtspunkt der staatlichen Strafe nur langsam zum Durchbruch. Der Standpunkt des historischen Rechtes, das in der Gesetzgebung, die die gegen die Rechtsgüter der einzelnen sich richtenden Delikte betrifft, nur das Wollen des durch die Tat Verletzten zu regeln trachtet, tritt auch bei Plato in den Vordergrund.

Dies gilt zunächst für die gegen das Leben des einzelnen sich richtenden Delikte.

Allerdings versucht er z. B. bei den Tötungsdelikten einen Anschluß an seine Auffassung vom Delikt als Ausdruck einer bestimmten psychischen Beschaffenheit. Die unvorsätzlichen Totschläge will er dem Zorn, die vorsätzlichen den Begierden zugewiesen und demgemäß bestraft wissen [6]). Trotzdem er-

---

1) Nomoi, X. 909 a.
2) Nomoi, 938 b, c.
3) Nomoi, 937 c.
4) Nomoi, 955 c, d.
5) Nomoi, 955 b.
6) Nomoi, 869 e, 870 a ff.

scheint beim unvorsätzlichen Totschlag das Wollen des Getöteten, repräsentiert durch seine weiterlebende Seele, für die Bestimmung der Strafe in erster Linie maßgebend. Um die unheilvollen Wirkungen des Wollens des Getöteten abzuwenden, muß der Täter für eine bestimmte Zeit das Heimatland verlassen [1]). Ungehorsam gegen dieses Gebot hat Strafverschärfung, eventuell bei Fremden Todesstrafe zur Folge [2]).

An diese aus der Zeit der Privatstrafe übernommene Regelung knüpft Plato erst die staatliche Strafe an. Eine besonders festgesetzte Verbannung wird hier als Straffolge erwähnt, κολάζων τὸν αὐτοῦ θύμον [3]). Die Zeit dieser Verbannung will er nicht ein für allemal im Gesetz festgesetzt finden, mit Rücksicht auf die verschiedene Charakterschlechtigkeit der einzelnen Totschläger [4]).

Wenn die im Gesetz als Minimum festgesetzte Zeit abgelaufen ist, sollen sich besondere Organe an die Grenzen des Landes begeben, und nachdem sie innerhalb dieser Frist die Handlungen der Verbannten noch genauer geprüft haben, die Entscheidung fällen, ob den Verbannten Verzeihung und Wiederaufnahme zu gewähren sei oder nicht.

... ἐπειδὰν δὲ ὁ χρόνος ἔλθῃ τῆς φυγῆς ἑκατέρῳ, πέμπειν αὐτῶν δικαστὰς δώδεκα ἐπὶ τοὺς ὅρους τῆς χώρας, ἐσκεμμένους ἐν τῷ χρόνῳ τούτῳ τὰς τῶν φυγόντων πράξεις ἔτι σαφέστερον, καὶ τῆς αἰδοῦς τε πέρι καὶ καταδοχῆς τούτων δικαστὰς γίγνεσθαι ...[5])

Sollte ein Totschläger nach seiner Rückkehr rückfällig werden, so soll er auf ewig des Landes verwiesen werden; wenn er trotz Landesverweisung wiederkehrt, ist er zu töten [6]).

Der Gesichtspunkt der staatlichen Strafe tritt bei den Tötungsdelikten auch insofern hervor, als die Nichteinhaltung ritueller Reinigungsvorschriften als Ausdruck der Gottlosigkeit

---

[1]) Nomoi, 865 e.

[2]) Nomoi, 866 b, c. Über weitere Unterschiede bei den vorsätzlichen Tötungen Nomoi, 867 a, b.

[3]) Nomoi, 867 d.

[4]) Nomoi, VIII. 867 d.

[5]) Nomoi, VIII. 867 e.

[6]) Nomoi, VIII. 868 a. Über die Strafe bei Tötungen von Sklaven Nomoi, VIII. 868 ff.

strafrechtlich gewertet wird [1]). Bei den vorsätzlichen Tötungen tritt die staatliche Strafe nicht hervor, da die den Willen des Getöteten resp. den Willen der rächenden Götter [2]) vollstreckende Handlung des Staates, die Tötung des Mörders, resp. wenn er geflohen, die immerwährende Landesverweisung, resp. Friedlosigkeit bei unerlaubter Rückkehr die Zwecke der staatlichen Strafe [3]) ohnehin bereits inhaltlich erfüllt.

Bei den Körperverletzungen tritt der Gesichtspunkt der staatlichen Strafe insofern hervor, als Körperverletzungen, die Folgen eines Mordversuches waren, nicht ihrem Erfolge nach, sondern dem vollbrachten Mord gleich gestraft werden sollten [4]); nur aus Ehrfurcht vor dem Dämon, der den Erfolg zugunsten des Täters abwehrte, soll eine gelindere Strafe eintreten [5]). Im allgemeinen herrscht aber bei der Regelung der Körperverletzungen noch der Standpunkt der Privatstrafe vor [6]). Die Injurien sollen als Ausdruck von Frechheit und Übermut [7]) des Zornes strafrechtlich beurteilt werden. Die Realinjurien gegenüber den Eltern werden als Zeichen der Unverbesserlichkeit bewertet [8]). Bei den Eigentumsdelikten tritt neben dem alten Gesichtspunkt der Privatstrafe bereits der staatliche hervor. Die Strafe der Diebe erscheint einerseits [9]) als Ausführung eines Wollens des Verletzten, andererseits [10]) ist sie nach dem Gesichtspunkt der staatlichen, an der Berücksichtigung der psychischen Grundlage des Diebstahls orientierten Repression bestimmt. Die Hehlerei wird dem Diebstahl gleich behandelt [11]).

Bei den Strafbestimmungen über Betrug, unter den auch der Meineid subsumiert wird [12]), wird der hervortretende Mangel

---

[1]) Nomoi, VIII. 869 a.

[2]) Nomoi, VIII. 871 b, VIII. 872 e.

[3]) Nomoi, VIII. 871 d, e.

[4]) Nomoi, VIII. 877 a.

[5]) Nomoi, VIII. 877 a.

[6]) Nomoi, VIII. 876 e—879 b.

[7]) Nomoi, VIII. 879 c—882 c, X. 935 a ff.

[8]) Nomoi, VIII. 854 e, 881.

[9]) Nomoi, VIII. 857 a.

[10]) Nomoi, X. 933 e, 934 a ff., XI. 941 b ff.

[11]) Nomoi, XI. 955 b.

[12]) Nomoi, X. 917 a ff.

einer Scheu vor Menschen und Göttern betont [1]). Bei der Schädigung einzelner Personen durch Zauberei soll Todesstrafe eintreten, in den leichteren Fällen eine dem Ermessen des Gerichtes überlassene Strafe [2]), ähnlich bei Vergiftungen, wo die Qualität des Täters als Arzt die Todesstrafe rechtfertigen soll [3]).

So sehen wir in den „Gesetzen" den Versuch gemacht, den Gedanken der staatlichen Strafe, die durch die Staatsidee gefordert ist, in seinen einzelnen Anwendungsfällen zu umgrenzen: Durch die Einzeltatbestände wird der Umfang des Rechtmäßigen bestimmt, bei dessen Überschreitung der einzelne unter die staatliche Strafgewalt tritt.

Daneben wird man in den Einzeltatbeständen über die Qualitäten der psychischen Defektuosität im Verbrecher unterrichtet; in den Strafbestimmungen werden die dieser entsprechenden, durch den Strafzweck bestimmten Mittel angegeben.

Daß mit derartig formulierten Tatbeständen auch Zwecke der Generalmotivation, der Befriedigung eines privaten durch das Delikt entstandenen Wollens verfolgt werden können, wurde bereits früher betont.

§ 5. Aristoteles

I. Die Grundlagen der aristotelischen Rechtslehre.

1. Recht und Ethik.

Die Darstellung der Lehren Platons von Staat und Strafe dürfte gezeigt haben, daß diese letzten Endes durch seine Metaphysik bestimmt waren. Der Gedanke einer das Weltall durchziehenden Gesetzmäßigkeit, der die Vernünftigkeit immanent war, durch deren Hypostasierung das „Objekt" unserer Erkenntnis, das Ziel des menschlichen Handelns bestimmt war, gab auch den Platonischen Rechtslehren ihr typisches Gepräge.

Bei Aristoteles stößt der Versuch einer Feststellung der Zusammenhänge, die zwischen seinen Lehren von Staat und

---

[1]) Nomoi, X. 917 b.

[2]) Nomoi, X. 933 d.

[3]) Nomoi, X. 933 d.

Strafe und dem gesamten Lehrgebäude des Philosophen bestehen, auf Schwierigkeiten.

Aristoteles hat selbst für die auf das praktische Leben gerichteten Wissenschaften, zu denen auch die Rechtslehre gehört, die Unabhängigkeit von den Ergebnissen metaphysischer Erkenntnis zu betonen gesucht [1]). Dagegen ist der Zusammenhang zwischen Ethik und Rechtslehre wiederholt hervorgehoben. Der Staat und seine Institutionen treten auch bei Aristoteles ganz in den Dienst der sittlichen Idee [2]). Die reine Ethik hat es mit der Aufzeigung des Zieles des Menschen zu tun, das in einem Verrichten des Sittlichen besteht; sie lehrt, worin die Tugend, deren Aktualität das Ziel der Menschen ist, besteht, wie man handeln muß, um dieses Ziel zu erreichen [3]). Der Staat und sein Recht hat die Aufgabe, diese Idee des Sittlichen zu „verwirklichen", dem sittlich Guten bei seinen Untertanen Realität zu verschaffen [4]).

Die Lehre von Staat und Recht hat die Aufgabe, zu zeigen, wie der Staat beschaffen sein, resp. handeln müsse, um jenes Ziel zu erreichen.

οἱ γὰρ νομοθέται τοὺς πολίτας ἐθίζοντες ποιοῦσιν ἀγαθούς, καὶ τὸ μὲν βούλημα παντὸς νομοθέτου τοῦτ' ἐστίν, ὅσοι δὲ μὴ εὖ αὐτὸ ποιοῦσιν, ἁμαρτάνουσιν· καὶ διαφέρει τούτῳ πολιτεία πολιτείας ἀγαθὴ φαύλης· [5])

Ist dies der Zweck der Regelung menschlichen Zusammenlebens, dann ist die Aufgabe der Lehre davon, die Mittel aufzuzeigen, die jenes Ziel erreichen lassen.

---

[1]) Eth. Nicom., I4, 1096 b, 32; dazu Zeller, c. l. II2, 3. Aufl. 1879, S. 609; Loening, Geschichte der strafrechtlichen Zurechnungslehre. I. Bd. Die Zurechnungslehre des Aristoteles, 1903, S. 50; Arleth, Die metaphysischen Grundlagen der aristotelischen Ethik; 1903, S. 8; Kraus, Die Lehre von Lob, Lohn, Tadel und Strafe bei Aristoteles, 1905, S. 8 f.

[2]) Vgl. z. B. Oncken, Die Staatslehre des Aristoteles in historisch-politischen Umrissen. I. 1870, S. 164; Zeller, c. l. S. 680.

[3]) E. N. I6, 1098 a, 2 ff., I8, 1099 a, 3 ff.; Oncken, c. l. S. 165; Kastil, Die Frage nach der Erkenntnis des Guten bei Aristoteles und Thomas von Aquin (Sitzungsberichte d. k. Akad. d. Wissenschaften in Wien (phil.-hist. Klasse) 1900, Bd. 142, S. 15.

[4]) Aristot. Polit. III9, 1200 b, 39, III9, 1280 a, 25; E. N. I13, 1102 a, 7, II1, 103 b, 3; Loening, c. l. S. 2 f.; Zeller, c. l. S. 680 f.; Oncken, c. l. I., S. 166/67.

[5]) E. N. II1, 1103 b, 1 ff; Pol. VII2, 1324 a, 23 ff.; Zeller, c. l. S. 683.

τὸ γὰρ τῆς πολιτικῆς τέλος ἄριστον ἐτίθεμεν, αὕτη δὲ πλείστην ἐπιμέλειαν ποιεῖται τοῦ ποιούς τινάς καὶ ἀγαθοὺς τοὺς πολίτας ποιῆσαι καὶ πρακτικοὺς τῶν καλῶν [1]).

So soll seine Staats- und Rechtslehre ebenso wie die Ethik Regeln für menschliches Verhalten geben; die Politik sucht die Regeln für Handlungen zu geben, die als Staatsfunktion zu setzen sind; diese Handlungen zielen entweder darauf, im allgemeinen die leitenden Gesichtspunkte für die Handlungen der Einzelmenschen zu geben; die Kunst, die sich auf derartige organschaftliche Handlungen bezieht, ist die Gesetzgebungskunst; oder sie beziehen sich auf Verwirklichung der Staatsaufgaben im historischen Einzelfall [2]); diese πολιτκή wird dann wieder in eine βουλευτική und δικαστική unterschieden [3]). Daher kann nur das, was Gegenstand des menschlichen Strebens und Handelns sein kann, auch Gegenstand der Ethik und Politik sein. Daher ist das Gute, soweit es nicht erreichbarer Zweck der menschlichen Handlungen ist, gar nicht Gegenstand der Ethik und der Politik.

εἰ γὰρ καὶ ἔστιν ἕν τι τὸ κοινῇ κατηγορούμενον ἀγαθὸν ἢ χωριστόν τι αὐτὸ καθ' αὑτό, δῆλον ὡς οὐκ ἂν εἴη πρακτόν οὐδε κτητὸν ἀνθρώπῳ· νῦν δὲ τοιοῦτον τι ζητεῖται [4]).

Mit dem „Guten", soweit es als ein für sich Seiendes betrachtet werden soll, hat es nicht die Politik und Ethik, sondern die Metaphysik zu tun [5]). Nach Aristoteles soll diese Erkenntnis des „Guten" keinen Wert für Lehren über menschliches Verhalten haben. Denn das Gute kommt in allen Kategorien vor, in den Kategorien der Substanz, der Qualität usw. [6]). Das Gemeinsame, das zwischen dem Guten der verschiedenen Kategorien besteht, ist nur eine Gemeinschaft per analogiam [7]). „Das Gute" ist so gar nicht Gegenstand einer Einzelwissenschaft;

---

[1]) E. N. I, 1099 b, 30; Oncken, c. l. I, S. 168.

[2]) E. N. VI8, 1141 b, 25.

[3]) E. N. VI8, 1141 b, 33.

[4]) E. N. I4, 1096 b., 32.

[5]) E. N. I4, 1096 b, 30; Arleth., c. l. S. 8.

[6]) E. N. I4, 1096 a, 24; Trendelenburg, Geschichte der Kategorienlehre. Histor. Beiträge zur Philosophie I. Bd., 1846, S. 176/177.

[7]) E. N. I4, 1096 b, 28; Trendelenburg, c. l. S. 151; Arleth., c. l., S. 9.

vielmehr hat jede Wissenschaft auf ihrem eigenen Gebiet es mit einer besonderen Art des Guten zu tun; für die Feldherrnkunst, die Heilkunst, die Gymnastik bestehen verschiedene Richtpunkte ihres Verhaltens, das Gute ist für jede dieser Künste verschieden [1]).

Die Erkenntnis „des Guten“, das nicht Gegenstand unseres Handelns ist, soll auch nicht einmal als letzter Richtpunkt für das Erkennen des praktisch erreichbaren Guten, resp. für die Auswahl der zur Erreichung dieses Zieles tauglichen Mittel dienen [2]).

Zum Beweis dieser Behauptung beruft sich Aristoteles auf die Erfahrung, die zeige, daß die in den einzelnen Wissenszweigen Sachverständigen ein derartiges Hilfsmittel als Richtpunkt ihrer Tätigkeit nicht kennen und auch gar nicht vermissen [3]). So hat der Arzt nicht die Gesundheit als solche zum Gegenstand seines Nachdenkens gemacht, sondern die Gesundheit des Menschen, resp. die Gesundheit des konkreten zu heilenden Menschen [4]). Diese Folgerung mußte sich aus der Platonischen Idee des Guten ergeben, die nur der Begriff der Begrifflichkeit, des Allgemeingültigen, Widerspruchslosen war, der niemals als heuristisches Prinzip für die Aufstellung einzelner, inhaltlich bestimmter Forderungen für menschliches Handeln genügt.

Doch geht auch die Staatskunst ebenso wie die Ethik auf etwas Allgemeines, nicht auf das, was im Einzelfall zur Erfüllung des Staatszieles an einem bestimmten Menschen notwendig ist [5]).

Diese Kunst [6]) muß dann den Menschen, der den Einzelfall zu behandeln hat, leiten, wenngleich Aristoteles zugibt, daß selbst ohne diese Kenntnisse sich die Möglichkeit, etwas einzelnes recht zu behandeln auf Grund der Erfahrung ergeben könne, für den τεθεαμένον δ' ἀκριβῶς τὰ συμβαίνοντα ἐφ' ἑκάστῳ δι' ἐμπειρίαν [7]).

---

1) E. N. I_4, 1096 a, 32.

2) E. N. I_4, 1097 a, 1 ff.

3) E. N. I_4, 1097 a, 6.

4) E. N. I_4, 1097 a, 11.

5) E. N. I_1, 1097 b, 13.

6) Die Staatskunst als Teil der φρόνησις ist keine Wissenschaft, ἐπιστήμη; E. N. VI, 1142 a, 24, ὅτι δ' ἡ φρόνησις οὐκ ἐπιστήμη, φανερόν. τοῦ γὰρ ἐσχάτου ἐστίν, ὥσπερ εἴρηται· τὸ γὰρ πρακτόν τοιοῦτον.

7) E. N. X, 1180 b, 17.

So sucht Aristoteles die Ethik als Lehre vom Ziel des Menschen, vom Staat und seinen Funktionen als Verwirklichungsmittel des Sittlichen loszulösen von irgendwelcher metaphysischen Basis.

Die Glückseligkeit auf *dieser* Welt, die Selbstzweck und sich selbst genügend ist, soll als letzter Zweck menschlichen Handelns, als das praktische Gut aufgezeigt werden.

τέλειον δή τι φαίνεται καὶ αὔταρχες ἡ εὐδαιμονία, τῶν πρακτῶν οὖσα τέλος [1]).

So erscheint auch die Erkenntnis des praktisch Guten zunächst als Aufgabe der praktischen Vernunft, die dieses nur in großen Umrissen beschreiben kann [2]). Dadurch sind auch die Grundlagen der Staatskunst als Inbegriff der Lehren vom Staat und seinen Funktionen bestimmt; ihre Bedeutung ist nur dadurch größer, daß sie nicht die Glückseligkeit eines einzelnen Menschen, sondern ganzer Länder und Staaten anstrebt [3]).

Das für die ganze Rechtslehre präjudizielle Ziel des Menschen sucht nun Aristoteles weiter zunächst dadurch zu bestimmen, daß er es in die Erfüllung der dem Menschen gegenüber allen anderen Wesen spezifisch gestellten Aufgabe verlegt [4]).

Diese Aufgabe ist durch die differentia specifica, durch die sich der Mensch von allen anderen Lebewesen unterscheidet, bestimmt; als solche ergibt sich das Vernünftigsein des Menschen [5]). So ergibt sich als Ziel der Menschen das Handeln als vernünftiger Wesen; nur in der Betätigung, nicht in einem, die Möglichkeit der Betätigung bietenden zuständlichen Dasein kann das letzte Ziel des Menschen erblickt werden [6]).

Als Aufgabe des Menschen erscheint also eine der Vernunft entsprechende, resp. ihr nicht widerstreitende Tätigkeit der Seele [7]). Das Tätigsein des Menschen resp. seiner Teile gemäß

---

[1]) E. N. I_5, 1097 b, 20, X_6, 1176 b, 3.

[2]) E. N. I_1, 1094 b, 14, II_2, 1104, 1, II_9, 1109 b, 14 ff., IV_{11}, 1126, 31 ff., IX, 1164 b, 27, 1165 b, 12 ff.; bei Loening, c. l. S. 50 Anm. 28.

[3]) E. N. I_1, 1094 b, 10; Zeller, c. l. S. 680.

[4]) E. N. I_6, 1097 b, 25.

[5]) E. N. I_6, 1098 a, 2; Kraus, c. l. S. 6; Loening, c. l. S. 5.

[6]) E. N. I_6, 1097 b, 26; vgl. die bei Loening, c. l. S. 5 Anm. 5 zitierten Stellen.

[7]) E. N. I_6, 1098 a, 7 n. 12; Loening, c. l. S. 6.

den Gesetzen der Vernunft, soweit seine Teile überhaupt einer derartigen Unterordnung zugänglich sind, ist das Ziel des Menschen[1]).

Damit erscheint die Ethik und die auf Realisierung des Ethischen in der Welt gerichtete Politik in ihren Aufgaben bestimmt, ohne daß sie diese aus dem Bereich anderer Wissenschaften abzuleiten brauchte.

Allerdings gibt Aristoteles zu, daß damit nur die Grundlinien für die Ethik und damit auch für die Politik gegeben seien, die noch einer näheren Bestimmung, resp. Verbesserung harren[2]). Auch gilt es zunächst, das Ziel aufzuzeigen; die Gründe für die Richtigkeit dieses Zieles sollen durch spätere Erwägungen erbracht werden.

οὐχ ἀπαιτητέον δ' οὐδὲ τὴν αἰτίαν ἐν ἅπασιν ὁμοίως, ἀλλ' ἱκανὸν ἐν τισι τὸ ὅτι δειχθῆναι καλῶς, οἷον καὶ περὶ τὰς ἀρχάς· τὸ δ' ὅτι πρῶτον καὶ ἀρχή[3]).

Stellen wir aber diese Fragen nach dem warum: warum die Betätigung gemäß der jedem Wesen zukommenden Eigentümlichkeit, die beim Menschen im Vernünftigsein gelegen ist, die Aufgabe des Wesens darstellt, welche Forderungen die Vernunft an den Menschen stellt, resp. in welchem Zustand sich die einzelnen Teile des Menschen den Forderungen der Vernunft gemäß betätigen, so werden wir hinübergewiesen in die metaphysischen und in die mit der Metaphysik zusammenhängenden psychologischen Lehren des Philosophen. So mag es gerechtfertigt erscheinen, die Beziehungen zu untersuchen, die zwischen Metaphysik, Psychologie und der Ethik, damit auch der Lehre vom Staat und seinen Funktionen bestehen.

2. Die metaphysischen Richtpunkte der Regelung des menschlichen Lebens.

Die Antwort[4]) auf die aufgestellten Fragen gibt uns die Lehre des Aristoteles von der alles Geschehen auf der Welt

[1]) Kraus, c. l. S. 6; Arleth, c. l. S. 55.

[2]) E. N. I 7, 1098 a, 20.

[3]) E. N. I 7, 1098 a, 31.

[4]) Mit diesen Ausführungen soll der Versuch gemacht werden, die Lehren von Recht und Strafe in das Gesamtsystem des Aristotelischen Denkens einzufügen. Dadurch möge es gerechtfertigt sein, wenn hier auf die vielumstrittenen Lehren seiner Metaphysik und Psychologie in kurzen Zügen eingegangen wird.

durchziehenden Gesetzmäßigkeit. Aristoteles sucht dem Nacheinander der Geschehnisse, dem Wechsel, den das Weltbild zeigt, einen vernünftigen Sinn abzugewinnen, das Aufeinanderfolgen der Ereignisse als vernunftnotwendig zu begreifen.

Alles Geschehen ist auf das Zusammenwirken von Materie und Form zurückzuführen [1]). Die Materie (ὕλη), die die Möglichkeit [2]) eines Seienden darstellt, wird durch die Form (εἶδος, μορφή) zu einem Wirklichen. Die Form ist für die Dinge der Grund der Bestimmtheit [3])

„Als Ziel und Ende des Werdens, als Grund des Seins und der Eigentümlichkeit der Dinge ist sie zugleich ihre Vollendung (ἐντελέχεια)“.... [4]).

Das Kompositum aus Form und Materie und nur dieses ist die Wirklichkeit [5]). Die Wirklichkeit zeigt nicht die Form in ihrer Reinheit, da zu der Form als Ursache des Werdens die Materie als Mitursache dazukommt [6]). Die Form kann sich nur nach Möglichkeit realisieren; so besteht in der Natur, in der Wirklichkeit, etwas, was auf die Materie zurückzuführen ist, das zweck- und gesetzlos ist, das dem Nichtseienden nahesteht, von dem es keine Wissenschaft geben kann [7]).

Die Materie ist der Form bedürftig, strebt danach, sich der Form entgegenzubewegen, durch die Form zur Wirklichkeit zu werden. Das Bewegende ist die Form, sie ist das den Dingen

---

1) Metaph. III$_4$, 999 b, 5, VII$_8$, Anf., XII$_3$, Anf., 1070 a, 15, VIII$_3$, 1043 b, 16, c. 5, 1044 b, 22; bei Zeller, c. l. S. 314, Anm. 2.

2) Metaph. IV$_5$, 1009 a, 30; vgl. auch die aus Phys. I, 6—10; bei Zeller, c. l. S. 315 Anm. 2 zitierten Stellen; vgl. dazu Hertling, Materie und Form und die Definition der Seele bei Aristoteles, 1871, S. 16 ff.; Brentano, Aristoteles und seine Weltanschauung, 1911, S. 46; Arleth, c. l. S. 41.

3) Vgl. Hertling, c. l. S. 48 ff.

4) Hertling, c. l. S. 26; vgl. Phys. II$_1$, 193 a, 29, II$_7$, 198 a, 15, und die bei Arleth, c. l. S. 37, 41, Zeller, c. l. S. 328 zitierten Stellen.

5) Brentano, S. 47; vgl. Phys. II$_1$, 193 b, 6, und die bei Arleth, c. l. S. 41, Zeller, c. l. S. 318 zitierten Stellen.

6) Zeller, c. l. S. 329, 428; Hertling, c. l. S. 77 ff.

7) Vgl. z. B. Metaph. VII$_{11}$, 1036 b, 28, c. 15; Zeller, c. l. S. 197, 210, 312; Hertling, c. l. S. 39.

immanente Prinzip ihrer naturgemäßen Bewegungen und Tätigkeiten [1]).

Die Form ist so auch das Gesetz, nach dem das Ding gestaltet wird, das der Begriff allein bestimmen kann [2]).

Jedes aus der Vereinigung von Form und Materie Verwirklichte ist aber seinerseits wieder Materie, um nach einer höheren Form gestaltet zu werden [3]).

So stellt das Werden auf der Welt einen Entwicklungsprozeß dar, der ein Aufsteigen, eine Annäherung an Formen, die den Begriffen entsprechen, darstellt [4]).

Dies führt Aristoteles zur Annahme einer ersten Form, von der alle Bewegung und alles Sein ausgeht [5]), die selbst unbewegt, ewig ist; diese ist das vollkommenste Sein (ἐνέργεια), in dem alle Möglichkeit Wirklichkeit ist [6]).

Dieser letzte Grund alles Seienden und alles Werdens ist reine Form, kann nicht wieder Materie für eine noch höhere Form sein, er ist ein Ewiges, das Substanz und Tätigkeit zugleich ist, das bewegend ist, ohne selbst bewegt zu werden [7]). Es ist dies die personifizierte Aktualität des Denkens, es ist das Denken des Denkens [8]). Diese unteilbare Einheit des Denkens und des Gedachten ist die Seligkeit des personifizierten Grundes alles Werdenden und Seienden, die Seligkeit Gottes [9]).

So geht Aristoteles Weltansicht dahin, daß der „Sinn“ jeder Veränderung eine Bewegung in der Richtung zur Ver-

---

[1]) Vgl. z. B. Phys. 192 b, 21, 193 b, 6; Hertling, c. l. S. 91, 100.

[2]) Vgl. Hertling, c. l. S. 68/99; Trendelenburg, c. l. I, S. 52; Arleth, c. . S. 41.

[3]) Vgl. z. B. de coelo, 302 a, 6 bei Hertling, c. l. S. 15 Anm. 3; Zeller, c. l. S. 325 ff.

[4]) Hertling, c. l. S. 97; Zeller, c. l. S. 359.

[5]) Vgl. z. B. Phys. VIII5, VII1; dazu Zeller, c. l. S. 359; Brentano, c. l. S. 75.

[6]) Vgl. z. B. Metaph. XII6, 1071 b, 16 ff. c. 7, XII7, 1072 a, 27, 1074 a, 35 c. 9; Zeller, c. l. S. 359; Brentano, c. l. S. 69 ff.; Trendelenburg, c. l. I S. 167.

[7]) Vgl. z. B. Metaph. XII7, 1072 b, 14; Brentano, c. l. S. 79; Zeller c. l. S. 358 ff.

[8]) Metaph. XII7, 1072 b, 14, XII9, 1074 b, 17; Zeller, c. l. S. 367; Brentano, c. l. S. 79.

[9]) Metaph. XII7, 1072 b, 14; Polit. VII1, 1323 b, 23; Kraus, c. l. S. 17; Brentano, c. l. S. 79 ff.

wirklichung der Form, damit aber auch in der Richtung der höchsten Form ist [1]).

„Indem die Natur des Einzeldinges zur Ausbildung des Gattungscharakters hindrängt, wirkt sie zugleich im Sinne der allgemeinen Weltordnung. Dadurch, daß der Gattungstypus beharrt, während das Individuum vergeht, nehmen die Lebewesen an dem ewigen Sein der Gottheit teil, ja, schon in dem ununterbrochenen Werden liegt eine Annäherung an das wandellose Sein der Gottheit, weil das ewige Werden dem wesenhaften Sein am meisten nahekommt [2]).“

Diese Veränderung ist aber gleichzeitig eine solche, wie sie der Vernunft entspricht; denn der Weltprozeß ist die Verwirklichung des Prinzipes der Vernunft, des reinen Denkens [3]).

So geht auch jede Wissenschaft nur auf das Allgemeine, nicht auf das, was nur κατὰ συμβεβηκός ist [4]), Das Allgemeine ist nur das wahrhaft Seiende [5]). Daraus ergibt sich, daß die Verbindung zweier zeitlich geschiedener Zustände desselben Dinges vernunftnotwendig ist, wenn sie dem naturgesetzlichen Werden entspricht; sie entspricht dem naturgesetzlichen Werden, der Erfüllung immanenter Zwecke, wenn sie von der Vernunft als notwendig gefordert erscheint. Durch diese Lehre von der Vernünftigkeit des Werdens ist auch das Ziel bestimmt, das dem Menschen vernunftnotwendig gestellt werden muß.

Der Mensch ist ein aus Leib und Seele zusammengesetztes Wesen [6]); innerhalb der Seele werden wieder verschiedene Teile unterschieden, der vegetative, sensitive und intellektive Teil [7]). Des weiteren werden diese Teile wieder in ihren Teilen unterschieden.

---

1) Arleth, c. l. S. 42; Hertling, c. l. S. 100.

2) Arleth, c. l. S. 42/43.

3) Brentano, c. l. S. 75 ff.

4) Metaph. V_2, 1026 b, 3, 1027 a, 19; Brentano, Von der mannigfachen Bedeutung des Seienden nach Aristoteles, 1862, S. 18; Brentano, Weltanschauung, S. 25; vgl. oben S. 210 Anm. 7.

5) Anal. post. II_{19}, 100 a, 16, 1005 a, 2, c. 3; Zeller, c. l. S. 161, 307.

6) Polit. I_5, 1254 a, 34; Arleth, c. l. S. 54.

7) E. N. I_6, 1097 b, 34; dazu Brentano, Die Psychologie des Aristoteles, insbesondere seine Lehre vom νοῦς ποιητικός, 1867, S. 53 ff.

So ergibt sich innerhalb des intellektiven Teiles der theoretische Teil, der sich auf das bezieht, was sich nicht anders verhalten kann, auf das Notwendige [1]), und der praktische, dessen Gegenstand das Kontigente ist [2]). Daneben besteht der sensitive Teil, der des Gehorsams gegen die Vernunft fähig ist, der ethische Teil [3]), schließlich der völlig vernunftlose, der vegetative Teil [4]).

Mit dieser psychologischen Darlegung ist aber nicht bloß eine Beschreibung der einzelnen Seelenteile gegeben, sondern eine Darlegung der Entwicklungsstufen, deren das organische Leben fähig ist [5]). Jede dieser Entwicklungsstufen stellt die Materie dar, die nach der höheren Form strebt.

So ist die Seele die Entelechie eines physischen organischen Körpers; die Seele bestimmt das Wesen ihres Körpers, indem sie nichts anderes als die Aktualität des lebenden Körpers ist [6]).

Die Seele hat so die naturgemäße Herrschaft über den Leib [7]).

Ebenso besteht zwischen den einzelnen Seelenteilen ein solches Verhältnis von Form und Stoff [8]). So mußte auch die Vernunft, soweit sie die Möglichkeit darstellt, das Unveränderliche, wahrhaft Seiende aufzunehmen [9]), als die Form, der naturgemäß die übrigen Seelenteile als Materie zustreben, erscheinen.

Die Vernunft und der vernünftige Teil hat so die naturgemäße Herrschaft über den sinnlichen; was unter Leitung des

---

1) E. N. X7, 1177 b, 19, 30, VI1, 1139 a, 12; Arleth, c. l. S. 56; Loening, c. l. S. 10.

2) E. N. VI2, 1139 a, 12, VI5, 1140 b, 25, 13, 1144 b, 14; Arleth, c. l. S. 56; Loening, c. l. S. 16.

3) E. N. I13, 1102 b, 25, 1103 a, 3; Pol. VII14, 1133 a, 18; Arleth, c. l. S. 56; Loening, c. l. S. 102 f.

4) E. N. I13, 1102 a, 33, 1102 b, 11 u. 29; Arleth, c. l. S. 56.

5) Brentano, Die Psychologie des Aristoteles, S. 59 ff.

6) De anim. II1, § 5, 412 a, 27; Brentano, Die Psychologie d. Arist., S. 46 Hertling, c. l. S. 132.

7) Polit. I5, 1254 a, 35; Arleth, c. l. S. 57.

8) Zeller, c. l. S. 499 ff.

9) De anim. III4, § 3 a, 15, III8 § 1 f., 431 b, 20; vgl. Brentano, Die Psychologie d. Arist. S. 114 f., 122; Zeller, c. l. S. 566 ff.

vernünftigen Teiles geschieht, geschieht am meisten nach eigenem Willen (ἑκουσίως), weil der vernünftige Teil derjenige ist, der vornehmlich den Menschen ausmacht [1]).

Im Menschen ist aber zunächst nur der Verstand als bloße Möglichkeit, zu denken, gegeben; er bedarf eines Prinzipes, das ihn zur Wirklichkeit führt [2]), ihn als Materie zur Wirklichkeit, zum aktuellen Wissen erhebt, das ein und dasselbe ist mit dem Objekte [3]).

Dieses Prinzip, das den νοῦς δυνάμει zur Aktualität des Erfassens der Objekte erhebt, ist der νοῦς ποιητικός [4]).

„Doch wie in der ganzen Natur für jede Gattung etwas die Materie ist (dieses aber ist das, was alle jene Dinge in Möglichkeit sind), etwas anderes aber die Ursache und das wirkende Prinzip, indem es sie alle wirklich macht und sich zu dem ersteren wie die schaffende Kunst zu dem Stoffe verhält, so müssen sich notwendig auch in der Seele diese Unterschiede finden. Und es hat die eine intellektive Kraft die angegebene Eigenschaft" (daß sie nämlich alles in Möglichkeit ist), „weil sie alles wird, die andere aber, weil sie alles wirkt, ist wie ein Habitus" (eine aktuelle positive Eigenschaft) „ähnlich dem Lichte; denn in gewisser Weise macht auch das Licht die Farben, die in Möglichkeit sind, zu wirklichen Farben. Auch dieser Verstand ist frei vom Körper und inkorruptibel und unvermischt, indem er seinem Wesen nach Energie ist. Denn immer übertrifft das Wirkende das Seiende und das bewegende Prinzip die Materie an Würde [5])."

Der wirkende Verstand ist seinem Wesen nach Wirklichkeit, das gar nicht an der Möglichkeit teilhat. τῇ οὐσίᾳ ὢν ἐνέργεια [6]).

---

[1]) Vgl. z. B. E. N. IX_4, 1166 a, 16, IX_8, 1168 b, 28, 1169 a, 1 usw.; vgl. Brentano, Die Psychologie d. Aristot. S. 156 ff.

[2]) De anima III_5, Anf.; Brentano, c. l. S. 143 ff.; Zeller, c. l. S. 571 ff.

[3]) De anim. III_5, § 2 το δ' αὐτό ἐστιν ἡ κατ' ἐνέργειαν ἐπιστήμη τῷ πράγματι; vgl. Brentano, c. l. S. 180.

[4]) Brentano, c. l. S. 163.

[5]) De anim. III_5, Anf. zit. nach Brentano, c. l. S. 166.

[6]) De anim. III_5, § 1. Καὶ οὗτος ὁ νοῦς χωριστὸς καὶ ἀπαθὴς καὶ ἀμιγὴς τῇ οὐσίᾳ ὢν ἐνεργείᾳ. Brentano, c. l. S. 178.

Dieser wirkende Verstand ist nicht eins mit dem Begriffe, den wir erfassen, vielmehr erkennen wir durch ihn das Wesen der körperlichen Dinge [1]).

„Die geistige Kraft des wirkenden Verstandes und das sensible Objekt, das der sensitive Teil in sich aufgenommen hat, ergänzen sich gewissermaßen gegenseitig in ihrer Ursächlichkeit, und es wird daher, wenn sie nicht beide von einem höheren Prinzipe zusammengeordnet sind, das, was sie wirken, wie etwas zufällig Entstandenes erscheinen [2]).“

Dieses Prinzip ist jenes, welches, indem es in dem einen Gedanken, den es ewig denkt, das erste Prinzip alles Seienden und darum alle Dinge denkt, zugleich dasjenige ist, von welchem der geistige Teil des Menschen ausgeht, um sich mit dem leiblichen Menschen zu einer Substanz zu vereinigen. Es ist dies das erste Prinzip alles Seienden selber, jenes Denken, welches, wie Aristoteles sagt, das Denken des Denkens ist, es ist der göttliche νοῦς [3]).

Die Gottheit ist alles, indem sie alles denkt, indem sie einen Gedanken denkt, der aber, weil er gewissermaßen sich auf alles bezieht — denn er ist der letzte und vollkommene Grund alles Seienden [4]) —, dem, der ihn vollkommen erkennt, zugleich die Kenntis von allem gibt [5]).

Dadurch sind die letzten Zusammenhänge gegeben, die zwischen Aristoteles' Lehre vom Ziel des Menschen und seiner Weltanschauung bestehen. Das letzte Ziel, das als höchstes die Glückseligkeit darstellt [6]), ist die Tätigkeit der Vernunft, sofern sie ihrer eigenen Vollkommenheit gemäß ist, da die Vernunft das Vorzüglichste im Menschen ist und die Gegenstände des Er-

---

1) Brentano, c. l. S. 187.

2) Brentano, c. l. S. 187.

3) Brentano, c. l. S. 188; vgl. Metaph. III 9, 1074 b, 33; dagegen Zeller, c. l. S. 594; dazu Brentano, Aristoteles' Lehre vom Ursprung des menschlichen Geistes, 1911, S. 22 ff.

4) Metaph. XII 7, 1072 b, 13; Brentano, Die Psychologie d. Aristot. S. 190/191.

5) Vgl. z. B. Metaph. XII 9, 1074 b, 34; dazu Brentano, c. l. S. 193.

6) Metaph. XII 7, 1072 b, 24; E. N. X 8, 1178 b, 25; Brentano, c. l. S. 180 188, 192.

kennens, mit denen es die Vernunft zu tun hat, die vorzüglichsten sind [1]).

Dadurch ist auch das Verhältnis des vernünftigen Teiles im Menschen zum menschlichen Handeln gegeben, sofern er sich überhaupt auf menschliche Handlungen als etwas, was auch anders sein kann, bezieht [2]), unter der Voraussetzung, daß er selbst vollkommen ist.

Er wird einer Einzelhandlung gegenüber eine dem Bejahen und Verneinen des auf das Seiende gerichteten Denkens analoge Stellung einnehmen [3]). Eine dem Bejahen analoge Stellung nimmt die praktische Vernunft dann ein, wenn eine bestimmte Handlung richtig gerichtet ist, in der Richtung der Erreichung des letzten Zieles gelegen ist [4]).

Diese Stellungnahme wird sich darin ausdrücken, daß sie etwas als richtig begehrenswert bezeichnet. Eine Handlung ist aber derartig gerichtet, wenn sie den Menschen seinem Ziel näher bringt, indem seine Seelenteile einem Zustand näher gebracht werden, der ihre Vollkommenheit, die von der Vernunft geforderte Beschaffenheit, darstellt. Diese Handlung wird sich mit der Handlung eines Menschen decken, der als im Vollbesitz der entsprechenden Beschaffenheit gedacht wird [5]).

Diese Beschaffenheit der einzelnen Seelenteile, vermöge deren der Mensch die ihm von Natur zukommende Tätigkeit

---

1) Vgl. z. B. E. N. X_7, 1177 a, 12 ff.; Zeller, c. l. S. 613 ff.

2) Vgl. z. B. E. N. VI_2, 1139, 13, 1139 b, 7; Loening, c. l. S. 16.

3) Vgl. E. N. VI_2, 1139 a, 20, 11, 1143 a, 6, 1143 a, 19.

4) Kraus. c. l. S. 10; Kastil, c. l. S. 12; überall, wo die φρόνησις ἐπιτακτική ein Handeln-Sollen, wird die σύνεσις κριτική (vgl. E. N. VI_{11}, 1143 a 10) bezüglich einer Handlung eines anderen ein Richtig oder Unrichtig aussprechen. Wenngleich sich die Urteile auf das, was auch anders sein kann, beziehen, wird doch der Urteilsinhalt als ein solcher aufgestellt, daß er nicht anders sein kann. Ob ein derartiges Urteil die entsprechende Charakterisierung durch die Einsicht in das Widerspruchsvolle eines Anders-sein (vgl. Brentano, Weltanschauung S. 38) oder durch besondere Gefühlsqualitäten erhält, resp. ob diese Gefühlsqualitäten einem Urteil vorangehen (vgl. Brentano, Vom Ursprung sittlicher Erkenntnis 1889, S. 17, Kraus, c. l. S. 10/11), ist für unsere Fragen gleichgültig; vgl. E. N. VI_3, 1139 b, 15.

5) Vgl. z. B. E. N. I_9, 1099, 21, III_8, 1114 b, 27, IX_9, 1170, 14; Loening, c. l. S. 52; Arleth, c. l. S. 58.

ausführt, ist die Tugend[1]; die Tugenden der Seele[2] insbesondere sind die Weisheit[3] und die Klugheit[4]. Die Weisheit ist die Vollkommenheit in den Urteilen über ein Sein, das nicht anders sein kann, die Klugheit die Vollkommenheit im Entscheiden über menschliches Verhalten, das man sich auch als ein anderes vorstellen kann, das aber vom Überlegenden als verwirklichbar vorgestellt wird[5]. So sind diese Tugenden zunächst an sich begehrenswert, sofern jede die Vollkommenheit eines anderen Teiles der Seele ist[6], sodann aber um ihrer Folgen willen; so führt die Weisheit zur Glückseligkeit[7]. Die Tugenden bringen das menschliche Handeln in Einklang mit der Klugheit und der ethischen Tugend.

ἡ μὲν γὰρ ἀρετὴ τὸν σκοπὸν ποιεῖ ὀρθόν ἡ δὲ φρονησις τὰ πρὸς τοῦτον[8][9].

II. Die Regelung der menschlichen Handlungen.

1. Die Einzelhandlung als Einübung von Tugend und Laster.

So lange der Mensch in seinen Seelenteilen eine Beschaffenheit nicht hat, die sich als Vollkommenheit darstellt, ist gut jede Tätigkeit, die ihn der Vollkommenheit der einzelnen Seelenteile näher bringt[10]. Da aber der Zustand der Vollkommenheit der einzelnen Seelenteile ein solcher ist, daß der Mensch bei seiner dieser Vollkommenheit entsprechenden Betätigung sich

---

1) Vgl. z. B. Phys. VII3, 246, 13; E. N. II5, 1106, 15, VI2, 1139, 16 usw. nach Loening, c. l. S. 8; Kraus, c. l. S. 19.

2) Dianoetische Tugenden, E. N. I13, 1103 a, 14, II7, 1108 b, 9, VI2, 1139, 15; Loening, c. l. S. 9; Zeller, c. l. S. 623.

3) E. N. VI2, 1139, 15, VI7, 1141 b, 2.

4) Über die φρόνησις als Tugend der praktischen Vernunft; vgl. Loening, c. l. S. 40 ff.; E. N. VI5, 1140 a, 24, VI8, 1141 b, 8.

5) E. N. VI5, 1140 a, 30.

6) E. N. VI13, 1144 a.

7) E. N. VI13, 1144 a, 15.

8) E. N. VI13, 1144 a, 7.

9) Die ethischen Tugenden haben es mit dem vernunftlosen Teil der Seele zu tun, sofern er durch die Vernunft beherrschbar ist; E. N. I13, 1102 b, 28, II2, 1104 b, 9 usw.; Loening, c. l. S. 108.

10) E. N. II1, 1103 a, 31, II3, 1105 b, 5 ff.

der Beziehung derselben zur Vollkommenheit bewußt ist [1]) — es ist ein Zeichen einer dauernden Beschaffenheit der einzelnen Seelenteile, wenn der Mensch bei einer ihr adäquaten Betätigung Lust empfindet [2]) —, kann bei einer Einzelhandlung nur dann eine Beziehung zur Tugend ausgesprochen werden, wenn sie einen Zusammenhang mit der Psyche des Handelnden zeigt [3]).

Bedingung dafür, daß eine Handlung als Einübungshandlung der Tugend, insbesondere der ethischen Tugend als einer auf das Gute gerichteten Disposition des seelischen Lebens, einer ἕξις [4]), in Betracht komme, ist somit, daß sie ein Zeichen dieser Beschaffenheit ist. τὰ δ' ἔργα σημεῖα τῆς ἕξεως ἐστίν [5]).

Dies ist nur dann der Fall, wenn der Mensch mit seiner Persönlichkeit etwas zu der Handlung beiträgt [6]).

Eine Handlung ist nur dann Einübungshandlung, wenn der Mensch einer Handlung als einer Möglichkeit gegenübergestanden, die durch die Betätigung seines Ichs zur Wirklichkeit erhoben wird [7]). Die Handlung als ein πρακτόν [8]), als ein nur möglicherweise, aber nicht notwendigerweise zukünftig Seiendes muß durch die Aktualisierung des eigenen Ich zur Wirklichkeit erhoben werden [9]).

---

[1]) E. N. II3, 1105, 28; Loening, c. l. S. 115, 120, 177.

[2]) E. N. II2, 1104 b, 2; vgl. auch II3, 1105 a, 28; Zeller, c. l. S. 625; Loening, c. l. S. 174.

[3]) Vgl. E. N. V12, 1136 b, 37, VI2, 1139, 31; Loening, c. l. S. 133.

[4]) Die ethische Tugend bildet eine „stet und fest auf das Gute gerichtete Disposition des seelischen Lebens, einen dauernd und gleichmäßig bestimmten Seelenzustand (ἕξις), kraft dessen das Subjekt beständig zu guten Handlungen geneigt und bereit ist und solche überall in vernunftbestimmter Weise (daher ἕξις προαιρετική) mit bewußter Sicherheit zur Ausführung bringt"; so Loening, c. l. S. 120; vgl. E. N. I4, 1106 a, 11, II5, 1106 a, 14 usw. a 21.

[5]) Rhet. I a, 1367 b, 31; Kraus, c. l. S. 41; Loening, c. l. S. 126 Anm. 9, will in dieser Stelle einen unaristotelischen, stoischen Zusatz erblicken.

[6]) E. N. III1, 1109 b, 35, III1, 1110 b 15: ἔοικε δὴ τὸ βίαιον εἶναι οὗ ἔξωθεν ἡ ἀρχή, μηδὲν συμβαλλομένου τοῦ βιασθέντος. Loening, S. 197 Anm. 4, S. 192, Anm. 1, S. 268.

[7]) Loening, c. l. 21, 255 ff., S. 285, 270; Kraus, c. l. S. 77.

[8]) Vgl. z. B. E. N. VI13, 1144, 31, III5, 1112 b, 11; Loening, c. l. S. 20, 148, 154; Kraus, c. l. S. 73.

[9]) E. N. IX8, 1169, 1, VI2, 1139 b, 5; Loening, c. l. 143; Kraus, c. l. S. 70.

Nur dort, wo die Betätigung eines Menschen durch sein Begehrungsvermögen gemäß den Gefühlen der Lust und Unlust stattfindet[1]), ist die Handlung ἐφ' ἡμῖν[2]), indem die Realisierung der Handlung von dem Menschen abhängig war. Dadurch, daß der Mensch durch die Aktualität seines „Ich" die Handlung zur Wirklichkeit erhebt, ist nicht bloß das ἀρχὴ ἐν αὐτῷ[3]) gegeben, sondern der Mensch ist ἀρχὴ πράξεως[4]).

Dadurch, daß der Mensch durch sein Begehren, daß ein Ausdruck seiner Persönlichkeit ist, aktuell wird, setzt er Handlungen, die seinem bleibenden Wesen entsprechen, als Übungshandlungen dieses Zustandes charakterisiert erscheinen.

In dem Kausalwerden seiner Individualität liegt der Grund des Charakters einer bestimmten Handlung als Einübungshandlung eines bleibenden Zustandes, damit die Grundlage für die Auslösung eines Lobes oder Tadels[5]).

2. Die psychischen Bedingungen der Einübung von Tugend und Laster.

Aristoteles sucht nun die verschiedenen Fälle zu bestimmen, in denen eine Handlung als Einübungshandlung, als Ausdruck der Persönlichkeit in Betracht kommen kann. Zunächst kommt es darauf an, die Fälle, in denen die Möglichkeit einer Einübungshandlung gegeben ist, von dem ganzen Gebiet jener Handlungen abzugrenzen, die, da die Einzelhandlung nicht ἐφ' ἡμῖν war, nicht Ausdruck der Persönlichkeit sind. Als derartige Einübungshandlungen kommen zunächst jene in Betracht, wo die Handlung Gegenstand der Vorstellung des Menschen war und der

---

[1]) E. N. X_5, 1175 b, 28 ff.; vgl. dazu Loening, c. l. S. 19 ff., 135, 138, 142; Kastil, Zur Lehre von der Willensfreiheit in der Nikomachischen Ethik, 1901, S. 26 f.

[2]) E. N. III_4, 1111 b, 29, III_5, 1112, 30 usw. Unter dem τὰ ἐφ' ἡμῖν πρακτὰ versteht man nichts anderes als Geschehnisse, Handlungen, „die sich als für uns möglich, durch uns ausführbar erweisen, denen kein äußeres Hindernis entgegensteht, und deren Verwirklichung daher nur von unserem eigenen Tätigwerden abhängt". Loening, c. l. S. 148.

[3]) E. N. III_1, 1110, 15; Loening, c. l. S. 132.

[4]) E. N. V_{12}, 1136 b, 37; III_5, 1112 b, 31; Loening, c. l. S. 144.

[5]) Loening, c. l. S. 145. 146 mit Rücksicht auf E. Eud. II_6, 1223, 10; Kraus. c. l. S. 41.

Anfang des Handelns im Handelnden selbst gelegen war. Es liegt ein Fall des hekusischen [1]) Handelns vor.

τὸ ἑκούσιον δόξειεν ἂν εἶναι οὗ ἡ ἀρχὴ ἐν αὐτῷ εἰδότι τὰ καθ' ἕκαστα ἐν οἷς ἡ πρᾶξις[2]).

Unter diesen Handlungen nimmt nun jene Gruppe eine besondere Stellung ein, wo eine bestimmte Vorstellung einen zu erreichenden Zweck enthält, wo dieser von unserem Begehrungsvermögen erstrebt wird, bei der auch nach Überlegung der Mittel zur Erreichung dieses Zweckes, eine bestimmte Handlungsmodalität ausgewählt und verwirklicht wird. Es ist der Fall der προαίρεσις [3]).

ὄντος δὲ τοῦ προαιρετοῦ βουλευτοῦ ὀρεκτοῦ τῶν ἐφ' ἡμῖν, καὶ ἡ προαίρεσις ἂν εἴη βουλευτικὴ ὄρεξις τῶν ἐφ' ἡμῖν· ἐκ τοῦ βουλεύσασθαι γὰρ κρίναντες ὀρεγόμεθα κατὰ τὴν βούλευσιν[4]).

Bei diesen Handlungen — besonders bei den mit προαίρεσις erfolgenden: οἰκειότατον γὰρ εἶναι δοκεῖ (scl. προαίρεσις) τῇ ἀρετῇ καὶ μᾶλλον τὰ ἤθη κρίνειν τῶν πράξεων[5]) — liegt ihr Charakter als Einübungshandlungen für einen psychischen Zustand darin, daß das Begehrungsvermögen ausgelöst wurde durch die die Erfolgsvorstellung begleitenden Lustgefühle [6]); durch diese ist gezeigt, daß eine Handlung der dauernden Beschaffenheit einer Person gemäß ist. τὰ δὲ κατ' ἐπιθυμίαν ἡδέα[7]).

Das Gefühl, das sich dem Handeln beigesellt, ist das Zeichen einer dauernden Beschaffenheit.

σημεῖον δε δεῖ ποιεῖσθαι τῶν ἕξεων τὴν ἐπιγιγνομένην ἡδονὴν ἢ λύπην τοῖς ἔργοις[8])

περὶ ἡδονὰς γὰρ καὶ λύπας ἐστὶν ἡ ἠθικὴ ἀρετή· διὰ μὲν γὰρ τὴν ἡδονὴν τὰ φαῦλα πράττομεν, διὰ δὲ τὴν λύπην τῶν καλῶν ἀπεχόμεθα[9]).

---

[1]) Kraus, c. l. S. 42. Löffler, Die Schuldformen des Strafrechts I, 1895. S. 71.

[2]) E. N. III$_3$. 1111a, 22; Loening, c. l. S. 172 f.

[3]) E. N. III$_5$, 1113 a, 2: βουλευτὸν δὲ καὶ προαιρετὸν τὸ αὐτό, πλὴν ἀφωρισμένον ἤδη τὸ προαιρετόν· Loening, c. l. S. 23, 135; Kraus, c. l. S. 42.

[4]) E. N. III$_5$, 1113 a, 9.

[5]) E. N. III$_5$, 1111 b, 5.

[6]) Vgl. Kraus, c. l. S. 50; anders Loening, c. l. S. 175.

[7]) E. N. III3, 1111 a, 32.

[8]) E. N. II$_2$, 1104 b, 2.

[9]) E. N. II$_2$, 1104 b, 8.

Die Gefühle der Lust charakterisieren eine Handlung als adäquat der Beschaffenheit des Menschen, mag es sich um Einübungshandlungen der Tugend oder der Schlechtigkeit handeln [1]). Solange die Handlungen von Lust begleitet sind, erscheinen sie als solche, für die die ἀρχὴ ἐν αὐτῷ ist [2]). Aber nicht nur dann, wenn die Vorstellung der Erreichung eines bestimmten Zweckes durch das Mittel der als möglich vorgestellten Handlung das Begehren auslöste, erscheint die Handlung in Beziehung zu der dauernden Beschaffenheit des Menschen stehend.

Zwar ist es nicht hekusisch, wenn ein Erfolg eintritt, der nicht vorgesehen wird, wenn Handlungen aus Unwissenheit geschehen. Außerhalb der Persönlichkeit kann aber hier nur dann der Ursprung der Handlung gefunden werden, wenn dieser aus Unwissenheit geschehenen Handlung Betrübnis und Reue folgt. τὸ δὲ δι' ἄγνοιαν οὐχ ἑκούσιον μὲν ἅπαν ἐστίν, ἀκούσιον δὲ τὸ ἐπίλυπον καὶ ἐν μεταμελείᾳ· ὁ γὰρ δι' ἄγνοιαν πράξας ὁτιοῦν, μηδὲν δε δυσχεραίνων ἐπὶ τῇ πράξει, ἑκὼν μὲν οὐ πέπραχεν, ὅ γε μὴ ᾔδει. οὐδ' αὖ ἄκων, μη λυπούμενός γε [3]).

Der Zusammenhang der Handlung aus Unwissenheit mit der dauernden Beschaffenheit des Menschen ist eventuell durch die sie begleitenden Gefühle gegeben; nur die nachträglich auftretenden Unlustgefühle können die Handlung als der dauernden Beschaffenheit unadäquat, damit als untauglich zur Einübung charakterisieren. Auch ist eine aus Unwissenheit begangene Handlung dort als Einübungshandlung zu werten, wo die Unwissenheit selbst als Produkt der Übung erscheint [4]), somit die auf die Unwissenheit hinführenden Handlungen lustbetont waren, mag sich diese Unwissenheit selbst auf gesetzliche Bestimmungen beziehen [5]).

---

[1]) Vgl. z. B. E. N. X4, 1175, X5, 1175 a, 30.

[2]) E. N. III1, 1110 b, 9 ff.

[3]) E. N. III2, 1110 b, 18; Loening, c. l. S. 173; Loening, c. l. S. 174 kehrt sich gegen diese Gegenüberstellung von ἑκούσιον, οὐχ' ἑκούσιον und ακούσιον, da ἑκούσιον und ἀκούσιον kontradiktorische Gegensätze seien, zwischen denen ein Drittes nicht möglich sei; dagegen mit Recht Kraus, c. l. S. 50 ff.

[4]) E. N. III2, 1110 b, 28.

[5]) Eine Unwissenheit wird auch dann „hekusisch" genannt, wenn „deren Nichtexistenz einmal πρακτὸν gewesen ist, und deren Nichtexistenz trotzdem nicht durch ein darauf gerichtetes Begehren bedingt wurde"; so Kraus, c. l. S. 61.

καὶ τοὺς ἀγνοοῦντάς τι τῶν ἐν τοῖς νόμοις, ἃ δεῖ ἐπίστασθαι καὶ μὴ χαλεπά ἐστι, κολάζουσιν. ὁμοίως δὲ καὶ ἐν τοῖς ἄλλοις, ὅσα δι' ἀμέλειαν ἀγνοεῖν δοκοῦσιν, ὡς ἐπ' αὐτοῖς ὂν τὸ μὴ ἀγνοεῖν· τοῦ γὰρ ἐπιμεληθῆναι κύριοι[1]).

Die schlechte Handlung im Zustand der Unwissenheit erscheint so als Zeichen einer dauernden Beschaffenheit, die in dieser Qualität erst durch Einübungshandlungen hervorgebracht werden mußte, die vom einzelnen Individuum als freie gesetzt wurden, so daß die Nichtexistenz der Unwissenheit ἐφ' ἡμῖν war[2]). So stand es in jedermanns Macht, nicht so zu werden, wie er geworden, wenngleich es, nachdem er es geworden, nicht mehr in der Macht steht, es nicht mehr zu sein. Dadurch erscheinen aber auch die Beschaffenheiten hekusisch, da es in der Macht des Menschen stand, im einzelnen Fall so oder anders zu handeln.

. . . . τῷ ἀδίκῳ καὶ τῷ ἀκολάστῳ ἐξ ἀρχῆς μὲν ἐξῆν τοιούτοις μὴ γενέσθαι, διὸ ἑκόντες εἰσίν· γενόμενοις δ' οὐκέτι ἔξεστι μὴ εἶναι[3]).

τῶν μὲν γὰρ πράξεων ἀπ' ἀρχῆς μέχρι τέλους κύριοί ἐσμεν, εἰδότες τὰ καθ' ἕκαστα, τῶν ἕξεων δὲ τῆς ἀρχῆς, καθ' ἕκαστα δὲ ἡ πρόσθεσις οὐ γνώριμος, ὥσπερ ἐπὶ τῶν ἀῤῥωστιῶν· ἀλλ' ὅτι ἐφ' ἡμῖν ἦν οὕτως ἢ μὴ οὕτω χρήσασθαι διὰ τοῦτο ἑκούσιοι[4]).

Nur dort, wo eine Handlung nicht den Charakter einer Einübungshandlung hat, liegt kein Grund vor, ihr eine Bedeutung für Tugend oder Schlechtigkeit zuzubilligen. Es werden dies Handlungen sein, die auf Innervationen beruhen, die gar nicht dem zur Beherrschung durch die Vernunft bestimmten Begehren entnommen sind[5]). Diesen Handlungen stehen in ethischer Hinsicht jene gleich, bei denen die dauernde Beschaffenheit des Menschen gegen sie abwehrend reagiert, was in den mit den Handlungen verbundenen Gefühlen der Unlust zum Ausdruck kommt. Dies ist der Fall bei physischer Gewalt[6]), sowie bei

---

[1]) E. N. III7, 1113 b, 33.

[2]) Kraus, c. l. S. 60.

[3]) E. N. III7, 1114 a, 19.

[4]) E. N. III8, 1114 b, 31.

[5]) E. N. V10, 1135 a, 33; Rhet. I10, 1368 b, 32; bei Loening, c. l. S. 186 Anm. 7 u. S. 187 Anm. 8.

[6]) E. N. III1, 1109 b, 35, 1110 b, 1 usw.; Loening, c. l. S. 192; vgl. auch

jener psychischen Gewalt, bei der zwar noch Momente der Motivierung durch Lustbetonung vorkommen, bei denen aber das Akusische, die Unlust überwiegt[1]). Es liegen hier Handlungen vor, die aus hekusischem und akusischem gemischt sind[2]). Dies gilt in gleicher Weise für Handlungen, die ihrem äußeren Charakter nach zu Einübungshandlungen des Lasters als auch der Tugend tauglich wären. Auch die ihrer äußeren Form nach der Tugend entsprechenden Handlungen, die aber akusisch sind, sind wertlos, wenn sie nur gezwungen, mit Unlust vorgenommen werden[3]).

Schließlich kommen noch jene aus Unwissenheit vorgenommenen Handlungen dazu, bei denen die in der Reue zutage tretende Unlust ein Zeichen dafür war, daß die betreffende Handlung der dauernden Beschaffenheit des Individuums nicht entsprach[4]).

Aristoteles kommt es in erster Linie darauf an, festzustellen, bei welcher psychischen Situation irgendeine Äußerung des Subjekts, ein Verhalten, mag dieses auch ein Nichttätigsein darstellen[5]), Anlaß geben kann, einen Ausdruck einer psychischen dauernden Beschaffenheit zu konstatieren, weil dieses Verhalten als Einübungshandlung für eine solche Beschaffenheit in Betracht kommt.

Daß er hierbei vom Augenfälligsten, vom Hekusischen, ausgeht, schließt nicht aus, daß derartige Einübungshandlungen auch in einem Gebiete möglich sind, das nicht dem Hekusischen angehört; dieses Gebiet ist somit ein solches, das von jenem unterschieden werden muß, bei dem eine Handlung überhaupt

---

Met. IV5, 1015, 26; bei Loening, c. l. S. 138, Anm. 26; E. N. III1, 1110 b, 11.; Loening, c. l. S. 175 Anm. 20; Kraus, c. l. S. 43.

1) E. N. III1, 1110 a, 23; Kraus, c. l. S. 43; Loening, c. l. S. 204.

2) E. N. III1, 1110 a, 11; Kraus, c. l. S. 43. Wo das Lustmoment das Ausschlaggebende für die Aktualisierung einer Handlung war, kann man nicht von Unfreiwilligkeit sprechen, mögen die erstrebten Handlungen gut oder schlecht sein; E. N. III1, 1110 b, 14; Loening, c. l. S. 196.

3) E. N. VI13, 1144 a, 13; Kraus, c. l. S. 56; vgl. auch Loening, c. l. S. 178.

4) E. N. III2, 1110b, 19.

5) Kraus, c. l. S. 66 ff.; Loening, c. l. S. 245 ff.

nicht mehr als Einübungshandlung in Betracht kommt, weil sie nicht ἐφ' ἡμῖν ist, widerwillig, akusisch ist [1]).

Hekusisch und akusisch sind, wie Kraus mit Recht gegen Loening bemerkt, nicht kontradiktorische Gegensätze [2]). Dem Akusischen wird das Hekusische als Bezeichnung einer bestimmten psychischen Qualität gegenübergestellt. Hervorzuheben ist, daß immer die einzelne Handlung als Einübungshandlung der Tugend und des Lasters wegen dieser Eigenschaft hier gewertet werden soll [3]).

So ist zwar die psychische Beziehung der Handlung im Zeitpunkt ihrer Aktualisierung notwendig.

καὶ τὸ ἑκούσιον δὴ καὶ τὸ ἀκούσιον, ὅτε πράττει λεκτέον [4]).

Diese psychische Beziehung ist aber nur die Bedingung dafür, daß diese Handlung als Einübungshandlung, als Ausdruck der Persönlichkeit gewertet wird.

Die Feststellung einer psychischen Beziehung einer Handlung, resp. Unterlassung, die Feststellung eines Kausal-, resp. Konditionalzusammenhanges zwischen Individuum und Erfolg gibt nur den greifbaren Anlaß, nicht aber den Grund für Lob und Tadel [5]).

Nur dort, wo in der Proairesis, in der Einzelhandlung, der Mensch gleichsam konzentriert sich äußert [6]), werden die Lob und Tadel bestimmenden Momente durch die Einzelhandlung erschöpft sein. In den anderen Fällen kann nur ausgesagt werden, daß eine Einübungshandlung vorliegt, daß ein Anlaß zu einer eventuellen Bewertung vorliegen kann; die Bewertung selbst kann durch außerhalb der einzelnen Handlung liegende Momente bestimmt werden.

So ist es auch gerechtfertigt, wenn Aristoteles die Wertung der fahrlässigen Handlung durch ihre den dauernden Zustand des

---

1) Kraus, c. l. S. 50.

2) Kraus, c. l. S. 50.

3) Loening, c. l. S. 125, 268; Kraus, c. l. S. 41.

4) E. N. III 1, 1110 a, 14.

5) So Kraus, c. l. S. 66.

6) E. N. VI 2, 1139 b, 5; hier wird bezüglich der προαίρεσις gesagt: καὶ ἡ τοιαύτη ἀρχὴ ἄνθρωπος; dazu Loening, c. l. S. 143.

Menschen charakterisierende Bedeutung gegeben sieht [1]), dieselbe zusammenstellt mit der „Zurechnung von Tugend und Laster", weil ebenso wie dort seelische Zustände das Maßgebende sind, die der Einzelhandlung ihre Bedeutung geben [2]).

Die einzelnen Handlungen als Mittel, zur Tugend zu gelangen, müssen daher so vorgenommen werden, wie sie vom Tugendhaften selbst getan werden [3]). Diese Vollkommenheit, die dauernde Beschaffenheit, die die Tugenden darstellen, ist so nicht unmittelbar durch ein Wissen möglich [4]), vielmehr ist, soweit es sich um die Tugenden der praktischen Vernunft und die ethischen handelt, Einübung des richtigen Handelns, Gewohnheit notwendig [5]).

Diese Erörterungen aus dem Gebiete der Aristotelischen Ethik erschienen notwendig, um den Übergang zu den Lehren vom Staat und seinen Aufgaben zu gewinnen.

III. Die Vernunftnotwendigkeit von Staat und Recht.

1. Die Rechtfertigung des Staates durch seine Funktionen.

Die Ausführungen dürften gezeigt haben, daß es für Aristoteles eine Beurteilung der menschlichen Handlungen gab, die ihrem

---

[1]) So richtig Kraus, c. l. S. 62 gegen Loening, c. l. S. 272: „Bei fahrlässigen Rechtsverletzungen dagegen ist weder Vernunft, noch Sinnlichkeit, noch Wollen und Begehren selbst auf die Verletzung des Rechts gerichtet: der Mensch als solcher, als psychische Persönlichkeit ist daran gar nicht beteiligt. Ja die Zurechnung fahrlässiger Handlungen kann überhaupt nicht aus sittlichen, wenigstens nicht aus den sittlichen Grundsätzen des Aristoteles abgeleitet, sie kann nur aus rechtlichen, speziell rechtsgeschichtlichen Gesichtspunkten erklärt werden."

[2]) Vgl. Loening, c. l. S. 258.

[3]) E. N. II 3, 1105 b, 5.

[4]) E. N. VI 13, 1144 b, 17 ff.; VII 5, 1146 b, 31, X 10, 1179 a, 35.

[5]) E. N. II 1, 1103 a, 17, X 10, 1179 b, 20, Zeller, c. l. S. 626; Kraus, c. l. S. 41 f.; Loening, c. l. S. 119 ff.; Loening, c. l. S. 57. „In diesem Sinne also ist die Erkenntnisfunktion der φρόνησις dadurch bedingt, daß auch die andere, die praktisch wirkende Seite derselben richtig funktioniert. Gerade dies letztere ist aber .... wieder nur dann möglich, wenn der φρόνησις auf seiten des Begehrens die ethische Tugend, insbesondere die Tugend des Maßhaltens in sinnlicher Lust, die σωφροσύνη, entgegenkommt." Vgl. auch Zeller, c. l. S. 629; vgl. z. B. E. N. VI 2, 1139 a, 34.

Inhalt nach ebenso allgemeine Gültigkeit für sich in Anspruch nahm, wie die, die auf die Seinserkenntnis ging.

Durch die Prädikate gut und böse wurde eine bestimmte Handlung als eine solche bezeichnet, die vom Menschen aus seiner Vernunft heraus anzustreben, resp. zu meiden war, Prädikate, die ihre objektive Geltung aus der Übereinstimmung resp. Nichtübereinstimmung einer bestimmten Handlung mit der teleologischen Weltordnung, die durch die reine Vernunft erkannt war, erhielten.

Der Mensch muß nach den Geboten seiner gesunden Vernunft handeln. τὸ ... οὖν κατὰ τὸν ὀρθὸν λόγον πράττειν κοινὸν καὶ ὑποκείσθω ... [1]).

Die das richtige Handeln aufzeigende Vernunft kann den Menschen tatsächlich nur dort zum Richtighandeln bestimmen, wenn der ethische Teil, das Gefühlsleben, des Menschen so ist, daß es den Forderungen der Vernunft folgt [2]), wenn es so ist, wie es naturgemäß hätte sein sollen [3]).

Diese Beschaffenheit hat aber der Mensch nicht von Natur aus; er muß sie daher zu erwerben trachten [4]). Diese Eigenschaft kann er erst durch Handeln erhalten, das sich mit dem aus wahrer Tugend entspringenden deckt [5]).

Es genügt hierzu nicht eine bloße Belehrung; die Menschen müssen erst durch äußere Mächte gewöhnt werden [6]), richtig fühlen zu können; es muß durch äußere Mächte ein der Tugend verwandter Charakter, der das sittlich Schöne liebt und das Schimpfliche verabscheut, schon vorhanden sein, bevor die Belehrung wirken kann [7]).

So sagt dem Menschen dieselbe Vernunft, die ein bestimmtes Handeln von ihm fordert, daß er dieses als isoliertes Individuum nicht erreichen kann.

---

1) E. N. II_2, 1103 b, 32.

2) Vgl. Loening, c. l. S. 80 ff., 109 f.

3) E. N. I_6, 1098, 3 ff., I_{13}, 1102 b, 25 ff., III_{15}, 1119 b, 7, 12; bei Loening, c. l. S. 103 Anm. 22.

4) E. N. II_1, 1103 a, 18.

5) E. N. II_1, 1103 a, 31.

6) E. N. II_1, 1103 a, 17.

7) E. N. X_{10}, 1179 b, 29.

Der Mensch bedarf daher einer außerhalb seiner Persönlichkeit stehenden Macht, die ihm dieses durch die Vernunft aufgezeigte Verhalten mit Zwang angewöhnt [1]).

Der Mensch bedarf des Gesetzes. ὁ δὲ νόμος ἀναγκαστικὴν ἔχει δύναμιν, λόγος ὢν ἀπό τινος φρονήσεως καὶ νοῦ [2]).

Gesetze müssen das Leben der Bürger bestimmen, um durch die Gewöhnung ihre Gefühle derart zu regeln, daß das Handeln, das der Vernunft entspricht, nicht mehr mit Unlust verbunden ist.

διὸ νόμοις δεῖ τετάχθαι τὴν τροφὴν καὶ τὰ ἐπιτηδεύματα· οὐκ ἔσται γὰρ λυπηρὰ συνήθη γινομένα [3]).

So ist vernunftnotwendig eine Organisation gefordert, die dem Menschen das gewährt, was er als Individuum nicht erreichen kann, die sich selbst genügende Glückseligkeit.

Dies kann nicht geschehen durch das Gebot eines anderen Menschen, da jedermann den anderen haßt, der sich mit einem persönlichen Wollen den Begierden des ersten entgegenstellt, auch wenn dies richtig ist [4]).

Diese Organisation ist der Staat, der durch seine Funktionen die Menschen zu ihrem vernunftnotwendigen Ziele zu bringen hat, über den hinaus eine weitere Organisation nicht gefordert wird, der daher sich selbst genügsam ist;

ἡ δ' ἐκ πλειόνων κωμῶν κοινωνία τέλειος πόλις ἤδη, πάσης ἔχουσα πέρας τῆς αὐταρκείας ὡς ἔπος εἰπεῖν, γινομένη μὲν οὖν τοῦ ζῆν ἕνεκεν, οὖσα δὲ τοῦ εὖ ζῆν. διὸ πᾶσα πόλις φύσει ἐστίν, εἴπερ καὶ αἱ πρῶται κοινωνίαι. τέλος γὰρ αὔτη ἐκείνων, ἡ δὲ φύσις τέλος ἐστίν· οἷον γὰρ ἕκαστόν ἐστι τῆς γενέσεως τελεσθείσης, ταύτην φαμὲν τὴν φύσιν εἶναι ἑκάστου, ὥσπερ ἀνθρώπου ἵππου οἰκίας· ἔτι τὸ οὗ ἕνεκα καὶ τὸ τέλος βέλτιστον· ἡ δ' αὐτάρκεια καὶ τέλος καὶ βέλτιστον [5]).

So ist der Staat vernunftnotwendig, damit auch naturnotwendig zur Vervollkommnung der Menschheit. Jede Gemeinschaft besteht um eines Gutes willen, im Staat kommt erst das

---

[1]) E. N. X10, 1180 a, 14.
[2]) E. N. X10, 1180 a, 21.
[3]) E. N. X10, 1179 b, 34.
[4]) E. N. X10, 1180 a, 18.
[5]) Pol. I2, 1252 b, 27; Oncken, c. l. II, S. 14; Zeller, c. l. S. 680 f.

höchste Gut des Menschen zur Verwirklichung [1]). So ist geradezu der Staat vernunftmäßig das prius gegenüber dem einzelnen und gegenüber der Familie; nur der zeitlichen Entstehung nach folgt er diesem nach [2]).

Der Staat ist ein Gebilde der Natur, und der Mensch von Natur ein auf staatsbürgerliche Gemeinschaft angewiesenes Wesen, ein πολιτικόν ζῶον [3]). Wer von Natur vom Staat ausgeschlossen ist, ist entweder ein übermenschliches Wesen oder ein niedrigeres Wesen πολέμου ἐπιθυμητής [4]).

Der Mensch in seinem triebartigen Streben nach Vergesellschaftung erfüllt so seinen Zweck, der ihm vernunftgemäß vorgezeichnet ist [5]). Der Staat ist so durch die Vernunft gerechtfertigt, um seiner Zwecke willen, die ihm gesetzt sind, durch die Funktionen, die er ausübt.

Der Zweck des Staates besteht in der Glückseligkeit der Bürger; mit der Erreichung seines Zweckes seiner Eudaimonie ist notwendigerweise auch die Eudaimonie der Bürger gegeben [6]). Die Erreichung der Eudaimonie des Ganzen ist so das höhere Ziel gegenüber der Eudaimonie des einzelnen [7]).

Der Staat ist notwendig, um durch eine mit äußeren Machtmitteln ausgestattete Regelung menschlichen Zusammenlebens ein zur Vollkommenheit hinstrebendes Verhalten der Menschen zu erreichen.

So ist das Recht erst im Staate als äußere Regelung gegeben. ἡ δὲ δικαιοσύνη πολιτικόν· ἡ γὰρ δίκη πολιτικῆς κοινωνίας τάξις ἐστίν ἡ δὲ δίκη τοῦ δικαίου κρίσις [8]).

Dadurch unterscheidet sich auch der Staat von anderen

---

[1]) Pol. I1, 1252, 5; E. N. I1, 1094 b, 6.

[2]) Pol. I2, 1253 a, 19; Oncken, c. l. II, S. 17; Zeller, c. l. S. 681.

[3]) Pol. I2, 1252 b, 30, 1253 a, 1; E. N. VIII14, 1162 a, 17; Oncken, c. l. II, S. 14; Zeller, c. l. S. 681.

[4]) Pol. I2, 1253 a, 6, 1253 a, 28.

[5]) Pol. III6, 1278 b, 18, Pol. I2, 1252 b, 31, 1253 a, 9.

[6]) Pol. VII2, 1324, 5, VII3, 1325 b, 14, 30, VII13, 1332, 33, VII15, 1334, 11 usw. bei Loening, c. l. S. 7; vgl. Zeller, c. l. S. 683; Wundt, c. l. II, S. 143 ff., 153; Oncken, c. l. II, S. 18; Pöhlmann, c. l. I, S. 592 f.

[7]) E. N. I1, 1094 b, 7.

[8]) Pol. I2, 1253 a, 37.

zum Zwecke gegenseitiger Rechtsgarantie, gegenseitigen Verkehrs geschlossenen Verbindungen. Wenn nur dafür gesorgt würde, daß die Menschen sich wechselseitig kein Unrecht tun, nicht aber auch dafür, daß kein Mensch ungerecht lebe, ist kein Staat gegeben [1]).

Nur dort, wo der Staat durch seine Handlungen, seine Funktionen für die Tüchtigkeit der Bürger sorge, ist ein Staat vorhanden [2]). Das Gesetz würde, wenn es lediglich der Bürge der gegenseitigen Gerechtsame, ἐγγυητὴς ἀλλήλοις τῶν δικαίων [3]) wäre, zum bloßen Vertrag, der nicht die Kraft hat, die Bürger gerecht und tüchtig zu machen. Der Staat erfüllt erst seine Berechtigung durch seine Funktionen, die dem Gemeinwohl dienen; er bedarf einer besonderen Organisation, die ihn tauglich macht, diese Aufgabe zu erfüllen.

Jede Organisation des Staates, die das Wohl des Ganzen zum Ziel hat, diesem gemäße Handlungen auch verwirklicht, ist richtig.

φανερὸν τοίνυν ὡς ὅσαι μὲν πολιτεῖαι τὸ κοινῇ συμφέρον σκοποῦσιν, αὗται μὲν ὀρθαὶ τυγχάνουσιν οὖσαι κατὰ τὸ ἁπλῶς δίκαιον, ὅσαι δὲ τὸ σφέτερον μόνον τῶν ἀρχόντων, ἡμαρτημέναι καὶ πᾶσαι παρεκβάσεις τῶν ὀρθῶν πολιτειῶν· δεσποτικαὶ γάρ, ἡ δὲ πόλις κοινωνία τῶν ἐλευθέρων ἐστίν [4]).

2. Die Erhaltung der Gleichheit unter den Staatsbürgern als Voraussetzung jedweder weiteren staatlichen Tätigkeit.

Die Handlungen des Staates sind also dann richtig, wenn sie auf den Zweck gerichtet sind, die Bürger zur Glückseligkeit zu führen [5]).

Die einzelne Staatshandlung ist aber vor dem Forum der individuellen Vernunft nur dadurch gerechtfertigt, wenn der einzelne eine ihn betreffende Staatshandlung lediglich durch den Gedanken der objektiven Richtigkeit der Staatshandlung, nicht

---

[1]) Pol. III 9, 1280 a, 40.
[2]) Pol. III 9, 1280 b, 5.
[3]) Pol. III 9, 1280 b, 12.
[4]) Pol. III 6, 1279 a, 18; Oncken, c. l. II, S. 153.
[5]) Vgl. Oncken, c. l. II, S. 212.

durch eine subjektive Beziehung zu dem Objekt der Handlung gerechtfertigt findet, wenn der einzelne Bürger sich als gleicher neben den anderen fühlt. ἡ δὲ πόλις κοινωνία τις ἐστι τῶν ὁμοίων, ἕνεκεν δὲ ζωῆς τῆς ἐνδεχομένης ἀρίστης [1]).

Nur soweit die Erreichung des Zieles des Menschen, das in der vollendeten Ausübung der Tugend besteht, durch die Umstände der Natur nicht in der gleichen Weise möglich ist, sind Verschiedenheiten unter den Bürgern gerechtfertigt; denn in diesem Falle besteht, trotz dieser Verschiedenheit, die Einheitlichkeit des Richtpunktes, die für die Gestaltung der einzelnen Lebensschicksale maßgebend war [2]).

So kommen zu den Funktionen des Staates, die die Bürger zur Tugend bringen sollen, jene hinzu, die die Gleichheit unter den Bürgern betreffen, sie zu garantieren haben. Die Erhaltung der Gleichheit erscheint so als Voraussetzung dafür, daß die Organisation des Staates als Mittel zu dem höheren Zweck der Tugend anerkannt werde. Die Erhaltung des Lebens und der Lebensgüter erscheint so als Teil des Zweckes der Gemeinschaft. συνέρχονται δὲ καὶ τοῦ ζῆν ἕνεκεν αὐτοῦ καὶ συνέχουσι τὴν πολιτικὴν κοινωνίαν. ἴσως γὰρ ἔνεστί τι τοῦ καλοῦ μόριον καὶ κατὰ τὸ ζῆν αὐτὸ μόνον, ἂν μὴ τοῖς χαλεποῖς κατὰ τὸν βίον ὑπερβάλλῃ λίαν [3]).

Nur durch die Erhaltung der Gleichheit kann offenbar die Überzeugung allen Menschen beigebracht werden, daß das Wohl des Staates und das Wohl des Privatmannes identisch sei [4]).

Der Staat muß so einen bestimmten Zustand des Nebeneinanderbestehens der einzelnen Bürger zum Gegenstand seines Wollens, seines Rechtes machen, der unter den Bürgern den Zustand der Gleichheit repräsentiert [5]).

Das Recht ist das Gleiche, das Unrecht das Ungleiche; dieser Satz erscheint Aristoteles keines weiteren Beweises bedürftig zu sein.

---

1) Pol. IV, 1328 a, 35, I 2, 1255 b, 20; vgl. Pöhlmann, c. l. I, S. 591.

2) Pol. IV 8, 1328 a, 36 ff.

3) Pol. III 6, 1278 b, 24.

4) Pol. IV 15, 1334 a, 11; Pöhlmann, c. l. I, S. 593.

5) Hildenbrand, c. l. S. 287/88.

εἰ οὖν τὸ ἄδικον ἄνισον, τὸ δίκαιον ἴσον· ὅπερ καὶ ἄνευ λόγου δοκεῖ πᾶσιν [1]).

Der Herrscher, der der Verkörperer der Staatsidee ist, der Vernunft folgt, nicht die Herrschaft zu seinem Nutzen ausbeutet, muß der Wächter dieses Rechtes und damit der Gleichheit sein.

ἔστι δ' ὁ ἄρχων φύλαξ τοῦ δικαίου, εἰ δε τοῦ δικαίου, καὶ τοῦ ἴσου [2]).

Dies tut er, indem er dafür sorgt, daß ein dem Recht entsprechender Zustand verwirklicht wird; alle Handlungen, die diesem Ziel zustreben, sind gerecht.

Das sind Handlungen, die zunächst für eine entsprechende Zuteilung der Gütersphären an einzelne Private durch Autoritätsakte sorgen. Hier wird die Gleichheitsidee bereits aufrecht erhalten, wenn nur eine gewisse Verhältnismäßigkeit zwischen den den einzelnen zugeteilten Gütern besteht.

τὸ μὲν γὰρ διανεμητικὸν δίκαιον τῶν κοινῶν ἀεὶ κατὰ ἀναλογίαν ἐστὶ τὴν εἰρημένην [3]).

3. Das Privatstrafrecht im Dienste der Gleichheitsidee.

Tritt in dem bereits vorhandenen Zustand der Gleichheit durch die Handlung einer Person eine Störung ein, so muß die ursprüngliche Gleichheit vom Staat wieder hergestellt werden.

Diese Ungleichheit kann mit dem Willen des einzelnen, wie das bei den Verträgen der Fall ist, oder gegen den Willen durch ein Delikt entstanden sein [4]). Hier handelt es sich um die Verhältnisse der Nebenordnung zwischen den einzelnen Bürgern, die fordern, daß die Ungleichheit wieder beseitigt werde; es ist das Gebiet des δίκαιον διορθωτικόν, ὁ γίνεται ἐν τοῖς συναλλάγμασι καὶ τοῖς ἑκουσίοις καὶ τοῖς ἀκουσίοις [5]).

---

[1]) E. N. V6, 1131 a, 12, Loening, c. l. S. 339; Hildenbrand, c. l. S. 287.

[2]) E. N. V10, 1134 b, 1.

[3]) E. N. V7, 1131 b, 27; vgl. Loening, c. l. S 341; Hildenbrand, S. 288.

[4]) E. N I5, 1131 a, 5. τῶν δ' ἀκουσίων τὰ μὲν λαθραῖα, οἷον κλοπὴ μοιχεία φαρμακεία προαγωγεία δουλαπατία δολοφονία ψευδομαρτυρία, τὰ δὲ βίαια, οἷον αἰκία δεσμὸς θάνατος ἁρπαγὴ πήρωσις κακηγορία προπηλακισμός. Dazu Hildenbrand, c. l. S. 288; Loening, c. l. S. 137.

[5]) E. N. V7, 1131 b, 25.

Durch die Handlungen, durch die die Gleichheit wieder hergestellt wird, wird die Bedingung für die weitere Wirksamkeit des Staates geschaffen, ohne sie wäre das Gefühl der Knechtschaft vorhanden.

τῷ ἀντιποιεῖν γὰρ ἀνάλογον συμμένει ἡ πόλις. ἢ γὰρ τὸ κακῶς ζητοῦσιν· εἰ δὲ μή, δουλεία δοκεῖ εἶναι, εἰ μὴ ἀντιποιήσει [1]).

Hier kommt es nicht in Betracht, ob ein wackerer oder verdienstvoller Mann einen Lumpen oder ein Lump einen wackeren Mann um etwas gebracht hat, und ebensowenig ob der, welcher Ehebruch begangen, ein braver und verdienstvoller Mann oder Lump ist, sondern das Gesetz sieht lediglich auf den Umstand des erlittenen Schadens und behandelt die Personen als gleiche, indem es nur darauf sieht, wer von beiden unrecht tut und wer unrecht leidet, wer schädigt und wer geschädigt wird [2]).

Es handelt sich hier um die Herstellung der Gleichheit zwischen den durch das Verhalten eines Menschen in ihrem ruhigen Bestand gestörten Sphären. Dies tut die vom Staat übernommene Privatstrafe, die τιμωρία, deren Inhalt von einem durch die Tat eines anderen hervorgerufenen Wollen bestimmt ist; sie tritt in Gegensatz zu der staatlichen Strafe, deren Inhalt durch die allgemeinen Aufgaben des Staates bestimmt ist.

διαφέρει δε τιμωρία καὶ κόλασις· ἡ μὲν γὰρ κόλασις τοῦ πάσχοντος ἕνεκά ἐστιν, ἡ δὲ τιμωρία τοῦ ποιοῦντος, ἵνα ἀποπληρωθῇ [3]).

Allerdings darf bei dieser Ausgleichung zwischen den gestörten Gütersphären nicht der Schade [4]) lediglich nach der äußeren Tatseite bemessen werden, so daß man zur Wiedervergeltung nach der Lehre der Pythagoreer käme [5]). Es können vielmehr neben dem äußeren Erfolg Qualitäten des Verletzten, Unterschiede in der Absicht des Täters in Betracht kommen [6]). Das Maß dessen, was zur Beseitigung der Ungleichheit notwendig ist, ist gegeben durch das Gefühl, das bei dem auftritt, dem

---

[1]) E. N. V 8, 1132 b, 33.

[2]) E. N. V 7, 1132 a.

[3]) Rhet. I 10, 1369, b 14; Kraus, c. l. S. 24.

[4]) Vgl. Loening, c. l. S. 330.

[5]) E. N. V 8, 1132 b, 21.

[6]) E. N. V 8, 1132 b, 29.

durch die Handlung eines anderen eine geringschätzige Behandlung zuteil geworden ist [1]).

Dieses Gefühl geht über in den Affekt des Zornes.

ἔστω δὴ ὀργὴ ὄρεξις μετὰ λύπης τιμωρίας φαινομένης διὰ φαινομένην ὀλιγωρίαν τῶν εἰς αὐτὸν ἢ τῶν αὐτοῦ, τοῦ ὀλιγωρεῖν μὴ προσήκοντος [2]).

Dieser Zorn ist mit Lust verbunden, indem man die Erfüllung des Rachebedürfnisses antizipiert [3]). Da man also dieses Gefühl der Ungleichheit dann hat, wenn jemand durch die Eingriffe in die Gütersphäre eines anderen diesem Geringschätzung, Wertlosigkeit [4]) bezeugt, dann erscheint auch der Einfluß der Freiwilligkeit oder Unfreiwilligkeit der Handlung auf seiten des Verletzers auf den nach Vergeltung strebenden Zorn erklärt [5]).

Die staatliche Regelung der Gefühlsausgleichung zwischen Privaten hat nur darauf das Augenmerk zu richten, daß ein durch die Tat eines anderen entstandenes Rachebegehren nicht völlig blind, sondern nach den Forderungen der Vernunft Befriedigung finde [6]). Ein Überschreiten dieser Grenzen wäre ebenso fehlerhaft, wie der Mangel eines Rachebegehrens, der von Stumpfsinn, Feigheit oder sklavischer Gesinnung zeugt [7]).

Um die Fälle nun zu bestimmen, wo eine derartige Hervorrufung des Ungleichheitsgefühles Anspruch auf Allgemeingültigkeit hat, erfolgt die Begriffsbildung [8]); diese hat die Aufgabe, die Fälle scheinbarer Gleichheitsverletzung von den wahren zu sondern, indem sie die konstitutiven Merkmale, unter denen die Gleichheit verletzt ist, angibt.

„So wird es um solcher Fälle willen nötig sein, auch für dieselben fertige Begriffsbestimmungen davon zu haben, was Diebstahl, was Gewalttat, was Ehebruch ist, damit wir, mögen

---

[1]) E. N. VII 7, 1149 a, 32.

[2]) Rhet. II 2, 1378 a, 31.

[3]) Rhet. II 2, 1378 b, 1.

[4]) Rhet. II 2, 1378 b, 10.

[5]) Rhet. II 3, 1380 a, 8.

[6]) E. N. IV 11, 1125 b, 29, 1126 a, 13; bei Loening, c. l. S. 335 Anm. 4.

[7]) E. N. IV 11, 1126, 3; Rhet. II 6, 1384, 21; Loening, c. l. S. 335.

[8]) Rhet. I 13, 1373 b ff.

wir nun das Stattfinden oder Nichtstattfinden dieser Kategorien dartun wollen, imstande sind, das Recht klar vor Augen zu stellen. Es drehen sich nämlich alle solche Fälle um die Frage, ob etwas ungerecht oder schlecht sei oder nicht. Denn der bewußte Vorsatz ist es, in welchem die Schlechtigkeit und das Unrechttun liegt, und derartige Bezeichnungen wie „Mißhandlung" und „Diebstahl" schließen den Begriff der Vorsätzlichkeit in sich. Denn wenn einer einen bloß geschlagen hat, so hat er ihn darum noch nicht allemal auch „mißhandelt", sondern nur dann, wenn er es in einer bestimmten Absicht getan hat, z. B. um jenen zu beschimpfen oder um sein Mütchen an ihm zu kühlen. Ebenso hat einer, der etwas heimlich weggenommen hat, damit noch nicht schlechtweg „gestohlen", sondern nur dann, wenn er einem anderen zum Schaden und zu eigenem Vorteil es genommen, hat er als Dieb gehandelt" [1]).

Ebenso wird es notwendig sein, die in diesen Fällen eintretende Vergeltung ihrem Inhalt nach näher zu bestimmen. Trotzdem Aristoteles für die Gesetzgebung den Standpunkt vertritt, möglichst alles im Gesetz selbst zu bestimmen und möglichst wenig dem Ermessen der Richter zu überlassen [2]), sieht er sich hier genötigt, anzuerkennen, daß die Grenzlinien der gerechten Vergeltung schwankend seien und eine ruhige Beurteilung des Vergeltungsbedürfnisses nur im Einzelfall gegeben werden könne [3]). Damit ist die Privatstrafe [4]) in das System der staatlichen Funktionen eingeordnet. Das Funktionelle ist aber hier nur dadurch gegeben, daß der Staat den Inhalt der Privatstrafe [5]) anzuerkennen sich verpflichtet sieht als Ausdruck der Persönlichkeit der einzelnen Individuen, deren Anerkennung von ihnen als Ausdruck der Gleichheit aller im Staate, damit als Voraussetzung jeder weiteren staatlichen Tätigkeit zur Erreichung der vernünftigen Staatszwecke verlangt wird.

---

[1]) Rhet. I_{13}, 1374 a, 6.

[2]) Rhet. I_1, 1354, 31, b, 12; Loening, c. l. S. 336 Anm. 9.

[3]) E. N. IV_{11}, 1126, 31; Loening, c. l. S. 336.

[4]) Zur Frage, ob darin überhaupt eine „Strafe" gefunden werden könne, vgl. Loening, c. l. S. 344 Anm. 26; gegen Hildenbrand, c. l. S. 299.

[5]) Vgl. Wundt, c. l. II, S. 139.

Dieses inhaltlich private Wollen wird vom Staat beschränkt, geregelt; so findet in den Gesetzen, die eine bestimmt umgrenzte Strafe mit einem Delikte verbinden, das Verhältnis zwischen zwei Privaten, zwischen denen das staatlich garantierte Verhältnis der Gleichheit gestört war, ihre neue, sich wiederum der Idee der Gleichheit einfügende Regelung.

IV. Die Motivation der Bürger zum richtigen Handeln als Staatsfunktion.

1. Das Rechtsgesetz als Motivationsmittel; seine notwendigen Bestandteile.

Neben dieser auf die Erhaltung der Gleichheit gerichteten Tätigkeit ist der Inhalt der staatlichen Funktionen den Untertanen gegenüber durch die Aufgabe, sie durch Gewöhnung tugendhaft zu machen, gegeben [1]. Durch die Handlungen des Staates sollen die Bürger motiviert werden, Einübungshandlungen zur Tugend zu setzen, Einübungshandlungen des Lasters zu vermeiden [2].

Der Staat muß also streben, bei den Bürgern Handlungen zu erzielen, die als Ausdruck der verschiedenen Tugenden [3] selbst Einübungshandlungen der Tugend sind.

Durch die Erziehung [4] und durch das Recht sollen die einzelnen Menschen zu Tugendhandlungen motiviert werden.

So werden zunächst in den durch den Willen des Staates gestützten Gesetzen die Handlungen aufgezeigt, die zu Tugend und Laster führen [5].

Ist das Handeln, welches dem in den richtigen Gesetzen niedergelegten Recht entspricht, ein gerechtes, so ist der habituelle Zustand, der derartige rechtgemäße Handlungen produziert, die Gerechtigkeit [6], der Inbegriff der Tugenden, soweit sich diese

[1] Vgl. z. B. E. N. II 1, 1103 b.

[2] Vgl. dazu Loening, c. l. S. 345 f.

[3] Die Tugend ist etwas Mittleres. E. N. II 2, 1104, 11, II 4, 1105 b, 25 usw.; Loening, c. l. S. 113.

[4] Pol. VIII, 1337 a, 22; dazu Oncken, c. l. II, S. 203 ff.; Zeller, c. l. S. 730; Hildenbrand, c. l. S. 300.

[5] E. N V 5, 1130 b, 22; Loening, c. l. S. 345.

[6] Zeller, c. l. S. 640; Hildenbrand, c. l. S. 282 f.

im praktischen Verhalten zu anderen Menschen äußern[1]). Allerdings wird dies nur der Fall sein, wenn die die Tugend der Bürger anstrebenden Gesetze auch richtig[2]), d. h. so wie sie von der Vernunft gefordert werden, sind; aber auch dort, wo die Gesetze richtig sind, ist das ihnen entsprechende Handeln nur die Vorstufe der wahren Tugend, die ohne Rücksicht auf äußere Motive das richtige Handeln setzt[3]).

Zu den durch die Vernunft vom Einzelindividuum geforderten Tugenden kommt noch jene hinzu, die aus sich Handlungen setzt, die der als Vorbedingung staatlicher Gemeinschaft erscheinenden Gleichheit der Staatsbürger entspricht; indem danach „jeder sein Streben so reguliert, daß den Berechtigungssphären der anderen die gebührende Rechnung getragen wird" [4]). Die Gerechtigkeit in diesem Sinn ist die Eigenschaft, vermöge der man von dem Gerechten sagen kann, er übt mit Vorsatz das Recht in seinen Handlungen, wie in seinem Austeilen, und dies ebensosehr in seinem eigenen Verhältnis zu anderen, als im Verhältnis des anderen zu einem Dritten[5]).

Als Mittel, die Aufgabe zu erfüllen, die Menschen zu einem der Tugend, insbesondere der Gerechtigkeit, entsprechenden Handeln zu bestimmen, kommen zunächst die Gesetze in Betracht.

Durch die Unterwerfung der Bürger unter das Gesetz wird gleichzeitig von diesen ein der Tugend gemäßes Handeln, damit ein auf ihre Glückseligkeit hinstrebendes Handeln erreicht.

δοκεῖ δὲ καὶ ὁ κατ' ἀλήθειαν πολιτικὸς περὶ ταύτην μάλιστα πεπονῆσθαι· βούλεται γὰρ τοὺς πολίτας ἀγαθοὺς ποιεῖν καὶ τῶν νόμων ὑπηκόους[6]).

Die Gesetze müssen so zunächst Tatbestände angeben, die sich als die äußere Seite möglicher Tugendeinübungshandlungen

---

[1]) E. N. V_3, 1129 b, 26.

[2]) E. N. V_5, 1139 b, 28; Pol. VI_7, 1293 b, 2; Oncken, c. l. II, S. 130 ff.; Zeller, c. l. S. 683 Anm. 4.

[3]) Pol. III_4, 1278 b.

[4]) Hildenbrand, c. l. S. 287.

[5]) E. N. V_9, 1134 a,; Zeller, c. l. S. 640.

[6]) E. N. I_{13}, 1102 a, 7; dazu die sonstigen bei Loening, c. l. S. 345 Anm. 28 zitierten Stellen.

darstellen. Durch Gewöhnung soll ja der Gesetzgeber die Bürger tugendhaft machen.

οἱ γὰρ νομοθέται τοὺς πολίτας ἐθίζοντες ποιοῦσιν ἀγαθούς[1]). πράττοντες γὰρ τὰ ἐν τοῖς συναλλάγμασι τοῖς πρὸς τοὺς ἀνθρώπους γινόμεθα οἱ μὲν δίκαιοι, οἱ δὲ ἄδικοι[2]).

Sie werden also jene Handlungen anzugeben haben, die insbesondere der Ausdruck eines Mittleren in den Gefühlen sind.

Es werden ferner bezüglich der Tugend der Gerechtigkeit jene Fälle im Gesetz anzugeben sein, die als Eingriffe in eine fremde, rechtlich geschützte Willenssphäre als objektives Unrecht, zum Gegenstand menschlichen Handelns gemacht, dieses als ungerecht erscheinen lassen.

διαφέρει δέ τὸ ἀδίκημα καὶ τὸ ἄδικον καὶ τὸ δικαίωμα καὶ τὸ δίκαιον· ἄδικον μὲν γάρ ἐστι τῇ φύσει ἢ τάξει· τὸ αὐτὸ δὲ τοῦτο, ὅταν πραχθῇ, ἀδίκημά ἐστι, πρὶν δὲ πραχθῆναι, οὔπω, ἀλλ' ἄδικον[3]).

Ebenso wird es auch für alle anderen Tugenden die als Ausdruck des Mittleren sich darstellenden Tätigkeiten angeben müssen, indem die Tugend nach der Mitte zielt und sie trifft [4]). Während so das Rechttun nur auf eine Art möglich ist, ist das Fehlen auf vielfache Art möglich; leicht ist es daher, das Ziel zu verfehlen, schwer, es zu treffen [5]).

„Nicht jede Handlung indes und nicht jede Leidenschaft ist dieses mittleren Maßes fähig, wie denn auch bei einigen schon ihre Benennung die Schlechtigkeit mit einschließt, z. B. Schadenfreude, Unverschämtheit, Neid und unter den Handlungen Ehebruch, Diebstahl, Mord. Denn alle diese und dergleichen Leidenschaften und Handlungen unterliegen von vornherein dem Tadel, weil sie an und für sich lasterhaft sind, und es ist nicht ihr Zuviel oder Zuwenig, was getadelt wird. In denselben kann also nie und in keinem Fall richtig gehandelt, sondern immer nur gefehlt werden, d. h. die Begriffe richtig und unrichtig haben hier gar keine Stelle, und man kann z. B. nicht von einem Ehebrechen

---

1) E. N. II1, 1103 b, 2.
2) E. N. II1, 1103 b, 15.
3) E. N. V10, 1135 a, 8.
4) E. N. II5, 1106 b, 27.
5) E. N. II5, 1106 b, 28.

mit der rechten Person und zu rechter Zeit und auf die rechte Weise reden, sondern überhaupt nur etwas dergleichen tun, heißt sich verfehlen" [1]).

Im Gesetze muß aber auch angegeben sein, unter welcher Bedingung bei einer äußerlich als Übungshandlung der Tugend oder des Lasters erscheinenden Handlung jene psychische Beziehung der Handlung zur Individualität des Menschen gegeben ist, daß sie auch tatsächlich diesen Einübungscharakter hat.

ἀδίκημα δὲ καὶ δικαιοπράγημα ὥρισται τῷ ἑκουσίῳ καὶ ἀκουσίῳ· ὅταν γὰρ ἑκούσιον ᾖ, ψέγεται, ἅμα δὲ καὶ ἀδίκημα τότ' ἐστίν· ὥστ' ἔσται τι ἄδικον μέν, ἀδίκημα δ' οὔπω, ἐὰν μὴ τὸ ἑκούσιον προσῇ. λέγω δ' ἑκούσιον μέν, ὥσπερ καὶ πρότερον εἴρηται, ὃ ἄν τις τῶν ἐφ' αὑτῷ ὄντων εἰδὼς καὶ μὴ ἀγνοῶν πράττῃ μήτε ὃν μήτε ᾧ οὗ ἕνεκα . . . [2]).

So ist die Beurteilung der Handlungen vom Standpunkt des Rechts von dem Vorhandensein bestimmter Beziehungen derselben zur Individualität des Handelnden als Bedingung einer Bewertungsmöglichkeit ebenso abhängig, wie dies die allgemeine sittliche Beurteilung war [3]).

Daher sind die Erörterungen über die Bedingungen der Freiwilligkeit und Unfreiwilligkeit ebenso wie für eine Abhandlung über die Tugend, auch für die Gesetzgebung wegen der Festsetzung von Belohnungen und Strafen zweckmäßig.

τὸ ἑκούσιον καὶ ἀκούσιον ἀναγκαῖον ἴσως διορίσαι τοῖς περὶ ἀρετῆς ἐπισκοποῦσι, χρήσιμον δὲ καὶ τοῖς νομοθετοῦσι πρός τε τὰς τιμὰς καὶ τὰς κολάσεις [4]).

So kommt Aristoteles auch bei der Erörterung der Frage, wann eine Handlung für gerecht, resp. ungerecht zu halten sei, zu der Feststellung der einzelnen „Schuldformen", die oben bereits besprochen wurde.

Dies ist zunächst der Fall, wenn die Handlung zwar aus Unwissenheit begangen wurde, die erste Ursache des Handelns

---

[1]) E. N. II 6, 1107 a, 8.

[2]) E. N. V 10, 1135 a, 19.

[3]) So richtig Kraus, c. l. S. 40; gegen Loening, c. l. S. 129.

[4]) E. N. III 1, 1109 b, 32; Loening, c. l. S. 1 ff.

im Handelnden noch selbst gelegen war, wenn sie nicht παραλόγως zustande kam [1]); es liegt dann ein ἁμάρτημα vor.

Wenn wissentlich ohne προβούλευσις gehandelt wurde, dann ist die zweite Möglichkeit rechtlicher Bewertung gegeben, es liegt ein ἀδίκημα vor [2]); kommt zum Wissen noch προαίρεσις hinzu, dann ist der dritte Fall der Bewertungsmöglichkeit gegeben. ὅταν δ' ἐκ προαιρέσεως (scil. βλάβη), ἄδικος καὶ μοχθηρός [3]).

2. Die Motivation zum richtigen Handeln durch die Strafe.

Diese Bestandteile der Gesetze, der geschriebenen oder ungeschriebenen [4]), genügen noch nicht, um den Zweck: Bestimmung der Maße zu tugendgemäßen Handlungen, Abhaltung von tugendwidrigen, zu erreichen.

Vielmehr läßt sich die Menge ihrer Natur nach nicht durch die sittliche Scheu, sondern durch die Furcht leiten und vom Bösen nicht durch das Schimpfliche derselben, sondern durch die drohenden Strafen abhalten [5]).

So verknüpft der Gesetzgeber die Inaussichtstellung von Einübungshandlungen der Schlechtigkeit mit einer Übelszufügung. οἱ γὰρ πολλοὶ ἀνάγκῃ μᾶλλον ἢ λόγῳ πειθαρχοῦσι καὶ ζημίαις ἢ τῷ καλῷ [6]).

Nur dann aber wird diese Verknüpfung die Wirkung haben, wenn ihr Eintritt unabhängig gemacht wird von der subjektiven Einstellung der Personen, die einen jener Verbindung adäquaten Zustand zu realisieren haben [7]).

Ebenso muß das Übel der Strafe den aus dem Delikt erhofften Vorteil überwiegen [8]). Auch die individuelle Beeinflussung durch den Staat, die aus dem Zweck des Staates gegeben ist,

---

[1]) E. N. V_{11}, 1135 b, 17. Löffler, c. l. S. 71.

[2]) E. N. V_{11}, 1135 b, 20.

[3]) E. N. V_{11}, 1135 b, 25.

[4]) E. N. X_{10}, 1180 a, 34; Rhet. I_{10}, p 1368 b, 7; vgl. Hirzel, ἄγραφος νόμος. S. 11 ff.

[5]) E. N. X_{10}, 1179 b, 10; vgl. Loening, c. l. S. 346; Kraus, c. l. S. 24.

[6]) E. N. X_{10}, 1180 a, 4.

[7]) Rhet. I_{12}, 1372 a, 11 ff.; vgl. Loening, c. l. S. 347.

[8]) Rhet. I_{12}, 1372 a, 36.

muß sich auf die aus der Tat erkannte Bedürftigkeit eines Menschen, nach einer von außen kommenden Motivation zur Tugend beziehen.

διόπερ οἴονταί τινες τοὺς νομοθετοῦντας δεῖν μὲν παρακαλεῖν ἐπὶ τὴν ἀρετὴν καὶ προτρέπεσθαι τοῦ καλοῦ χάριν, ὡς ὑπακουσομένων τῶν ἐπιεικῶς τοῖς ἔθεσι προηγμένων, ἀπειθοῦσι δὲ καὶ ἀφυεστέροις οὖσι κολάσεις τε καὶ τιμωρίας ἐπιτιθέναι, τοὺς δὲ ἀνιάτους ὅλως ἐξορίζειν· τὸν μὲν γὰρ ἐπιεικῆ καὶ πρὸς τὸ καλὸν ζῶντα τῷ λόγῳ πειθαρχήσειν, τὸν δὲ φαῦλον ἡδονῆς ὀρεγόμενον λύπῃ κολάζεσθαι ὥσπερ ὑποζύγιον [1]).

Als Mittel zu diesem Zweck kommen in erster Linie die den Lustgefühlen entgegengesetzten Unlustgefühle in Betracht, ebenso wie auch die körperliche Heilung durch das der Krankheit entgegengesetzte erfolgt.

διὸ καὶ φασι δεῖν τοιαύτας γίνεσθαι τὰς λύπας, αἳ μάλιστ' ἐναντιοῦνται ταῖς ἀγαπωμέναις ἡδοναῖς [2]).

Daher muß auch die dem einzelnen zugefügte Motivation durch Übel seiner spezifischen Motivationsbedürftigkeit angepaßt sein [3]).

„Der maßlos Genußsüchtige (ἀκόλαστος), der grundsätzlich der Lust frönt, ist schlechter als der Schwächling (ἀκρατής), dessen sittliches Bewußtsein nicht verderbt, sondern nur nicht stark genug ist, um den sinnlichen Trieben Widerstand zu leisten, der nicht aus Überzeugung schlecht handelt und daher zur Reue geneigt, heilbar ist und der eben deshalb nur als „halbschlecht" (ἡμιπόνηρος) gilt [4]).

Das diese Motivation realisierende Staatsorgan wird auch angewiesen, bei der Bestimmung dieser Motivationsbedürftigkeit nicht bloß die konkrete Tat zu berücksichtigen, sondern alle ihm zugänglichen Symptome heranzuziehen

καὶ (ἐπιεικές ἐστι) μὴ πρὸς τὴν πρᾶξιν ἀλλὰ πρὸς τὴν προαίρεσιν (σκοπεῖν) καὶ μὴ πρὸς τὸ μέρος ἀλλὰ πρὸς τὸ ὅλον, μηδὲ ποῖός τις νῦν, ἀλλὰ ποῖός τις ἦν ἀεὶ ἢ ὡς ἐπὶ τὸ πολύ [5]).

---

1) E. N. X_{10}, 1180 a, 5.

2) E. N. X_{10}, 1180 a, 13; vgl. auch E. N. II_2, 1104 b, 16; Loening, c. l. S. 348; Kraus, c. l. S. 25.

3) Über das Verhältnis der dem Einzelfalle angepaßten Billigkeit zum Gesetz vgl. E. N. V_{14}, 1137 a, 31 ff.; Hirzel, Ἄγραφος νόμος, S. 11.

4) Loening, c. l. S. 324.

5) Rhet. I_{13}, 1374 b, 13; Loening, c. l. S. 328.

Nur als ein Moment zur Bestimmung der menschlichen Motivationsbedürftigkeit ist die konkrete psychische Beziehung zu verwenden, die einerseits Bedingung der Zurechnung ist, andererseits durch die Qualität auch den Inhalt des Urteils über die Motivationsbedürftigkeit bestimmt.

Wenn die προαίρεσις, die den ganzen Menschen verkörpert, selbst mit dem Schlechten erfüllt ist, ist eine gegenüber bloßer Wissentlichkeit und Fahrlässigkeit größere Motivationsbedürftigkeit zu konstatieren [1]).

Abgesehen von dieser konkreten Beziehung der Person zur Tat kommen jedoch noch andere Momente für die Erschließung der ἀδικεία in Betracht. So kommt der Tempeldiebstahl dadurch als Zeichen besonderer Motivationsbedürftigkeit in Betracht, daß er das Fehlen einer Motivation selbst durch die heiligsten Normen, damit auch den Mangel jedweder Motivation durch Normen dartut.

ἔστιν δὲ ταῦτα ἐκ τοῦ ἐνυπάρχειν τῇ δυνάμει· ὁ γὰρ τρία ἡμιωβέλια ἱερὰ κλέψας κἂν ὁτιοῦν ἀδικήσειεν [2]).

Ebenso wird bezüglich der Meineidigen, der ψευδομαρτυροῦντες als Zeichen ihrer besonderen ἀδικία angeführt: ποῦ γὰρ οὐκ ἂν ἀδικήσειεν, εἴ γε καὶ ἐν τῷ δικαστερίῳ [3]).

„Weiter gilt ein Verbrechen für um so schwerer, je tierischer, ferner je häufiger es verübt wurde, während andererseits als erschwerend auch dies angeführt wird, daß jemand als einziger oder als erster oder mit nur wenigen ein Verbrechen gewagt hat" [4]).

3. Die Grenzen der staatlichen Motivationstätigkeit.

Die Motivation zum Handeln, der Tugend gemäß, findet ihre Grenzen in der natürlichen Motivationsfähigkeit, resp. -unfähigkeit der Menschen.

Keine Motivation durch Strafe hat daher bei Kindern,

---

[1]) Vgl. Loening, c. l. S. 329.

[2]) Rhet. I14, 1374 b, 27.

[3]) Rhet. I14, 1375 a, 12; Loening, c. l. S. 328.

[4]) Loening, c. l. S. 328. Über die Bedeutung des objektiven Schadens für die Strafbemessung, bei der wohl Rücksichten der privatrechtlichen Verbrechensauffassung mitspielen, vgl. Rhet. I14, 1374 b, 29; Loening, c. l. S. 330.

Geisteskranken und anderen zurechnungsunfähigen Personen stattzufinden.

Das Kind, bei dem noch nicht die Fähigkeit besteht, seine Einsicht beim Wollen und Handeln zu gebrauchen [1]), soll zum guten Bürger erzogen, aber nicht als schlecht verurteilt werden [2]).

Auch bei Geisteskranken sind die Vernunftkräfte nicht entwickelt, sie verharren in einem tierähnlichen Zustand, sind θηριώδεις [3]); ihre Handlungen sind kein Grund zu einem auf Motivation zur Tugend gerichteten Verhalten des Staates [4]).

Das gleiche gilt auch dort, wo eine Handlung unter dem überwiegenden Druck äußerer Mächte zustande kam, bei denen die Persönlichkeit entweder überhaupt nicht in Betracht kam, resp. bei denen die Persönlichkeit, wenngleich sie dabei beteiligt war, doch so von außen motiviert war, daß ein entgegengesetzter Entschluß die menschliche Natur übersteigen würde und niemand vermöchte, sich ethisch vollkommen zu verhalten [5]).

Auch in diesem Fall ist der Versuch einer Motivation sinnlos [6]).

Schließlich findet die Motivationsfähigkeit ihre Grenzen in der durch schlechtes Handeln erworbenen Beschaffenheit des Menschen, in der ἕξις, die den Menschen ebenso wie bei der Tugend zu guten, hier zu schlechten Handlungen führt [7]).

ἔστι δὲ τὰ δίκαια ἐν τούτοις οἷς μέτεστι τῶν ἁπλῶς ἀγαθῶν, ἔχουσι δ' ὑπερβολὴν ἐν τούτοις καὶ ἔλλειψιν· τοῖς μὲν γὰρ οὐκ ἔστιν ὑπερβολὴ αὐτῶν, οἷον ἴσως τοῖς θεοῖς, τοῖς δ' οὐθὲν μόριον ὠφέλιμον, τοῖς ἀνιάτως κακοῖς, ἀλλὰ πάντα βλάπτει, τοῖς δὲ μέχρι τοῦ· διὰ τοῦτ' ἀνθρώπινόν ἐστιν [8]).

Die auf Motivation gerichtete Rechtshandlung findet ihre Grenzen an der unverbesserlichen Schlechtigkeit der Menschen [9]).

---

1) Pol. I13, 1260, 31; Loening, c. l. S. 241.
2) Pol. I13, 1260 b, 15; Loening, c. l. S. 242.
3) E. N. VII6, 1149, 3, VII7, 1149 b, 27; Loening, c. l. S. 242.
4) E. N. VII6, 1149, 16; Loening, c. l. S. 244.
5) So Kraus, c. l. S. 43; vgl. oben S. 222 f.
6) Kraus, c. l. S. 44.
7) Loening, c. l. S. 123.
8) E. N. V13, 1137 a, 26.
9) E. N. VII8, 1150, 21, VII9, 1150 b, 29; bei Loening, c. l. S. 123 Anm. 41.

Diesen gegenüber ist nur, da sie zu Rechtshandlungen, die die Menschen als Vernunftwesen zur Tugend motivieren sollen, kein taugliches Objekt sind, der Ausschluß aus der Rechtsgemeinschaft gerechtfertigt [1]). Die Lehre des Aristoteles von der Strafe, wie die diesen Vernunftprinzipien entsprechende Motivierung vorzunehmen sei, ist uns durch den rudimentären Charakter seiner Politik nicht erhalten geblieben [2]).

V. Freiheit und Recht.

1. Die rationelle Umbildung des Freiheitsbegriffes.

Die Stellung, die der Freiheitsgedanke in diesem System der staatlichen Regelung des menschlichen Zusammenlebens, insbesondere im Verhältnis zum Strafrecht einnimmt, ist bedingt durch die Lehre, daß nur durch ein den Forderungen der Vernunft entsprechendes Leben das höchste Ziel des Menschen erreicht werden könne.

Aristoteles geht bei der Behandlung des Freiheitsproblems aus von dem hergebrachten Begriff der Freiheit, wie er in der Demokratie bestand [3]).

ὑπόθεσις μὲν οὖν τῆς δημοκρατικῆς πολιτείας ἐλευθερία (τοῦτο γὰρ λέγειν εἰώθασιν, ὡς ἐν μόνῃ τῇ πολιτείᾳ ταύτῃ μετεχόντας ἐλευθερίας· τούτου γὰρ στοχάζεσθαί φασι πᾶσαν δημοκρατίαν [4]).

„Die Freiheit bestehe teils aus Gehorchen, teils aus Befehlen, und das Gerechte bestehe in der Demokratie in der Gleichheit der Zahl nach und nicht in der dem Werte nach. . . Dies ist das eine Zeichen der Freiheit, welches alle Demokraten als das Merkmal der demokratischen Verfassung aufstellen; ein zweites ist, daß jeder leben könne, wie es ihm gefällt; dies soll die Ausübung der Freiheit sein, da ja der Sklave nicht leben könne, wie er wolle. Dies ist das zweite Kennzeichen der Freiheit, und

---

[1]) Vgl. die Definition des Staatsbürgers im besten Staate; Pol. III_{13}, 1284 a, 1; Kraus, c. l. S. 24, 26.

[2]) Zeller, c. l. S. 739; Hildenbrand, c. l. S. 299.

[3]) Vgl. die Leichenrede des Perikles bei Thukydides II_{37}, zit. bei Oncken, c. l. II, S. 145.

[4]) Pol. VII_2, 1317 a, 40.

davon kommt, daß man nicht beherrscht werden mag, hauptsächlich von keiner einzelnen Person oder wenigstens nur abwechselnd" [1]).

Diese Freiheitsauffassung ist aber nach Aristoteles vollkommen verfehlt: τοῦτο δ' ἐστὶ φαῦλον· οὐ γὰρ δεῖ οἴεσθαι δουλείαν εἶναι τὸ ζῆν πρὸς τὴν πολιτείαν, ἀλλὰ σωτηρίαν [2]).

Dieser auf der Entfaltung des Willens beruhenden Freiheit setzt er die Freiheit der Vernunft entgegen. In der Beteiligung aller an der Herrschaft, wie dies in der Demokratie durch die Erhebung des Volkswillens zur obersten Norm menschlichen Handels geschieht, kommt nicht die wahre Freiheit zum Ausdruck; hier ist nicht das Gesetz, sondern die zufällige Abstimmung des Volkes das Maßgebende; hier ist die Masse als Ganzes der unumschränkte Souverän, wenn es auch die einzelnen Mitglieder für sich nicht sind [3]).

„Ein solches Volk nun sucht, indem es als Monarch auftritt, auch allein zu herrschen, weil es von den Gesetzen nicht beherrscht wird. Es wird damit despotisch und die Schmeichler kommen zu Ehren. Dieser Zustand entspricht der Tyrannis bei den monarchischen Staaten. Deshalb ist auch der Charakter beider derselbe; beide herrschen despotisch über die besseren Bürger, und was dort Befehle sind, sind hier die Volksbeschlüsse; die Volksführer und die Schmeichler sind bei beiden dieselben und einander entsprechend; beide haben großen Einfluß, die Schmeichler bei den Tyrannen und die Volksführer bei einem solchen Volke; sie sind die Ursache, daß die Volksbeschlüsse und nicht die Gesetze entscheiden, indem sie alles an das Volk bringen, und sie werden selbst hochmütig, weil das Volk Herr über alles ist, und sie die Herren über die Beschlüsse des Volkes sind, da es ihnen folgt. Auch wenn sie die Beamten anklagen, verlangen sie, daß das Volk entscheiden solle, und dieses nimmt gern die Berufung an, so daß alle Staatsämter sich dadurch auflösen. Mit Recht könnte man einer solchen Demokratie den Vorwurf machen, daß sie gar keine Verfassung habe; denn wo die Gesetze nicht

---

[1]) Pol. VII_2, 1317 b, 1 ff.; ebenso VIII_9, 1310 a, 28.

[2]) Pol. VIII 9, 1310 a, 35.

[3]) Pol. VI_4, 1292 a, 12.

herrschen, da gibt es auch keine Verfassung. Das Gesetz muß über alle herrschen und über das einzelne müssen die Beamten und die Verfassung entscheiden" [1]).

Freiheit kann nur dort vorhanden sein, wo die Herrschaft von denen ausgeht, die vermöge ihrer Natur zur Herrschaft bestimmt sind, d. h. die durch ihren Verstand die nötige Voraussicht haben; diesen haben naturgemäß alle, die nur durch ihre körperlichen Kräfte das so Vorgesehene auszurichten imstande sind, zu gehorchen [2]).

Wo die Herrschaft so ist, wie sie der Herrschaft der Vernunft über die Begierden entspricht, ist eine Herrschaft über Freie vorhanden, wo aber das Beherrschte lediglich als Objekt, als Mittel zum Zweck des Herrschenden behandelt wird, ist eine Herrschaft über Sklaven gegeben [3]). Diese kann nur dort gerechtfertigt erscheinen, wo es sich um Menschen handelt, die eventuell fremder Vernunft folgen können, ohne sie zu besitzen. ἔστι γὰρ φύσει δοῦλος ὁ δυνάμενος ἄλλου εἶναι ... καὶ ὁ κοινωνῶν λόγου τοσοῦτον ὅσον αἰσθάνεσθαι ἀλλὰ μὴ ἔχειν [4]).

Die Herrschaft über den Sklaven verfolgt in erster Linie den Vorteil des Herrn, die Herrschaft über Freie den Nutzen der Beherrschten [5]). Diese Herrschaft über Freie und Gesetze muß so ausgeübt werden, daß jeder der Herrscher das Verlangen haben muß, so beherrscht zu werden, wie er selbst über den andern herrscht [6]). Es ist dagegen ein Zeichen von Gewaltherrschaft, wenn die Herrscher sich nicht schämen, das gegen andere auszuüben, was ein jeder, wenn es ihm widerführe, weder für gerecht, noch für wohltätig erklärte [7]). Ist aber die Herrschaft auf das vollendete und sich selbst genügsame Dasein der Bürger

---

[1]) Pol. VI4, 1292 a, 16 ff.

[2]) Pol. I2, 1252 a, 31.

[3]) Pol. I2, 1254 b, 5.

[4]) Pol. I2, 1254 b, 22.

[5]) Pol. III6, 1278 b, 32 ff., 1279 a, 19 ff.; Oncken, c. l. II, S. 154.

[6]) Pol. III6, 1279 a, 10. Über die Bedeutung der Orientierung der Regierung gemäß dem Freiheitsgedanken für die Erhaltung der Verfassung vgl. Pol. VIII11, 1314 a, 30.

[7]) Pol. IV2, 1324 b, 34.

gerichtet [1]), dann ist durch die einzelnen Herrschaftsakte die individuelle Freiheit nicht eingeschränkt.

Denn ist bei jemandem eine dem richtigen Ziele zustrebende Handlung nicht mit Lust verbunden, resp. hält jemand das mit Lust verbunden, was diesem Ziel zuwider ist, dann ist eben gar nicht wirklich Lustqualität seiner Lust zuzubilligen [2]).

2. Die Staatsverfassung als Freiheitsgarantie.

Die erste Garantie für die Erreichung des Staatszweckes und damit der Freiheit sieht Aristoteles in einer bestimmten Regelung der Verfassung.

ἔστι δὲ πολιτεία πόλεως τάξις τῶν τε ἄλλων ἀρχῶν καὶ μάλιστα τῆς κυρίας πάντων. κύριον μὲν γὰρ πανταχοῦ τὸ πολίτευμα τῆς πόλεως, πολίτευμα δὲ ἐστιν ἡ πολιτεία [3]).

Nach diesen Verfassungen richten sich dann die Gesetze. νόμοι δὲ (scl. εισίν) κεχωρισμένοι τῶν δηλούντων τὴν πολιτείαν, καθ' οὓς δεῖ τοὺς ἄρχοντας ἄρχειν καὶ φυλάττειν τοὺς παραβαίνοντας αὐτούς [4]).

Denn möglich ist die Erreichung des Zieles des Staates sowohl dann, wenn einer herrscht, als auch, wenn mehrere oder alle herrschen, so daß alle die Verfassungen, wenn sie diesem Ziele dienen, richtig sind; wenn sie aber den Vorteil der Herrschenden bezwecken, sind sie despotischer Natur [5]).

Es kommt für den einzelnen konkreten Staat darauf an, eine Organisation zu schaffen, bei der mit Rücksicht auf die ihm durch die Qualität seiner Inwohner gegebenen Möglichkeiten ein Maximum dafür erreicht werde, daß durch die den Staat Beherrschenden richtig gehandelt werde. Dieses Maximum ist wiederum abhängig von dem Wissen, das in den an der Herrschaft beteiligten Personen vorhanden ist, resp. von den in deren natürlicher Beschaffenheit gelegenen Garantien, daß diesem Wissen, nicht selbstischem Wollen gemäß gehandelt werde [6]).

---

[1]) Pol. III 9, 1281 b.

[2]) E. N. X 5, 1176 a, 19.

[3]) Pol. III 6, 1278 b, 9; vgl. auch Pol. VI 1, 1289 a, 15; Zeller, c. l. S. 704.

[4]) Pol. VI 1, 1289 a, 18.

[5]) Pol. III 6, 1279 a, 17; Zeller, c. l. S. 709.

[6]) Vgl. dazu Zeller, c. l. S. 707.

Würden in einer Person alle diese Garantien in einem derartigen Maße vereinigt sein, daß sich ihre Tüchtigkeit und politische Befähigung mit der aller anderen Bürger zusammen nicht vergleichen ließe, dann paßt ein solcher Mensch gar nicht in den Staat; für ihn gäbe es keine Gesetze, er wäre sich selbst Gesetz [1]).

Für den realen Staat kommt es also darauf an, die Herrschaft von einem oder wenigen, in denen wahre Tugend verkörpert ist, mit der Herrschaft der Vielheit zu kombinieren [2]).

Durch die Summierung der in den einzelnen vorhandenen Beiträge zum Richtighandeln werde eventuell sowohl ein das Einzelwissen überragendes Wissen vom Richtigen erreicht [3]), da die vielen ihre Interessen, denen die Staatsverwaltung zu dienen hat, besser kennen als der einzelne [4]). Zudem läßt sich auch eine Mehrzahl durch persönliche Stimmungen weniger leicht irreleiten. ἔτι μᾶλλον ἀδιάφθορον τὸ πολὺ καθάπερ ὕδωρ τὸ πλεῖον οὕτω καὶ τὸ πλῆθος τῶν ὀλίγων ἀδιαφθορώτερον [5]).

Während das Urteil des einzelnen durch seine persönlichen Affekte getrübt sein kann, dadurch verfälscht wird, wird dies bei der Menge wohl kaum möglich sein, vorausgesetzt, daß diese als freie Männer nur dort vom Gesetz abgehen, wo dieses notwendig unzureichend ist [6]).

Daher befürwortet Aristoteles auch die Zusamensetzung der Gerichte — soweit es sich um wichtigere Angelegenheiten handelt — aus einer Vielheit von Menschen.

οὐ γὰρ ὁ δικαστὴς οὐδ' ὁ βουλευτὴς οὐδ' ὁ ἐκκλησιαστὴς ἄρχων ἐστίν, ἀλλὰ τὸ δικαστήριον καὶ ἡ βουλὴ καὶ ὁ δῆμος· τῶν δὲ ῥηθέντων ἕκαστος μόριόν ἐστι τούτων (λέγω δὲ μόριον τὸν βουλευτὴν καὶ τὸν ἐκκλησιαστικὴν καὶ τὸν δικαστήν). ὥστε δικαίως

---

[1]) Pol. III13, 1284 a, 3.

[2]) Vgl. z. B. Pol. III4, 1277 a 14, IV14, 1333 a, 10; vgl. Zeller, c. l. S. 703, 714. Über die Kombination von Wahl und Los bei der Bestellung der Organe vgl. z. B. Pol. VI, 1300 b, 39 ff., VII2, 1317 b, 18 ff., VII4, 1318 b, 28.

[3]) Pol. III11, 1281 b, III13, 1283 a, 40, 1283 b, 33.

[4]) Pol. III11, 1282 a, 15, III15, 1286 a, 26; Zeller, c. l. S. 716.

[5]) Pol. III15, 1286 a 32.

[6]) Pol. III15, 1286 a, 36.

κύριος μειζόνων τὸ πλῆθος· ἐκ γὰρ πολλῶν ὁ δῆμος καὶ ἡ βουλὴ καὶ τὸ δικαστήριον [1]).

Allerdings gilt dieser Wert der Menge nur dort, wo ein gewisses Minimum an Tüchtigkeit vorhanden ist, nicht aber, wo zwischen einzelnen hervorragenden Männern und der Masse ein Unterschied wie zwischen Menschen und Tier besteht [2]).

Daher will er für die beste Verfassung es nicht zum Begriff des Staatsbürgers als genügend erscheinen lassen, daß dieser am Regieren und Gehorchen teilnimmt; vielmehr soll nur Staatsbürger der sein, der das Vermögen und den Vorsatz dazu hat, sich regieren zu lassen und zu regieren zum Zwecke eines Lebens in geistiger und sittlicher Tüchtigkeit.

πολίτης .... πρὸς δὲ τὴν ἀρίστην ὁ δυνάμενος καὶ προαιρούμενος ἄρχεσθαι καὶ ἄρχειν πρὸς τὸν βίον τὸν κατ' ἀρετήν [3]).

Durch den Staat muß jeder so erzogen sein, daß der, der später befehlen soll, zuvor erst gehorchen gelernt haben müsse [4]). So sei auch in der athenischen Verfassungsgeschichte erst durch die wahllose Besetzung der Geschworenengerichte durch das Los die schrankenlose Demokratie entstanden, in der man dem Volke wie einem Tyrannen schmeichelt [5]).

Ein Schutzmittel gegen die subjektive Willkür der Richter ist auch dadurch gegeben, daß man die Gerichte an dem materiellen Ausgang der Prozesse nicht interessiert sein läßt.

„Die heutigen Volksführer lassen dagegen, dem Volke zuliebe, möglichst viele Vermögenseinziehungen durch die Gerichte beschließen. Deshalb müssen die Freunde dieser Verfassung dem entgegentreten und durch Gesetze bestimmen, daß das Vermögen der Verurteilten und die Strafgelder nicht dem Volke zur Verteilung zufallen sollen, sondern dem heiligen Schatze (ἱερόν). Dann werden die Bürger sich nicht minder vor dem

---

[1]) Pol. III 11, 1282 a, 34; vgl. auch Pol. VI 16, 1300 b, 13 ff. Zum Begriff des Bürgers gehört die Teilnahme an der Rechtspflege und Regierung des Staates. Pol. III 1, 1275 a, 22, 1275 b, 18; Oncken, c. l. S. 120.

[2]) Pol. III 11, 1281 b, 16, IV 14, 1332 b, 17.

[3]) Pol. III 13, 1284 a.

[4]) Pol. IV 14, 1333 a, 12.

[5]) Pol. II 12, 1274 a, 4.

Unrecht in Acht nehmen (denn dessen Strafe bleibt dieselbe), aber das Volk wird weniger durch Abstimmung verurteilen, da es nichts dabei bekommt" [1]).

In beiden Auswüchsen sieht Aristoteles einen wesentlichen Grund für Verfassungsumwälzungen, die offenbar aus dem Gefühl einer Einschränkung der Freiheit entstehen.

Um einen dem Rechte entsprechenden Strafvollzug zu sichern, tritt er ein für eine Trennung der Rechtsprechung vom Strafvollzug; innerhalb des letzteren soll wieder die Eintreibung der Geldstrafen von der Überwachung der Gefängnisse getrennt sein.

So spricht er [2]) von einem der notwendigsten, aber auch schwersten Ämter, welchem die Vollziehung der Strafurteile und die Einziehung der Geldstrafen und die Bewachung der Gefangenen obliegt. „Es hat seine Schwierigkeiten; weil es verhaßt ist und dabei nicht viel zu verdienen ist, mag niemand es behalten oder es nach der Strenge der Gesetze verwalten. Es ist notwendig, weil die Entscheidungen der Prozesse durch die Gerichte zu nichts nützen, wenn sie nicht vollstreckt würden; so daß ohne die Rechtsprüche und deren Vollziehung man nicht miteinander leben könnte. Deshalb ist es besser, wenn hier für jeden Gerichtshof ein besonderer Beamter bestellt ist, und ebenso sollte man es für die Eintreibung der Geldstrafen machen. Ferner möge in manchen Sachen die Vollstreckung durch verschiedene Beamten erfolgen und die Entscheidungen neuer Behörden mögen auch von neuen Beamten vollstreckt werden. Ebenso muß bei den alten Behörden eine entscheiden und eine andere vollstrecken. . . . Denn je weniger die vollstreckende Behörde verhaßt ist, desto schneller wird die Vollstreckung zu Ende kommen; es erzeugt aber einen doppelten Haß, wenn Richter und Vollstrecker, Auferleger und Eintreiber dieselben Personen sind.

Wenn dieselbe Behörde, welche verurteilt, auch die Strafe vollstreckt, so wird sie doppelt verhaßt, und wenn dies in allen

---

[1]) Pol. VII5, 1320 a, 5.

[2]) Pol. VII8, 1321 b, 41 ff.

Fällen geschieht, so gilt sie als ein Feind aller. An vielen Orten ist auch die Aufsicht über die Gefangenen von der Einziehung der Geldstrafen getrennt; so besteht in Athen das sogenannte Amt der Elf. Deshalb ist es besser, auch diese Geschäfte zu trennen und irgendein Auskunftsmittel dafür aufzusuchen; denn es ist ebenso notwendig, als das vorhin genannte, da es vorkommt, daß gerade die guten Bürger dieses Amt am wenigsten zu übernehmen bereit sind, und die schlechten können nicht mit Sicherheit zu Wächtern über die Gefängnisse gemacht werden, da sie eher selbst der Bewachung bedürfen, als daß sie andere zu bewachen vermögen. Deshalb darf nicht bloß ein Beamter dafür angestellt werden und auch nicht auf Lebenszeit. . . .

3. Die Gesetze als Freiheitsgarantie.

Eine besondere Garantie für die Erziehung richtiger Staatstätigkeiten erblickt Aristoteles in den Gesetzen.

Denn das Gesetz ist frei von menschlicher Leidenschaft, während jede einzelne menschliche Handlung damit behaftet ist. ὁ μὲν οὖν τὸν νόμον κελεύων ἄρχειν δοκεῖ κελεύειν ἄρχειν τὸν θεὸν καὶ τὸν νοῦν μόνους, ὁ δ' ἄνθρωπον κελεύων προστίθησι καὶ θηρίον· ἥ τε γὰρ ἐπιθυμία τοιοῦτον καὶ ὁ θύμος ἄρχοντας καὶ τοὺς ἀρίστους ἄνδρας διαφθείρει. διόπερ ἄνευ ὀρέξεως νοῦς ὁ νόμος ἐστίν [1]).

Wer Recht und Gerechtigkeit sucht, sucht nach einem Unparteiischen; das ist das Gesetz, besonders jenes, welches auf Sitte und Herkommen ruht [2]).

Denn solange sich das Gesetz auf die souveräne Gewalt der den Anwandlungen der Leidenschaften und Affekte ausgesetzten Menschen stützt, spiegelt auch das Gesetz noch diese wieder; es ist oligarchisch oder demokratisch, wie es die Urheber sind [3]). Trotzdem tritt Aristoteles für das Bestehen von Gesetzen ein, die die oberste souveräne Gewalt haben sollen; jeder Regierende, mag er allein oder im Verein mit mehreren seine Gewalt ausüben, soll nur über das seine souveräne Macht ausüben können, was

[1]) Pol. III 16, 1287 a, 28.
[2]) Pol. III 16, 1287 b, 6.
[3]) Pol. III 10, 1281 b, 35.

die Gesetze nicht genau zu bestimmen vermögen, weil nicht über alles sich allgemeine Regeln geben lassen [1]). Allerdings will Aristoteles wohl nur dort diese unbedingte Bindung an das Gesetz durchgeführt haben, wo die Gesetze das Richtige nicht verfehlen. ὅτι μὲν τοίνυν ἀνάγκη νομοθέτην αὐτὸν εἶναι, δῆλον, καὶ κεῖσθαι νόμους, ἀλλὰ μὴ κυρίους ᾗ παρεκβαίνουσιν, ἐπεὶ περὶ τῶν γ' ἄλλων εἶναι δεῖ κυρίους [2]).

So ist es besser, durch gute Gesetze möglichst alles zu bestimmen und möglichst wenig den jedesmaligen Individuen zu überlassen; es ist leichter, einen oder wenige zu finden, welche wohlgesinnt und befähigt sind, Gesetze zu geben und Recht zu finden, ferner sind Gesetzgebungen Resultate einer auf langer Zeit beruhenden Übersicht, während richterliche Entscheidungen das Werk des Augenblicks sind, so daß es schwer hält, daß die jedesmaligen Richter das Gerechte und Heilsame richtig treffen. „Das Allerwichtigste endlich ist, daß die Entscheidung des Gesetzgebers nicht auf das Spezielle und Gegenwärtige geht, sondern auf Zukünftiges und Allgemeines, während dagegen das Mitglied einer Versammlung oder eines Gerichtes eben über Gegenwärtiges und speziell Bestimmtes zu entscheiden hat. Bei ihnen kommen dann auch schon Liebe, Haß und der eigene Vorteil gar oft ins Spiel, so daß sie nicht mehr vermögend sind, das Wahre vollkommen ins Auge zu fassen, weil das, was ihnen persönlich angenehm oder unangenehm ist, die Klarheit des Urteils trübt. Also muß man . . . . über alles andere dem Richter möglichst wenig entscheidende Gewalt lassen, und nur darüber, ob eine Sache geschehen oder nicht geschehen sei, stattfinden und nicht stattfinden werde, vorhanden sei oder nicht sei, muß man notwendig den Richtern die Entscheidung überlassen“ [3]).

VI. Schlußbetrachtung.

Die Ausführungen dürften gezeigt haben, wie die Lehre des Aristoteles von Staat und Strafe bedingt ist durch die Lehre

[1]) Pol. III 11, 1282 b; vgl. auch III 16, 1287 b, 22.

[2]) Pol. III 15, 1286 a, 21.

[3]) Rhet. I 1, 1354, 31; Loening, c. l. S. 336.

von der das ganze Weltall durchziehenden Ordnung, der Zweckmäßigkeit, Vernünftigkeit immanent ist.

Für Aristoteles gibt es eine Aufeinanderfolge der Geschehnisse, die nicht bloß, weil sie naturnotwendig ist, durch die Vernunft erforscht werden kann, sondern die durch die Vernunft geradezu gefordert erscheint.

Diese Aufeinanderfolge der Ereignisse, die der Vernunft entspricht, ist gefordert durch die alles Werden und Vergehen bestimmende Teleologie.

Dadurch waren auch objektive Grenzen für das Verhalten des Menschen gegeben, der dieser Teleologie eingefügt erscheint; die Anpassung des Menschen in seinem Verhalten an die durch die Vernunft geforderte Gesetzmäßigkeit mußte so den Richtpunkt des menschlichen Strebens abgeben. Dadurch war auch der Staat vernunftnotwendig aus der Erkenntnis der Menschen von ihrer eigenen Insuffizienz zur Erreichung ihres Zieles gefordert.

Des weiteren waren der staatlichen Tätigkeit objektive Richtpunkte gesetzt durch die Notwendigkeit einer Motivation der Untertanen zu einem dem Ziele der Vernunft entsprechenden Verhalten [1]).

Unabhängig von dem individuellen Wollen der Untertanen ergaben sich bestimmte Handlungen des Staates als Betätigung seines Lebenszweckes, ergaben sich bestimmte Funktionen.

Diese Funktionen bestanden einerseits in der in der Erziehung gelegenen Heranbildung bestimmt gearteter Menschen, andererseits in der Motivation zu einzelnen, dem Ziele der Menschen entsprechenden Verhaltungsweisen.

Die Motivation der Bürger zur Tugend war das Ziel der Handlungen des Staates. In dieses System von Motivationshandlungen fügt sich auch die Motivation durch Übel, Leiden ein; diese kann entweder Generalmotivation sein, indem allen,

[1]) Kraus, c. l. S. 23. In seinem Buche: Das Recht zu strafen, 1911, hat Kraus diesen Standpunkt de lege lata und de lege ferenda verlassen.

die ein Verhalten zeigen, das nicht zur Tugend, sondern zum Laster führt, der eventuelle Eintritt in ein Verhältnis besonderer Subjektion unter die Staatsgewalt in Aussicht gestellt wird; oder aber sie ist Individualmotivation, indem alle, die motivationsbedürftig sind, der für diese Zwecke bereit stehenden Staatsgewalt unterworfen werden. Die Aufzeigung einzelner zur Tugend, resp. zum Laster führenden Verhaltungsweisen ergab sich zunächst durch die Zwecke der Generalmotivation zu bestimmten Verhaltungsweisen, sodann aber durch die Notwendigkeit einer Bestimmung der Staatsorgane zu einem den staatlichen Zwecken entsprechenden Handeln. Es sollten die einzelnen Zeitpunkte festgestellt werden, in denen ein funktionelles Handeln der Staatsorgane notwendig war, resp. es sollte diesem notwendig gewordenen Handeln ein bestimmter Inhalt vorgezeichnet werden.

Das erstere wurde dadurch erreicht, daß die Fälle, in denen beim Menschen eine Motivationsbedürftigkeit sich zeigt, den Behörden angegeben wurden. Dazu war notwendig, einerseits das menschliche Verhalten, das als die äußere Seite einer der Tugend oder dem Laster zustrebenden Betätigung der Persönlichkeit erscheint, zu bestimmen.

Andererseits mußte die Bedingung, resp. die Bedingungen angegeben werden, unter denen ein derartiges als Betätigung der Tugend oder des Lasters erscheinendes Verhalten nicht bloß als solches erscheint, sondern auch tatsächlich ist. Nur wenn ein bestimmtes Verhalten durch die Persönlichkeit bedingt war, konnte es als Ausdruck einer zur Tugend oder zum Laster führenden Verhaltungsweise betrachtet werden. Nur wenn neben der äußeren Betätigung auch diese Bedingung gegeben war, war ein staatliches Handeln gerechtfertigt, dem das Auf-sich-nehmen-müssen der Handlung seitens des Handlungsadressaten entsprach.

So bezog sich dieses Bedingtsein durch die Persönlichkeit zunächst immer auf eine bestimmte Betätigung, auf einen Augenblick menschlicher Aktualität, für welchen ein Urteil über menschliche Motivationsbedürftigkeit auszusprechen war. Daneben waren aber die Behörden über den Inhalt der in den Fällen festgestellter Notwendigkeit einer Motivation eintretenden Staatshandlungen zu instruieren.

War einmal die für den Fall einer bestimmten Motivationsbedürftigkeit vorgesehene Staatshandlung inhaltlich bestimmt, so mußte dieser Inhalt realisiert werden, falls die Bedingung der Motivationsbedürftigkeit gegeben war. So wurde Aristoteles der Schöpfer der strafrechtlichen Zurechnungslehre[1]), der Schuldlehre, die an die Einzeltat anknüpft, um den Charakter zu treffen.

Damit wurde auch die auf der Motivationsbedürftigkeit der Individuen fußende Funktion des Staates in die Form einzelner rechtlich geregelter Staatshandlungen zerlegt.

Die aus der obersten Einheit staatlicher Zweckmäßigkeit gerechtfertigten Handlungen traten in eine feste Beziehung zu den im Gesetz vorgesehenen Voraussetzungen ihrer Aktualisierung; diese Voraussetzungen staatlicher Handlungen wurden so zu Rechtsgründen, nicht bloß daß, sondern auch wie gehandelt wurde. Damit nahm das funktionelle Strafrecht wieder die Formen des Privatstrafrechtes an, das auf subjektiven Wollungen einzelner dem Staate unterworfener Individuen beruhte, die sie anderen, nebengeordneten gegenüber geltend machten, das auch von Aristoteles neben dem funktionellen Strafrecht anerkannt wurde.

Diese Beziehungen, die zwischen Staatsidee und Strafe bestehen, resp. die Entwicklung des Denkens über diese Zusammenhänge sollte hier dargelegt werden.

Es sollten insbesondere die Zusammenhänge zwischen den Straflehren und den allgemeinen Lehren vom Rechte, ja noch weiter zwischen ihnen und den obersten Prinzipien des Denkens überhaupt erörtert werden.

Wohl knüpft die Lehre der Philosophen von der Anwendung der Strafe zur Verwirklichung der Staatszwecke, die Lehre vom funktionellen Strafrecht an die im I. Buch geschilderten Bildungen der historischen griechischen Staaten an.

---

[1]) Loening, c. l. S. 3; Löffler, c. l. S. 69 ff., 98 f.

Der große Fortschritt gegenüber dem alten Recht bestand darin, daß in den philosophischen Lehren auch auf dem Gebiet des funktionellen Strafrechts der einzelne als Person betrachtet wurde.

Es genügt nicht mehr, die Konstatierung der Zugehörigkeit eines bestimmten Menschen zu einer Menschengruppe, die auf einem Gebiet des Handelns, das der staatlichen Aufsicht untersteht, anders handelt, als es der Einstellung des staatlichen Reaktionszentrums entspricht, um das Recht zu schrankenloser Gewalt gegen ihn entstehen zu lassen.

Der Mensch wird nunmehr als selbständige Persönlichkeit dem Staate gegenübergestellt. Nur soweit ist die Anwendung einer besonderen Strafgewalt gerechtfertigt, als sie gerade noch notwendig ist, um einen den Zwecken des Staates widerstrebenden Zustand im Menschen zu beseitigen. Das Maximum an Strafgewalt ist nur dort gerechtfertigt, wo mit der Möglichkeit einer Wiedereinordnung eines Delinquenten in die Ordnung staatlicher Zwecksetzung nicht mehr gerechnet werden kann. Dadurch mußte eine Differenzierung auf dem Gebiet des funktionellen Strafrechtes eintreten; an die Stelle der nur vage umgrenzten Tatbestände des funktionellen Strafrechtes im historischen Griechenland, denen ebenso Reaktionen von geringer inhaltlicher Verschiedenheit entsprachen, trat die Forderung einer Individualisierung auf dem Gebiete staatlicher Straftätigkeit. Werden die einzelnen individualisierten Reaktionstätigkeiten zu selbstständigen rechtlichen Existenzen erhoben, so ist damit die Differenzierung der Tatbestände, trotz Bestandes eines funktionellen Strafrechtes, gerechtfertigt.

Mit der Schilderung der großen Systeme Platos und Aristoteles' soll der erste Abschnitt der Untersuchungen über Staatsidee und Strafrecht enden; die Geschlossenheit des Systems, die wir hier in den Staats- und Straflehren konstatieren konnten, war ein Abbild der griechischen Staatsentwicklung. Der Glaube an den historischen Staat und seine Mission spiegelt sich in den Lehren der Philosophen. Mit dem Verfall des griechischen Staatswesens ist auch die Idee von den Aufgaben des Staates zurückgedrängt.

Wenn der Mensch irgendwelche Ziele hat, so muß er trachten, sie als isoliertes Individuum zu erreichen. Ethik und Politik werden in der Folgezeit getrennt [1]).

Damit sei hier der vorläufige Abschluß der Untersuchungen gerechtfertigt, deren Aufgabe es war, in den Lehren von Staat und Strafe das Wissenschaftliche aufzuzeigen, sie zurückzuführen auf einen Gedanken, in dem die Vielgestaltigkeit ihrer Erscheinungsformen in der Einheit des Denkens vereinigt ist.

---

[1]) Vgl. Zeller, c. l. III₁, IV. Aufl. 1909, S. 13, 17.

FSC
www.fsc.org
MIX
Papier | Fördert
gute Waldnutzung
FSC® C083411

Kolibri 360 GmbH
Ferdinand-Jühlke-Straße 7
99095 Erfurt, Deutschland
produktsicherheit@kolibri360.de